王利明法学教科书

合同法案例研习

王利明 著

中国人民大学出版社
· 北京 ·

以案例教学促进法学教育改革
（代　序）

我国属于大陆法系国家，重视以法律条文为中心的教科书的讲授[①]，但这绝不意味着可以削弱案例教学的作用。案例教学实际上就是以案说法，将典型案例带入课堂，引导学生进行思考和讨论，从而深刻理解法律规则的应用场景和内涵，并在这一过程中掌握法律规则的解释和运用方法。霍尔姆斯曾言，“法律的生命不在逻辑，而在于经验”。实证主义学派认为，要区分书本中的法律（law in book）和行动中的法律（law in action），行动中的法律和书本中的法律并不完全一致，法条可能是含糊的、有歧义的，甚至是完全冲突的，不能完全准确、清晰地适用于特定的案件。因此，在传授学生书本中的法律时，还应当使学生了解行动中的法律，这就有必要开展案例教学。

案例教学是重要的实践教学方法。法学是一门实践之学，而不是象牙塔式的学问。法学学科以法的发展为研究对象，以公平正义为主要价值追求，其不同于其他学科之处就在于其实践性。德沃金指出，“法律是一种不断完善的实践”[②]，富勒也认为，法律制度是一项“实践的艺术”[③]。因此，法学教育也要适应法学实践之学的特点。总体上看，英美法学教育更加侧重实践性教育，而大陆法系国家更强调关注理论体系，但从两大法系毕业生所占据的与国际经济交往密切相关的法律服务市场份额来看，侧重法律实践性教育的英美法系的确占有不小的优势。虽然这种优势与相应国家的经济发达水平及其在国际经济交往中的地位重要性有关系，但其也与普通法系国家注重知识实践教学、注重运用苏格拉底式教学法、法律诊所等法学教育方法等不无关系。由于法学是实践性很强的学科，因而法学教育必须要处理好法学知识教学和实践教学的关系，通过法律诊所教育、法律援助、法律第二课堂、辩论式教学、案例讨论等各种方式，使学生真正掌握实用的本领和动手的本领。学生不仅要理解抽象的法律规则，而且需要将其熟练运用于实践，解决具体的纠纷，其中案例教学尤为重要。

---

① 星野英一．民法的另一种学习方法．北京：法律出版社，2008：57.

② Ronald Dworkin. Law's Emipire. Harvard University Press，1986，p. 44.

③ 富勒．法律的道德性．美国：纽黑文出版社，1967：94.

案例教学是能力教学。案例教学就是最典型、最鲜活的实践教学。通过一个个典型的案例，可以使学生真正把握博大精深的法学学科的真谛，并且能够举一反三，培养学生反思、创新的意识。真正的实践教学必须以案例教学为基础，才能够有效培养学生的动手能力，也就是分析、解决现实问题的能力。法科学生所掌握的知识体系再娴熟，但如果不知道如何运用，也不能真正做到学以致用。例如，我们谈起合同法，理论上谈得头头是道，但不知道如何帮当事人设计合同，维护其利益，在发生纠纷后，也不知道如何解决纠纷，则没有达到学以致用的目标。应当看到，我国法学教育总体上存在重知识、轻能力的倾向，这种现象应当尽快改变。事实上，法律人的重要工作就是要面对各类社会矛盾和纠纷，能够对现实社会中各类法律服务需求（包括合同谈判和争议解决）提出法律上的可行性实践方案，能够处理好这些纠纷，这些法律技能是法律人应该具备的专业素质。我们要培养的学生不仅要能够像律师那样思考，而且还要有独立的思辨能力、审辨能力、批判能力，对同一案件能够从不同角度提出解决方案，而培养此种能力必须加强案例教学。

案例教学是互动式教学。案例教学要经过事先周密的策划和准备，要使用特定的案例并指导学生提前阅读，要组织学生开展讨论或争论，形成反复的互动与交流，“天边不如身边，道理不如故事。”苏格拉底与其学生就深邃的哲学问题进行了平等对话和相互辩驳，探讨哲学思想的真谛，其中也包括法律的真谛。从这一意义上说，此种辩论式的探讨方式实际上是铺就了一条探求真理之路（the way of truth）。苏格拉底的提问法对今天的法学教育也产生了重大的影响，英美法基本上是按照苏格拉底的提问法展开法学课堂教学的。苏格拉底提问法通常都是围绕实际的案例而展开的，尤其是围绕实际的案例所涉及的法律问题而展开，通过反复的平等对话，深刻把握法律的真谛，追问法律的精神、实质、法条的意旨以及法条在适用中的规律。案例都是一些活生生的故事的演绎，这可以使得课堂更加生动，使学生更加积极地参与到教学过程中。实际上，这种互动不仅能培养学生的能力，而且可以实现教学相长。

案例教学是辩论式教学。有人概括课堂教学有如下“五种境界”，即沉默（silence）、回答（answer）、互动交流（dialogue）、提出质疑（critical）和辩论（debate）。从这个角度而言，辩论实际上是课堂教学的高级阶段。这个说法是否妥当，确实值得探讨，但至少有一点可以明确，即在课堂教学中引入辩论方法，确实有利于培养法科学生的思辨能力和运用法律规则的能力。法学教育应当注重培养学生的辩论能力，具备良好的辩论能力也是成为法律共同体成员的基本素养之一。培养法科学生的辩论能力有多种方式，如模拟法庭、辩论比赛等方式，都有利于提高学生的辩论能力。上述方式虽然有效，但其往往作为法科学生辩论比赛的方式，缺乏长久的、可持续的运行机制。案例教学则可以将辩论能力的培养融入课堂教学之中，每一个典型的案例都可以引导学生梳理争议焦点，并围绕这些争议焦点所涉及的法律问题展开辩论，在攻防转换的过程中，学生能够从多个角度看问题，理解不同当事人群体之间的利益分歧和制度协调策略，对问题的观察会更为全面，从而培养学生的逻辑思维能力、应变能力以及分析和解决问题的能力。

案例教学是开放式的教学。所谓开放式的教学，是指将教学过程视为动态、变化的过程，以学生为中心，采用多样化的教学模式和方法，努力调动学生学习的主动性、积极性，激发学生的学习兴趣、求知欲望和参与热情，培养学生的反思性、创造性思维。开放式教学并不拘泥于教材、教案，而是充分考虑学生学习活动过程的多变性，并相应地采用“探索式”的方法，引导学生主动获取知识。案例教学立足于司法实践，通过真实的案例发现法律适用中的焦点问题，并在此基础上探明法律的意旨，或者填补法律的漏洞，这就为培养实务型、创新型的人才提供了有效的途径。案例研究是一门实践性很强的学问，需要对案例进行全方位研究，尤其是要结合司法裁判中出现的争议焦点，对司法审判实践中较为典型、突出和疑难的问题进行总结和归纳，并以学说理论对其进行逐一分析和定性，特别是要对法律适用中的具体问题作出理论上的解答，最终得出科学妥当的案例分析结论，这些都有助于培养学生的思辨能力、分析问题能力和实际操作能力。案例教学可以将学生置身于问题之中，这就有利于调动学生解决问题的积极性，而且为了解决具体的问题，学生需要充分发挥其逻辑思维能力和文献检索能力。在辩论的过程中，不断的攻防也有利于极大地激起学生求知的欲望，调动其学习的积极性。

案例教学是法学教学改革的重要途径。案例教学有利于调动学生学习的积极性，使学生由被动接受知识转变为主动探索知识。作为一名从教三十多年的教师，我始终认为，没有普遍适用于每一个人的教学法，只要能够有效地调动学生的学习热情和学习兴趣，启发学生的思维，开启学生的智慧，每节课都能使学生真正从中学到知识，就是有效的教学法。案例教学虽然不能取代传统的教学方法，但案例教学是一种十分重要的法学教学方法，是法学教育的重要发展领域，可以引领法学教学方法的变革。学生不仅要理解抽象的法律规则，而且需要将其熟练运用于实践，解决具体的纠纷。司法实务需要不同角色的法律工作者进行互动交流，能够在交流过程中对对方的观点提出质疑是法律工作者应当具备的基本法律素养。案例教学应当以问题为中心，以实务为导向，以讨论为教学手段，以理论与实践相结合为教学目的。

组织好案例教学，首先要有好的案例教材。高质量的教材是案例教学成功的一半，以案释法、以案说理，前提是找好案例。同时，案例的分析也要遵循特定的法学方法论，将其融入案例的分析、研讨之中。案例教学需要有良好的教材配套，需要有典型的案例，不是所有的案例都能够拿到课堂上让学生进行长时间研讨，只有那些能够生动地、典型地再现法律解释和适用中的重大、疑难问题，能够有助于学生思考的案例，才有讨论和研习的价值，这就对案例的选择和案例的分析方法都提出了要求。因为这一原因，笔者将近些年接触到的一些典型案例进行了改编，汇集成了该案例书，以飨读者；同时也希望抛砖引玉，引起大家对案例教材的关注，从而推动案例教学的顺利进行。

王利明

2019 年 4 月

目　录

第一编　合同法总则

第二编　合同法分则

第一编　合同法总则

案例一　合同相对性原则的适用

一、案情简介

S市惠通有限责任公司（以下简称“惠通公司”）与F市大成有限责任公司（以下简称“大成公司”）长期存在业务往来关系。2017年4月10日，双方签订了一份“往来账户结算合同”，确认大成公司欠惠通公司1 000万元货款，并约定大成公司应于2017年12月31日之前付清。同时，惠通公司要求大成公司提供担保，大成公司表示一时找不到合适的保证人，于是双方商定请力新公司监督大成公司还款。双方便在合同附则中约定：“有关还款事宜由力新公司出面协调解决。乙方（大成公司）当年的技术转让收入要先打入力新公司的账户，然后由力新公司转入甲方（惠通公司）的账户。力新公司负责监督乙方还款。”合同签订以后，力新公司也在合同上签字盖章。2017年10月，大成公司与他人达成技术转让协议并收到了600万元的技术转让费，这笔钱当即打入了力新公司的账户。大成公司当即通知惠通公司并表示等凑足1 000万元就让力新公司一次性转给惠通公司，但是，在当年的11月，因为大成公司欠银行的款，银行催促大成公司还款，否则要拍卖担保物。力新公司应大成公司的要求，又将600万元转回大成公司。12月底，惠通公司多次催促大成公司还款，但大成公司表示资金紧张，无钱还款。力新公司也多次协调催促大成公司还款，最终没能促成还款事宜。一年以后，因大成公司仍然未能还款，惠通公司便起诉了大成公司和力新公司，要求大成公司承担还款责任，并要求力新公司承担代为清偿的责任。

二、争议梳理

本案在审理中，对于大成公司构成违约没有多少争议，但是对于力新公司是否违反了合同义务，则存在不同的观点。

第一种观点认为，力新公司的行为确已构成违约，因为三方合同的附则中曾约定：“有关还款事宜由力新公司出面协调解决。”但是，力新公司最终没有促成还款事宜，因而力新公司构成违约。此外，力新公司收到了大成公司转来的 600 万元以后，又将钱款转回了大成公司，这也违反了合同设定的力新公司督促大成公司还款的义务。

第二种观点认为，力新公司没有构成违约，因为合同附则只是确定力新公司出面协调还款事宜，负有监督还款的义务，但是，其并不直接负有还款的义务，也不是保证人。所以大成公司未能还款的责任，主要应当由该公司承担，力新公司并不应承担违约责任。

第三种观点则认为，虽然力新公司不是合同的当事人，但是，其依据合同仍然负有一定的义务，其没有履行监督还款的义务虽然不应当承担违约责任，但仍然应当承担一定的损害赔偿责任。

三、案例评析

（一）合同的相对性原则

本案中首先需要讨论力新公司在合同中的地位，即其是否属于合同当事人？这就涉及合同当事人的确定。笔者认为，该合同的当事人是惠通公司与大成公司，而力新公司只是合同关系以外的第三人。

合同作为一种民事法律关系，其不同于其他民事法律关系（如物权法律关系）的重要特点，就在于合同关系的相对性。所谓合同的相对性，在大陆法中也称为“债的相对性”，它主要是指合同关系只能发生在特定的合同当事人之间，只有合同相对人一方能够向另一方基于合同提出请求或提起诉讼。与合同当事人没有发生合同上权利义务关系的第三人不能依据合同向合同当事人提出请求或提出诉讼，也不应承担合同的义务或责任。尽管合同的相对性规则包含了极为丰富和复杂的内容，且广泛体现在合同的各项制度之中，但概括起来，其主要包含如下几方面内容。

一是主体的相对性。这是指合同关系只能发生在特定的主体之间，只有合同当事人一方能够向合同的另一方当事人基于合同提出请求或提起诉讼。不特定的人之间一般不能存在合同关系，合同关系一般也不得拘束第三人。

二是内容的相对性。这是指除法律、合同另有规定外，只有合同当事人才能享有某个合同所规定的权利，并承担合同所规定的义务。合同当事人以外的任何第三人不能主张合同上的权利，合同当事人也无权为他人设定合同上的义务。一般来说，权利会给主体带来一定的利益，义务则会带来一定的负担或使其蒙受不利益。如果合同为第三人设定权利，则在第三人未明确表示反对的情况下，法律推定此种设定是符合第三人的利益的。但合同当事人约定的为他人设定合同上的义务条款是无效的。

三是违约责任的相对性。这是指违约责任只能在合同关系的当事人之间发生，合同关系以外的人，不负违约责任，合同当事人也不对其承担违约责任。根据《合同法》第 109 条和第 121 条，“当事人一方未支付价款或者报酬的，对方可以要求其支付价款或者报酬”，“当事人一方因第三人的原因造成违约的，应当向对方承担违约责任”。违反合同的责任的相对性，还包括我国《合同法》第 121 条规定的因第三人的行为造成债务不能履行的情况下，债务人仍应向债权人承担违约责任的内容。债务人在承担违约责任以后，有权向第三人追偿。债务人只能向债权人承担违约责任，而不能由第三人承担违约责任，因为只有债权人和债务人才是合同当事人，其他人不是合同的主体，所以，第三人不应对债权人承担违约责任。

在本案中，大成公司与惠通公司签订了一份“往来账户结算合同”，在该合同中，确认大成公司欠惠通公司 1 000 万元货款，并约定大成公司应于 2017 年 12 月 31 日之前付清。可见，该份合同的当事人，是大成公司与惠通公司，力新公司并不是合同的债权人，也不是合同的债务人。具体而言：

第一，力新公司不是大成公司的代理人。

如果“往来账户结算合同”能够对力新公司产生约束力，则力新公司的身份必须是大成的代理人，其代订合同获得了大成的授权。否则，该补充协议的效力仅在大成公司和惠通公司之间发生，对力新公司不应该有任何拘束力。那么在本案中，力新公司是否获得了大成公司的授权呢？笔者认为，这种授权实际上并不存在。其原因在于：“往来账户结算合同”的附则规定：“有关还款事宜由力新公司出面协调解决。”此处只是规定由力新协调解决有关还款事宜，协调的含义主要是指作为中介人或者斡旋人，召集合同双方协商解决有关问题，而其本身不能认为包含某种授权的意思。也就是说，双方并没有授权力新公司可以出面代理任何一家公司订立任何合同，受其拘束。可见，大成公司并未对力新公司作出授权行为，双方并未签订委托合同，也没有成立代理关系，双方并未约定，力新公司应当以大成公司的名义行事、后果由大成公司承担。所以力新公司并不是大成公司的代理人，其作出的意思表示效果归属于自己。

力新公司不仅无法以代理人的地位订立变更协议，也不能以合同当事人之一的身份变更合同条款。虽然合同条款中规定了作为第三人的力新公司的某些权利义务，但该合同究其性质不属于为第三人利益订立的合同，第三人力新公司不能以其自己的名义独立主张合同上的权利，其地位充其量只相当于履行辅助人，而非合同关系中真正的当事人。力新公司不应受该合同拘束，即便其不履行合同规定的义务导致给付障碍，合同债权人也只能基于合同向相对人主张权利。当然第三人也无权与合同当事人之一通过协议变更合同，变更合同是当事人特有的权利，合同外的第三人不得享有。

此外，如果把协调理解为包含了双方的授权，这就意味着力新公司可以代理双方来订立合同，可以享有“一手托二家”的权利，这就有可能构成双方代理，不符合禁止双方代理的代理法基本规则。

第二，力新公司并非大成公司债务的保证人。

一方面，从合同订立过程来看，惠通公司曾要求大成公司提供担保，但是大成公司一时找不到合适的保证人，不得以双方只好协商请力新公司监督大成公司还款。所以从合同订立开始，力新公司就不是作为保证人，而是作为监督人、协调人身份出现的。

另一方面，合同附则中明确约定，“有关还款事宜由力新公司出面协调解决”。按照这一规定，力新公司只是一个协调人的身份，只是起到协调双方的工作，协调大成公司还清欠款。附则中还规定，“乙方（大成公司）当年的技术转让收入要先打入力新公司的账户，然后由力新公司转入甲方（惠通公司）的账户。力新公司负责监督乙方还款”。从这个规定来看，力新公司要起到的也是监督还款的作用。

尤其需要指出的是，当事人并没有明确力新公司要承担“保证责任”。保证分为一般保证和连带责任保证，前者保证人享有先诉抗辩权，后者则直接承担连带责任。力新公司并没有与惠通公司约定，其在大成公司不能清偿债务时愿意代其承担清偿责任。因此，力新公司并不是大成公司所欠债务的保证人。

（二）如何理解监督还款的含义

问题在于，从合同的约定来看，力新公司的义务是“监督”还款、协调还款事宜，何为“监督乙方还款”？监督人的角色究竟是什么？对此，有两种不同观点。一种观点认为，监督还款只是起到一个督促、见证的作用，监督人本身没有什么具体的义务和责任，如果还不了，还是由债务人承担责任，不能要求监督人承担责任。另一种观点则认为，监督人的角色是保证人，至少是对债权人负有一定义务的人，因为其负有责任监督债务人还款，这就是要保证债务人还款，或者是必须督促债务人还款，债权人和债务人是基于信赖才选定力新公司担任还款的监督人，如果没有权利义务，则就没有必要设置这样一个监督人的身份。在债务人没有按时还款的情形下，监督人也要向债权人承担相应的责任。

笔者认为，监督还款并不等同于保证，如前所述，保证必须要有明确的提供担保的意思，当债务人不能清偿到期债务时，保证人愿意代替其清偿债务。但是力新公司虽然在往来账户结算合同中签字担任监督人，但并没有明确表示要为大成公司担保。所以在大成公司未能按时承担还款责任的情形下，要依惠通公司的要求由力新公司承担代为清偿的责任，显然法律依据不足。

但这是否意味着立新公司在本案中不负有任何义务和责任？笔者认为，力新公司在合同中签字盖章，明确认可其担当协调人和监督人的作用，由此表明其对债权人是负有一定义务的，这些义务具体包括：第一，负有协调、解决还款事宜的义务。合同附则中明确约定，“有关还款事宜由力新公司出面协调解决”。从该规定来看，力新公司不是只起到中间斡旋、单纯协调双方的作用，其还要协调解决好还款事宜，因此，其应当按照协议的规定，努力尽到协调并解决还款的义务。从本案来看，它并没有发挥应有的协调作用，所以这明显与合同的约定不符，第二，依据合同约定，“乙方（大成公司）当年的技术转让收入要先打入力新公司的账户，然后由力新公司转入甲方（惠通公司）的账户”。这就意味着力新公司要起到第三方监管的作用。按照这一约定，力新公司收到大成公司的收入汇款之后，应当转入债权人惠通公司的账户，以确保债权人债权的实现。但事实上，大成公司将技术转让收入600万元汇入力新公司账户之后，力新公司并未及时转汇给惠通公司，反而又应大成公司的要求，退还给了大成公司。这就导致惠通公司的债权不能得到清偿。对此，力新公司明显违反了合同的约定，应当承担相应的责任。第三，合同约定，“力新公司负责监督乙方还款”。按照这一约定，力新公司作为第三方监管人，应当监督、督促乙方还款，但其并没有尽到督促的义务。总之，笔者认为，力新公司对于大成公司的还款并没有履行其应当负有的义务。

（三）力新公司应当承担何种责任

笔者认为，讨论力新公司应当承担的责任，可以从两个方面来展开。

1. 力新公司是否应当承担合同责任？

从本案来看，当事人之间所形成的法律关系，并不属于利益第三人合同。所谓第三人利益合同，又称为利他合同，是指合同当事人约定由一方向合同关系外第三人为给付，该第三人即因之取得直接请求给付权利的合同。在第三人利益合同中，依约应向第三人为给付的一方，为债务人、诺约人或约束人；可请求债务人向第三人为给付的一方，为债权人、要约人或受约人；可请求债务人向自己为给付的主体，为第三人或受益人。在此种合同中，第三人不是订约当事人，他不必在合同上签字，也不需要通过其代理人参与缔约。第三人尽管只享有权利不负担义务，但一旦由当事人指定成为利他合同中的第三人，其就享有独立的请求权。从法律上来看，所谓利益第三人合同，主要是为第三人设定权利而非设定义务。本案中，力新公司与惠通公司、大成公司之间签订的合同，并没有为力新公司设定什么权利，反而为其设定了“协调监督还款”的义务。因此，这不属于利益第三人合同。

但笔者认为，本案中，力新公司在往来账户结算合同上签字盖章，实际上承担了合同义务。按照合同的相对性原理，合同当事人只能为第三人设定权利而不能为第三人设定义务。任何为第三人设定义务的约定，都对第三人是无效的。但按照私法自治原则，在合同当事人为第三人设定义务时，如果第三人自愿接受，也可承受该合同义务。从本案来看，力新公司承担的合同义务，可以从两方面来理解：一方面，三方当事人在合同中专门为第三人增加了监督、协调的义务，而力新公司在合同中的签字盖章，表明第三人力新公司自愿承担该义务，即表明力新公司也成为合同一方并负有相应的义务和责任。另一方面，力新公司在合同中的签字盖章，表明力新公司与作为债权人的惠通公司之间，专门形成了一种监督、协调的第三方监管合同。根据这一合同约定，力新公司向债权人负有监督还款、并协调好解决还款的义务，在未能履行该义务时，其应当向债权人负有相应的违约责任。

问题在于，本案中并未专门约定力新公司的违约责任。那么在力新公司违反约定时，如何确定其违约责任？笔者认为，应当由力新公司承担因违反合同义务的过错而导致债务不履行的责任，即惠通公司对于这600万元不能够受偿的责任。

2. 力新公司是否应当承担侵权责任？

所谓侵权责任，是指行为人因自己的过错而对给他人造成的损失所应当承担的责任。通常这种过错，是以违反义务的形式表现出来的。如果违反特定的义务而导致损害，则应当承担相应的责任。违反的义务来源，可以是法律规定，也可以是当事人约定。从本案来看，三方约定了力新公司的监督还款义务，但力新公司并未履行这一义务，造成了惠通公司不能受偿的后果。

当然，本案实际上构成了违约责任和侵权责任的竞合。依据《合同法》第122条的规定，在违约责任和侵权责任之间，惠通公司有权作出选择。

案例二　合同订立纠纷案

一、案情简介

2015年5月14日，F市快捷商贸集团有限公司（以下简称“快捷公司”）的采购经理吴某为S市庆达采购公司（以下简称“庆达公司”）在后台系统建立了供应商编号AAKH2，该供应商供货商品为彩电等产品。但快捷公司的采购经理吴某错误地将供应商建立在MA（白电类）产品线下。2015年11月21日，由于后台系统里供应商编号AAKH2项下没有任何供货价，于是快捷公司的技术人员通过逻辑演算计算出商品价格为161.99元，并将该价格错误上线，而正确的价格应当为1 599元，但快捷公司在标价下注了一句话：“存货有限，到货为准。”2015年11月26日12:57，“什么值得买”等专门搜索错价、低价商品的网站将该错价商品推送在其网站上，大量客户跟风下单。2015年11月26日13点左右，快捷公司后台系统开始报警提示“单品订单量异常”，并自动将该产品下架停止销售。截至13:07，共产生了7 544份订单，快捷公司相关团队随后立即着手调查。由于仓库确实无货，快捷公司于11月27日向客户发出了无法满足客户订购意向的通知，并迅速退款至订购方的账户。但多名买家起诉快捷公司，要求其实际履行合同交付商品，或者按照商品的市场价和错误标价之间的差价赔偿买家损失。

二、争议梳理

本案争议的第一个问题在于，多名买家与快捷公司之间的合同关系是否已经成立？一种观点认为，多名买家与快捷公司之间的合同关系已经成立，因为快捷公司在网上发布商品广告，并标明了价格，该广告的内容具体、确定，应当构成要约，用户对快捷公司发出订单构成承诺，合同关系已经成立。另一种观点认为，多名用户与快捷公司的合同关系并不成立，因为快捷公司虽然发布了商品广告，并标明了价格，但其在商品标价下标注了一句话，即“存货有限，到货为准”，这表明快捷公司发布的广告只是要约邀请，而不是要约，因此，不能因为买家下单而当然认定买卖合同已经成立。

本案争议的第二个问题在于，快捷公司撤回广告，是否应当承担赔偿责任？一种观点认为，多名买家与快捷公司的合同关系已经成立，因此，快捷公司单方撤回广告并退款，单方解除合同，已经构成违约，买家有权请求快捷公司承担违约责任。另一种观点认为，快捷公司发布的广告只是要约邀请，而不构成要约，因此，多名买家与快捷公司的合同关系并不成立，快捷公司单方面撤回广告并退款，实际上是没有对买家的要约作出承诺，合同关系并未成立，快捷公司也无须对买家承担赔偿责任。

三、案例评析

（一）多名买家与快捷公司的合同关系是否已经成立

所谓合同的成立，是指订约当事人就合同的主要条款达成合意。合同成立是与合同订立密切联系的一个概念，合同订立是一个动态描述，包括从当事人开始接触、具体磋商到最终达成合意的全过程；而合同成立是一个静态描述，强调的是合同订立过程完成后的最终结果，即当事人达成合意这一既成事实。[①]《合同法》第13条规定："当事人订立合同，采取要约、承诺方式。"因此，判断本案中多名买家与快捷公司的合同关系是否已经成立，需要认定当事人之间是否已经作出了要约和承诺。从本案的情形来看，快捷公司在网站上发布商品销售广告，而多名买家则在网上下了订单，判断本案中的合同关系是否成立，关键在于对快捷公司所发布的广告的性质的认定，即该商品销售广告究竟属于要约邀请还是要约？

关于商业广告的性质，依据《合同法》第15条第1款的规定，"寄送的价目表、拍卖公告、招标公告、招股说明书、商业广告等为要约邀请"，可见，商业广告原则上应当属于要约邀请，但依据该条第2款的规定，"商业广告的内容符合要约规定的，视为要约"。也就是说，判断商业广告是否构成要约，关键看其是否符合要约的规定。要约的内容应当具体确定，且要约人有受该要约拘束的意思。在本案中，快捷公司所发布的商业广告中包括了具体的商品以及商品的标价，内容已经具体确定，在形式上符合要约的要求。但快捷公司发布该广告时，在其商品的标价下方标注了一句话，即"存货有限，到货为准"，这表明，快捷公司只是要求用户对其发出订单，合同关系是否成立还取决于是否"到货"，因此，快捷公司所发布的广告应当属于要约邀请而非要约，也就

① 韩世远．合同法总论．北京：法律出版社，2008：76.

是说，快捷公司只是发出了一份面向不特定相对人的邀请，买家的下单行为构成要约，快捷公司的发货行为才构成承诺。

在此需要讨论的是，买家在下单时还需要付款，能否据此认定买家的下单行为构成承诺？笔者认为，此种观点并不妥当，由于本案中，快捷公司发布的商业广告只是要约邀请而非要约，所以，买家的下单行为只是要约，而非承诺，买家的付款行为也不是履行支付价款的合同义务，而是下单的必要条件之一，因此，不能以买家下单需要付款为由而当然认定买家的下单行为构成承诺。

（二）快捷公司撤回广告并退款，是否需要承担赔偿责任

如前所述，快捷公司在网上发布的销售商品的广告在性质上应当构成要约邀请，其目的在于吸引消费者发出要约，并根据自己商品储存情况等决定是否发货、作出承诺。要约邀请是希望他人向自己发出要约的意思表示，其目的不是订立合同，而是邀请相对人向自己发出要约的意思表示，因此，要约邀请只是当事人订立合同的预备行为，其本身并不发生法律效果。在发出要约邀请以后，要约邀请人撤回其邀请，只要没有给善意相对人造成信赖利益的损失，要约邀请人一般无须承担法律责任。本案中，快捷公司因后台价格系统出错，而对某电视产品标价错误，在收到用户的订单后，快捷公司立即取消了订单，对用户所发出的要约加以拒绝，不予以承诺。快捷公司的行为属于撤回要约邀请的行为，一般无须承担赔偿责任。

当然，如果快捷公司撤回广告的行为构成缔约过失，造成买家信赖利益损失，则买家仍有权请求其承担缔约过失责任。缔约过失责任中的信赖利益损失是指信赖表意人意思表示有效的相对人，因表意人滥用订约自由、随意撤销意思表示，而使得合同不能成立或无效，导致相对人所支付的各种费用和其他损失不能得到弥补而遭受的损失。因此，只有在相对人遭受信赖利益的损失，且此种损失与缔约过失行为有因果关系的情形下，相对人才能基于缔约过失而主张信赖利益的损害赔偿。

通常情况下，信赖利益损失主要体现为费用的支出，而履行利益主要体现为可得利益的损失，因此，与履行利益损失相比，信赖利益损失往往更为容易判断和计算。信赖利益的损失限于直接损失，即相对人因信赖合同的成立和生效所支出的各种费用，具体包括：（1）因信赖对方要约邀请和有效的要约而与对方联系，赴实地考察以及检查标的物等行为所支出的各种合理费用。（2）因信赖对方将要缔约，为缔约做各种准备工作并为此支出了各种合理的费用。（3）为谈判所支出的劳务费用，以及为支出上述各种费用所失去的利息。上述

各种费用的支出必须是合理的，而不是任意支出的，且必须和缔约过失行为有着直接因果关系。

本案中，快捷公司购物网站的用户在看到错误标价商品的要约邀请后下订单进行订购，快捷公司发现错误后立即取消订单、不予承诺，并且将订购方的款项在合理时间迅速进行了退款处理。于这一通过网络下订单进行订购的缔约过程，订购方并未支出上述常见三项费用，因为其无须实地查看标的物，也无须支出谈判准备等劳务费用，所以很难认定买家遭受了信赖利益损失。同时，快捷公司在发现所投放的广告标价出现错误后，快速撤回了广告并及时将所收取的买家的款项退回，并没有造成买家信赖利益的损失。当然，如果买家能够证明其确实遭受了一定的信赖利益损失，则应当有权请求快捷公司予以赔偿，否则快捷公司无须对其撤回商品展示的要约邀请行为承担赔偿责任。

案例三　合同成立纠纷案

一、案情简介

黎先生在春节期间带全家开车自驾在南方某市自驾游，途经一家名为“南方人家”的海鲜餐馆，黎先生决定在该酒店吃饭。坐下来之后，便招呼服务员章某某点菜，点菜时，黎先生问：“有没有新鲜的海鱼，来一条新鲜的石斑鱼。”章某某说：“请到鱼缸前挑选。”黎先生指着一条三斤多的东星斑说：“这条鱼真漂亮！”章某某就把这条鱼捞起来并捡起旁边的一条木棍，上去就要捶打鱼的鱼头。正在此时，黎先生看见旁边有行小字：“500 元/斤”。便说：“等等。”话音刚落，章某某已经用木棍猛击一下鱼的头部，并扔在一边，并说：“就是这一条了。”黎先生说：“每斤 500 元太贵，我不要了。”章某某说：“既然点了，鱼都死了，还怎么反悔？”黎先生说：“你们这个店是黑店。”双方为此发生争吵。在争吵中，章某某将黎先生眼睛打伤，价值 1 万元的金丝眼镜也被摔碎。黎先生要求酒店赔偿治疗费和金丝眼镜的费用。而酒店要求其支付 1 700 元的鱼钱。黎先生将该海鲜餐馆告到法院，在诉讼中，法院查证，按照当地政府出台的指导价，东星斑价格应为每斤 150 元至 200 元，该海鲜餐馆东星斑价格违反了政府的指导价规定。

二、争议梳理

本案属于用餐合同纠纷案，本案的争议焦点在于，黎先生是否应当支付鱼价款？对此存在如下不同观点。

第一种观点认为，黎先生在点菜的时候就问有没有新鲜的海鱼，想要一条新鲜的石斑鱼。章某某说请到鱼缸前挑选，黎先生指着一条三斤多的东星斑说：“这条鱼真漂亮！”这表明黎先生已经明确要这条鱼，事后又反悔不要，构成违约，所以黎先生应当支付鱼的价款。

第二种观点认为，黎先生只是说这条鱼长得漂亮，并没有明确选定这一条，更何况在服务员章某某在将鱼捞起来时，黎先生让他“等等”，说明黎先生没有明确地要这条鱼的意思。所以要求黎先生支付鱼价款就够构成了强买强卖。

第三种观点认为，海鲜餐馆的鱼价款明显违反了当地政府的指导价，构成欺诈消费者，黎先生有权请求撤销该合同。

三、案例评析

（一）买卖石斑鱼的协议是否已经成立

从本案来看，双方就用餐已经达成了合意，因为黎先生已决定在该酒店吃饭，而且在坐下来之后就招呼服务员点菜，服务员也已经过来提供点菜服务，表明双方已经达成用餐合意。但双方是否就购买一条新鲜的石斑鱼达成合意，存在不同的观点。笔者认为，双方已经就购买一条新鲜的石斑鱼达成了合意，理由如下：第一，双方就用餐已经达成了口头协议；第二，黎先生明确表示“来一条新鲜的石斑鱼”，此时双方已经就石斑鱼的买卖达成了初步协议，黎先生前去鱼缸前挑选，更进一步地表明黎先生已经就买鱼的意思表示作出了具体的行为表示（当然，即使不去挑选也不能否定其意思表示）；第三，本案中黎先生指着东星斑说“这条鱼真漂亮”，这确实会让服务员认为其已经选购了这条鱼，事实上，在当时的环境下，黎先生指着这条鱼并说“这条鱼真漂亮”，可以将其理解为黎先生有选定这条鱼的意思，或者说，该买卖合同中标的物已经特定化。至此可以认为，双方就购鱼已经达成了协议。

但问题在于，双方就鱼的价款没有达成合意，能否认定当事人就购买新鲜的石斑鱼达成合意？或者说合同未成立？笔者认为，确定买卖合同是否成立，关键看其是否具备合同的主要条款，依据《合同法司法解释二》第 1 条的规定，“当事人对合同是否成立存在争议，人民法院能够确定当事人名称或者姓名、标的和数量的，一般应当认定合同成立。但法律另有规定或者当事人另有约定的除外”。从本案来看，当事人、标的和数量是已经确定的。如前所述，双方已经就购买一条新鲜的石斑鱼达成口头协议，而且章某某还带着黎先生去鱼缸前挑选，黎先生指着一条说：“这条鱼真漂亮！”这表明不仅标的已经特定了，而且数量也最终确定了。应当认定该买卖合同的主要条款已经具备，就购买这条新鲜石斑鱼确实已经成立买卖合同。

但是，当事人确实没有就价款达成合意，因为当黎先生看见鱼缸旁边的小字“500 元/斤”时，便说“等等”，这表明黎先生并没有以 500 元/斤购买石斑鱼的意思，但是服务员章某某立即将鱼打死，也就是说，在当事人未就价格商量好的情形下，就把鱼捞起来打死，确有强买强卖之意。但即便当事人未就鱼的价款达成合意，也应当认定该合同已经成立。唯一存在不同理解的是“鱼的价款”，因为黎先生在挑鱼后看到价款是500元/斤，便说等等，这并不是说不想要买这条鱼了，而只是认为该价款不合适，需要双方进一步协商。所以可以说双方当事人仅仅是就鱼价未达成协议，即双方就价格未达成合意。

（二）在价格未形成合意的情形下，如何确定该协议的效力

从本案来看，可以确定双方当事人并没有就石斑鱼的价格条款达成合意，而鱼又已经被打死，在此情形下，究竟应当如何认定合同的效力？笔者认为，有两种思路可以选择。

一是认定合同已经成立，但因价格条款未达成合意，可依据政府的指导价补充价格条款。这就是说，如果黎先生还是愿意购买该鱼，可以选择认定该合同已经成立，并选择依据政府指导价来认定鱼的价格。

二是认定餐馆构成欺诈，黎先生主张撤销合同。所谓欺诈，是指故意向对方告知虚假情况，或者恶意隐瞒真实情况，从而使对方作出的意思表示不符合其真实意思。在本案中，当地对石斑鱼的价格实行政府指导价，该餐馆显然是知道政府指导价的，但该餐馆不仅没有遵守该政府指导价，反而以小字标明远高于政府指导价的价格，其主观上显然存在欺诈的故意，同时，该餐馆以“小字注明”的方式标明石斑鱼的价格，而没有采纳明显标志公示鱼的价格，表明其不愿意向顾客明确告知真实价格，这是一种恶意的不作为。因此，可以认定餐馆存在欺诈黎先生的行为，黎先生有权主张撤销合同。鉴于酒店并没有实际交付石斑鱼，所以酒店只能自己承担石斑鱼被打死的损失。

此外，黎先生是否可以以重大误解为由主张撤销合同？从本案来看，这种可能性也是存在的，因为黎先生到当地旅游，已了解当地的海鲜价格一般都比较便宜，与石斑鱼每斤500元的价格相差甚远。所以他十分放心地点石斑鱼，可见其似乎对石斑鱼的价格已经形成了重大误解。但笔者认为，本案难以构成重大误解。因为虽然黎先生要买石斑鱼，但当他看见旁边有行小字：“500元/斤”时，便说“等等”，在此情形下，表明黎先生的主观意愿并不是对价格条款产生重大误解，而是在没有看见价格条款之前，认为鱼的价格不贵，可以购买，但在看到价格后，便说“等等”，表明其不接受该价格条款。所以，黎先生不能以重大误解为由主张撤销合同。

总之，上述两种方式都可以由黎先生选择，关键取决于其是否需要这条鱼，在发生争议后，如果黎先生不打算购买该鱼，其可以以欺诈为由主张撤销该合同。

（三）关于黎先生所受人身和财产损失的赔偿

在争吵中，章某某将黎先生眼睛打伤，价值一万元的金丝眼镜也被摔碎，这形成了另外一种法律关系，即侵权损害赔偿关系。服务员章某某所实施的侵权行为应当由酒店承担代付责任，给黎先生造成的损失都应当予以赔偿。黎先生有权要求该餐馆赔偿治疗费和金丝眼镜的费用。

案例四　合同成立纠纷

一、案情简介

E市清源毛纺厂（以下简称“毛纺厂”）与F市达旺制衣厂（以下简称“制衣厂”）签订了购销洗净改良羊毛合同的意向书，其中规定：“制衣厂向毛纺厂购买60支洗净改良羊毛95吨，由制衣厂到毛纺厂验货并带款提货，提货时有关价格问题面议。”该意向书签订以后，毛纺厂多次去电催告制衣厂提货，制衣厂一直以资金短缺为由未提货。2017年12月底，毛纺厂将95吨羊毛派车送往F市，制衣厂收到货后提出原先签订的协议只是一份意向性的合同，且该货物质量存在问题，因此拒绝收货。后制衣厂同意将该货暂时存放在制衣厂的仓库。10天后毛纺厂来检查货物时发现该货已短缺10吨，制衣厂承认其因急需原料已用了10吨，另外85吨拒绝接受。毛纺厂认为制衣厂已经构成违约，于是向法院提起诉讼，要求制衣厂支付全部95吨羊毛的货款并承担违约责任。

二、争议梳理

本案中的合同是否成立，在审理中有不同的意见。

第一种观点认为，制衣厂与毛纺厂先前所签订的协议虽然在名称上是意向性合同，但实际已经生效，毛纺厂已经按照该协议履行了合同，制衣厂屡次违约，因此制衣厂应负违约责任。

第二种观点认为，制衣厂与毛纺厂先前所签订的合同只是意向性合同，并未实际生效，但在毛纺厂将羊毛送到以后，制衣厂一旦接受了其中的部分货物，无论多少都视为就全部货物买卖达成了协议，制衣厂拒绝就另外的85吨货物支付货款已经构成违约。

第三种观点认为，制衣厂与毛纺厂先前所签订的合同并没有生效，当毛纺厂将95吨货送到以后，制衣厂有权接受部分货物，也有权拒绝接受全部货物，制衣厂仅仅接受10吨并不构成违约。

三、案例评析

本案主要涉及双方当事人是否就购买95吨羊毛的问题达成了协议。合同在本质上是合意，它是当事人之间设立、变更、终止民事关系的协议。合同并不等于合同书，合同是一种合意关系，合同书仅仅是用来证明这种合意关系的存在及其内容的证据而已。因此，要确定一方是否违约的关键在于，首先要明确合意是否实际成立并且已经发生效力。

本案中，最初毛纺厂与制衣厂签订了购销洗净改良羊毛合同的意向书，其中规定："制衣厂向毛纺厂购买60支洗净改良羊毛95吨，由制衣厂到毛纺厂验货并带款提货，提货时有关价格问题面议。"显然该意见书并不能等同于合同，因为双方并没有真正形成合意，其原因在于：第一，该文件名称为"意向书"而非"合同"。所谓意向书是指当事人之间用以表达合作交易意愿的文件，也就是说它仅仅表达了当事人愿意在今后达成合同的意愿，即表明当事人具有订约意图，但并没有形成能够对当事人产生约束力的合同。第二，该意向书的内容也不具备买卖合同成立所必须具备的条款，所谓合同的主要条款是指，依据合同的性质所必须具备的条款，换言之，如不具备该条款将使合同不能成立。一般来说，合同的主要条款是由合同的性质所决定的。由于买卖合同本质上是一方交付标的物，另一方支付价款的协议，因而买卖合同的成立必须具备标的与价金的条款，该意向书中尽管已经确定了标的条款，即购买95吨羊毛，但双方却并没有就价格条款达成协议，文件中只是规定，"提货时有关价格问题面议"。可见，这一意向书并不具备买卖合同成立所必须具备的价格条款。第三，意向书中规定："提货时有关价格问题面议"，由此也表明，该文件只是一个初步的协议，正式的合同实际上应以当事人提货时，就价格问题达成协议以后，合同才能正式宣告成立。如果当事人在提货时不能就价格问题达成协议，合同因不具备主要条款而仍然不能成立。

本案中的意向书不构成买卖合同，但是否构成买卖合同的预约？所谓预约，或称预备性契约，是指当事人一方或双方为将来订立确定性本合同达成的书面允诺或协议。2012年《最高人民法院关于审理买卖合同纠纷案件适用法律问题的解释》第2条规定："当事人签订认购书、订购书、预订书、意向书、备忘录等预约合同，约定在将来一定期限内订立买卖合同，一方不履行订立买卖合同的义务，对方请求其承担预约合同违约责任或者要求解除预约合同并主张损害赔偿的，人民法院应予支持。"本案中虽然双方之间有意向书，但没有约定明确价格，也没有约定未来特定时间必须订立合同。可见，意向书成为预约是有条件的，不是所有的意向书都是预约。当事人即便选择订立预约，并不意味着他就选择了磋商，或者选择了缔结本约，也不意味着预约中必要条款完备就必须缔结本约，不完备就只能是磋商，预约的效力如何，首先应当看当事人对预约的效力如何约定。①

在意向书签订以后，毛纺厂多次去电催告制衣厂提货，制衣厂一直以资金短缺为由未提货。由此就表明双方并没有达成正式的合同，也就是说双方并没有就购买该羊毛的问题达成合意。后来，毛纺厂将 95 吨羊毛派车送往 F 市，制衣厂起初拒绝收货。后制衣厂同意将该货暂时存放在制衣厂的仓库，对该行为在法律上应如何认定？笔者认为，既然制衣厂与毛纺厂在此之前没有就羊毛买卖达成任何合意，则毛纺厂将 95 吨羊毛送到制衣厂并不是一种履行合同的行为，而只是一种要约行为，这种要约行为的特征是，表意人以实际送货的行为发出要约，在法律上称为现货要约。而制衣厂在该要约行为作出以后，实际上已经处于一种承诺人的地位，如果它同意接受该货物则可以认为其已经作出了承诺，双方就该 95 吨羊毛的购买达成了合意，合同已经成立。如果制衣厂拒绝收货，则可以认为双方并没有就该羊毛的买卖达成合意，合同仍然没有成立。所以在制衣厂拒绝收货时，双方并未存在任何买卖合同关系，至于制衣厂同意将该货暂时存放在仓库里，这种行为只是表明了当事人达成了借用仓库存放货物的保管合同，但此种合同与羊毛买卖合同的成立没有关系。但制衣厂后来擅自使用毛纺厂的 10 吨羊毛，可以认为就这部分羊毛而言，已形成买卖的合意。

在制衣厂拒绝收货 10 天后，毛纺厂来检查货物时发现货物已短缺 10 吨，制衣厂承认其因急需原料已用了 10 吨，另外 85 吨拒绝接受。对这种行为，笔者认为可以分为两点加以探讨。

首先，制衣厂同意将 95 吨羊毛存放在其仓库，但该羊毛的所有权仍归属于毛纺厂，未经毛纺厂的同意，不得擅自处分该羊毛，后制衣厂擅自使用毛纺厂的 10 吨羊毛，可以认定制衣厂有购买该 10 吨羊毛的意思，此时，毛纺厂有权请求制衣厂支付相应的价款。当然，如果毛纺厂不坚持认为合同已经成立，则制衣厂擅自使用毛纺厂 10 吨羊毛的行为应当构成侵权，毛纺厂可以据此请求法院判令制衣厂承担侵权损害赔偿责任。此外，毛纺厂还可以依据双方之间的保管合同关系主张违约责任，该事实构成请求权竞合。

其次，制衣厂未经毛纺厂同意擅自使用 10 吨羊毛的行为可以认为，双方至少已经就购买这 10 吨羊毛的问题达成了合意。《合同法司法解释二》第 1 条

① 李开国，张铣. 论预约的效力及其违约责任. 河南省政法管理干部学院学报，2011 (4).

规定："当事人对合同是否成立存在争议，人民法院能够确定当事人名称或者姓名、标的和数量的，一般应当认定合同成立。但法律另有规定或者当事人另有约定的除外。"在本案中，制衣厂已经使用了毛纺厂提供的 10 吨羊毛，根据这一事实可以确定，制衣厂在使用毛纺厂羊毛的"标的和数量"的意思是清楚的。毛纺厂向制衣厂明确表达了出售羊毛的意思，而制衣厂的实际行为也清楚地表明了合同的标的和数量。可以认为，双方达成了一致的意思表示，人民法院可以据此认定合同已经成立。

根据我国《合同法》的相关规定，当事人的事后履行行为也可以促使合同成立。在合同订立过程中，当事人应当通过特定的书面形成订立合同，但实际上只是在口头上完成了要约承诺的过程，因此合同实质上是有瑕疵的，在此情况下，不能够认为合同关系已经成立，但是如果一方实际履行了合同的主要义务，而另一方又接受了这种履行，可以导致合同的成立。《合同法》第 36 条规定："法律、行政法规规定或者当事人约定采用书面形式订立合同，当事人未采用书面形式但一方已经履行主要义务，对方接受的，该合同成立。"第 37 条规定："采用合同书形式订立合同，在签字或者盖章之前，当事人一方已经履行主要义务，对方接受的，该合同成立。"在实践中，当事人虽未采取特定的形式，但已经实际履行了合同，就可以从当事人实际履行合同义务的行为中推定当事人已经形成了合意。这实际上就意味着，当事人应当采用书面的形式订立合同，但却没有采取特定的形式，则合同虽然在订立上存在缺陷，却可以通过事后的履行行为促成合同成立，充分体现了《合同法》鼓励交易的理念。《合同法司法解释二》第 2 条规定："当事人未以书面形式或者口头形式订立合同，但从双方从事的民事行为能够推定双方有订立合同意愿的，人民法院可以认定是以合同法第十条第一款中的'其他形式'订立的合同。但法律另有规定的除外。"可见，我国法律和司法解释承认此种订约方式。在本案中，毛纺厂已经将货物送到了制衣厂处，而制衣厂已经实际接受了 10 吨货物，由此也表明双方已经就 10 吨货物作出了实际履行，从而促使合同成立。此外，该案中的标的物羊毛为可分物，分割标的物不影响物的价值，表明该合同可以就标的物分割成立。制衣厂也承认其因急需原料已经用了 10 吨羊毛，并愿意就此支付货款表明其愿意就此达成协议，而毛纺厂也同意其使用该批货物，表明双方就此已经达成了协议。

本案争议的焦点在于，对另外 85 吨货物的买卖双方是否已经达成了协议？对此存在两种观点：一种观点认为，双方当事人仅就买卖 10 吨羊毛达成了合意，而没有就剩余的 85 吨达成合意；另一种观点认为，毛纺厂有出卖 95 吨羊毛的意思，制衣厂擅自使用毛纺厂的10羊毛，应当视为制衣厂购买了全部95吨羊毛。笔者认为，双方并没有就剩余85吨羊毛的买卖达成协议，因为在毛纺厂以送货的方式发出要约的时候并未声明使用任何1吨羊毛就意味着对整个95吨羊毛的买卖达成了协议。在买卖合同的订立过程中，要约人就某种货物的买卖向受要约人发出要约，受要约人完全可以只是就部分货物的买卖作出承诺，但该合同标的物不可分割的除外。也就是说，如果标的物是不可分割的，则受要约人不能仅就部分货物的购买作出承诺，而就另一部分标的物拒绝承诺，但本案的标的物是可分的，因此，受要约人可以只是就部分货物的买卖作出承诺。因此本案中，毛纺厂送货的行为是一个要约，而制衣厂只使用其中的10吨羊毛只是就该10吨羊毛的买卖作出了承诺。毛纺厂事先并没有声明该批货物一旦接受部分就必须全部接受，而事后又同意制衣厂使用该批货物中的10吨，因此可以认为双方只是就这10吨羊毛的买卖达成了协议，并没有就其他的85吨羊毛的买卖达成协议。当然，毛纺厂如果不愿以违约提起诉讼，也可以以制衣厂擅自使用其10吨羊毛为由，提起侵权损害赔偿之诉。

案例五　要约与要约邀请的区别

一、案情简介

F市兴旺食品有限公司（以下简称“兴旺公司”）因建造一栋大楼，急需水泥，其基建处遂向本省的青锋水泥厂、新华水泥厂及建设水泥厂发出函电，函电中称：“我公司急需标号为150型号的水泥100吨，如贵厂有货，请速来函电，我公司愿派人前往购买。”三家水泥厂在收到函电以后，都先后向建设水泥厂回复了函电，在函电中告知它们备有现货，且告知了水泥的价格。而建设水泥厂在发出函电的同时，亦派车给兴旺公司送去了50吨水泥。在该批水泥送达兴旺公司之前，兴旺公司得知新华水泥厂所生产的水泥质量较好，且价格合理，因此，向新华水泥厂发去函电，称：“我公司愿购买贵厂100吨150型号水泥，盼速送货，运费由我公司负担。”在发出函电后第二天上午，新华水泥厂发函称已准备发货。下午，建设水泥厂将50吨水泥送到，兴旺公司告知建设水泥厂，它们已决定购买新华水泥厂的水泥，因此不能接受建设水泥厂送来的水泥。建设水泥厂认为，兴旺公司拒收货物已构成违约，双方因协商不成，建设水泥厂遂向法院提起诉讼。

二、争议梳理

对本案中兴旺公司是否构成违约，存在着几种不同观点。

第一种观点认为，兴旺公司已构成违约。因为兴旺公司向建设水泥厂发出的函电中，称“我公司愿派人前往购买”。实际上已表示，只要建设水泥厂有货，它就将购买该货，这是对建设水泥厂发出的购买水泥的要约。而建设水泥厂发送水泥，实际上是以行为作出承诺，可见，双方已成立买卖合同，兴旺公司拒收货物，已构成违约。

第二种观点认为，兴旺公司并未构成违约，因为兴旺公司向建设水泥厂发出的函电并非一种要约，只是要约邀请，而建设水泥厂送货，实际上是一种要约行为，据此，兴旺公司可以承诺，也可以拒绝承诺，如兴旺公司拒绝收货，表明它不愿意承诺，这完全是合法的。

第三种观点认为，双方已达成买卖合同，但由于兴旺公司在要约中明确提出将“派人前往购买”，因而，合同的交货方式应是买方自提，而非卖方送货。建设水泥厂未与兴旺公司协商而主动送货，显然已违反了合同约定的交货方式，因此，兴旺公司有权拒绝收货。

三、案例评析

（一）关于要约和要约邀请的区别

笔者认为，确定本案的兴旺公司是否构成违约，首先须判定买卖合同是否成立，而要判定合同是否成立，关键在于认定兴旺公司向建设水泥厂所发出的函电在性质上究竟是要约，还是要约邀请？所谓要约，据《合同法》第14条规定，“要约是希望和他人订立合同的意思表示，该意思表示应当符合下列规定：（一）内容具体确定；（二）表明经受要约人承诺，要约人即受该意思表示约束”。所谓要约邀请，又称为“引诱要约”，是指一方邀请对方向自己发出要约。从法律性质上来看，要约是当事人旨在订立合同的意思表示，它有一经承诺就产生合同的可能性，所以，要约在发出以后，对要约人和受要约人都会产生一定的拘束力。如果要约人违反了有效的要约，将承担法律责任。根据学者观点，要约邀请不是一种意思表示，而是一种事实行为[①]，也就是说，要约邀请是当事人订立合同的预备行为，在发出要约邀请时，当事人仍然处于订约的准备阶段。[②] 要约邀请只是引诱他人发出要约，它既不能因相对人的承诺而成立合同，也不能因自己作出某种承诺而约束要约人。在发出要约邀请后，要约邀请人撤回邀请，只要没有给善意相对人造成信赖利益的损失，要约邀请人一般不承担法律责任。

如何区别要约与要约邀请，在实践中较为复杂，各国立法和实践对此所规定的标准不完全一致。根据我国司法实践和理论，主要根据当事人所表达的意愿、订约提议的内容是否包括了合同的主要条款以及交易习惯等来区分要约与要约邀请，从而解决在要约过程中产生的纠纷。根据这三项标准，笔者认为，兴旺公司向建设水泥厂发出的函电的内容，在性质上属于要约邀请，而非要约，具体理由如下。

1. 从当事人的意愿角度来看，应属于要约邀请。此处所说的当事人的意愿，是指根据当事人已经表达出来的意思来确定当事人对其实施的行为主观上认为是要约还是要约邀请。具体来说：由于要约中应当包含当事人受要约拘束

---

① 史尚宽. 债法总论. 北京：中国政法大学出版社，2000：120.

② 苏慧祥主编. 中国当代合同法论. 长春：吉林大学出版社，1992：172.

的意旨，而要约邀请只希望对方主动向自己提出订立合同的意思表示，因而，如果当事人在其订约的建议中提出其不愿意接受要约的拘束，或特别声明其提议是要约邀请，而非要约，或者根据提议，可判定当事人的意思是希望对方向自己发出要约，则应认为该提议在性质上是要约邀请，而非要约。从本案来看，兴旺公司向建设水泥厂发出的函电中称："如贵厂有货，请速来函电，我公司愿派人前往购买"，从中可以看出，该函电是要约邀请，而不是要约。一方面，函电中明确声称"请速来函电"，表明兴旺公司希望建设水泥厂向自己发出要约；另一方面，兴旺公司提出"我公司愿派人前往购买"，其含义是派人前去协商购买，而并不是前往建设水泥厂处提货。因为在建设水泥厂尚未来函告知价格，兴旺公司亦未派人前去查验水泥质量的情况下，不能确定兴旺公司就具有一定要购买建设水泥厂货物及前往建设水泥厂处提货的意思。可见，兴旺公司的真实意图是希望建设水泥厂向自己发出要约。从本案来看，兴旺公司在给新华水泥厂发出的函电中明确指出"盼速送货，运费由我公司负担"。可见，该函电内容已明确具有兴旺公司愿受该函电拘束的意思，一旦发货，兴旺公司不仅要接受货物，而且要承担运费。

2. 从函电的内容是否包含了合同的主要条款来确定该函电是要约还是要约邀请。要约在内容上应当包含合同的主要条款，这样才能因承诺人的承诺而成立合同。而要约邀请，旨在希望对方当事人提出要约，因此，它不必包含合同的主要条款。此处所说的主要条款是指决定着未来合同是否成立并生效的核心条款，换言之，如果不具备这些条款，合同是不能成立的。在本案中，兴旺公司向建设水泥厂发出的函电，如果构成要约，那么，就必须具备未来合同的主要条款，由于未来合同是买卖合同，而买卖合同要具备的主要条款乃是标的和价金，例如《联合国国际货物销售合同公约》第 14 条规定：一项要约必须具备标的、数量和价格。一个建议如果写明货物并且明示或暗示地规定数量和价格，或规定如何确定数量和价格，即为十分确定。我国学者大多认为，既然买卖是当事人约定一方将财产移归他方所有，他方取得财产权并支付价金的协议，因此标的与价金是买卖合同的基本条款。从本案来看，兴旺公司在函电中已明确规定了标的和数量（100 吨 150 型号的水泥），但并未提出价款，兴旺公司的意思显然是希望建设水泥厂向其告知价款，以进一步与其协商是否购买其水泥。由于函电内容缺少价格条款，因而其不符合要约的构成要件，而只能视为要约邀请。

3. 从交易习惯上看，也不足以认定兴旺公司的函电是要约。因为兴旺公司在尚未了解水泥的价格与水泥的质量的情况下，是不可能决定派人前往建设水泥厂处提货的，更何况水泥在当时当地并非紧俏物资，兴旺公司亦无必要在未了解任何情况时便接受建设水泥厂送来的货物。

从以上分析可见，本案中兴旺公司向建设水泥厂发出的函电是要约邀请而非要约，那么，建设水泥厂发出函电和发运水泥的行为，在法律上如何认定?笔者认为，此种行为是一种要约行为，它实际上是以函电告知货物的价格及发出货物的行为来作出订立合同的提议，由于建设水泥厂在发货之前已函告兴旺公司货物的价格，同时又发出货物，因而已具备了未来合同的必要条款，表明了其已作出了愿意订立合同的明确缔约意图。但由于这种行为仅是一种要约，因而在建设水泥厂实施这种行为以后，兴旺公司处于一种承诺人的地位，这样，对兴旺公司而言，可以承诺，亦可以不承诺，任何要约人都无权强迫他人必须作出承诺。如果兴旺公司拒收货物，表明其拒绝承诺，而一旦兴旺公司拒绝承诺，则表明合同根本没有成立，自然不能使兴旺公司承担任何合同责任。

（二）关于合同不成立的责任

在合同不成立的情况下，如果一方当事人在订约过程中具有过失，则应当根据诚实信用原则，承担缔约过失责任。我国《合同法》第 42 条关于缔约过失责任规定："当事人在订立合同过程中有下列情形之一，给对方造成损失的，应当承担损害赔偿责任：（一）假借订立合同，恶意进行磋商；（二）故意隐瞒与订立合同有关的重要事实或者提供虚假情况；（三）有其他违背诚实信用原则的行为。"但从本案来看，兴旺公司发出函电及拒绝收货，都不能认定其主观上具有过失，属于正常的缔约自由，不符合《合同法》第 42 条规定的三种情况，因此，不应当承担缔约过失责任。值得注意的是，在我国司法实践中，由于未严格区分合同的成立与不成立的问题，因而，常常造成合同责任与缔约过失责任的混淆。实践证明，对二者作出严格区分是十分必要的。在缔约过程中，只要合同不成立，原则上都只能承担缔约过失责任，而非违约责任，有预约协议的除外。2012 年《最高人民法院关于审理买卖合同纠纷案件适用法律问题的解释》第 2 条规定："当事人签订认购书、订购书、预订书、意向书、备忘录等预约合同，约定在将来一定期限内订立买卖合同，一方不履行订立买卖合同的义务，对方请求其承担预约合同违约责任或者要求解除预约合同并主张损害赔偿的，人民法院应予支持。"该条款承认了预约的效力，在缔约过程中，如果双方当事人以认购书、订购书、预订书、意向书、备忘录等形式达成预约协议，在未来未按约定订立合同，则违反预约一方承担违约责任，此时的违约是违反预约而非本约。本案中，双方当事人仅有单方的函电，尚不构成预约协议，因此不存在违约的问题。

案例六　确认书的性质

一、案情简介

S市兴达外贸进出口有限责任公司（以下简称“兴达公司”）于8月5日向Q市向阳毛纺有限责任公司（以下简称“向阳公司”）发出一份传真，询问向阳公司是否有高档全毛双面呢面料，如有，希望向阳公司报价，兴达公司欲购买5 000米。向阳公司立即答复它有现货出售，每米价格为150元。如欲购买，需要付10%的预付款，兴达公司复函表示同意购买，但要求签订合同书。向阳公司立即寄去该厂拟定的合同文本，兴达公司在收到文本后立即在合同上签字，并将毛呢价格由每米150元改为每米140.5元，同时也汇去预付款72 500元，但在合同的最后一款中写明“交货时间应以我方确认为准”。向阳公司收到该书面合同后，立即组织货源，于10天后备齐毛呢5 000米，并向兴达公司发函要求发货。兴达公司提出因无仓库存放，暂缓供货。向阳公司再次去函，如兴达公司不能立即收货，该批货物将另作处理。兴达公司复函，希望推迟1个月交货。向阳公司认为时间太长，遂将该批货物转售他人，并退回了兴达公司的付款。兴达公司在1个月后，得知该批货物已转卖他人，而向阳公司又不能很快组织货源，遂向法院起诉，请求向阳公司承担违约损害赔偿责任。

二、争议梳理

关于向阳公司是否应当承担违约责任问题，存在几种不同的观点。

第一种观点认为，向阳公司不应当承担责任。因为尽管合同已经成立，但对于交货时间并未达成协议。虽然兴达公司提出应以兴达公司的确认为准，但这只是兴达公司单方面的意思，交货时间应由双方协商。向阳公司两次提出供货实际上是与兴达公司协商交货时间，因兴达公司拒绝向阳公司的提议，这样就交货时间条款不能达成一致意见，向阳公司在此情况下，可以将货物另作处理。

第二种观点认为，在本案中，交货时间是合同的必要条款，如果就该条款未达成协议，合同就不能成立。在兴达公司提出准确的交货时间以后，由于向阳公司不同意按该时间交货，因而期限条款并未达成，从而合同并未成立，据此，向阳公司不应当承担违约责任。

第三种观点认为，向阳公司应当承担责任，因为合同已经成立，只是未能就交货时间条款达成一致协议，但兴达公司明确提出应以兴达公司确认的时间为准。这样一旦兴达公司确认了具体的交货时间，就是合同的交货时间，由于向阳公司未能按该时间交货，已构成违约。

三、案例评析

笔者认为，确定本案中向阳公司是否应承担责任，需要探讨如下几个问题。

（一）本案中的合同是否已经成立

所谓合同的成立，是指订约当事人就合同的主要条款达成合意。只要双方当事人就合同主要条款达成合意，合同就成立。什么是合同的主要条款？我国立法原本很不一致，理论和实务上争议很大。现行《合同法》第 12 条规定："合同的内容由当事人约定，一般包括以下条款：（一）当事人的名称或者姓名和住所；（二）标的；（三）数量；（四）质量；（五）价款或者报酬；（六）履行期限、地点和方式；（七）违约责任；（八）解决争议的方法。"但实际上，有些条款并不一定是合同必须具备的主要条款，该条规定仅对合同主要条款的确定具有参考意义，并非强制性规定。如关于违约责任条款，如果在合同中未作规定，合同仍然成立，违约责任适用法律有关条款确定。可见，各种合同因其性质不同，所应当具备的主要条款是不一样的。例如，价款是买卖合同的必要条款，但是对无偿合同来说并不需要此类条款。因此，所谓主要条款，是指根据合同的性质所应当具备的条款，如果缺少这些条款，合同是不能成立的。

本案中当事人旨在订立买卖合同，那么买卖合同的主要条款是什么？对此，《联合国国际货物销售公约》第 14 条规定，"一个建议如果写明货物并且明示或暗示地规定数量和价格，或规定如何确定数量和价格，即为十分确定"。显然该公约将国际货物买卖合同的主要条款确定为三项，即标的、数量、价格，只要就该三项条款达成协议，合同即告成立。2009 年我国《合同法司法解释二》也确认了该规则，其第 1 条规定："当事人对合同是否成立存在争议，人民法院能够确定当事人名称或者姓名、标的和数量的，一般应当认定合同成立。但法律另有规定或者当事人另有约定的除外。"我国学者也大多认为，既然买卖是当事人约定的一方财产归他方所有，他方取得财产权并支付价金的协议，那么当事人、标的与数量是买卖合同的基本条款，价金如果没有约定可以依照合同订立时履行地的市场价格确定，至于交货期限则不应视为合同主要条款。

从本案来看，双方在签订正式合同文本之前，实际上是处于要约邀请和要约阶段。向阳公司答复兴达公司称其有现货出售，每米价格为150元，如欲购买需支付10%的预付款，这实际上是向兴达公司发出一份要约。兴达公司复函表示同意购买，但要求签订合同书，兴达公司在向阳公司寄去的合同书上签字，并将毛呢价格由每米150元改为每米140.5元，同时汇去预付款72 500元，这是否属于一种承诺行为呢？笔者认为，这不是一种承诺，而是一种要约行为。因为兴达公司已更改了向阳公司所提出的价款，构成反要约。我国《合同法》第30条规定："承诺的内容应当与要约的内容一致。受要约人对要约的内容作出实质性变更的，为新要约。有关合同标的、数量、质量、价款或者报酬、履行期限、履行地点和方式、违约责任和解决争议方法等的变更，是对要约内容的实质性变更。"可见，凡是在承诺的内容中，对要约的内容、要约中规定的合同标的、数量、质量、价款或者报酬、履行期限、履行地点和方式、违约责任和解决争议方法等内容作出了变更，则视为对要约内容的实质性变更，应当构成反要约或提出了一项新的要约，而不是作出承诺。在本案中，由于兴达公司更改了价金条款，这样兴达公司所签署的合同实际上是一项新的要约。问题的关键在于，向阳公司在收到经兴达公司签署的合同书后所持的态度。因为向阳公司收到合同书后已处于承诺人的地位，他可以拒绝兴达公司提出的新要约，也可以对此作出承诺。

本案中，向阳公司收到书面合同后，没有立即作出拒绝的表示，而是立即组织货源，并在备齐货物后向兴达公司发函要求发货，这表明向阳公司已经接受了兴达公司提出的条件。那么，向阳公司是否就合同主要条款作出了承诺呢？笔者认为，这已是客观存在的事实。因为关于出售5 000米毛呢及每米价格140.5元的条款，向阳公司未表示任何异议，并接受了兴达公司按每米140.5元的价格汇去的预付款。可见向阳公司完全同意这些条件，并根据这些条件实际作出了履行。既然该项买卖合同的主要条款已经达成合意，并且向阳公司已作了实际履行，合同已经成立，但关于交货时间确实在合同中未作出明确规定。当然，由于交货时间并不是买卖合同的主要条款，因而缺少期限条款不应影响买卖合同的成立。

（二）关于兴达公司提出的"交货时间应以我方确认为准"的条款的性质

合同当事人在合同的订立过程中，常常会提出要求签订确认书的问题。确认书实际上是与承诺联系在一起的，双方达成书面协议以后，一方要求以其最后的确认为准，这样其所发出的确认书实际上是其对要约所作出的最终的、明确的、肯定的承诺。可见，确认书是承诺的重要组成部分，是判定是否作出承诺的要素。我国《合同法》第33条规定："当事人采用信件、数据电文等形式订立合同的，可以在合同成立之前要求签订确认书。签订确认书时合同成立。"在未发出确认书以前，双方达成的协议不过是一个初步协议，对双方并无真正的约束力。因而在正式承诺以前的任何阶段，订约当事人均可提出要求签订确认书，而不受初步协议的拘束。当然，双方在达成初步协议后，一方提出签订确认书是有过错的，并因其过错使订约的另一方遭受了信赖利益的损失，则有过错的一方应负缔约过失责任。至于承诺人在已作出承诺以后，又提出确认书的问题，则实际上将要推翻或否认已经成立的合同，因此构成违约。

从本案来看，由于兴达公司要求确认的不是全部的合同条款，而只是交货期限条款，因而，对期限条款的确认问题不应影响合同的成立。所以，不论本案中兴达公司是否已经就期限条款作出了确认，或者双方是否就期限条款达成一致协议，都不影响本案中合同的成立和生效。

笔者认为，当兴达公司在合同的最后一款中写明"交货时间应以我方确认为准"，并将其作为要约的条件交给向阳公司，向阳公司对此未提出异议，表明双方就兴达公司有权就期限条款作出确认的问题达成了协议。如果兴达公司没有就向阳公司提出的期限条款作出确认，则期限条款不能成立。确认的含义是什么呢？兴达公司认为，确认是指由兴达公司单方面决定期限条款，换言之，兴达公司提出要求向阳公司在什么时候交货，向阳公司就应在什么时候交货。笔者认为，此种理解是不妥当的。一方面，尽管兴达公司是在发出要约的时候提出了对于期限条款的确认问题，但实际上确认期限条款并不是要约问题，最终仍然是一个承诺问题。因为在向阳公司接受兴达公司提出的条件以后，交由向阳公司提出一个交货的期限条款，由兴达公司正式作出确认，也就是说应由向阳公司发出要约，兴达公司正式作出承诺，该期限条款才能得以正式确定。另一方面，如果由兴达公司单方面决定期限条款也不符合合同的性质，而且极易损害向阳公司的利益。

问题在于，如果向阳公司提出的期限，兴达公司均不作确认，该如何处理？笔者认为，首先，由于期限条款是否被确认不影响合同的效力，因而，向阳公司仍负有依据合同交货的义务，向阳公司不能以兴达公司不作确认为由将货物转售他人，并返回预付款，向阳公司的行为实际上是单方面解除合同，这显然已构成违约，应承担相应的违约责任。当然，向阳公司在合同订立后曾积极组织货源，并且两次向兴达公司去函要求发货，表明向阳公司曾经有履约的诚意并已作出了履行行为。只是因为履行期不明确而单方面解除了合同，其过错程度较轻。其次，向阳公司两次提出履行期限，兴达公司均不予确认，而单方面提出的履行期限，向阳公司又不能接受。由此表明，合同规定了由兴达公司确认交货时间的条款是不完备和不明确的条款。在本案中，根据这一条款，是难以确定交货时间的。据此，笔者认为在交货期限条款不明确、不完备的情况下，应适用《合同法》第 61 条、第 62 条对合同内容予以补充。在确定合理的交货期限后，双方均应按该期限履行各自的义务。

案例七　预约与本约纠纷案

一、案情简介

某市永利房地产开发公司（以下简称“永利公司”）开发了一个名为滨海小区的楼盘。在房屋快封顶的时候，该公司开始销售楼盘。金先生对其中靠近海边的一套房屋十分喜爱，便当即要求签订买卖合同。双方在协商时，永利公司售楼处提出，如果一次性交付现款，可以签订买卖合同，但如果采取分期付款的方式，就要先签订《购房意向书》，该意向书第1条规定：“乙方购买7号楼一单元10层的101房，面积230平方米”，还明确约定“具体面积位置见附图”，价款500万元。第2条规定：“如果三个月内不能全部付清购房款，则卖方有权处置该房产。”第3条规定：“在合同签订后，任何一方违约，应当按照约定赔偿一倍的购房款。”在该意向书签订两个月后，金先生到售楼处要求支付房款，并要求签订正式的买卖合同。但售楼处提出，因为该楼盘销售火爆，这套房屋被某客户看中，并以600万元的价格付清了全款。如果金先生愿意，也可以以650万元的价格购买另外一套与其面积相同、楼层相同的房屋。金先生坚持要以原价款购买原来的那一套房屋，并认为售楼处的行为构成违约。但售楼处提出，双方之前签订的只是意向书，并没有签订正式的合同，所以，其有权将房屋卖给别人，双方为此发生争议，金先生在法院提起了诉讼。

二、争议梳理

本案争议的第一个问题是，双方当事人签订的《购房意向书》，是构成预约，还是本约？对此，存在两种不同的观点。一种观点认为，由于永利公司的售楼处提出，如果一次性交付现款，可以签订买卖合同，但如果采取分期付款的方式，就先签订《购房意向书》，而金先生没有一次性付清价款，因此，当事人签订的是意向书，应属预约。另一种观点认为，不能以是否分期付款作为认定意向书性质的标准，而应当看意向书的内容，本案中，当事人意向书的内容已经十分具体、确定，因此，其应当构成本约，而非预约。

本案争议的第二个问题是，开发商永利公司将房屋卖给第三人的行为，是否构成违约？一种观点认为，双方原来签订的只是意向书，并没有签订正式的合同，所以，出卖人有权将房屋卖给别人。另一种观点认为，不论是预约还是本约，都是已经生效的合同，在合同生效后，永利公司无权再将该房屋转让给其他人，否则将构成违约。

三、案例评析

（一）《购房意向书》在性质上不是预约而是本约

本案首先涉及当事人双方签订的购房意向书究竟是预约还是本约的问题。所谓预约，或称预备性契约，是指当事人约定为在将来一定期限内订立合同而达成的允诺或协议。将来应当订立的合同，称为本约合同，而约定订立本约的合同，称为预约合同。如当事人购买飞机票的合同为本约合同，预先约定将来购买飞机票的合同则为预约合同。在预约合同订立时，本约合同尚未成立，当事人负有将来按照预约合同约定的条件订立本约合同的义务。当事人之所以订立预约合同，是因为当事人遇到某些事实和法律上的障碍暂时不能订立本约合同，或者为了防止一方当事人将来不订立本约合同，从而采取订立预约合同的办法，使一方当事人预先受到订立本约合同义务的拘束。此类合同在实践中被广泛采用，如订购房屋、预订座位、预购机票和车船票等，许多国家也对预约合同作了规定。2012 年《最高人民法院关于审理买卖合同纠纷案件适用法律问题的解释》（以下简称《买卖合同司法解释》）第 2 条规定："当事人签订认购书、订购书、预订书、意向书、备忘录等预约合同，约定在将来一定期限内订立买卖合同，一方不履行订立买卖合同的义务，对方请求其承担预约合同违约责任或者要求解除预约合同并主张损害赔偿的，人民法院应予支持。"该条首次在法律上正式承认了预约合同。

在本案中，双方当事人签订的合同名为《购房意向书》，就该名称来看，其确实属于《买卖合同司法解释》所说的预约。但是，判断究竟是预约还是本约，不能完全从合同的名称上确定，关键要看合同的实质内容。对本案而言，有一种观点认为，由于永利公司的售楼处提出，如果一次性交付现款，可以签订买卖合同，但如果采取分期付款的方式，就先签订《购房意向书》，由于金先生没有一次付清，因此，当事人签订的意向书即为预约。笔者认为，是否分期付款并非区分预约与本约的标准。虽然永利公司提出分期付款的问题，但其并不影响对协议性质的认定，因为其本质上是一种合同履行方式，并不能成为认定合同性质的标准。事实上，本案中，当事人之间所签订的《购房意向书》

不是预约，而已经是本约，主要理由如下。

第一，从意向书的内容来看，其已经具备了本约的主要条款，应当认定合同关系已经成立，主要理由在于：一方面，《购房意向书》中明确了买卖的客体。该意向书第1条约定："乙方购买7号楼一单元10层的101房，面积230平方米"，还明确约定"具体面积位置见附图"。从该意向书的规定来看，其已经明确了房屋的面积和具体位置，并可通过"附图"予以确定，实际上已经使买卖的客体特定化。另一方面，该意向书中明确了合同价款。该意向书第1条已经明确规定了合同的价款为500万元，同时，当事人还分别就价款的支付方式即一次性支付或者分期付款作出了规定。此外，该意向书第2条规定，"如果三个月内不能全部付清购房款，则卖方有权处置该房产"。从该约定可以看出，双方当事人的真实意思表示系以约定价款购买前述特定的商品房，而不只是就该房屋的买卖订立预约，因为预约合同的目的是将来订立本约，至于将来本约中房屋买卖的价款，一般不在预约之内。可见，该意向书已经构成了买卖合同。

第二，该意向书第2条规定："如果三个月内不能全部付清购房款，则卖方有权处置该房产。"该条中所谓"卖方有权处置该房产"，实际上是赋予了出卖人解除合同的权利，即如果买受人不能在三个月内付清购房款，则出卖人有权解除合同。这也表明，当事人所订立的意向书实际上已经成立房屋买卖合同，已经成为本约而非预约。

第三，双方合同履行行为不符合"预约合同"的交易习惯。如果《购房意向书》是预约合同，则关于商品房买卖合同的本约合同尚未成立，自然不存在商品房买卖合同的履行及违约责任问题。双方当事人在《购房意向书》第3条中约定，"在合同签订后，任何一方违约，应当按照约定赔偿一倍的购房款"。该违约责任显然是就已经成立的房屋买卖合同所约定的违约责任，而不是就预约所约定的违约责任。如果只是在预约中出现，则在当事人尚未订立本约时，购房款尚不确定，当事人也不可能约定此种赔偿责任。因此，将该意向书认定为预约并不妥当。

总之，笔者认为，本案中的意向书已经不是预约，而应当构成本约。由于近年来我国房价剧烈攀升，所以一些开发商通过订立意向书等方式，变相订立房屋买卖合同，从而在房屋价格上涨时为解约提供依据，因而在认定当事人约定的意向书、订购书等协议的性质和效力时，不应当仅依据协议的名称予以认定，而应当结合协议的具体条款、当事人是否有订约意向等，准确认定其性质和效力。

（二）开发商永利公司将房屋卖给第三人的行为，是否构成违约

《购房意向书》第2条规定，“如果三个月内不能全部付清购房款，则卖方有权处置该房产”。本条可以理解为，如果买方在三个月内不能支付全部的购房款，则卖方有权解除合同。所以，可以解释为该约定赋予出卖人单方解除合同的权利。所谓单方解除权，即当事人双方在合同中约定，只要符合一定的条件，一方当事人即享有解除合同的权利，也就是说，如果买受人没有在三个月内付清全部购房款，则出卖人有权解除该买卖合同。从法律上看，当事人的约定应当是合法有效的，这就是说，当事人完全可以约定合同解除条件，赋予一方当事人解除合同的权利。但是，从本案来看，这一条件还没有成就。因为在该意向书签订两个月后，金先生到售楼处要求支付房款，并要求签订正式的买卖合同，所以，出卖人约定解除权的行使条件尚不具备，其无权单方解除合同。

（三）关于赔偿一倍购房款的约定的效力

双方当事人在《购房意向书》第3条中约定，“在合同签订后，任何一方违约，应当按照约定赔偿一倍的购房款”。在解释该条款时，首先需要明确，如果当事人签订的是预约，则该约定的效力是存在疑问的。一方面，当事人还没有签订本约，所以不存在购房款的问题，在没有明确购房款的情形下，更谈不上赔偿一倍购房款的问题。另一方面，违反预约主要是信赖利益损失问题，但从该约定来看，违反该约定比违反本约的法律后果还要严重，显然是不妥当的。但如上所述，当事人双方签订的意向书属于本约，而非预约，该约定应当是当事人真实的意思表示。因为在合同订立过程中，买受人担心出卖人随意解约，所以采用赔偿“一倍的购房款”的约定严格限制出卖人的解约行为。从这一意义上说，维持这一约定的效力，有利于保护买受人。

问题在于，当事人是否可以在合同中约定惩罚性的赔偿条款?《最高人民法院关于审理商品房买卖合同纠纷案件适用法律若干问题的解释》第8条规定:“具有下列情形之一的，导致商品房买卖合同目的不能实现的，无法取得房屋的买受人可以请求解除合同、返还已付购房款及利息、赔偿损失，并可以请求出卖人承担不超过已付购房款一倍的赔偿责任:……（二）商品房买卖合同订立后，出卖人又将该房屋出卖给第三人。”从该条规定来看，法院承认在一物数卖的情形下，可以采用惩罚性赔偿，但其是在发生纠纷后，由法院采用的赔偿方式，当事人不能在合同中约定此种惩罚性赔偿，因为赔偿一倍的购房款实际上已经远远超出了当事人的实际损失，这可能将正常的交易转变为一种赌博。我国法律历来强调违约金责任的补偿性，其不能过分高于实际损失。对

此，《合同法》第 114 条第 2 款规定："约定的违约金低于造成的损失的，当事人可以请求人民法院或者仲裁机构予以增加；约定的违约金过分高于造成的损失的，当事人可以请求人民法院或者仲裁机构予以适当减少。"笔者认为，可以类推适用违约金过高的规则，对过高的违约损害赔偿责任进行必要的限制。

案例八　合同效力的认定

一、案情简介

2016年4月，X市达恒房地产开发有限公司（以下简称“达恒公司”）开发了“紫金庄园”小区，为尽早回笼资金，在该项目尚未取得预售许可证的情形下就开始销售。不过，达恒公司要求购房人必须先签认购合同，待预售许可证获得后再签订正式协议。同年4月15日，该市李女士以每平方米6 020元的价格签订紫金庄园“认购合同”，合同第2条规定，买受人交付房款后，出卖人应当于2017年年底交付房屋。合同第3条规定，任何一方违约，将承担房价10%的违约金。李女士当天一次性交了全款。自2017年年初开始，X市房价一路飙升，当年年底每平方米价格已经上涨了5 000元。由于工程工期延误，达恒公司当年不能交付房屋，李女士等许多购房人多次找达恒公司交涉，要求交付房屋，达恒公司多次提出延误半年交房，并愿意赔偿每平方米100元的损失。双方签订了延期交房的协议。2018年年初，达恒公司给每个购房人发送了一份《关于处理紫金庄园内部认购合同的告知函》，告知函中宣称：“根据相关法律规定，签订合同时双方均明知该项目没取得预售许可证，因此合同无效。公司将在一个月内退还购房人交付的房款，退款后双方解除购房合同。”购房人李女士等人坚持要求交房，于是达恒公司诉至法院，主张合同无效。达恒公司在法庭上甚至提出：“我违法了，我要告业主!”据法院在审理中了解，达恒公司已经向有关部门申请了预售许可证，有关部门答复，同意尽快办理预售许可证。但达恒公司又以种种理由拖延办理预售许可证。

二、争议梳理

本案争议的第一个问题是，达恒公司是否有权主张合同无效？对此存有不同观点。一种观点认为，由于该商品房买卖合同签订时开发商并未获得商品房预售许可证，因而违反了法律的强制性规定，依据《合同法》和《最高人民法院关于审理商品房买卖合同纠纷案件适用法律若干问题的解释》的规定，当事人之间的买卖合同应属无效合同。另一种观点认为，虽然当事人签订买卖合同时，达恒公司尚未取得预售许可证，但这并不影响双方签订买卖合同的效力，双方的买卖合同是有效的。

本案争议的第二个问题是，达恒公司是否有义务向有关部门申请预售许可证？一种观点认为，达恒公司与购房者只是签订了买卖合同，买卖合同中没有约定达恒公司必须向有关部门申请预售许可证，所以达恒公司没有义务申请预售许可。另一种观点认为，达恒公司作为出卖人签订了商品房买卖合同，为履行该合同，应当负有办理预售许可的义务。

三、案例评析

（一）本案所涉合同是否属于须经批准生效的合同

依据有关法律法规的规定，商品房预售必须办理预售许可证，《城市房地产管理法》第45条规定："商品房预售，应当符合下列条件：（一）已交付全部土地使用权出让金，取得土地使用权证书；（二）持有建设工程规划许可证；（三）按提供预售的商品房计算，投入开发建设的资金达到工程建设总投资的百分之二十五以上，并已经确定施工进度和竣工交付日期；（四）向县级以上人民政府房产管理部门办理预售登记，取得商品房预售许可证明。"该规定属于强制性规范。《合同法司法解释二》第14条规定："合同法第五十二条第（五）项规定的'强制性规定'，是指效力性强制性规定。"但问题在于，《城市房地产管理法》第45条究竟属于效力性强制性规范，还是管理性强制性规范？所谓效力性强制性规范，是指决定合同的效力的规范，违反该规范将导致合同无效；所谓管理性强制性规范，是指违反该规范并不当然导致合同无效的规范。

问题在于，如何在法律上区分取缔规范（或称取缔性强制性规定）和效力规范（或称效力性强制性规定）？笔者认为，可以采取以下标准：第一，法律法规明确规定违反禁止性规定将导致合同无效或不成立的，该规定属于效力规范。第二，法律法规虽没有明确规定违反禁止性规定将导致合同无效或不成立的，但违反该规定以后，若使合同继续有效将损害国家利益和社会公共利益的，也应当认为该规范属于效力规范。第三，法律法规虽没有明确规定违反禁止性规定将导致合同无效或不成立，违反该规定以后若使合同继续有效并不损害国家利益和社会公共利益，而只是损害当事人的利益，在此情况下该规范就不应属于效力规范，而是取缔规范。在本案中，达恒公司未办理商品房预售许可而进行房屋预售，《最高人民法院关于审理商品房买卖合同纠纷案件适用法律若干问题的解释》第 2 条规定："出卖人未取得商品房预售许可证明，与买受人订立的商品房预售合同，应当认定无效，但是在起诉前取得商品房预售许可证明的，可以认定有效。"依据该条规定，出卖人在未取得商品房预售许可证明的前提下订立商品房预售合同，应当被认定为无效合同，可见，《城市房地产管理法》第 45 条关于预售房屋应当取得商品房预售许可证明这一规范在性质上应当属于效力性强制性规范。在本案中，出卖人达恒公司完全可以继续申请办理商品房预售许可，只是故意不办理。因此，开发商依据该条主张买卖合同无效不应被支持。

需要指出的是，《最高人民法院关于审理房地产管理法施行前房地产开发经营案件若干问题的解答》（已废止）第 26 条规定："商品房的预售方，持有土地使用证，也投入一定的开发建设资金，进行了施工建设，预售商品房的，在一审诉讼期间办理了预售许可证明的，可认定预售合同有效。"依据该条规定，即便未办理房屋预售许可，当事人所签订的预售合同也并非当然无效。也就是说，如果当事人能够在一审诉讼期间内办理预售许可证明的，则合同仍可认定为有效合同。有学者在考察该条司法解释的制定背景时得出结论：该条事实上是肯定欠缺预售许可的商品房预售合同效力可以被补正。[①]

（二）达恒公司是否有权主张合同无效

达恒公司主张合同无效的理由是《合同法》第 52 条，该条规定："有下列情形之一的，合同无效：（一）一方以欺诈、胁迫的手段订立合同，损害国家利益；（二）恶意串通，损害国家、集体或者第三人利益；（三）以合法形式掩盖非法目的；（四）损害社会公共利益；（五）违反法律、行政法规的强制性规定。"依据有关法律法规，办理预售登记并取得商品房预售许可证明是商品房预售必须具备的条件之一。据此，达恒公司认为，其预售行为违反了法律的强制性规定，因此应当被认定为无效。达恒公司在法庭上甚至提出："我违法了，我要告业主!"

笔者认为，开发商的主张违反了禁反言规则。当事人订立合同的目的本身是追求合同有效的效果，因为自己从事某种不合法的行为，并由自己主张合同无效，是对自己之前承诺的否定，不应由其主张产生合同无效的后果。例如，在本案中，开发商宣称："我违法了，我要告业主!"达恒公司的主张不应当得到支持，主要理由在于：

第一，达恒公司的行为违反了诚实信用原则。诚实信用原则是基本的商业

---

① 王轶. 论商品房预售许可证明对合同效力的影响. 比较法研究，2018（6）.

道德，一方在订立合同时明知其行为违法，而仍然从事该行为，事后又因为合同履行对其不利，为逃避承担违约责任而主张合同无效，其行为显然有违诚实信用原则。诚如我国学者所言，因市场行情变化而使履行合同带来的不利益大于因承担合同无效责任而丧失的利益时，就会促使人们选择后者，即以合同无效为借口而逃避合同义务，必然会助长市场经济活动中出现不讲信誉、为追求自身利益最大化而置他人利益于不顾的现象。① 在比较法上，无论是大陆法系还是英美法系，作为外观主义或禁反言法理（theory of estoppel）的基本要求之一，当行为人无资格进行某种行为或没有使其行为产生某种法律后果的内心意思，但若行为人使第三人产生其有资格或有使行为产生某种后果的合理信赖，则其本人或其他相关者应对第三人负责。按照禁反言的法理，也应当尽量限制恶意抗辩行为。所谓禁反言，是指当事人不得作出与自己承诺相悖的行为。在英美法上，英国法院在 High Tree 案中确立了允诺禁反言制度。丹宁法官认为，“如债权人对债务人已表示接受少数数目以清偿较大数目之债务，经债务人已依约履行，纵债务人未给予债权人其他之酬劳或对价，此项约定即生效力，禁止债权人再违反先前之允诺”②。依据该原则，如果违反禁反言，在法律上是不能得到支持的。从本案来看，达恒公司明知未取得预售许可证而预售房屋违反相关法律规定，而仍然预售房屋，尤其是在房价大幅上涨的情形下，为了获取更大的非法利益，在法庭上甚至提出：“我违法了，我要告业主!”，请求法院宣告该合同无效。如果支持其请求，其实就是鼓励了不诚实守信的行为。

第二，如果认可违法行为人的主张，将会纵容违法行为人的违法行为，使违法行为人获得其不应获得的利益。从本案来看，在明知欠缺预售许可的情形下，达恒公司没有主动办理房屋预售许可证明，反而向法院请求宣告合同无效，就是为了获得房屋价格上涨的利益。由于该利益的取得没有法律依据，如果支持其请求，就无异于鼓励其获得非法利益。如此，将使合同无效制度成为其追求某种不正当甚至违法利益的手段。

第三，违背了合同无效制度设立的目的和宗旨。合同无效设立的重要目的在于制裁不法行为人，维护国家的法治秩序和社会的公共道德。如果违法行为人主动请求确认合同无效，则不仅意味着无效后的责任对违法行为人没有形成某种硬化的约束，更意味着将使其获得某种不正当的利益，这就根本违背了无效制度设立的宗旨。无辜的受害人可能在法院起诉要求获得保护的时候，反而受到违法行为人的控制。如果认可违法行为人的抗辩，将会背离法律的价值取

① 梁慧星主编．民商法论丛：第六卷．北京：法律出版社，1997：170.

② 龚赛红，李婉丽主编．合同法．广州：中山大学出版社，2007：117.

向，损害法律的权威性。

（三）达恒公司是否有义务向有关部门申请预售许可证

从本案来看，达恒公司确实向房屋主管部门申请办理房屋预售许可证，但在房屋价格上涨的情形下，其没有主动办理，那么，达恒公司是否有义务办理该预售许可证？一种观点认为，达恒公司与购房者只是签订了买卖合同，买卖合同中也没有约定达恒公司必须向有关部门申请预售许可证，所以达恒公司没有义务申请预售许可。另一种观点认为，既然达恒公司作为出卖人签订了商品房买卖合同，则为履行该合同，应当负有办理预售许可的义务。

申请预售许可证这一行为本应在商品房预售合同签订之前完成，出卖人才具有预售房屋的资格。在开发商未获得预售许可即售房的情形下，申请预售许可证应是履行合同所必需的准备行为，没有办理预售许可证，开发商就无法履行合同义务。也就是说，在办理房屋所有权登记时，预售许可证是必要的证明文件，否则将无法办理房屋所有权变更登记。因此，出卖人应当负有办理房屋预售许可证明的义务。本案中，买受人应当有权请求达恒公司继续申请办理房屋预售许可证明，在达恒公司拒绝办理预售许可证明时，依据《最高人民法院关于审理商品房买卖合同纠纷案件适用法律若干问题的解释》第 2 条的规定，法院可以责令其及时办理房屋预售许可。从合同性质来看，在没有办理预售许可证时，房屋买卖合同可能因此无效，但当事人办理预售许可的义务具有相对独立性，即便合同尚未生效，权利人仍可请求义务人及时办理预售许可证。

案例九　预约合同的认定及其效力

一、案情简介

金兰公司在某市购买了 10 亩地用于房地产开发，但登记过户手续正在办理之中，金兰公司便开始寻找合作伙伴。后来，该市的蓝中房地产公司（以下简称“蓝中公司”）愿意参与开发。双方于 2003 年 3 月 20 日签署了《项目整体合作框架协议》。《协议》第 1 条约定，“双方合作共同出资，开发该项目，共享投资权益。具体事项待金兰公司土地登记过户手续办理完毕后正式约定”。《协议》第 3 条约定：“乙方应在正式协议签订之日起 10 天内汇入人民币 2 000 万元（大写：贰仟万元整）至以乙方名义开设的甲方和乙方共管账户作为履约保证金。在项目正式协议生效后转为收购款（具体比例及方式以正式协议为准）”。但在《项目整体合作框架协议》签订三天后，蓝中公司便汇了 2 000 万元，打入双方约定的账户。金兰公司又催促蓝中公司具体商量股权比例和投资金额，双方签订了一份“会议纪要”，在纪要中写道：“蓝中公司愿投资 5 亿元开发该项目，双方各享有百分之五十的股权比例，并共同成立项目管理公司，管理该项目。”双方都在纪要中签字盖章。但由于蓝中公司开发的另一楼盘因政府限购无法销售，蓝中公司便提出，不再参与该项目开发，要求金兰公司退回 2 000 万元的履约保证金。但是，金兰公司指出，双方实际订立了正式的合同，且履约保证金已经汇入了共管账户，蓝中公司不得反悔。如果蓝中公司退出，不仅要承担定金责任，而且应承担违约责任。而蓝中公司则认为，双方只是订立了预约，而没有签订正式合同。双方为此发生了争议。

二、争议梳理

本案争议的第一个问题是，双方是否订立了正式的合同。一种观点认为，双方签署的《项目整体合作框架协议》，也是书面合同，应受法律保护。虽然有关具体条款仍不清晰，“会议纪要”已经就股权比例和投资金额作出了约定，包含了合同的主要条款，因此认为，合同已经成立。另一种观点认为，《项目整体合作框架协议》明确规定，“具体事项待金兰公司土地登记过户手续办理完毕后正式约定”。但是，在蓝中公司退出时，土地使用权的登记过户手续仍没有办理完毕，合同也没有正式签订。“会议纪要”虽然已经有了约定，但是，只是表明了双方的合作愿望，而不是正式的合同。

本案争议的第二个问题就是，金兰公司是否有义务退回 2 000 万元的定金的问题。一种观点认为，既然合同已经正式订立，而且蓝中公司已经支付了定金，所以，金兰公司没有义务返还定金。另一种观点认为，当事人只是签订了“会议纪要”，这并非正式合同，因此，定金条款还没有生效，所以，金兰公司有义务返还该定金。

三、案例评析

（一）双方是否订立了正式的合同

所谓合同成立，是指当事人就合同的主要条款达成了合意。合同成立首先要求当事人有受合同约束的意愿；其次，当事人还必须就合同的主要条款达成合意，主要条款因不同的合同而存在差异。就本案而言，当事人之间仅仅订立了预约，而没有订立本约，也就是说，当事人之间还没有订立正式的投资合同。

第一，从文件的名称上看，双方签署了《项目整体合作框架协议》。这表明当事人仅仅依据合作的框架达成了协议，而并非最终的正式合作协议。

第二，该框架协议第 1 条约定，“双方合作共同出资，开发该项目，共享投资权益。具体事项待金兰公司土地登记过户手续办理完毕后正式约定”。这就意味着，在土地登记过户手续办理完毕后，双方才签订正式的协议。可见，双方在土地登记过户手续办理完毕之前的协议，都只是预约，而不是本约。

第三，关于会议纪要的效力。在《项目整体合作框架协议》签订三天后，蓝中公司便汇了 2 000 万元，打入双方约定的账户。金兰公司又催促蓝中公司具体商量股权比例和投资金额，双方签订了一份“会议纪要”，在纪要中写道：“蓝中公司愿投资 5 亿元开发该项目，双方各享有百分之五十的股权比例，并共同成立项目管理公司，管理该项目。”双方都在纪要中签字盖章。应当说，会议纪要也是当事人双方的合意，但是，会议纪要也没有形成正式的合同，理由在于：一是双方此前约定的土地登记过户手续办理完毕的条件，并没有成就。二是双方没有签订正式协议，“会议纪要”中写道：“蓝中公司愿投资 5 亿元开发该项目”，这就表明，蓝中公司只是表达了愿意投资的意愿，而这种意思表示不是确定的、肯定的、明确的表示。所以，双方并没有签订正式合同的意愿。最高人民法院在审理上海新华房地产发展公司等与上海通海房地产实业有限公司等财产损害赔偿纠纷上诉案中，曾经指出，会议纪要“是当事人在履行合同过程中就有关事项进行协商时形成的书面文件，只要所记载的内容真实地反映了会议商定的事项，没有证据推翻记载的内容失实，则该《会议纪要》记载的事项可以作为确定有关当事人意思表示的依据”[①]。但是，就本案来说，考虑到双方此前商定了必须在土地登记过户手续办理完毕后再签订正式合同，因此，会议纪要作为预约更符合当事人的意愿。

所谓预约，是指当事人双方签订的以未来签订本约为内容的合同。认定某一协议是否属于预约，既需要协议的内容具体、确定，也需要该协议包含当事人在将来将要订立本约的意思表示。据此，应当将本案中的《项目整体合作框架协议》认定为预约，因为一方面，该协议第1条约定：“双方合作共同出资，开发该项目，共享投资权益。具体事项待金兰公司土地登记过户手续办理完毕后正式约定。”从该约定来看，其既包含了预约合同的内容，即双方当事人共同出资，合作开发项目，共享收益，也包括在将来对具体事项作出正式约定，这实际上是当事人在将来将订立本约的意思表示。因此，该合作框架协议在性质上应当是预约。另一方面，《项目整体合作框架协议》第3条约定：“乙方应在正式协议签订之日起10天内汇入人民币2 000万元（大写：贰仟万元整）至以乙方名义开设的甲方和乙方共管账户作为履约保证金。在项目正式协议生效后转为收购款（具体比例及方式以正式协议为准）”。从该约定可以看出，当事人所受领的履约保证金是当事人在将来订立本约的保证金，而且在当事人订立本约后，该保证金将转化为收购款。

（二）金兰公司是否有义务退回2 000万元的定金

《项目整体合作框架协议》第3条约定：“乙方应在正式协议签订之日起10天内汇入人民币2 000万元（大写：贰仟万元整）至以乙方名义开设的甲方和乙方共管账户作为履约保证金。在项目正式协议生效后转为收购款（具体比例及方式以正式协议为准）”。该条款是关于定金的约定。根据《合同法》第115条和《担保法》第89条规定，合同当事人可以约定一方向另一方给付定金作为债权的担保；债务人履行债务后，定金应当抵作价款或者收回；给付定金的一方不履行约定债务的，无权要求返还定金；收受定金的一方不履行约定债务的，应当双倍返还定金。虽然上述第3条中未直接使用“定金”概念，但双方当事人的约定已明显体现出“若双方守约，则履约保证金转为收购款；若甲方违约，则双倍返还履约保证金”的真实意思表示，这一意思表示具有“定金罚则”的典型特征，依法应认定为定金。

问题在于，定金条款是否已经生效？笔者认为，《项目整体合作框架协议》

① 最高人民法院（2005）民一终字第42号民事判决书。

约定的定金条款并未生效，因为其中约定，“在项目正式协议生效后转为收购款（具体比例及方式以正式协议为准）”。对于该条款的效力，双方是存在争议的。蓝中公司认为，所谓“正式协议生效”，是指双方签订的正式合同生效。而金兰公司则认为，“正式协议生效”是指框架协议生效。笔者认为，这里所说的“正式协议”应当理解为在土地登记手续办理完毕后订立的正式协议。一方面，假如当事人所说的“正式协议”是指框架协议，就应当使用“本协议”字样，而不必使用“正式协议”的表达。另一方面，对于预约而言，要当事人支付2 000万元的定金，确实过高，不成比例。因此，此处所说的“正式协议”应当是指土地登记手续办理完毕后的正式协议。虽然蓝中公司提前将定金打入了指定的账户，但是，在正式协议生效之前，定金条款仍然没有生效。

（三）蓝中公司是否应承担违约责任

如前所述，本案中不存在“本约”，所以，金兰公司不能要求蓝中公司承担违反本约的违约责任。但是，由于蓝中公司单方面退出，违反了预约合同，因而其应当承担违反预约合同的责任。

从法律上看，预约也是独立的合同类型，是与本约相区别的合同，因而违反预约也将产生违约责任。但就违反预约合同的责任，究竟包括哪些责任，现行法上的规定并不清晰。2012年《最高人民法院关于审理买卖合同纠纷案件适用法律问题的解释》第2条规定：“当事人签订认购书、订购书、预订书、意向书、备忘录等预约合同，约定在将来一定期限内订立买卖合同，一方不履行订立买卖合同的义务，对方请求其承担预约合同违约责任或者要求解除预约合同并主张损害赔偿的，人民法院应予支持。”从该司法解释的规定来看，对于违反预约的责任，并没有要求违约人继续履行合同，签订本约。在违反预约的情形下，非违约方能否要求继续履行，签订本约，应当根据具体情形而定。在本案中，金兰公司要求蓝中公司签订正式合同，这是缺乏法律依据的。而且，蓝中公司因政府限购的原因而缺乏足够的资金投资该项目，所以，要求蓝中公司签订本约也是不现实的。

按照上述司法解释的规定，金兰公司可以解除预约合同，并主张损害赔偿。此处所说的损害赔偿，应当采完全赔偿原则，即当事人订立合同时违约方可以合理预见到的损失。具体造成了多少损失，应当由金兰公司举证。无论如何，此处的损害赔偿不能完全等同于违反本约合同的赔偿。由于本约合同还没有成立，未产生可得利益，所以违反预约合同不应当赔偿可得利益的损失。

案例十　附条件合同争议案

一、案情简介

S市工商银行与S市天府房地产开发公司（以下简称“天府公司”）签订了一份贷款协议，约定由工商银行贷款5亿元，天府公司以其开发的“天府名苑”项目（评估价值为6亿元）作为抵押，并由天府公司大股东李某的全部财产提供保证。后工商银行与该市富通资产管理有限公司（以下简称“富通公司”）签订了一份投资合作协议，该协议约定，富通公司以5亿元收购工商银行对天府公司开发的“天府名苑”项目贷款债权和担保权，并对该债权进行重组。合同第3条规定：“未达到以下标准，甲方（富通公司）有权暂缓收购乙方（工商银行）的债权、担保权：（一）贷款到期以后，贷款项下的抵押、保证等担保措施持续有效。（二）……”合同约定三个月后，富通公司付首期的款项。但合同签订两个月后，富通公司发现，“天府名苑”项目早已开始销售，并且已经有部分业主入住，便催促工商银行及时行使抵押权。工商银行提出，对天府公司的贷款尚未到期，其无法行使抵押权，后富通公司主张行使债权代位权，要求天府公司停止销售，并以房屋销售的价款清偿债务，同时，主张行使抵押权。天府公司以富通公司不是其债权人为由，拒绝了富通公司的请求权。在此期间有400家业主联名提出，其已经支付了全部房款，部分业主已经入住，工商银行和富通公司无权主张抵押权。且富通公司了解到，“天府名苑”的房屋已经售罄，且天府公司的大股东李某因涉及多项债务纠纷，资产已经全部被法院执行，于是，富通公司正式向工商银行发函，认为合同约定的“贷款项下的抵押、保证等担保措施持续有效”条款已无法实现，因此，其有权行使不安抗辩权，要求解除合同，并拒绝支付首期款项。而工商银行提出，该抵押权并没有失效，且保证仍然存在，因此，富通公司无权解除合同。

二、争议梳理

本案争议的第一个问题在于，如何理解合同约定的“贷款项下的抵押、保证等担保措施持续有效”条款？一种观点认为，只要相关的担保仍然存在，该担保仍然有效，富通公司有义务支付价款。另一种观点认为，因为房产已经被出售，且保证人的财产已经被查封，该担保措施实际上已经无法发挥作用，因此，富通公司有权拒绝支付价款。

本案争议的第二个问题在于，“天府名苑”项目仍登记在天府公司名下，业主的权利能否对抗工商银行的抵押权？一种观点认为，业主没有办理登记，只是对天府公司享有债权，该债权不能对抗工商银行的抵押权。另一种观点认为，业主对天府公司的权利应当优先于工商银行的抵押权。

本案争议的第三个问题在于，保证是否已经失效？一种观点认为，既然工商银行尚未向天府公司的大股东李某主张保证责任，则保证仍然是有效的。另一种观点认为，虽然工商银行没有向李某主张保证责任，但李某的财产已经被法院执行完毕，而工商银行又不愿意向李某主张保证责任，所以，可以认为该保证已经无法发挥担保作用。

三、案例评析

（一）如何理解合同约定的“贷款项下的抵押、保证等担保措施持续有效”条款

本案争议的第一个问题在于，如何理解合同约定的“贷款项下的抵押、保证等担保措施持续有效”条款？诚然，在三个月快到来时，无论是抵押还是保证，在形式上都是“有效”的，所以，工商银行提出，只要担保是有效的，则富通公司就应当支付首期价款。但笔者认为，这种理解显然并不符合当事人的缔约目的，也不符合当事人双方的真实意思。

毫无疑问，当事人之所以签订这样一个条款，目的在于担保其所收购的债权能够得到实现。本案中，富通公司以5亿元收购工商银行对S市天府房地产开发公司开发的“天府名苑”项目贷款债权和担保权，并对该债权进行重组，合同签订后，富通公司并不是立即支付价款，而是在3个月后支付价款，当事人之所以作出此种约定，目的就在于考察其所收购的债权是否为优质债权，能否得到实现。如果原担保是持续有效的，那么，即便富通公司所收购的债权有一定的瑕疵，则该担保也能够确保其利益不受损害。所以，笔者认为，所谓“担保措施持续有效”，不仅指担保继续存在，其应当仍然能够有效担保债权的实现。此处的“有效”应当是指该担保能够“有效”保障债权的实现，而不是指担保在形式上是“有效”的。

从本案收购的对象来看，富通公司以5亿元收购工商银行对S市天府房地

产开发公司开发的“天府名苑”项目贷款债权和担保权，担保权本身成为收购的对象，既然担保权也是收购的对象，则该担保权应当具有一定的价值，才能实现当事人的订约目的，如果担保权本身没有价值，或者价值受到较大贬损，则将难以实现当事人的订约目的。而在本案中，担保权实际上已经没有价值，无法对抗业主的权利。由于合同目的无法实现，因而不能认为其持续有效。

（二）本案是否符合不安抗辩权的行使条件

富通公司正式向工商银行发函，认为合同约定的“贷款项下的抵押、保证等担保措施持续有效”条款已无法实现，因此，其有权行使不安抗辩权。笔者认为，本案并不涉及不安抗辩权的行使问题。

所谓不安抗辩权，是指在异时履行的合同中，应当先履行的一方有确切的证据证明对方在履行期限到来后，将不能或不会履行债务，则在对方没有履行或提供担保以前，有权暂时中止债务的履行。《合同法》第 68 条规定：“应当先履行债务的当事人，有确切证据证明对方有下列情形之一的，可以中止履行：（一）经营状况严重恶化；（二）转移财产、抽逃资金，以逃避债务；（三）丧失商业信誉；（四）有丧失或者可能丧失履行债务能力的其他情形。当事人没有确切证据中止履行的，应当承担违约责任。”从本案来看，虽然抵押权和保证等方式难以实现担保功能，但这并不意味着作为债权人的工商银行出现了《合同法》第 68 条所规定的上述情形。因此，富通公司不能主张行使不安抗辩权。

实际上，本案并不涉及不安抗辩权的行使问题，而涉及附条件法律行为中条件是否实现的问题。该合同第 3 条规定：“未达到以下标准，甲方（富通公司）有权暂缓收购乙方（工商银行）的债权、担保权：（一）贷款到期以后，贷款项下的抵押、保证等担保措施持续有效。（二）……”该条款虽然规定的是“标准”，但其实质上是对合同所附加的条件。这就是说，当事人在合同中约定以“贷款项下的抵押、保证等担保措施持续有效”作为支付价款的条件，如果这个条件能够成就，则富通公司应当无条件支付价款，但在该条件不具备时，因为条件没有成就，则富通公司支付价款的义务就没有实际发生效力，所以，该条件是就支付价款义务所附加的条件，而不是就整个合同所附加的条件。

（三）抵押权已经名存实亡，不能有效担保债权的实现

笔者认为，本案中所附的条件没有成就，因此，富通公司有权拒绝支付首期价款，因为抵押权已经名存实亡，不能有效担保债权的实现。

在本案中，合同签订两个月后，富通公司发现，“天府名苑”项目早已开

始销售，并且已经有部分业主入住，便催促工商银行及时行使抵押权。应当说，在此时，如果工商银行及时制止天府公司销售房屋，则能够有效维持抵押权的担保功能，但工商银行并没有制止天府公司的行为，而仍然允许其销售房屋，最后导致“天府名苑”的房屋已经售罄，有400家业主联名提出，其已经支付了全部房款，部分业主已经入住，工商银行和富通公司无权主张抵押权。

本案中，如果天府公司将销售的房款全部用于清偿债务，则也能够保障债权的实现，但天府公司将该房款用于其他的投资，以已经售罄的房屋担保债权的实现，实际上已经导致该担保名存实亡。理由在于：业主的权利有权对抗银行的抵押权。《最高人民法院关于建设工程价款优先受偿权问题的批复》第1条规定：“人民法院在审理房地产纠纷案件和办理执行案件中，应当依照《中华人民共和国合同法》第二百八十六条的规定，认定建筑工程的承包人的优先受偿权优于抵押权和其他债权。”第2条规定：“消费者交付购买商品房的全部或者大部分款项后，承包人就该商品房享有的工程价款优先受偿权不得对抗买受人。”依据上述规定，已经支付全部或者大部分购房款的房屋买受人应当优先于建筑工程的承包人的优先受偿权，而建筑工程的承包人的优先受偿权又优先于抵押权，所以，已经支付全部或者大部分购房款的房屋买受人的权利应当优先于抵押权。司法解释之所以作出此种规定，主要是为了保障民生，维护老百姓的合法权益，也就是说，虽然业主没有办理过户手续，但如果已经支付了全部或者大部分价款，则表明当事人之间存在真实的交易关系，其对物权的合理期待应当受到法律保护，此种具有物权效力的期待应当受到法律保护。在本案中，“天府名苑”的房屋已经售罄，且业主已经支付了购房款，因此，工商银行对天府公司的抵押权不能对抗业主的权利，这将导致该抵押权已经名存实亡，无法有效担保债权的实现。

工商银行提出，天府公司的贷款尚未到期，其无法行使抵押权，后富通公司主张行使债权代位权，要求天府公司停止销售，并以房屋销售的价款清偿债务。笔者认为，富通公司不能行使债权人代位权，债权人代位权的行使仍然是行使债权的表现，而在本案中，富通公司则是主张行使工商银行对天府公司的抵押权，抵押权并非债权人代位权行使的对象。

（四）保证是否已经失效

本案中，有一种观点认为，既然工商银行尚未向天府公司的大股东李某主张保证责任，那么保证仍然是有效的。确实，工商银行并没有实际向李某主张保证责任，但笔者认为，本案中的保证即使名义上仍然存在，但实际上已经无法发挥担保功能，理由如下。

第一，工商银行不愿意向李某主张保证责任，工商银行之所以没有向李某主张保证责任，是因为李某已经无法承担保证责任，工商银行没有向李某主张保证责任，实际上已经表明该保证已经难以发挥担保功能。

第二，虽然工商银行没有向李某主张保证责任，但李某因涉及多项债务纠纷，李某的财产已经被法院执行完毕，据此，可以认为该保证已经无法发挥担保作用。换言之，保证虽然名义上存在，但如果保证人已经没有财产可以用于清偿债务，责任虽可以认定，但当事人约定的“贷款项下的抵押、保证等担保措施持续有效”已经无法实现。

第三，合同第3条规定：“未达到以下标准，甲方（富通公司）有权暂缓收购乙方（工商银行）的债权、担保权：（一）贷款到期以后，贷款项下的抵押、保证等担保措施持续有效。（二）……”从该条规定来看，贷款项下的抵押、保证是作为并列成分使用的，如果其中有一项担保方式无法发挥作用，即应当认定该约定的条件已经无法实现。如前所述，天府公司已经将“天府名苑”的房屋销售完毕，工商银行的抵押权已经无法发挥作用，据此，已经可以认定，当事人所约定的支付价款的条件已经无法实现。

总之，笔者认为，本案中，当事人约定的付款条件并没有达到，富通公司有权拒绝支付价款。

案例十一　法定代表人的责任

一、案情简介

永春公司新盖一栋大楼，欲购买几幅名画做装饰，该公司董事长洪先生也喜爱收藏名画，他得知嘉利拍卖行正在拍卖傅抱石的名画《中山陵》，拍卖起底价为 2 000 万元，拍卖行出具了当地著名的鉴定机构 S 市文物鉴定研究所（以下简称“鉴定研究所”）的一份鉴定意见。鉴定书上鉴定该画为真品，但在该鉴定意见最后有这样的表述：“本鉴定意见仅代表本人个人意见”，鉴定师：林某某，并盖了鉴定研究所的公章。由于林某某是当地有名的鉴定专家，且加盖了鉴定研究所的公章，洪先生也就深信不疑。洪先生在看到该幅画后，十分喜爱，于是在拍卖当天由公司派人以 2 500 万元拍得该画，但在合同书上只有洪先生的签字，并没有加盖公司的公章。洪先生提出由自己购买该画，并要求他妻子的公司向拍卖行付款。但是在支付了 1 000 万元后，他又请当地另一位著名的名画鉴定师金某某鉴定该画，结果金某某认为该画是赝品，并提出了该画的几处瑕疵。他便立即找到鉴定研究所，鉴定研究所主张，该画是鉴定师林某某所鉴定，仅代表其个人意见，不代表鉴定研究所的意见。找到林某某后，林某某则主张，名画鉴定的技术性很强，难免出现鉴定失误，不能保证每次鉴定结果都准确无误。于是，洪先生提出该画既然是公司购买的，就应当由公司与拍卖行和鉴定研究所交涉，后因永春公司拒绝支付剩余的 1 500 万元价款，拍卖行向法院起诉。而永春公司也起诉拍卖行和鉴定研究所，以及鉴定师林某某，认为其构成欺诈，要求其退款并承担赔偿责任。

二、争议梳理

本案争议的第一个焦点在于，该案的买卖法律关系中的买受人究竟是公司还是洪先生，对此存在两种不同的观点。一种观点认为，该案的买受人是永春公司，洪先生虽然以自己的名义购买，但其是以公司法定代表人的身份代表公司购买该画，真正的买受人应当是永春公司。另一种观点认为，洪先生是为自已购买该画，在合同中并没有公司的签章，而只是加盖了洪先生的签名章，而且费用是由洪先生妻子的公司支付。

本案争议的第二个焦点在于，拍卖行是否应当承担责任？一种观点认为，拍卖行对所拍卖物品的质量具有实质审查义务，因此，如果拍卖的物品是赝品，给买受人造成损失的，拍卖行应当予以赔偿。另一种观点认为，拍卖行并非专业的鉴定机构，其仅对拍卖的物品质量负有形式审查义务，而不负有实质审查义务，因此，即便拍卖的物品是赝品，拍卖行对买受人的损失也不负有赔偿责任。

三、案例评析

（一）该案的买卖法律关系中的当事人

该案的买卖法律关系中的买受人究竟是永春公司还是洪先生，存在两种不同的观点。有一种观点认为，洪先生是永春公司的法定代表人，因此，应当由永春公司承担洪先生行为的法律后果，应当将永春公司认定为该买卖合同的买受人。

笔者认为，此种观点并不妥当，因为洪先生除担任永春公司的法定代表人外，其本身也是独立的民事主体，可以参与民事活动，订立买卖合同。因此，不宜将洪先生所订立的所有合同关系都认定为是以永春公司法定代表人身份所订立的合同。在具体认定合同当事人时，应当结合当事人订立合同的具体情形、当事人订立合同的意愿等因素，具体判断合同当事人。在本案中，尽管洪先生在购买该画的过程中一直是以永春公司的名义出现的，但在最终订立合同时，洪先生并没有加盖永春公司的章，而只是盖了洪先生自己的章。同时，尽管洪先生派了永春公司的工作人员前去购画，但永春公司工作人员只是进行初步的磋商，最终订立合同、达成合意的仍然是洪先生。从整个案情来看，如果该画是真品，则洪先生应该会自己保留该画，而不会退给永春公司，只不过是因为该画经鉴定被认为是赝品，所以，洪先生才主张该画是为公司购买。因此，从该案的情形来看，探求当事人真实的意思，洪先生是以自己个人的名义订立合同，是为其自己购买该画，而不是为永春公司购画，尤其是，购买该画的价款是由其妻子的公司所支付的，故应当将洪先生认定为买卖合同的当事人，因此，当拍卖行向永春公司起诉付款时，永春公司可以提出抗辩，拒绝拍卖行支付价款的请求，可要求拍卖行请求洪先生付款。

（二）拍卖行是否应当承担责任

在洪先生所购买的名画为赝品时，拍卖行是否应当承担责任？对此存在两种不同观点，其核心是对拍卖行审查义务的界定。换言之，拍卖行是否有义务对拍品的真伪进行鉴别？《拍卖法》第 27 条规定："委托人应当向拍卖人说明拍卖标的的来源和瑕疵。"从这一规定可以看出，拍卖行有义务了解拍卖标的物的具体来源和瑕疵。问题在于，在拍卖名画中，赝品是否属于瑕疵？笔者认为，赝品当然属于瑕疵的范畴，而且是重大的瑕疵，因为对买受人而言，其购买的是真品还是赝品，不仅在价格上存在巨大差异，其也将直接影响买受人合同目的的实现。所以，既然拍卖行有义务"向拍卖人说明拍卖标的的来源和瑕疵"，那么，拍卖行也有义务了解拍卖物品的真伪状况。尽管名画真假难辨，技术性很强，但拍卖行仍应当努力去辨别，以免造成竞买人的损害。尤其是对名画等价值较大的拍卖标的而言，拍卖行更应当有义务了解拍卖标的的具体情况，并将拍卖标的可能存在的瑕疵及时告知竞买人。

如果确实对真伪无法辨别，则拍卖行应当作出声明。《拍卖法》第 61 条规定："拍卖人、委托人违反本法第十八条第二款、第二十七条的规定，未说明拍卖标的的瑕疵，给买受人造成损害的，买受人有权向拍卖人要求赔偿；属于委托人责任的，拍卖人有权向委托人追偿。拍卖人、委托人在拍卖前声明不能保证拍卖标的的真伪或者品质的，不承担瑕疵担保责任。"依据这一规定，如果拍卖人声明不能保证拍卖标的的真伪或者品质的，对拍卖标的物发布了瑕疵免责声明，竞拍人明知且同意签署合同的，应视为其自愿承担标的物的瑕疵风险。但在本案中，拍卖行并没有作出此种声明，而是出示了合格的证明，表明拍卖行确信其为真品，是将其作为真品出售的，但结果说明，被告出售的产品是不合格的。

依据《拍卖法》第 61 条第 1 款规定："拍卖人、委托人违反本法第十八条第二款、第二十七条的规定，未说明拍卖标的的瑕疵，给买受人造成损害的，买受人有权向拍卖人要求赔偿；属于委托人责任的，拍卖人有权向委托人追偿"。拍卖行在承担责任之后，其也有权要求向委托人承担责任。

（三）鉴定研究所以及鉴定师林某某是否应当承担责任

本案争议的另一个问题在于，鉴定研究所和鉴定师林某某是否应当承担责任？确实，名画的鉴定是技术性很强的工作，拍卖行在很大程度上确实需要依赖于鉴定机构和鉴定师的鉴定意见，拍卖行认为，其已经请了当地有名的鉴定研究所和鉴定师鉴定该画，尽到了审查义务，因此，应当由鉴定研究所和鉴定师承担责任。笔者认为，鉴定研究所应当承担责任，主要原因在于：一是洪先生是要求鉴定研究所对该画进行鉴定，另外，鉴定意见加盖了公章，不是单纯的鉴定师个人的行为，而是鉴定研究所的行为，鉴定师是拍卖行聘请的，其与拍卖行之间存在合同关系，因鉴定人鉴定失误造成他人损害，应当由鉴定研究所承担责任。二是该鉴定意见最后虽然有这样的表述："本鉴定意见仅代表本人个人意见"，但笔者认为，虽然该鉴定结果从字面上看是代表鉴定师林某某的意见，但如果盖了鉴定研究所的章，则应当将其理解为鉴定研究所的鉴定意见。不能据此认为，该鉴定行为是个人行为，其仍然是鉴定研究所的行为。

案例十二　自己代理纠纷

一、案情简介

B市威格尔木材制品有限公司（以下简称“威格尔公司”）是一家从事木材业务的个人独资企业。公司经理章某某在一次订货会上遇见了B市的索特家具公司（以下简称“索特公司”）总经理李某某。二人曾经是故交。李某某便出具一委托书，委托章某某在当地购买一批红杉木做家具。委托书上载明，“红杉木，4m×14cm以上，每立方米不超过4 000元”。事成后，支付给章某某50万元劳务费。恰好，威格尔公司存有一批杉木，章某某就以威格尔公司的名义推销杉木。后来，威格尔公司与索特公司签订了购买一万立方米红杉木的合同，总价款为4 000万元。索特公司也向章某某支付了劳务费。在威格尔公司的杉木装货之前，章某某专门给李某某打电话，要求派人前来验货，然后再发货。李某某也派了公司的经营部主任钱某某前去验货，在验货时钱某某已经发现该批货物是章某某公司的货物，但没有提出异议，并同意发货。在交付2 000万元的价款之后，索特公司发现，交付的红杉木只是一般的杉木，当地价格为每立方米1 500至2 000元。尤其是发现，该产品是章某某自己公司的产品，认为自己上当受骗，因此，拒绝支付另一半的价款。章某某提出，红杉木本身就是杉木的一种，交付杉木也是符合合同要求的。要求继续履行合同，并支付另外2 000万元的货款。双方为此发生争议。

二、争议梳理

本案争议的第一个问题是，章某某能否代表自己的公司与索特公司签订合同？对此存在两种不同的观点。一种观点认为，索特公司只是委托章某某代为采购红杉木，而并没有同意将章某某所在公司的红杉木卖给索特公司。另一种观点认为，既然索特公司委托章某某在当地购买，只要是在当地购买的红杉木，就符合委托合同的规定。

本案争议的第二个问题是，是否发生了重大误解。一种观点认为，红杉木虽然被认为是杉木的一种，但是，在行业内仍然认为，两者存在明显的区别。虽然不能认定章某某构成欺诈，但可以认定为存在重大误解。另一种观点认为，本案不存在重大误解。因为红杉木本来就是杉木的一种，而且合同也没有对红杉木的质量作出具体要求。虽然索特公司支付的价格高出杉木价格一倍以上，但是，索特公司在验货时也没有提出异议。

三、案例评析

（一）章某某能否代表自己的公司与索特公司签订合同？

所谓自己代理，是指代理人以被代理人的名义与自己从事法律行为。自己代理存在两种情况：一种情况是代理人以自己的名义向被代理人发出要约且代理人以被代理人的名义予以承诺；另一种情况是代理人以被代理人的名义向自己发出要约且以自己的名义进行承诺。法律上之所以禁止自己代理，原因在于：尽管代理人代理本人行为时，获得了本人的授权，但其应当为本人寻找相对人进行交易，但在自己代理的场合，代理人未寻找相对人，却由自己与本人发生法律关系，这种行为违反了代理人应当负有的忠实义务。按照忠实义务，代理人必须为本人的利益而行为，而不能为了自己的利益而行为，因此，此种行为属于滥用代理权的行为，在法律上应当予以禁止。[①] 此外，在自己代理的情况下，有可能会发生利益冲突，损害被代理人的利益。[②]《民法总则》第168条第1款规定："代理人不得以被代理人的名义与自己实施民事法律行为，但是被代理人同意或者追认的除外。"这就明确了代理人不得从事自己代理行为。

从本案来看，索特公司经理李某某委托威格尔公司总经理章某某，在当地购买一批红杉木做家具，但章某某接受委托后，并没有去向他人求购红杉木，而是将自己公司的红杉木卖给索特公司，显然，已经构成自己代理。关于自己代理的效力，比较法上有如下观点。一是无效说。此种观点认为，在自己代理的情形下，本人可宣告该行为无效。[③] 二是可撤销的代理行为说。例如，《意大利民法典》第1394条规定："由代理人缔结的、与被代理人利益相冲突的契约，在第三人知道或者可知道的情况下，得根据被代理人的请求而撤销。"从我国《民法总则》第168条第1款规定来看，该条实际上是将自己代理作为无权代理对待。也就是说，在代理人实施自己代理行为时，只有在两种情况下才能发生效力：一是被代理人的事先同意。自己代理经过被代理人的同意也可以

① 四宫和夫，唐晖等译．日本民法总则．台北：五南图书出版公司，1995：250．

② Helmut Köhler，BGB Allgemeiner Teil，34. Auflage，Beck，2010，S. 169．

③ 参见《国际商事合同通则》第2.2.7条。

有效。如果自己代理对被代理人并无不利，并不发生利益的冲突，被代理人也会事先同意代理人的行为。二是被代理人的事后追认。这就是说，在代理人实施了自己代理行为之后，被代理人也可以自愿追认这一行为，从而使得这一无权代理转化为有权代理。

笔者认为，虽然在本案中构成自己代理，但是，从案情来看，索特公司已经予以了追认。这主要是因为在威格尔公司的杉木装货之前，章某某专门给李某某打电话，要求派人前来验货，然后再发货。李某某也派了公司的经营部主任钱某某前去验货，在验货时钱某某已经发现该批货物是章某某公司的货物，但没有提出异议，并同意发货。从这个情节来看，钱某某作为公司的经营部主任，他有权代理公司就公司经营中的问题作出决定。钱某某发现了自己代理的存在，但是，没有表示异议，并且同意发货，这可以理解为，钱某某以默示的方式“追认”了自己代理。因为钱某某的行为构成职务代理，所以，钱某某的行为应当对索特公司发生效力。

（二）章某某是否有权获得 50 万元的劳务费

在考虑章某某是否享有报酬请求权时，首先要确定，章某某与索特公司之间是否存在有偿的委托合同。在本案中，索特公司的总经理李某某，以索特公司的名义出具一份委托书，委托章某某在当地购买一批红杉木做家具，并约定事成后，支付给章某某 50 万元劳务费。因为李某某是索特公司的法定代表人，依据《民法总则》第 61 条第 2 款的规定，“法定代表人以法人名义从事的民事活动，其法律后果由法人承受”。因此，李某某以公司名义为章某某出具一份委托书，而章某某接受，这可以认为，在索特公司和章某某之间成立了委托合同。

当然，章某某如果要按照委托合同取得报酬，必须是其完成了委托事项。依据《合同法》第 405 条的规定，“受托人完成委托事务的，委托人应当向其支付报酬”。在本案中，只要章某某按照委托合同的约定，完成了委托事务，其就有权请求委托人（即索特公司）支付报酬。因此，在决定章某某是否有权获得 50 万元的劳务费时，应当考虑买卖红杉木的合同最终是否有效，如果合同仍然有效，只是发生变更，则可以认为章某某按照委托合同的约定，完成了委托事务。但如果合同最终被撤销，则可以认为章某某并没有完成委托事务，无权获得 50 万元的劳务费。

（三）是否发生了重大误解

笔者认为，本案构成重大误解。《民法通则意见》第 71 条规定：“行为人因为对行为的性质、对方当事人、标的物的品种、质量、规格和数量等的错误认识，使行为的后果与自己的意思相悖，并造成较大损失的，可以认定为重大误解。”在本案中，当事人对所要购买的标的物究竟是红杉木还是杉木发生了错误认识，属于上述司法解释中对“标的物品种”的错误认识。考虑到本案中标的物品种对于当事人的利益影响较大，价格相差一倍多，按此价格进行交易，威格尔公司获得了不应有的利益，索特公司蒙受重大损失，因此，应当属于“重大误解”。

依据《民法总则》第147条的规定：“基于重大误解实施的民事法律行为，行为人有权请求人民法院或者仲裁机构予以撤销。”因此，本案中，索特公司有权请求撤销合同。需要指出的是，我国《民法总则》中没有规定重大误解的合同可以变更，但依据《合同法》第54条的规定，因重大误解而订立的合同，当事人一方有权请求人民法院或者仲裁机构变更。由于本案中，杉木已经交付，这些木材对于索特公司而言也是需要的，索特公司只不过因为价格过高而与对方发生纠纷。因此，双方也可以通过变更价格条款，而继续履行合同。这样既有利于鼓励交易，也有利于避免不应有的损失。当然，如果合同最终不能变更，则只能被撤销。

案例十三　无权代理纠纷案

一、案情简介

兰女士是一位著名的流行歌手，在成名以后，张先生多次要求自愿做兰女士的经纪人，兰女士未表示同意，但在几次演出时带上了张先生。后兰女士在接触中发现张先生人品不佳，便明确拒绝了张先生担任其经纪人的请求。但在此之后，张先生数次帮助兰女士联系演出，兰女士也未予以拒绝，不过也没有支付任何报酬。2009 年 10 月，张先生擅自与某市鸣凤演出经纪公司（以下简称“鸣凤公司”）联系，自称是兰女士的经纪人，并出示了一份伪造的兰女士的授权委托书。鸣凤公司的经理因为看到了张先生几次陪同兰女士演出的照片，相信张先生是兰女士的经纪人，便与其签订了一份“演出合同”，合同中约定，由兰女士在该市演出两场，每次出场费为税后 100 万元。张先生擅自代表兰女士在合同上签字，并收取中介费 20 万元。合同签订后，张先生就向兰女士报告了该情况，兰女士因张先生在未征得其同意的情况下擅自订立合同，非常生气，并向鸣凤公司去电，明确表示拒绝演出。鸣凤公司便找到张先生，提出鸣凤公司已经在报纸和网络上进行了宣告，且已在多处售票，如果取消演出，不仅造成重大的经济损失，而且将使其名誉受损，因此，要求张先生履行合同，否则将主张 1 000 万元的赔偿。张先生认为，其只是一名居间人，如果演出合同无法履行，则其只能退还居间费，而不能赔偿巨额损失。

二、争议梳理

本案争议的第一个问题是，张先生以兰女士的名义与鸣凤公司之间签订“演出合同”，究竟是居间合同还是无权代理合同？一种观点认为，该合同是居间合同，因为虽然兰女士没有正式聘请张先生做经纪人，但是，张先生数次帮助兰女士联系演出，兰女士也未予以拒绝。这表明，兰女士已经默许他做自己的经纪人。因此，双方之间形成了居间合同关系。另一种观点认为，兰女士从未正式聘请张先生做自己的经纪人，在此次签订演出合同时，并未获得授权，因此，构成无权代理。

本案争议的第二个问题是，本案是否构成表见代理？一种观点认为，兰女士在几次演出时带上了张先生，且张先生数次帮助兰女士联系演出，兰女士也未予以拒绝，因此构成表见代理。另一种观点认为，张先生伪造了兰女士的授权委托书，私自收取中介费用，构成了无权代理。

本案争议的第三个问题是，在构成无权代理的情形下，究竟要承担何种责任？一种观点认为，张先生应当退回中介费，但无法要求其承担继续履行合同的责任。另一种观点认为，张先生应当承担继续履行和赔偿损失的责任。

三、案例评析

（一）张先生以兰女士的名义与他人签订“演出合同”的性质

本案中，确定张先生以兰女士的名义与他人签订“演出合同”的性质，首先应当认定，张先生是不是兰女士的经纪人？所谓居间，是指居间人一方为使委托人与第三人订立合同提供机会或进行介绍活动，由委托人向居间人支付约定报酬的协议。只要双方意思表示一致，居间合同即可成立，而不需要采用特别的形式，因此，其属于诺成合同。至于居间人通过向委托人报告订立合同的机会和从事订立合同的媒介服务，则属于合同履行的问题，与居间合同是否属于诺成合同没有关系。笔者认为，从本案来看，当事人之间并没有形成居间合同关系。理由主要在于：第一，从当事人的意愿来看，成立居间合同必须要当事人之间达成合意。但本案中，张先生多次自愿要求做兰女士的经纪人，兰女士未表示同意，但在几次演出时带上了张先生，后兰女士在接触中发现张先生人品不佳，便明确拒绝了张先生担任其经纪人的请求。第二，居间合同是有偿的合同。在本案中，张先生虽然为兰女士联系了数次演出，但是，兰女士并未支付报酬。这也表明，当事人之间并不存在居间合同关系。第三，张先生帮助联系演出的行为，应当理解为情谊行为。张先生数次帮助兰女士联系演出，兰女士也未予以拒绝，但也没有支付任何报酬。张先生的此种行为应当理解为无偿帮助他人的行为，或者说是善意施惠的行为。

既然张先生和兰女士之间并无居间合同关系，则张先生擅自以兰女士的名义对外签订合同，就属于无权代理。

（二）本案是否构成表见代理？

所谓表见代理，是指行为人没有代理权、超越代理权或者代理权终止后，以被代理人名义实施民事法律行为，相对人有理由相信行为人有代理权的，该代理行为有效。《民法总则》第 172 条规定：“行为人没有代理权、超越代理权或者代理权终止后，仍然实施代理行为，相对人有理由相信行为人有代理权的，代理行为有效。”这就在法律上确立了表见代理制度。在本案中，兰女士在几次演出时带上了张先生，且张先生数次帮助兰女士联系演出，兰女士也未予以拒绝，据此，有一种观点认为，此种情形构成表见代理。笔者认为，本案并不构成表见代理，理由主要如下。

第一，在演出中的陪伴行为，并不能成为“有理由”相信的基础。因为经纪人是一个特殊的身份，不能从陪伴行为就推导其具有经纪人身份。兰女士作为一名著名的歌手，其出场时经常有不少人陪伴，但不能都认定为是其经纪人。所以，鸣凤公司的经理不能因为看到了张先生几次陪同兰女士演出的照片，就相信张先生是兰女士的经纪人。

第二，张先生伪造兰女士的授权委托书，不能构成表见代理的基础。一般认为，表见代理的产生原因应当是被代理人具有可归责性，或者至少被代理人与表见代理的产生有“牵连性”。而在本案中，兰女士对于伪造委托书的行为，并不知情，也与此种伪造行为之间没有“牵连性”，更说不上有可归责性。在实践中，对那些私刻他人公章，伪造他人的文件等行为，更是防不胜防，如果要本人去采取各种防范措施，则除了那些本人对无权代理的发生具有过错的以外，本人即使投入巨大的人力、物力也是很难防范的。即使本人对无权代理的发生具有某种过错，但如果相对人从事适当的审核行为，也可以阻止某些表见代理的后果的发生，而相对人不从事任何审核行为，本人仅具有轻微的过错，也要接受表见代理的后果，使其承受惨重的损失，这从经济上讲也是低效率的。行为人私刻公章，本人完全不知道，此时，与本人的行为没有任何因果关系，不应当由本人承担代理行为的后果。相反，合同相对人有更多的机会和条件去进行审查。

第三，鸣凤公司从未邀请过兰女士演出，而且，在过去也未与张先生打过交道。所以，在首次订立此种合同时，应当负有更重的审核义务。毕竟演出合同订立后，关系重大，需要做广告推广等，一旦不能履行，鸣凤公司将遭受重大损失。所以，鸣凤公司应当与兰女士联系，核实信息的真实性，而不能贸然与张先生签订协议。

（三）在构成无权代理的情形下，张先生究竟要承担何种责任

在构成无权代理的情况下，张先生究竟应当承担何种责任？毫无疑问，张先生收取的中介费，因为居间合同本身不存在，他不享有收取中介费的权利。

在本案中，鸣凤公司善意地相信，张先生享有代理权，因此，其属于无权代理中的“善意相对人”。《民法总则》第171条第3款规定：“行为人实施的

行为未被追认的，善意相对人有权请求行为人履行债务或者就其受到的损害请求行为人赔偿，但是赔偿的范围不得超过被代理人追认时相对人所能获得的利益。”按照这一规定，善意相对人在无权代理情形下也可在履行债务和请求赔偿之间作出选择。结合本案的情况，鸣凤公司享有的权利包括如下两项。

一是请求履行合同，即请求无权代理人直接履行合同。之所以可以请求无权代理人履行合同，是因为无权代理人无代理权而与他人订立合同，此时可以认为其实际上是基于自己的意志订立合同。鉴于演出合同是人身性很强的合同，而兰女士又不愿意演出。所以，张先生是无法实际履行该合同的。但是，当事人双方也可以协商，由张先生邀请与兰女士名气相当的歌手来演出。

二是赔偿损失。这就是说，如果鸣凤公司不主张无权代理人（即张先生）履行合同，而主张赔偿损失，此时，该合同应当是无效合同，张先生应当赔偿鸣凤公司的损失。不过，就此种赔偿的范围如何，理论上也有不同看法。有人认为可以赔偿全部损失，也有人认为应当赔偿信赖利益损失。笔者认为，如果无权代理人是善意的，则应当原则上只能请求信赖利益损害赔偿。信赖利益主要是指，由于无权代理行为所产生的费用的损失，如为订立合同支出的交通费、谈判磋商所产生的费用等。而且从《民法总则》第 171 条第 3 款的规定来看，“赔偿的范围不得超过被代理人追认时相对人所能获得的利益”，实际上也是将其限定为信赖利益损失赔偿。如果无权代理人为恶意，则应当赔偿全部损失。从本案来看，张先生明知其没有代理权而实施代理行为，属于恶意无权代理人。因此，其应当赔偿全部损失，即所有与违约行为之间有因果关系的损失。但是，鉴于鸣凤公司对损失的发生也有一定的过错，因此，可以适当减轻张先生的责任。

案例十四　表见代理纠纷案

一、案情简介

H市融发矿业投资有限公司（以下简称“融发公司”）与该市工商银行存在长期合作关系。融发公司的财务部主任魏某某时常在工商银行办理有关存款借款业务，与该银行业务人员十分熟悉。由于魏某某涉嫌严重违纪，已被公司免职，并已下发公司的正式文件，但公司的财务专用章仍在魏某某处保管。在此期间，魏某某的妻子所在的安博投资公司（以下简称“安博公司”）急需一笔贷款，需要融发公司提供担保。魏某某便擅自将公司的财务专用章盖在借款合同书上。然后，魏某某带着安博公司的人员前往工商银行借款。由于工商银行的工作人员与魏某某很熟悉，银行同意借款3 000万元，并由融发公司提供担保。双方在事先填好的借款合同书上签字并盖章。在保证人一栏中，应银行的要求，魏某某也在上面签了字。借款到期以后，因为安博公司不能偿还借款，银行要求融发公司承担保证人责任。融发公司提出，魏某某早已被公司免职，且在免职两个月后，已经调离公司，其无权代表公司签订合同。即便没有被免职，财务部经理对外提供担保未经公司授权，也无权签订合同。尤其是公司到工商银行借款，都是盖公司的章，而不是公司财务专用章，工商银行应该能够辨别出真伪。但银行提出，融发公司在工商银行所作的预留印鉴卡上，盖有公司的财务专用章。银行查证该财务专用章是真实的。尤其是魏某某都是经办人，银行也不知道他已经被免职，所以，有理由相信其可以代理公司签订合同。因此，该担保是有效的。双方为此发生争议。

二、争议梳理

本案争议的第一个问题就是，魏某某擅自将公司的业务章，盖在借款合同书上，这是否构成表见代理？一种观点认为，偷盖公章本身不构成表见代理。尤其是魏某某加盖的是财务专用章，而非公司的章。因此，银行不应相信魏某某有代理权。另一种观点认为，融发公司在工商银行所作的预留印鉴卡上，盖有公司的财务专用章，银行查证该财务专用章是真实的。银行对于偷盖公章并不知情，而且魏某某被免职也没有及时通知银行，因此，银行有合理的理由相信，魏某某仍然有权代理公司签订合同。

本案争议的第二个问题是，魏某某代表公司与银行签订的合同是否有效？一种观点认为，魏某某早已被公司免职，且在免职两个月后，已经调离公司，其无权代表公司签订合同。即便没有被免职，财务部经理对外提供担保未经公司授权，也无权签订合同。另一种观点认为，魏某某作为公司财务部主任，其代理公司属于职务行为。虽然他已经被免职，但是在没有通知银行的情况下，银行仍然有理由相信其为公司财务部主任，能够代理公司。

三、案例评析

（一）本案是否构成表见代理

所谓表见代理，是指行为人没有代理权、超越代理权或者代理权终止后，以被代理人名义实施民事法律行为，相对人有理由相信行为人有代理权的，该代理行为有效。《民法总则》第172条规定："行为人没有代理权、超越代理权或者代理权终止后，仍然实施代理行为，相对人有理由相信行为人有代理权的，代理行为有效。"这就在法律上确立了表见代理制度。何为"相对人有理由相信行为人有代理权"？所谓有理由相信，是指被代理人的授权行为已经在外部形成了一种表象，即能够使第三人有合理的理由相信无权代理人已经获得了授权。此种情形称为权利外观。

我国民法理论通常认为，构成表见代理必须客观上存在使第三人相信无权代理人拥有代理权的理由。[①] 这实际上是指相对人具有正当理由相信代理人具有代理权。所谓一般人都会相信其有代理权，通常是指根据与代理行为有关的各种事实，依据通常的交易观念，其他处于相同情形的民事主体也会相信其有代理权。例如，本人给予代理人以具有代理权之名称，便能成为肯定正当理由之重要事由。有关是否存在合理理由的问题，应当由相对人举证。根据我国《民法总则》第172条的规定，从本案来看，工商银行有合理的理由相信，魏某某的行为是有代理权的，主要理由在于：

1. 合同书上加盖了融发公司的财务专用章

如果无权代理人持有单位印章，只要不是伪造的，第三人都可被认为有合理的理由相信其有代理权。最高人民法院在审理"王有才与孙吴县第一建

① 奚晓明. 论表见代理. 中外法学，1996（4）.

筑工程公司、王希水债务纠纷申请再审案”中指出，已离任的单位负责人经该单位同意，携带单位的合同专用章处理单位事务并以该单位名义与他人签订了建设工程合同，即使该单位没有授权其签订合同，但其主动交出合同专用章的行为应视为授予了该人代理权的行为，故签订合同的行为系职务代理行为，该合同义务应由被代理人承担。[①] 同理，只要合同书上盖了财务专用章，银行就有合理的理由相信当事人有代理权。而且，该公章并非伪造的，而是真实的，因此，使用公章并加盖在合同书上的行为，并不能成为否定表见代理的理由。

应当看到，本案存在一个特殊的情节，即魏某某是在被免职之后擅自使用公司印章。1998 年《最高人民法院关于在审理经济纠纷案件中涉及经济犯罪嫌疑若干问题的规定》第 5 条规定：“行为人盗窃、盗用单位的公章、业务介绍信、盖有公章的空白合同书，或者私刻单位的公章签订经济合同，骗取财物归个人占有、使用、处分或者进行其他犯罪活动构成犯罪的，单位对行为人该犯罪行为所造成的经济损失不承担民事责任。”但在 2009 年，最高人民法院在有关文件中指出，判断是否构成表见代理，“要考虑合同的缔结时间、以谁的名义签字、是否盖有相关印章及印章真伪、标的物的交付方式与地点、购买的材料、租赁的器材、所借款项的用途、建筑单位是否知道项目经理的行为、是否参与合同履行等各种因素，作出综合分析判断”[②]。依据该文件要求，判断是否构成表见代理，只是考虑是否盖有印章，而并没有强调是否是被盗取的印章。从司法实践来看，只要印章是真实的，而不是私刻的、伪造的，即便是行为人盗取的，也可能构成表见代理。事实上，从本案来看，工商银行与融发公司以前的业务往来都是由魏某某经办，所以，工商银行也有理由相信，魏某某持有的公章并非是盗取的。

关于印章本身的问题，融发公司认为，公章本身应当是公司的章，而不是财务专用章。因为过去融发公司在工商银行办理存贷款业务时，都用的是公司的章。因此，当事人使用公司的财务专用章，银行应当能够辨别出魏某某的行为没有得到公司授权。但银行提出，融发公司在工商银行所作的预留印鉴卡上，盖有公司的财务专用章，银行查证该财务专用章是真实的。这就涉及工商银行对印章的审查义务，究竟应当有多大。笔者认为，工商银行只要能够判断印章是真实的，与预留的印鉴是相符的，就应当认定其尽到了审查义务。虽然从过去的业务往来来看，融发公司只用了公司的章，但是，融发公司并没有声

① 参见最高人民法院（2006）民一监字第 238－1 号民事调解书。

② 《最高人民法院关于当前形势下审理民商事合同纠纷案件若干问题的指导意见》法发〔2009〕40 号第 14 条。

明其只用公司的章，而不用其他的章。

2. 工商银行有理由相信魏某某能够代理公司办理业务

本案中，魏某某长期担任融发公司的财务部主任，时常在工商银行办理有关存款借款业务，与该银行业务人员十分熟悉。虽然由于魏某某涉嫌严重违纪，已被公司免职，并已下发公司的正式文件，但这只是公司内部事务。在该决定作出之后，融发公司没有及时通知工商银行，银行对魏某某被免职一事也并不知情。问题在于，银行是否有义务核实魏某某的任职情况？笔者认为，银行没有义务作此种核实。一方面，魏某某刚刚被免职，银行没有理由怀疑其已经被免职。另一方面，在此期间，工商银行与融发公司之间没有接触，也不了解其内部职工相关职务的变化。要求银行每次办理业务时，都主动打电话询问，也是不必要的。

基于上述理由，笔者认为，工商银行有理由相信，魏某某能够代理公司办理业务，因此，本案构成表见代理，在符合表见代理的情况下，表见代理人所从事的代理行为应直接归属于被代理人，即被代理人应受到表见代理人与相对人实施的民事法律行为的约束，直接享有权利、承担义务。因此，因为表见代理有效，保证合同是有效的，故融发公司有义务对借款承担保证责任。

（二）魏某某的行为是否构成职务代理

所谓职务代理，是指根据代理人所担任的职务而产生的代理[①]，即法人或其他组织的成员以及主要工作人员在其职权范围内所从事的民事法律行为，无须法人或其他组织的特别授权，其法律效果应当由法人或其他组织承担。例如，某公司主管销售的经理代理公司对外订立合同。《民法总则》第 170 条第 1 款规定：“执行法人或者非法人组织工作任务的人员，就其职权范围内的事项，以法人或者非法人组织的名义实施民事法律行为，对法人或者非法人组织发生效力。”该条规定承认了职务代理。职务代理行为不同于一般的代理行为，对一般的代理行为而言，被代理人要有明确的授权，代理人也只应当在该授权范围内实施代理行为，相对人在与代理人交易时，也应当查明代理人的代理权。而对职务代理行为而言，代理人的代理权产生于其职务关系，相对人一般只需要审核该工作人员的身份即可，一般不需要对其具体代理权限进行审核，因此，只要其有相关的职务证明，相对人对其有代理权的信赖就是合理的。

① 江平，张佩霖. 民法教程. 北京：中国政法大学出版社，1986：95.

从本案来看，笔者认为，魏某某虽然有职务代理的外观，但由于魏某某已经被解雇，所以并不构成职务代理，因为职务代理需要代理人为法人或者其他组织的成员以及主要工作人员，否则无法成立职务代理。即使魏某某虽然是以融发公司财务部负责人的身份行为，但由于其已经被融发公司解雇，不再属于融发公司的工作人员，故而不成立职务代理。

案例十五　显失公平合同的效力

一、案情简介

1998 年 12 月，福莱有限责任公司（以下简称“福莱公司”）与方城公司订立了一份房屋买卖合同，合同规定，福莱公司购买方城公司 5 套住房，共 1 000平方米，总价款 1 000 万元，于 2000 年 12 月交房。合同订立以后，福莱公司便向方城公司分两期支付了 1 000 万元购房款。但至 2000 年 12 月，方城公司提出因土地纠纷，房屋不能如期建成。福莱公司要求退款，方城公司数次承诺延期偿还本金，其公司董事长李某代表公司向福莱公司董事长章某某口头表示，如半年内不能偿还本金，可以月息 8%向福莱公司支付占用资金的利息损失，也可以将其新开发的小区蓝色家园的两套别墅抵给福莱公司。但福莱公司催告数次后，方城公司依然未能按期还款。

后福莱公司因急需资金，被迫与方城公司于 2001 年 1 月 30 日签订《退款协议书》，约定福莱公司免除方城公司的违约责任，条件是方城公司必须于 2001 年 12 月 30 日前分三次归还福莱公司购房款本金 990 万元。《退款协议书》第 2 条规定了方城公司退还部分本金的期限，即“2001 年 6 月 30 日前退购房本金人民币 500 万元；2001 年 9 月 30 日前退 300 万元；2001 年 12 月 30 日归返余下全部本金 190 万元”，但直到 2002 年 3 月 1 日，方城公司未按照合同中规定的期限清偿任何一笔债务。福莱公司便于 2002 年 3 月底在法院提起诉讼，请求撤销《退款协议书》，要求方城公司按月息 8%向福莱公司支付占用资金的利息损失，或将其新开发的小区蓝色家园的两套别墅的所有权移转给福莱公司。

二、争议梳理

关于本案存在不同观点：一种观点认为，既然福莱公司与方城公司之间已经达成《退款协议书》，则应当按照《退款协议书》履行，方城公司不履行《退款协议书》，则应当承担违约责任；另一种观点认为，方城公司不履行《退款协议书》，福莱公司有权解除该合同，要求方城公司继续履行原房屋买卖合同。

三、案例评析

（一）福莱公司是否有权撤销该《退款协议书》

在本案中，福莱公司与方城公司签订了购房合同以后，在交房期到来以后，方城公司既不能交房，也不愿意退款，福莱公司多次要求其退款，方城公司数次承诺延期偿还本金，并愿以月息8%向福莱公司支付占用资金的利息损失，但每次到期，总是要求延期。后福莱公司因急需资金，被迫与方城公司签订《退款协议书》，约定福莱公司免除方城公司1 000万元的本金，并不追究方城公司的违约责任，条件是方城公司必须于2001年12月30日前分三次归还福莱公司购房款本金990万元。《退款协议书》签订以后，该协议书实际上构成一份独立的合同，已经代替了原合同。福莱公司认为该协议显失公平，应予以撤销，这首先涉及显示公平合同的构成要件问题。

所谓显失公平的合同是指一方在订立合同时因紧迫或缺乏经验而订立的明显对自己有重大不利的合同。《合同法》第54条规定，在订立合同时显失公平的，“当事人一方有权请求人民法院或者仲裁机构变更或者撤销”。笔者认为，本案中的退款协议书已构成显失公平的合同，其主要理由如下。

第一，该协议书明显违反了福莱公司的真实意思。显失公平的合同也可以说是一方意思表示不真实的合同。当然，这种意思表示不真实也确与利益受损失的一方的过失有某种联系。根据在于，福莱公司向方城公司支付1 000万元房款为职工购买住房，方城公司不仅未按期交付房屋，而且一拖再拖，一直未交付任何房屋，也未退还房款，福莱公司交付1 000万元房款，既未得到房屋，也未得到退回的全部房款，这是违背其真实意思的。

第二，受害的一方在订立合同时缺乏经验或情况紧迫。也可以说，在订立合同时受害人因无经验，对行为的内容缺乏正当认识的能力，或者因为某种急需或其他的急迫情况而接受了对方提出的条件。由此可见，显失公平的合同对于利益受损失的一方而言，并不是其自愿接受的。由于显失公平的合同在订立时具有瑕疵，利益受到损害的一方并未充分表达其意思，所以从这个意义上讲，该合同是意思表示不真实的合同。从本案来看，方城公司在交房期到来以后，既不能交房，也不愿意退款，福莱公司多次要求其退款，方城公司数次承诺延期偿还，但每次到期，总是要求延期。后福莱公司因急需资金，被迫与方城公司签订《退款协议书》，可见签订该协议书并不是福莱公司真实的意思表示，而是在情况急迫的情况下，轻率地签下对自己明显不利的合同。

第三，该协议书对福莱公司明显不公。根据我国民法，合同尤其是双务合同应体现平等、等价和公平的原则，只有这样才能实现合同正义。然而根据显失公平的合同，一方要承担更多的义务而享有极少的权利或者在经济上要遭受重大损失，而另一方则以较小的代价获得较大的利益，承担极少的义务而获得更多的权利。所以法律从维护公平和等价有偿原则出发，确认显示公平的合同可予以撤销。在本案中，方城公司拿到福莱公司的购买房屋款长达数年，未交付一平方米房屋，且在严重违约的情况下，获得 10 万元房款和长达数年的 1 000元利息，显然取得了其不应当取得的非法利益。

第四，一方获得的利益超过了法律所允许的限度。如标的的价款显然大大超出了市场上同类物品的价格或同类劳务的报酬标准等。一般来说，在市场交易中出现的双方当事人的利益不平衡的现象有两种情况：一是主观的不平衡，即当事人主观上认为其所得到的不如付出的多，换言之，其主观上所应得到的并未得到；二是客观的不平衡，即交易的结果对双方的利益而言是不平衡的，一方得到的多而另一方得到的少。在市场经济条件下，要求各种交易中给付和对待给付达到完全的对等是不可能的，做生意总会有赔有赚，从事交易必然要承担风险，更何况交易风险都是当事人自愿承担的。如果当事人因某个交易不成功或者某个合同亏本，就以显失公平为由要求撤销合同，显然违背了显失公平制度所设立的目的。该制度并不是为了免除当事人应承担的交易风险，而是禁止或限制一方当事人获得超过法律允许的利益。在本案中，方城公司所获得的利益显然超过了法律容忍的限度。如果认为退款协议书有效，将使方城公司被免除违约责任，减少了本金的支付责任，免除了全部的利息支付的责任，也在一定程度上支持了方城公司恶意逃避债务和违反诚实信用原则的行为。

总之，笔者认为《退款协议书》符合显示公平的构成要件，经福莱公司提出请求，应当予以撤销。但问题在于，依据《合同法》第 55 条的规定，“具有撤销权的当事人自知道或者应当知道撤销事由之日起一年内没有行使撤销权”的，撤销权消灭。而在本案中，2001 年 1 月 30 日签订的《退款协议书》第 2 条规定：“2001 年 6 月 30 日前退购房本金人民币 500 万元；2001 年 9 月 30 日前退 300 万元；2001 年 12 月 30 日归返余下全部本金 190 万元”，在合同订立时，福莱公司应当知道合同存在显失公平的事由，而福莱公司直到 2002 年 3 月底才在法院提起诉讼，请求撤销《退款协议书》，显然已经经过了 1 年的期间，其撤销权已经消灭。

（二）福莱公司是否有权解除《退款协议书》

即使该退款协议书不符合显失公平的构成要件，笔者认为，福莱公司根据方城公司的根本违约的行为，也有权解除退款协议书。根本违约又称重大违约，它是指违约行为造成非违约方订立合同的目的不能实现或使其遭受重大损害，在此情况下，非违约方有权解除合同。《联合国国际货物销售合同公约》第25条规定："一方当事人违反合同的结果，如使另一方当事人蒙受损害，以至于实际上剥夺了他根据合同规定有权期待得到的东西，即为根本违反合同，除非违反合同一方并不预知而且一个同等资格、通情达理的人处于相同情况中也没有理由预知会发生这种结果。"这就是对根本违约的规定。我国《合同法》第94条第4项规定，"当事人一方迟延履行债务或者有其他违约行为致使不能实现合同目的"，可以解除合同。该规定与《公约》的规定相比，具有如下几点区别：第一，我国法律规定对根本违约的判定标准不如《公约》的那么严格，没有使用可预见性理论来限定根本违约的构成，只是强调了违约结果的严重性可以成为认定根本违约的标准。这实际上是抛弃了主观标准，减少了因主观标准的介入造成的在确定根本违约方面的随意性以及对债权人保护的不利因素。第二，在违约的严重性的判定上，我国法律没有采纳《公约》所规定的一些标准，只是采用了"致使不能实现合同目的"的概念来强调违约结果的严重性，这就使判定根本违约的标准更为宽松。总之，我国法律的规定没有采纳《公约》对根本违约的限定，从而赋予了债权人更为广泛的解除合同的权利。

笔者认为，本案中方城公司的行为实际上已经构成根本违约。据此，福莱公司有权解除该合同。根据如下。

1. 依据《合同法》第94条第3项的规定，"当事人一方迟延履行主要债务，经催告后在合理期限内仍未履行"，相对方有权解除合同。当事人一方迟延履行主要债务，经催告后在合理期限内仍未履行。债务人在履行期限到来时，能够履行而没有按期履行债务，则构成履行迟延。然而，并非债务人在履行期限到来后不履行债务，都会使债权人享有自动解除合同的权利。因为合同的解除将导致合同关系的终止，一旦解除将会消灭一项交易，因此解除是一项重要的行为，如果允许债权人在债务人从事任何迟延履行行为的情况下都解除合同，必然会导致许多不应当被解除的合同被解除，造成一些财产不必要的损失和浪费，而且会使债权人滥用解除的权利。因此《合同法》第94条第3项要求，只有在一方迟延履行主要债务，经催告后在合理期限内仍未履行，另一方才能解除合同。据此可见：第一，必须是债务人在履行期限到来后未履行主要债务，而不是未履行次要债务。主要债务和次要债务应根据合同的内容来确定。第二，必须经过债权人的催告履行，如未催告则不能随意解除。第三，经催告后在合理期限内仍未履行。在催告后，债权人实际上要给予债务人一段合理的宽限期，使债务人继续准备履行。在合理的宽限期经过后，如果债务人仍不履行，则债权人有权解除合同。由此可见，依据《合同法》的规定，如果债务已构成迟延，债权人不能当然地解除合同，而必须催告债务人继续履行，同时在催告后，还要为债务人继续履行规定合理的期限。只有在该合理期限到来之后，债务人仍不履行的，才能解除合同。当然，如果迟延履行已构成根本违约，则可以直接解除合同。在本案中，方城公司在退款协议书规定的还款期限内，一直未按期退款，由于退款协议所规定的期限本身就属于经催告后所规定的期限，在该期限内不履行，构成“经催告后在合理期限内仍未履行”，福莱公司有权解除合同。

2. 依据《合同法》第 94 条第 4 项的规定，“当事人一方迟延履行债务或者有其他违约行为致使不能实现合同目的”的，他方有权解除合同。迟延履行并不一定都会影响到合同目的的实现。迟延履约是否导致合同目的不能实现，应考虑时间对合同的重要性。如果时间因素对当事人的权利义务至关重要，则违反了规定的交货期限将导致合同目的不能实现，应允许非违约方解除合同；如果时间因素对合同并不重要，迟延造成的后果也不严重，则在迟延以后，不能认为迟延造成了合同目的落空而解除合同。当然，在确定迟延是否严重时，还应考虑到迟延的时间长短以及因迟延给受害人造成的实际损失等问题。

从实际情况来看，对于迟延履行是否构成根本违约，还应区别几种情况分别处理：其一，双方在合同中确定了履行期限，规定在履行期限届满后，债权人可以不再接受履行。在此情况下，期限条款已成为合同最重要的条款，因此，债务人一旦迟延，债权人有权解除合同。其二，如果履行期限构成了合同必要的因素，不按期履行，将会使合同目的落空，则迟延后应解除合同。例如，对于季节性很强的货物，若迟延交货，将影响商业销售，因而债权人有权解除合同。其三，迟延履行以后，债权人能够证明继续履行时其无任何利益，也可以解除合同。如债权人证明，由于债务人迟延时间过长，市场行情发生重大变化，继续履行将使债权人蒙受重大损失，应允许解除合同。当然，迟延时间如果很短，市场行情在履行期间到来时已发生变化，买受人在按时得到货物的情况下也要遭受与迟延履行相同的后果，就不能认为迟延已造成合同目的的丧失。在本案中，方城公司拒不交付房屋，已经使福莱公司订立房屋买卖合同的目的落空，在退款协议书签订以后，福莱公司的订约目的已转化为退款，但方城公司仍然在规定的期限内不履行，致使其订立退款协议书的目的落空，因此，福莱公司有权解除合同。

（三）福莱公司能否要求交房

在本案中，双方订立房屋买卖合同后，福莱公司便向方城公司分两期支付了 1 000 万元购房款，但至 2000 年 12 月，方城公司提出因土地纠纷，房屋不能如期建成。福莱公司要求退款，方城公司数次承诺延期偿还本金，其公司董事长李某代表公司向福莱公司董事长章某某口头表示，如半年内不能偿还本金，可以月息 8%向福莱公司支付占用资金的利息损失，也可以将其新开发的小区蓝色家园的两套别墅抵给福莱公司。2002 年 3 月底，福莱公司在法院提起诉讼，请求撤销《退款协议书》，要求方城公司按月息 8%向福莱公司支付占用资金的利息损失，或将其新开发的小区蓝色家园的两套别墅的所有权移转给福莱公司。

严格地说，《退款协议书》是正式的合同文本，而方城公司董事长李某代表公司向福莱公司董事长章某某所作出的口头表示，是在正式合同文本之外的口头允诺，该口头允诺能否成为合同的内容，或者成为独立的合同，对双方当事人产生拘束力，而在方城公司没有履行该允诺的情形下，福莱公司可否据此提出请求？从比较法上来看，《欧洲示范民法典草案》第 2－9：102 条确认了先前的允诺可以视为合同的组成部分，我国《最高人民法院关于审理商品房买卖合同纠纷案件适用法律若干问题的解释》第 3 条规定："商品房的销售广告和宣传资料为要约邀请，但是出卖人就商品房开发规划范围内的房屋及相关设施所作的说明和允诺具体确定，并对商品房买卖合同的订立以及房屋价格的确定有重大影响的，应当视为要约。该说明和允诺即使未载入商品房买卖合同，亦应当视为合同内容，当事人违反的，应当承担违约责任。"笔者认为，上述司法解释将销售广告和宣传资料视为合同内容仅适用于特定的情形，不能作为一般的规则，如果要将该适用范围拓展到所有合同，显然过度扩大了其适用范围。事实上，在合同订立之中，当事人在协商过程中可能会有各种允诺，但是最终仍要以确定性的文本为准，所签订文本与之前双方意思表示不一致的，可视为是对双方先前合意的替代。任何一方当事人不能在正式文本签订后，再以缔约期间的允诺来推翻正式文本的内容，否则将会徒增纠纷，影响合同的严肃性。

在法律上，书面证据具有优先性，就是基于维护合同严肃性的考虑所确立的证据效力规则。普通法上著名的口头证据规则（parol evidence rule）：对于契约的内容应通过书面契约来确定，除此之外的证据（如口头约定等）应被排除；应禁止当事人对书面合同提交其他外在的证据，尤其是口头证据，来质疑书面合同的效力或者含义。所以，如果口头允诺没有纳入正式的合同文本中，就不能当然认定其构成合同的内容，也不能认定其构成独立的合同。更何况，从本案来看，2000 年 12 月，方城公司董事长李某代表公司向福莱公司董事长章某某口头表示，如半年内不能偿还本金，可以月息8%向福莱公司支付占用资金的利息损失，也可以将其新开发的小区蓝色家园的两套别墅抵给福莱公司。而2001年1月30日，双方就签订了《退款协议书》，二者间隔不到半年，因此，在还款协议达成时，章某某口头所作出的允诺半年内偿还本金的日期尚未届满。

案例十六　关于风险负担的争议

一、案情简介

某村居民章某某刚刚继承了一块宅基地，准备在该宅基地上翻建新房。在办理完相关盖房手续后，章某某准备雇请他人建房。经人介绍，章某某找到了当地的建筑公司总经理钱某，双方商议后，签订了一份建筑承包协议。合同约定由钱某负责建造房屋，建筑面积为500平方米。价款共计50万元人民币，由章某某分两期支付，合同订立后先支付10万元，在建成交房后支付40万元。房屋建造由章某某自备材料，合同第5条约定："协议签订后，房屋归甲方（即章某某）所有。"章某某和钱某都在合同上签了字，并没有加盖建筑公司的印章。在房屋上梁之后，钱某安排工人在楼顶铺设牛毛毡（防水材料），但在焊接施工时，突然起大风，将牛毛毡吹到了焊接明火边，导致房屋失火烧着，并将房屋内的材料、设备烧毁，财产损失达25万元。在事故中，两个工人因此受伤，后被送到医院治疗，花去医疗费用5万元。

钱某认为，合同已经明确约定，房屋一旦建成则归章某某所有，而且按照当地习惯，房屋建造后，谁建造的房屋谁就享有所有权。所以既然房屋归章某某所有，章某某应当赔偿房屋着火所造成的全部损失。两个工人也是因为给章某某建房而受伤，其医药费也应由章某某支付。章某某认为，房屋必须在盖好验收合格后才能交付，而只有在交付房屋后，其才能取得所有权，房屋没有盖好，不归其所有；同时，在施工中发生的火灾应该是施工不慎造成的，只能由钱某负责，其不仅不需要赔偿，还有权请求钱某退回其已支付的10万元。双方为此发生纠纷。

二、争议梳理

本案争议的第一个焦点是，房屋的所有权是否已经移转。一种观点认为，既然当事人在合同中约定房屋一旦建成即归章某某所有，因此，房屋的所有权应当归章某某。另一种观点认为，合同约定不能改变法律关于交付的规则，所有权只能自交付时起发生移转。本案中的房屋尚未建成，并未实际交付章某某，房屋所有权尚未移转归属于章某某。

本案争议的第二个焦点在于，房屋建造过程中发生火灾造成的损失应当由谁承担。一种观点认为，由于合同已经约定房屋将来由章某某所有，钱某并非房屋的所有人，所以就施工中失火造成的所有损失，应当由章某某承担全部责任。另一种观点认为，房屋烧毁的损失应当由章某某承担，但施工中着火是由钱某聘请的工人的过错造成的，烧毁的材料、设备的价值和施工人员医疗费用等损失应当由钱某承担。

三、案例评析

（一）关于本案中建筑承包协议的性质

关于本案中建筑承包协议的性质，一种观点认为，本案中的建筑承包协议在性质上属于买卖合同，因为双方约定在房屋建成后移转房屋的所有权，而由章某某支付相应的价款，这是典型的买卖合同。另一种观点认为，本案中的建筑承包协议在性质上属于承揽合同，因为在该合同中，钱某的合同义务是完成工作成果的交付。

笔者认为，本案中的建筑承包协议应当属于承揽合同而非买卖合同。本案中，钱某的主给付并非转移房屋的所有权给章某某，而是依据章某某的指示，使用章某某提供的建筑材料，并在建设完成后交付涉案房屋，即完成一定的工作成果。承揽合同与买卖合同的区别在于，买卖合同通常以特定的物为标的物，而且对出卖人而言，其主要合同目的是通过移转标的物所有权获得约定的价款，对买受人而言，其合同目的是获得标的物所有权，并需要按照约定支付价款。而在该案中，钱某的主要合同义务是按照章某某的指示建造房屋，并且需要使用章某某提供的建筑所需材料，其本质上是为了完成一定的工作成果；同时，从当事人的订约目的来看，当事人之间并没有买卖房屋的订约意愿，该合同在性质上应当属于承揽合同而非买卖合同。

此外，需要考虑的是本案是否为合同法中的建设工程合同。建设工程合同本属承揽合同，但因为实践中十分常见，且具有一定特点，而被合同法作为单独的有名合同。本案中的承揽虽然以建设不动产为标的，但由于该合同是在两个自然人之间订立的，虽然钱某是建设公司的总经理，但合同是以其个人名义签订的，并没有加盖公司的印章，因此，将该合同界定为承揽合同更为合适。

（二）本案中房屋的所有权是否已经移转

在本案中，当事人于合同第 5 条约定，“协议签订后，房屋归甲方（即章某某）所有。”该条可以看作当事人对于改房屋物权变动的安排。但问题在于，合同约定能否改变物权变动规则的适用？笔者认为，有必要区分物权法和合同法中交付的不同意义。在德国法中，合同交付称为“auslieferung”，物权交付称为“übergebung”，可见，合同法中的交付与物权法中的交付并不一样。在我国法中，都统一称为交付，但严格地说，这两种交付还是有区别的，合同法中的交付主要是一种履行合同义务的行为，因此，这种交付可以采取多种形式，例如，出卖人可以上门交付，买受人可以自提货物，还可以在合同订立时约定，合同一旦生效，就可以完成交付，还可以采用占有改定的方式。但物权法中的交付是所有权移转的一种物权公示方式，这种交付必须严格按照法定的交付方式进行，否则难以产生公示的效果，也不能实现物权的变动。在物权法中，物权变动的规范涉及对第三人利益的保护，因此是强制性规范，不能通过当事人的约定进行变更。从本案来看，如果只是涉及合同的履行问题，当事人在合同中约定的交付是合法有效的，但如果涉及所有权移转问题，则该交付应当符合物权法的规定，当事人不能通过合同变更物权法关于交付的规则。也就是说，不能在签订合同时约定，一旦合同生效，标的物所有权就发生变动，而必须在房屋建成后通过交付行为使房屋所有权发生变动。

因此，合同约定并不能改变物权变动规则的适用。那么本案中应当适用何种物权变动的规则呢？前已述及，本案中合同的性质为承揽合同，而非买卖合同，章某某并非从钱某处取得房屋所有权，而是基于房屋建造行为取得所有权。由于本案中的房屋所有权变动并非基于法律行为而生的物权变动，而是基于建造这一事实行为而生的非基于法律行为的物权变动。因此，本案应当适用《物权法》第30条的规定，“因合法建造、拆除房屋等事实行为设立或者消灭物权的，自事实行为成就时发生效力”，即在建造这一事实行为成就时发生所有权的变动（设立）。在实践中，根据当地一般的交易习惯，房屋封顶后，房屋所有权即归属于章某某，因此，常常没有交付行为。但笔者认为，在房屋建好后，应当有交接、验收的问题，只有在验收完成后，所有权才能移转。如果钱某在完工后拒不交付房屋，章某某仅能请求钱某承担违约责任。

（三）本案是否适用风险负担规则

承揽合同中的风险负担涉及承揽人所完成的工作成果在定作人没有受领之前，因不可归责于双方的事由发生毁损灭失，也包括定作人提供的材料发生意外的毁损灭失，以及承揽人在工作成果发生毁损灭失后，定作人是否支付报酬的风险。[1] 本案中，虽然是大风这一自然原因将牛毛毡吹至明火处，但钱某所安排建造房屋的工人应当知道牛毛毡易燃的特性，在施工过程中应当谨慎地处理使其远离明火。在该案中，因为工人处置不当而导致牛毛毡着火并蔓延至整个房屋，工人具有明显的可归责性。风险负担规则适用于不可归责于双方当事人的原因导致标的物毁损、灭失的情形，因此，本案并无适用风险负担规则的余地。

因火灾引发的损失由谁负责？在本案中，牛毛毡遇火引发火灾导致房屋烧毁，建筑材料、设备毁损，建筑工人救治产生医疗费用。上述损失虽然是因大风引起，但如前所述，钱某所安排的工人在施工过程中具有可归责性，并非是因不可抗力而导致的损害，也就是说，钱某因其过失，不仅导致工作成果无法交付这一违约行为，还造成了章某某建筑材料等固有财产利益的损失，这构成了加害给付。所谓加害给付，是指行为人违反合同债务的行为，造成了债权人履行利益以外的其他权益的侵害。加害给付具有以下特征：首先，债务人的给付即履行行为不符合合同的规定；其次，债务人的不适当履行行为造成了对债权人的履行利益以外的其他权益的损害；最后，加害给付是一种同时侵害债权人的相对权和绝对权的不法行为。[2]《合同法》第 122 条规定："因当事人一方的违约行为，侵害对方人身、财产权益的，受损害方有权选择依照本法要求其承担违约责任或者依照其他法律要求其承担侵权责任。"因此，对于失火烧毁的由章某某提供的建筑材料，章某某可以选择依据侵权或违约提起诉讼，请求损害赔偿。而对于建筑工人的医疗费用而言，建筑工人与钱某间存在劳动或劳务关系，而与章某某之间并不存在合同关系。如果建筑工人和钱某的公司存有劳动合同，那么可以通过工伤保险获得赔偿，或者在没有工伤保险的场合，则应当考虑在雇佣合同中，雇主对雇员人身伤害的损害赔偿责任。《最高人民法院关于审理人身损害赔偿案件适用法律若干问题的解释》第 11 条规定："雇员在从事雇佣活动中遭受人身损害，雇主应当承担赔偿责任。雇佣关系以外的第三人造成雇员人身损害的，赔偿权利人可以请求第三人承担赔偿责任，也可以请求雇主承担赔偿责任。雇主承担赔偿责任后，可以向第三人追偿。"据此，建筑工人的医疗费用应当由雇主即钱某承担。

---

① 黄立主编．民法债编各论：上册．北京：中国政法大学出版社，2002：443．
② 王利明．民法疑难案例研究．北京：中国法制出版社，2013：272－273．

案例十七　恶意串通损害第三人利益的合同无效

一、案情简介

张小黎大学毕业后到外地工作，后回北京看望母亲时发现，家里的一套140平方米的房屋已经被母亲陈女士出售给张小黎的哥哥张小平，张小平没有支付任何价款，该房屋已经过户到张小平名下。张小黎认为，该房屋是其父亲单位分配的住房，其父亲去世后，母亲用自己的工龄和父亲的工龄补交了10万元购房款，购买了该房屋，该房屋应该属于其父母共同共有财产，在父亲去世后，其母无权擅自处分该房屋，而应该作为遗产由其母亲、她本人以及她哥哥共同继承。张小黎就此事与其母亲陈女士多次发生争吵。张小黎的母亲认为，该房屋是自己花钱购买的，购买时即登记在其名下，房屋归其所有，其有权将该房屋转让给张小平，即使没有支付价款，该转让行为也是有效的。张小平提出，房屋过户已经完成，房屋已经归其所有。且张小黎大学毕业后到外地工作，未尽到对父母的赡养义务，即使按继承规则，其也没有权利继承。张小黎因此到法院提起诉讼，请求确认该转让行为无效。

二、争议梳理

本案的争议焦点有如下几个：一是该房屋是否属于夫妻共有财产？对此存在两种不同意见。一种观点认为，该房屋不是夫妻共有财产，因为该房屋是张小黎父亲去世后其母亲购买的，购买时即登记在其母亲名下，因此，应当属于其母亲的个人财产。另一种观点认为，该房屋应当属于夫妻共有财产，因为该房屋本来是单位分给张小黎的父亲的，所谓购买，也是按照优惠价购买的，应当将其认定为夫妻共有财产。

二是该案中，陈女士无偿将房屋转让给其儿子张小平的合同是否属于无权处分合同？一审法院认为，陈女士的行为构成无权处分。二审法院认为，该行为并不构成无权处分，而应当是有权处分，但该合同属于当事人恶意串通损害第三人的利益，应属无效合同。

三是该房屋的产权状况如何？该房屋目前登记在张小平的名下，但能否据此认定该房屋归其所有？张小黎能否主张对该房屋享有权利？

三、案例评析

（一）本案涉案房屋是否属于夫妻共有财产

本案的争议焦点之一就是涉案房屋的所有权归属问题。陈女士认为，该房屋是其购买，而且在购买时就登记在其名下，因此，该房屋应当属于其所有。笔者认为，此种主张难以成立，该房屋应当属于夫妻共有财产。因为一方面，该房屋并不同于普通的商品房，而是福利房，该房屋本属于单位分给张小黎父亲的，带有一定的单位福利性质。涉案房屋虽然是陈女士购买，但实际上是按照优惠价购买的，因为按照当地的房价，房屋每平方米已经涨到 3 万元，140 平方米的房屋，10 万元不可能购买到，房屋实际上是陈女士用自己的工龄加上原告父亲的工龄，再补交 10 万元购房款才取得所有权。因此，陈女士以其支付购房款而取得房屋所有权的主张难以成立。另一方面，在购买房屋时，涉案房屋虽然登记在陈女士名下，但并不能据此当然认定房屋归陈女士所有。登记虽然具有确定房屋所有权的作用，且其本身具有一定的公信力，但此种公信力的主要功能在于保护交易安全，也就是说，第三人在信赖登记而与登记的房屋权利人进行交易时，该交易受法律保护，这主要是为了保护第三人的合理信赖，保护交易安全。但在当事人就房屋所有权发生争议时，在确认房屋所有权时就不能完全依据登记确定房屋所有权的归属，而应当根据当事人的举证进行确权。因此，陈女士关于登记在其名下就归其所有的主张难以成立，该房屋应当属于陈女士与原告父亲的夫妻共有财产。

（二）陈女士处分房产的行为的效力如何

本案中，陈女士无偿将房屋转让给其儿子张小平，一审法院认为，陈女士的行为构成无权处分，应当属于无效合同。笔者认为，不宜直接认定陈女士的行为构成无权处分，理由主要在于：第一，该房屋毕竟登记在陈女士名下，陈女士将其转让给其子张小平，至少在转让时不能认定其构成无权处分。第二，当事人对系争房屋发生争议，即使认为房屋产权有争议，应当重新进行确权，确认产权究竟归谁，但在没有确权产权的情形下，不宜直接认定陈女士的行为构成无权处分。

当然，即便认定陈女士处分房产的行为构成无权处分，也不宜认定其属于无效合同，《买卖合同司法解释》第 3 条第 1 款规定，“当事人一方以出卖人在缔约时对标的物没有所有权或者处分权为由主张合同无效的，人民法院不予支持”，依据这一规定，无权处分合同并不当然属于无效合同，而是有效的。该司法解释采纳这一规则的主要目的在于鼓励交易，维护交易安全。所以，依据该司法解释，该转让合同不能认定为无效合同，即便认定其属于无权处分，也应当认定其是有效的。

（三）该房屋的产权状况如何

如前所述，该房屋虽然在购买时登记在陈女士名下，但应当属于其与原告父亲的夫妻共同财产，《继承法》第26条规定：“夫妻在婚姻关系存续期间所得的共同所有的财产，除有约定的以外，如果分割遗产，应当先将共同所有的财产的一半分出为配偶所有，其余的为被继承人的遗产。遗产在家庭共有财产之中的，遗产分割时，应当先分出他人的财产。”依据该条规定，在原告父亲去世后，应当对该房屋的价值进行分割，房屋的一半价值属于陈女士，另一半应当作为遗产由继承人继承。依据《继承法》第10条的规定，该遗产应当由第一顺序的继承人继承，在该案中，第一顺序的继承人包括陈女士、张小黎、张小平，三人原则上应当等额分割该遗产。因此，对房屋的一半，三人原则上应当分别享有三分之一的权利。

（四）关于遗产的分割方法

关于遗产的分割方法，《继承法》第29条规定：“遗产分割应当有利于生产和生活需要，不损害遗产的效用。不宜分割的遗产，可以采取折价、适当补偿或者共有等方法处理。”依据该条规定，涉案房屋的继承应当采取折价、适当补偿或者共有等方法处理。在陈女士未对其他两位继承人进行折价、适当补偿时，涉案房屋的一半价值应当由三人共有。

本案中，张小平提出，张小黎大学毕业后到外地工作，未尽到对父母的赡养义务，即使按继承规则，其也没有权利继承。笔者认为，此种主张难以成立，我国《继承法》第7条对继承权丧失的原因作出了规定，即只有出现了继承人“故意杀害被继承人”“为争夺遗产而杀害其他继承人”等严重危害被继承人或者其他继承人的情形时，才能认定继承人丧失继承权。本案中，张小黎只是因为长期在外地工作而未尽到对父母的赡养义务，但不能因此认定其丧失继承权。

案例十八　以物抵债协议的相关问题

一、案情简介

2014 年 1 月，泰康房地产开发有限公司（以下简称“泰康公司”）因资金紧张，便与永达投资有限公司（以下简称“永达公司”）协商，向永达公司借款 5 000 万元，双方签订的借款合同还款期限为 1 年，年利率为 15%。一年后，泰康公司因开发的楼盘销售不佳，资金回笼困难，无力清偿本息 5 750 万元。双方经多次协商，便于 2015 年 2 月签订了一份《以房抵债协议》，双方约定，泰康公司将其开发的“新家园楼盘”中的 5 套别墅（按当时市价评估为 6 000 万元），用于抵偿其欠永达公司的 5 750 万元债务。合同第 2 条规定了别墅的所在地和房号、面积等具体情况，合同第 3 条规定，泰康公司将在 3 个月内办理过户登记手续，但在合同签订 3 个月后，泰康公司仍未依约将该房屋过户到永达公司名下。3 个月后，因当地政府出台一系列房地产限购政策导致房价下跌，永达公司遂向法院提起诉讼，要求泰康公司按照借款协议偿还现金 5 750 万元，并承担相应违约责任。泰康公司则主张双方借款债权债务关系消灭，并同意办理 5 套别墅的过户手续。双方为此发生争议，永达公司诉诸法院要求泰康公司履行还款付息义务。

二、争议梳理

关于永达公司起诉主张要求泰康公司偿还 5 750 万元现金的诉讼请求能否得到支持，存在如下几种立场。

第一种观点认为，以物抵债协议是实践合同，本案中甲乙双方达成的以物抵债协议尚未发生法律效力，原债权债务关系仍然存在且受法律保护，故永达公司起诉要求泰康公司直接给付款项的诉请符合法律规定，应予以支持。

第二种观点认为，以物抵债协议是诺成合同，本案中泰康公司尚未履行以物抵债协议约定的过户义务，所以 5 750 万元借贷债务并未消灭，此时以物抵债协议所确定的新债和借贷关系的旧债处于并存状态。所以说，泰康公司未履行过户义务，意味着永达公司签订以物抵债协议的目的无法实现，其起诉要求泰康公司直接给付款项的诉请符合法律规定，应予以支持。

第三种观点认为，以物抵债协议本质上是流押契约，应当被宣告无效。因此，双方仍然应当按原债的关系履行。

三、案例评析

（一）以物抵债协议是否构成流押契约

在本案中，泰康公司因开发的楼盘销售不佳，资金回笼困难，无力清偿本息 5 750 万元。双方经多次协商，便于 2015 年 2 月签订了一份《以房抵债协议》，双方约定，泰康公司将其开发的“新家园楼盘”中的 5 套别墅（按当时市价评估为 6 000 万元），用于抵偿其欠永达公司的 5 750 万元债务。但关于该协议是否构成流押契约，在审理中存在不同观点。笔者认为，本案的以房抵债协议不构成流押契约。

所谓流押契约（lex commissoria），又称绝押契约，其包含流抵和流质契约，它是指当事人双方在设立抵押或质押时，在担保合同中规定，债务履行期限届满而担保权人尚未受清偿时，担保物的所有权移转为债权人所有。我国《物权法》为了保护债务人的利益，防止债权人利用债务人一时急需而强迫债务人订立流押契约，同时也是为了通过清算程序使其他债权人能够获得清偿，保护其他债权人的利益，从而分别在抵押中规定了禁止流抵契约（第 186 条），在质押中规定了禁止流质契约（第 211 条）。但对这两条规定的合理性，学界一直存在争议。不少学者认为，严格禁止流押契约不仅不利于简化担保物权的实现程序，而且不利于尊重当事人的私法自治以及充分发挥物的经济效用。此种观点有一定的道理。

但从本案来看，当事人所签订的以房抵债协议并不属于流押契约，虽然说流押条款的约定本质上也是以物抵债的一种表现方式，但是两者存在本质区别。依据《物权法》第 186 条的规定，流押契约是抵押权人在债务履行期届满前，与抵押人约定债务人不履行到期债务时抵押财产归债权人所有。由此可知，一方面，流押契约的成立以存在抵押物为前提，而在本案中，并不存在抵押物。另一方面，流押契约的成立时间应当在“债务履行期届满前”，否则并不成立流押契约。而在本案中，当事人达成以房抵债协议之时债务履行期限已经届满。而且我国现行物权法在明确禁止流押的同时也肯定了事后折价协议的效力，而抵押物的事后折价协议就是一种典型的以物抵债方式，故本案中的以物抵债协议的效力理应得到肯定。

（二）以物抵债协议究竟是诺成协议还是实践协议

众所周知，以物抵债协议是指债权人与债务人约定，以债务人所有的财产，折价归债权人所有，用以清偿原债务的行为。就以物抵债协议究竟是诺成性合同还是实践性合同，实践中存在不同观点。《最高人民法院公报》2012 年第 6 期公布的“成都市国土资源局武侯分局与招商（蛇口）成都房地产开发有限责任公司、成都港招实业开发有限责任公司、海南民丰科技实业开发总公司债权人代位权纠纷案”中，最高人民法院（2011）民提字第 210 号民事判决书认定，以物抵债协议的性质为实践性合同。但在 2017 年最高人民法院发布的第 15 批指导性案例之案例 72 的“汤某、刘某龙、马某太、王某刚诉新疆鄂尔多斯彦海房地产开发有限公司商品房买卖合同纠纷案”中，最高人民法院（2015）民一终字第 180 号民事判决书已经将以物抵债协议确认为诺成性合同。从上述立场的演变来看，最高人民法院似乎更加倾向于持以物抵债协议在双方当事人达成合意之时即生效的立场，其主要理由在于，以物抵债系债务清偿的方式之一，是当事人之间对于如何清偿债务作出的安排，故对以物抵债协议的效力、履行等问题的认定，应以尊重当事人的意思自治为基本原则。除当事人明确约定外，当事人于债务清偿期届满后所签订的以物抵债协议，不以债权人现实受领抵债物或取得抵债物所有权、使用权为成立或生效要件。换言之，只要双方当事人的意思表示真实，合同内容不违反法律、行政法规的强制性规定，合同即为有效。债务清偿期届满后，债权人与债务人所签以物抵债协议，如未约定消灭原有的金钱给付债务，应认定系双方当事人另行增加一种清偿债务的履行方式，而非原金钱给付债务的消灭。①

笔者认为，以房抵债协议在性质上应当是实践合同，主要理由在于：

第一，从实践来看，房屋的价值通常波动较大，从合同的订立到履行的间隔常常较长，在此期间内，房屋价格发生上涨和下跌都是十分正常的，此种价格变化的风险由任何一方当事人承担都是不合适的，从公平原则出发，将以房抵债协议作为实践合同对待，以最终移转房屋所有权的时间为准确定房价变动的风险分配，对双方当事人都是公平的。

第二，以房抵债是代物清偿的一种方式，而清偿属于债的消灭原因之一。也就是说，以房抵债应当实际履行、使债权人的债权实现，才符合其债的清偿的本质，也才能使原债的关系消灭。如果以房抵债协议没有实际履行，则不能使债权实现，不能消灭原债的关系。

① 参见最高人民法院（2016）最高法民终 484 号民事判决书。

第三，将以物抵债协议认定为实践性合同有利于法律关系的简化。按照诺成性合同裁判立场的观点，之所以要将以物抵债协议认定为诺成性合同，关键在于尊重当事人之间的意思自治，同时该观点也认同在物权发生变动之前原债权债务关系仍然有效，也即新旧债务将并存，这在法律适用上将带来一个很大的难题，即债权人同时享有的以物抵债协议产生的债权请求权与原债权请求权在具体行使上有无先后顺序？如果认为不存在先后顺序，债权人必然选择有利于自己的债权，这对债务人不利，而物（尤其是像本案中的商品房）的价值波动极为正常，这种风险负担交由债权人选择显然不合适；如果认为存在先后顺序，法律依据上存在着说理障碍。

从本案来看，当事人虽然达成了以房抵债协议，但泰康公司并没有履行该协议，因此，应当认定以房抵债协议并没有实际生效，原债的关系也没有消灭，永达公司有权请求泰康公司履行原 5 750 万元债务。

案例十九　流质条款无效的争议

一、案情简介

2017 年 4 月，H 市东方投资有限公司（以下简称“东方公司”）因为资金短缺，向该市工商银行借款 8 000 万元，并请该市兴隆化工控股有限公司（以下简称“兴隆控股”）提供担保。兴隆控股提供了一栋房产作抵押。兴隆控股提供抵押后，便要求东方公司为其提供反担保。同年 5 月，东方公司便以所持的五粮液股票（000858）200 万股（每股市值 60 元）提供反担保。双方签订了股权质押合同。《股权质押合同》第 6 条规定：“如果甲方到期不能偿还主债务及利息，由乙方代为偿还。甲方自愿将其拥有的五粮液股票 200 万股转归乙方所有。”同年 6 月，该股权质押合同签订以后，东方公司又向兴隆控股出具一份承诺函，其中写道：“我公司按照贵我双方签订的《股权质押合同》第 6 条约定，如果贵公司代我公司偿还银行 8 000 万元的债务及利息之日起一年内，我公司如能够全部付清该笔款项，贵公司应将股权还给我公司。”该承诺函特别强调，“如果一个月内不予答复，视为接受”。该函件送达兴隆控股以后，兴隆控股一直没有提出异议。后来，因为东方公司到期不能清偿 8 000 万元本金加上2 000 万元的利息，兴隆控股要求直接将东方公司的 200 万股股票划归自己所有。但东方公司提出，该《股权质押合同》第 6 条是流质契约，应当是无效的，其内容也构成显失公平，且东方公司出具的承诺函已经变更了前述合同的内容。双方为此发生争议。

二、争议梳理

本案争议的第一个问题就是，《股权质押合同》第 6 条规定是否有效？一种观点认为，该条规定设定了让与担保，其所约定的转让是为了担保债务的履行，所以应当是有效的。另一种观点认为，该条规定属于《物权法》上所规定的流质条款，且没有办理登记，因而应当是无效的。

本案争议的第二个问题就是，承诺函是否变更了《股权质押合同》第 6 条的约定。一种观点认为，本来《股权质押合同》第6条就是无效的，所以不必考虑其是否变更的问题。另一种观点认为，承诺函已经变更了双方此前的约定，所以应当执行承诺函的规定，而不应当再执行《股权质押合同》第6条。

三、案例评析

（一）东方公司向新隆控股提供股权质押构成反担保关系

首先应当明确，东方公司与兴隆控股之间的关系。从法律上看，双方之间形成的是反担保关系。

所谓反担保，亦称求偿担保，是指为保障债务人之外的担保人将来承担担保责任后对债务人追偿权的实现而设定的担保。《担保法》第4条及《最高人民法院关于适用〈中华人民共和国担保法〉若干问题的解释》（以下简称《担保法解释》）第2条确认了反担保及其基本规则。在本案中，东方公司与兴隆控股订立的《股权质押合同》第6条规定："如果甲方到期不能偿还主债务及利息，由乙方代为偿还。甲方自愿将其拥有的五粮液股票200万股转归乙方所有。"由此可知，东方公司与兴隆控股之间设立的是股权质押反担保，其担保的对象（即所谓"主债权"）是兴隆控股实际承担担保责任后对东方公司的追偿权。

《物权法》第226条第1款规定："以基金份额、股权出质的，当事人应当订立书面合同。以基金份额、证券登记结算机构登记的股权出质的，质权自证券登记结算机构办理出质登记时设立；以其他股权出质的，质权自工商行政管理部门办理出质登记时设立"。依据这一规定，以在证券登记结算机构结算的股权设定质押时，应办理登记手续。《证券法》第40条规定："证券在证券交易所上市交易，应当采用公开的集中交易方式或者国务院证券监督管理机构批准的其他方式。"第41条规定："证券交易当事人买卖的证券可以采用纸面形式或者国务院证券监督管理机构规定的其他形式。"根据这些规定，凡是证券在证券交易所上市交易的，各种证券的过户、结算、保管，都需要通过证券登记结算结构进行登记，并且要采取全国集中统一的电子化运营的方式。由于上市公司的股票流通在我国只能以记名方式集中在证券交易所内进行，采取无纸化的电子交易系统，一般不存在股东私下移转有体的纸面的股票的可能，所以上市公司的股票出质的公示方法是在证券登记机构办理出质登记，当事人虽无须实际交付股票或采取背书方式，但登记具有替代交付的功能。因此，以证券登记结算机构登记的股权出质的，质权自证券登记结算机构办理出质登记时设立。本案质押的股权属于上市公司的股权，应当自证券登记结算机构办理出质登记时设立。这就意味着，合同只是在当事人之间产生效力，质押权并没有有效设立。所以，虽然《股权质押合同》并没有办理登记，但在不涉及第三人的情形下，如果内容不违反法律、行政法规的强制性规定，在当事人之间仍然可以产生拘束力。

（二）《股权质押合同》第 6 条因构成流质条款而无效

作为甲方的东方公司与作为乙方的新隆控股于所订立的《股权质押合同》第 6 条规定："如果甲方到期不能偿还主债务及利息，由乙方代为偿还。甲方自愿将其拥有的五粮液股票 200 万股转归乙方所有。"该条的约定是否构成流质条款，为本案争议的焦点问题之一。

所谓流质条款，是指在质权设立时至债务履行期限届满前，质权人和出质人作出的关于在主债权已届清偿期未受清偿时，质押财产的所有权即移转给质权人所有的约定。流质条款常发生于债务人处于急窘境地之时，质权人往往利用债务人的不利境地和自己的强势地位，迫使出质人与其签订流质条款，以价值较高的质押财产担保较小的债权额，从而在出质人不能清偿债务时，取得质押财产的所有权，牟取高额的不当利益。因此，为了保证担保活动的平等、自愿、公平和诚实信用，不少国家的立法都否认其效力。我国《担保法》第 66 条亦明令禁止流质条款，即"出质人和质权人在合同中不得约定在债务履行期限届满质权人未受清偿时，质物的所有权转移为质权人所有"。我国《物权法》第 211 条也仍然维持了流质条款无效的立法态度。因此，当事人只要在质押合同中事先约定所有权的转移，即构成流质条款。立法之所以禁止流质契约，是因为流质契约事先就剥夺了出质人在事后根据市场价值重新评估质物价值的机会，从而处于不利地位。

本案中，《股权质押合同》第 6 条的订立时间为 2017 年 5 月，远早于新隆控股追偿权的实际产生日期。因此，《股权质押合同》第 6 条完全符合构成流质条款的时序要件。尤其是该条规定："如果甲方到期不能偿还主债务及利息，由乙方代为偿还。甲方自愿将其拥有的五粮液股票 200 万股转归乙方所有。"这实际上是在债务到期之前，约定股权的权利移转，属于典型的流质条款，应当被认定为无效。

问题在于，《股权质押合同》属于反担保，是否可以适用担保的一般规则？《担保法》第 4 条第 2 款规定，"反担保适用本法担保的规定"。依据这一规定，禁止流质契约的规定对于反担保同样适用。鉴于《股权质押合同》第 6 条的订立时间早于新隆控股实际取得追偿权的时间以及该条款造成双方利益严重不对等之事实，因此，根据《担保法》第 66 条的规定，该约定应属无效。

东方公司提出，如果因为其到期不能偿还8 000万元的债务和利息，兴隆控股就获得其200万股的五粮液股票，这是显失公平的。确实，从当时的市值来看，东方公司所持的五粮液股票（000858）每股市值60元，以此计算，200万股的总市值达到1.2亿元，而兴隆控股实际承担的债务仅1亿元，这就意味着，兴隆控股获得了2 000万元的利润。这对于东方公司来说，是极不合理的。但问题在于，股票的价格本身是起伏不定的，随着市场行情而不断变化。双方签订该协议，实际上意味着，双方都承受了股票市值波动的风险。如果股价下跌，兴隆控股也可能遭受较大的损失。

（三）承诺函是否变更了《股权质押合同》第6条的约定

2017年6月，《股权质押合同》签订以后，东方公司又向兴隆控股出具一份承诺函，其中写道，"我公司按照贵我双方签订的《股权质押合同》第6条约定，如果贵公司代我公司偿还银行8 000万元的债务及利息之日起一年内，我公司如能够全部付清该笔款项，贵公司应将股权还给我公司。"该函件送达兴隆控股以后，兴隆控股一直没有提出异议。

承诺函究竟与《股权质押合同》第6条是何种关系？一种观点认为，本来《股权质押合同》第6条就是无效的，所以，不必考虑其是否变更的问题。另一种观点认为，承诺函已经变更了双方此前的约定，所以，应当执行承诺函的规定，而不应当再执行《股权质押合同》第6条。毫无疑问，承诺函系《股权质押合同》第6条的附属文件。因为一方面，承诺函表明了其存在的前提和基础是《股权质押合同》第6条之约定。另一方面，承诺函的主要内容系《股权质押合同》第6条所约定的是质押股权直接归属新隆控股的细化，即"我公司按照贵我双方签订的《股权质押合同》第6条约定，如果贵公司代我公司偿还银行8 000万元的债务及利息之日起一年内，我公司如能够全部付清该笔款项，贵公司应将股权还给我公司。"尤其应该指出的是，承诺函已经实质性地改变了《股权质押合同》第6条的内容，这就是说，按照承诺函，虽然在东方公司不能清偿债务的情况下，依据《股权质押合同》第6条约定，将由兴隆控股获得东方公司的200万股的股权，但其实兴隆控股并没有享有股权，因为只要东方公司能够偿还其所支付的款项，兴隆控股还要将股权返还给东方公司。这就是说，兴隆控股对股权只是临时的占有，而并非完全地享有股权。从这个意义上说，如果承诺函是有效的，那么，《股权质押合同》第6条的约定就不构成流质约款。

但问题的关键在于，承诺函是否成立并生效？这本身就是存在争议的。一种观点认为，承诺函本身是单方法律行为，所以，承诺函不能约束另一方，对兴隆控股不能产生法律拘束力。另一种观点认为，承诺函虽然是单方意思表示，但是，该函件送达兴隆控股以后，兴隆控股一直没有提出异议。承诺函可以被理解为要约，而兴隆控股的行为可以理解为承诺。在东方公司发出承诺函以后，兴隆控股没有表示异议，可视为承诺。因此，该承诺函已经成立并生效。《民法总则》第 140 条第 2 款规定，“沉默只有在有法律规定、当事人约定或者符合当事人之间的交易习惯时，才可以视为意思表示”。所以，兴隆控股没有表示异议，只是单纯的沉默，该沉默不能理解为意思表示。只有在有法律规定、当事人约定或者符合当事人之间的交易习惯时，才可以视为意思表示。而本案中，不存在这三类情形。

该承诺函特别强调，“如果一个月内不予答复，视为接受”。这是否意味着当事人之间就承诺函的生效达成了合意？笔者认为，东方公司单方作出的此种意思表示对兴隆控股不能发生效力。依据《民法总则》第 140 条第 2 款的规定，“沉默只有在有法律规定、当事人约定或者符合当事人之间的交易习惯时，才可以视为意思表示”，而在本案中，并不存在此类情形，因此，兴隆控股在一个月内不予答复，并不能将解释为其接受了东方公司的要约。

案例二十　先履行抗辩权的行使

一、案情简介

2012年年初，康健投资有限公司（以下简称“康健公司”）在翠湖边建造了一个风景优美的高尔夫球场，但因为资金周转困难，不得已只好转让部分股权给晨曦房地产开发有限公司（以下简称“晨曦公司”）。2012年2月，双方达成一份转让协议，协议中约定，康健公司将51%的股权转让给晨曦公司，转让价款为1亿2千万元，分两期支付，在合同生效后即支付一半价款，另一半价款在一年后支付。但在协议签订时，有关媒体已经报道国家可能对高尔夫球场进行整顿，因此在康健公司的要求下，双方在合同第10条特别约定：“如果该项目属于国家整顿之列，并因此导致该球场无法经营，则乙方（晨曦公司）仍然应当向甲支付全部款项。”合同约定自合同签订日起，晨曦公司便将派人进驻高尔夫球场接管运营。合同签订后，晨曦公司按照约定支付了一半价款，并开始接管球场，从事经营。2012年9月，国家开始整顿高尔夫球场，该球场也在被整顿之列，省政府发文要求该球场停止营业，待整顿后接上级部门通知，方可继续营业，球场因此无法继续经营。2013年2月，第二期价款清偿期届至时，康健公司要求晨曦公司支付另一半价款。晨曦公司提出，康健公司既然已经预见到该可能，应当及时告知晨曦公司该情形，否则构成欺诈，其有权请求撤销该合同。同时，因为国家整顿高尔夫球场，该球场已无法经营，因此该转让的财产价值已经严重贬损，晨曦公司订立合同的目的已经无法实现，因此按照《合同法》第67条的规定，其有权行使先履行抗辩权，拒绝支付剩余价款，同时提出，国家整顿高尔夫球场已构成不可抗力，可以使其免除支付价款的责任。双方为此发生争议，诉至法院。

二、争议梳理

第一种观点认为，该合同签订后已经发生法律效力，双方应当严格按照合同履行债务，尤其是合同第10条约定：“如果该项目属于国家整顿之列，并因此此导致该球场无法经营，则乙方（晨曦公司）仍然应当向甲支付全部款项。”因此，晨曦公司仍应支付剩余价款。

第二种观点认为，《合同法》第67条规定：“当事人互负债务，有先后履行顺序，先履行一方未履行的，后履行一方有权拒绝其履行要求。先履行一方履行债务不符合约定的，后履行一方有权拒绝其相应的履行要求。”本案中，先履行的一方交付的标的存有瑕疵，后履行的一方有权拒绝履行。同时，本案中国家整顿高尔夫球场确实构成不可抗力，因此，晨曦公司有权拒绝支付剩余价款。

三、案例评析

（一）关于合同第10条的效力问题

双方在合同第10条约定：“如果该项目属于国家整顿之列，并因此导致该球场无法经营，则乙方（晨曦公司）仍然应当向甲支付全部款项。”如前所述，签订合同第10条的原因在于，康健公司已经预见到了国家可能对高尔夫球场进行整顿。晨曦公司认为，康健公司既然已经预见到该可能，应当及时告知晨曦公司该情形，否则构成欺诈，因此，其有权主张撤销合同。笔者认为，这一主张不能成立，在协议签订时，有关媒体已经报道国家可能对高尔夫球场进行整顿，而且国家整顿高尔夫球场在双方当事人签订合同时只是有可能发生，而非必然发生，更何况在谈判过程中双方已经将该条文纳入合同之中，而晨曦公司仍然接受该条款，表明晨曦公司是自愿接受该条款。康健公司已经进行了披露和告知，该条也表明双方对商业风险作出了安排，由于该条款是双方想法的真实表达，应当认为是合法有效的。

（二）关于合同第10条是否与先履行抗辩权的规定相冲突的问题

我国《合同法》第67条规定：“当事人互负债务，有先后履行顺序，先履行的一方未履行的，后履行一方有权拒绝其履行要求。先履行一方履行债务不符合约定的，后履行一方有权拒绝其相应的履行要求。”该条是关于先履行抗辩权的规定。此种抗辩权是我国《合同法》在同时履行抗辩和不安抗辩之外所新增加的一种抗辩权，也是一项为我国《合同法》所独创的抗辩制度。先履行抗辩权与同时履行抗辩权都适用于双方互负债务的双务合同，但两者具有不同的适用范围。同时履行抗辩权适用于当事人互负债务、没有先后履行顺序的情况；而先履行抗辩权适用于当事人存在先后履行顺序的情况。也就是说，同时履行抗辩权针对同时履行而适用，先履行抗辩权针对异时履行而适用。同时履行抗辩权是为双方提供的，即只要有一方不履行或不适当履行债务，另一方就有可能享有同时履行抗辩权；而先履行抗辩权乃是为后履行的一方所设定的抗辩权，也就是说，只有后履行一方才享有此种抗辩权。该条设置的目的在于保障双方当事人能够获得对待给付，使合同能够依据约定，获得履行。笔者认为，合同第10条的规定与先履行抗辩权并不存在冲突。主要理由在于：

第一，不存在先履行的一方不履行或不适当履行合同债务。先履行抗辩权是针对先履行一方的履行不符合合同规定而设定的。先履行一方未履行的，后履行一方有权拒绝其履行要求。先履行一方履行债务不符合约定的，后履行一方有权拒绝其相应的履行要求。问题在于，《合同法》第67条所提及的“不符合约定”包括哪些情况呢？笔者认为，与同时履行抗辩权所适用的情况一样，履行不符合约定应当包括不履行以外的各种违约行为，即迟延履行、不适当履行（包括瑕疵履行和加害给付）以及部分履行。显然在迟延履行和瑕疵履行的情况下，必须构成根本违约，非违约方才能行使先履行抗辩权，而在部分履行的情况下，非违约方只能就违约部分拒绝相应的履行要求。在本案中，康健公司已经如期完成股权的变动，且符合合同的约定。因此，不存在先履行的一方不履行或不适当履行合同债务。

第二，合同第10条实际上是明确排除了先履行抗辩权的行使。从性质上讲，《合同法》第67条属于任意性条款，可以通过当事人的约定排除。在合同第10条已经明确约定的情形下，即使出现了国家整顿高尔夫球场的情形，但当事人也以约定的形式排除了《合同法》第67条的适用。合同本身是对当事人未来权利义务的安排，既然当事人均已认识到未来可能发生的风险，只要这种安排没有违反法律的强制性规范，没有损害第三人利益，就应当是合法有效的。双方在合同中已经预见了国家整顿高尔夫球场的可能，所以不能认为还有《合同法》第67条适用的余地。

第三，在协议签订时，有关媒体已经报道国家可能对高尔夫球场进行整顿，晨曦公司应当知道其受让的高尔夫球场可能被整顿，而且晨曦公司已经接管了该高尔夫球场，并进行了实际的经营，表明其愿意接受球场被整顿的风险。

（三）国家整顿高尔夫球场是否属于不可抗力

所谓不可抗力，是指人力所不可抗拒的力量，它包括某些自然现象（如地震、台风、洪水、海啸等）和某些社会现象（如战争等）。不可抗力是独立于人的行为之外，并且不受当事人的意志所支配的现象，它在各国法律中都是免责事由。除法律另有规定外，不可抗力将导致当事人被完全免责或部分免责。依据我国《民法通则》第153条的规定，不可抗力是指“不能预见、不能避免并不能克服的客观情况”。《合同法》第 117 条第 2 款也有类似的表述。

第一，本案并不存在不能预见的问题。一方面，预见性取决于人们的预见能力，人们的预见能力的提高，必须影响到预见的范围。某种现象过去不能预见，现在却可以预见；现在不能预见，将来未必不能预见。所以，决定人们对某种现象是否可以预见，应以现有的技术水平为根据。另一方面，预见性往往因人而异，某人可以预见，而他人却不一定能够预见，反之亦然。因此，必须以一般人的预见能力而不是当事人的预见能力为标准，来判断对某种现象是否可以预见。在本案中，国家整顿高尔夫球场并非完全不能预见，在订立合同时双方已经明显预见到了该情事可能发生，所以才会有合同第 10 条的约定。

第二，本案并不存在不可避免并不能克服的问题。所谓不可避免和不能克服，表明事件的发生和事件造成的损害具有必然性。所谓不能避免是指当事人已经尽到了最大的努力，仍然不能避免某种事件的发生。所谓不能克服是指当事人在事件发生以后，已尽到最大的努力仍不能克服事件所造成的损害后果、使合同得以履行。从本案来看，如果在整顿过程中，晨曦公司加以妥善整改，则完全可以达到国家对高尔夫球场的整顿条件，并继续从事经营，而并不一定面临关停的风险。

（四）本案是否符合情势变更的条件

所谓情势变更原则，是指在合同有效成立以后，非因当事人双方的过错而发生重大变化，致使合同不能履行或如果履行会显失公平，根据诚实信用原则，当事人可以请求变更或解除合同的制度。合同一旦有效成立，当事人就必须按照“契约必须严守（pacta sunt survanda）”的原则来履行合同。但在合同订立后，却有可能因当事人在订约时无法预见的客观情况的变化导致合同不能履行或履行过于艰难，而当事人对于情势变更的发生又没有过错，在此情况下，强迫当事人继续履行合同或承担违约责任，确实有悖于诚实信用原则，所以有必要规定情势变更原则以平衡当事人之间的利益。从这个意义上说，情势变更是诚信原则的具体化。情势变更制度有利于保障契约的实质正义。从本案来看，如果当事人之间没有约定国家整顿高尔夫球场事宜，则可能构成情势变更。但在当事人有约定的情况下，表明当事人在订约时已经预料到了国家整顿高尔夫球场的风险，而且当事人事先已经做了一定的安排，因此，国家整顿高尔夫球场是当事人订立合同时已经预料到的情形，不符合情势变更的要件，所以当事人应当继续履行该合同。

案例二十一　同时履行抗辩与双方违约

一、案情简介

Q市海元造船有限公司（以下简称“海元公司”）与本市陆通汽车电机有限公司（以下简称“陆通公司”）于1990年7月1日签订了一份加工承揽合同，合同规定：由海元公司提供设计图纸，委托陆通公司制造YA1.5—100(A)液压船台小车10辆，每辆造价3.5万元，共35万元。合同签订后20日内，由海元公司付7万元预付款，10月5日再支付10万元。1990年12月底，陆通公司交付全部的10辆液压船台小车，海元公司付清全部价款。合同签订后，海元公司于同年7月20日向陆通公司汇去7万元，同年10月1日，陆通公司给海元公司去函，称原材料价格急剧上涨，需要提高船台小车的价格。海元公司于10月5日复函，表示拒绝。同年10月8日，海元公司向陆通公司汇去10万元，陆通公司返还海元公司，并提出因海元公司迟延交付第二笔预付款，已构成了违约，陆通公司被迫终止合同。已生产的两台小车，因海元公司交付7万元而由海元公司取回，双方不再发生关系。海元公司提出迟延交付第二笔预付款，是因为等待陆通公司是否继续履行合同的答复，陆通公司称海元公司违约，双方因协商不成，海元公司向法院起诉，请求陆通公司继续履行合同并承担违约责任。

二、争议梳理

关于本案中陆通公司是否构成违约，存在几种不同的观点。

第一种观点认为，陆通公司并没有构成违约。因海元公司迟延交付第二笔预付款，已构成违约。陆通公司不再继续履行合同是行使同时履行抗辩权。

第二种观点认为，陆通公司已经构成违约。因为海元公司迟延三天支付预付款，是因为等待陆通公司是否继续履行合同的答复造成的。陆通公司不愿意继续履行合同的根本原因在于原材料价格上涨，要求提高小车价格遭到拒绝以后，采取了拒绝履行合同的措施。

第三种观点认为，陆通公司虽然因单方面解除合同构成违约，但是海元公司没有按期支付第二笔预付款，也构成了违约。因此，双方应根据各自的过错程度分担责任。

三、案例评析

（一）本案是否符合同时履行抗辩的条件

本案首先涉及陆通公司是否可以行使同时履行抗辩权问题。抗辩权者，妨碍相对人行使其权利之对抗权。[①] 所谓同时履行抗辩权，也称为履行合同的抗辩权，是指双务合同的当事人一方在他方未对待履行以前，有权拒绝自己的履行。我国《合同法》第 66 条规定："当事人互负债务，没有先后履行顺序的，应当同时履行。一方在对方履行之前有权拒绝其履行要求。一方在对方履行债务不符合约定时，有权拒绝其相应的履行要求。"同时履行抗辩权主要是一种履行中的拒绝权。它是指一方在符合法律规定的条件下享有拒绝对方请求的权利。在民法上行使同时履行抗辩权必须符合以下构成条件：（1）须由同一双务合同互负债务。这就是说，双方当事人之间的债务是根据一个合同产生的。如果双方的债务基于两个甚至多个合同产生，即使这些合同在事实上具有密切联系，也不产生同时履行抗辩权。同时，双方当事人所负的债务之间必须具有对价或牵连关系。（2）须双方所负的债务均已届清偿期。同时履行抗辩权的适用，是双方对待给付的交换关系的反映，并旨在使双方所负的债务同时履行，双方享有的债权同时实现，所以，只有在双方的债务同时到期时，才能行使同时履行抗辩权。[②] 如果债务都不存在，或合同已被确认为无效或被撤销，或债务虽然存在但双方的债务并未同时到期，也不能发生同时履行抗辩。（3）海元公司向陆通公司请求履行债务时，海元公司自己已负有的与对方债务有牵连关系的债务未履行，陆通公司因此可以主张同时履行抗辩权，拒绝履行债务。如果海元公司已履行债务，则不发生同时履行抗辩权的问题。（4）须对方的对待履行是可能履行的。同时履行是以能够履行为前提的，如果一方已经履行，而另一方因过错不能履行其所负的债务（如标的物遭毁损灭失等），则只能按照债不履行的规定请求补救，而不能发生同时履行抗辩问题。如果因不可抗力发生履行不能，则双方当事人将被免责。

从表面上看，本案似乎符合同时履行抗辩的条件，实际上并非如此。笔者认为，陆通公司并不能行使同时履行抗辩权，理由主要在于：一方面，海元公

① 史尚宽. 民法总论. 北京：中国政法大学出版社，2000：28.
② 王家福主编. 民法债权. 北京：法律出版社，1991：402.

司迟延三天交付预付款与陆通公司不履行其主要义务之间并不能形成一种对价或牵连关系。在同时履行抗辩权行使时，双方所负有的债务应当具有对价或牵连关系。从各国立法和司法实践来看，对双务合同的对价性，只强调履行和对待履行之间的具有互为条件、互为牵连的关系，要求履行和对待履行在义务的负担上大体相等，但并不要求绝对相等，也不需要在经济上完全等价。但是，履行和对待履行之间必须具有牵连性或对价关系，否则是不能行使同时履行抗辩权的。从本案来看，海元公司及时交付第二笔预付款与陆通公司履行全部义务之间不能形成某种对价或牵连关系。同时，海元公司迟延三天支付第二笔预付款，也根本不可能导致陆通公司不能履行全部义务。据此，陆通公司不能行使同时履行抗辩权，拒绝履行其全部义务。另一方面，同时履行抗辩权的行使，也必须符合诚实信用原则。从本案来看，海元公司迟延三天交付第二笔预付款虽已构成违约，但此种违约极为轻微，尤其是迟延交付具有一定的理由，因而海元公司的过错程度是轻微的。在此情况下，陆通公司提出终止合同显然是违背诚实信用原则的。假如允许一方当事人在对方仅具有轻微违约的情况下，就拒绝履行自己的全部义务，的确不利于合同的遵守和交易秩序的稳定。

（二）本案是否构成双方违约

那么，本案中海元公司、陆通公司是否构成双方违约？所谓双方违约，是指合同双方当事人分别违背了自己的合同义务。《合同法》第 120 条规定，“当事人双方都违反合同的，应当各自承担相应的责任。”双方违约的构成要件是：其一，双方当事人依据法律和合同规定，必须履行各自的义务，据此双方违约常常适用于双务合同。其二，当事人双方而不是一方违背了其负有的合同义务，也就是说，双方当事人都分别违反了合同规定。其三，双方均无正当理由违反了合同规定的义务。如果一方是行使同时履行抗辩权或不安抗辩权，则不能认为是双方违约，如果当事人在对方违约后采取适当的自我补救措施，如对方拒不收货时，将标的物转卖等也不能认定为违约，即使这种补救措施不够适当，也主要是一个过错的问题，不可作为双方违约对待。第四，在双方违约的情况下，各自应当承担相应的违约责任。

从本案来看，陆通公司在不具备同时履行抗辩权行使条件的情况下，而以海元公司违约为由拒绝履行自己的全部义务，显然是没有正当理由的。据此完全可以认定陆通公司已构成违约。从实际情况来看，陆通公司之所以拒绝继续履行合同，其根本原因在于原材料价格上涨，陆通公司需要提高价格遭到拒绝。陆通公司因海元公司迟延三天交付第二笔预付款而拒绝继续履行合同，实际上是为其违约寻找一种借口。陆通公司在无正当理由的情况下，单方面提出终止合同，显然已构成违约并应负违约责任。

问题在于，海元公司是否也构成了违约？从本案来看，海元公司本应于10月5日向陆通公司支付10万元预付款，但陆通公司10月1日向海元公司去函，称原材料价格急剧上涨，要求提高价格，陆通公司于10月5日复函表示拒绝。在此之后，海元公司确实为等待陆通公司是否继续履行的答复而迟延了三天交付第二笔预付款。从情理上讲，海元公司的做法是有道理的，但是从法律上讲，我国《合同法》第60条要求债务人应当根据约定全面履行合同义务，陆通公司要求提高价格不是海元公司迟延付款的正当理由，因为毕竟陆通公司没有明确表示拒绝履行合同，海元公司应当于10月5日向陆通公司交付预付款，迟延三天交付也构成了违约行为。当然，因为迟延时间短暂，且根据实际情况并未给陆通公司造成较大损失，尤其是海元公司的迟延有一定的理由，所以，可以认为海元公司虽已违约，但其违约和过错程度是轻微的。

根据《合同法》第120条规定，双方应当各自按其违约程度承担相应的责任，这种责任是相互独立的，不能因对方违约而免除己方的责任。根据海元公司的违约行为，责令其承担违约责任是十分必要的。但由于其违约是轻微的，不能成为陆通公司拒不履行合同的理由。陆通公司提出海元公司迟延交付第二笔预付款，已构成违约；陆通公司被迫终止合同，已生产的2台小车，因海元公司已交7万元而由海元公司取回，这并不是要求解除合同，而只是提出变更合同。因为，陆通公司并不希望完全解除合同，将其按海元公司提供的图纸所生产的2台小车留给自己，而是希望将这2台小车交给海元公司，其余8台小车的交付义务不再履行。也就是说，要将原来定作10台小车的合同变更为仅定作2台小车的合同。可见，陆通公司只是在原合同的基础上，使合同的内容部分发生变化，而不是消灭原合同关系，陆通公司只希望将来不再履行，而不希望使合同解除，双方恢复到合同订立前的状态。然而，既然陆通公司希望变更合同，依法律关于合同变更的程序，应当由双方当事人就合同的变更达成协议，如不能协商一致，陆通公司仍须按原合同履行其义务。当然，陆通公司要求变更合同主要是由于原材料价格急剧上涨引起的，陆通公司可以以原料价格上涨发生情势变更为由请求变更合同，或以原材料价格上涨导致双方的合同利益显失公平，而由法院根据案情具体裁量。不过，由于陆通公司并未提出上述请求，因而，法院可不考虑这些问题。

案例二十二　关于工程款支付中的抗辩权行使

一、案情简介

2008年10月，裕星设备制造有限公司（以下简称“裕星公司”）委托新强建筑集团公司（以下简称“新强建筑公司”）建造一栋三万平方米的大楼，工程价款为9 500万元。双方在合同中约定，合同签订后，裕星公司预付20%工程款，在验收合格后，再支付75%，半年后，支付最后剩余的5%。合同在签订后，裕星公司即支付了20%的合同款。一年后，大楼竣工完成，但在竣工验收时，验收单位提出工程质量基本合格，但房屋防水工程多处开裂渗漏，存在隐患，需要及时整改。但是新强建筑公司提出防水工程多处开裂渗漏是因为当地天气异常，长期雷雨天气造成，正常情形下不会出现渗漏问题，因此工程质量符合约定。新强建筑公司因资金周转十分困难，便希望裕星公司尽快支付75%的工程款。而裕星公司则主张，如果新强建筑公司不维修，则不会支付工程款，双方多次协商谈判不成，新强建筑公司便占据了该大楼，拒不交付，提出其依法享有留置权。裕星公司认为，新强建筑公司拒绝维修大楼，构成违约，其占有大楼的行为属于非法留置，构成侵权，并向法院提起诉讼，请求新强建筑公司交付房屋，并承担迟延交付的赔偿责任。

二、争议梳理

第一种观点认为，大楼漏水确实因为天气造成，裕星公司应当支付工程款，并由新强建筑公司及时整改。由于裕星公司没有支付剩余价款，构成违约，新强建筑公司占有该房屋的行为是合法的。

第二种观点认为，虽然竣工验收质量基本合格，但仍存在漏水等问题，这构成了给付瑕疵，应当在整改后交付完全合格的大楼，新强建筑公司构成违约，其占有该大楼的行为是非法的。

三、案例评析

（一）关于哪一方当事人构成违约的问题

本案中，双方的争议焦点在于，哪一方当事人构成违约？笔者认为，在该合同中，新强建筑公司负有交付符合约定建筑质量的大楼的义务，而且双方在合同中明确约定，在验收合格后，裕星公司才支付75%的工程款。在该案中，新强建筑公司所建设的大楼质量并不符合约定的质量标准，并不符合交付使用的条件，主要理由在于：一方面，验收单位提出工程质量基本合格，但新强建筑公司所建造的大楼房屋防水工程多处开裂渗漏，存在隐患，需要及时整改，这表明房屋质量还是存有瑕疵。依据《合同法》第279条第2款的规定，“建设工程竣工经验收合格后，方可交付使用；未经验收或者验收不合格的，不得交付使用”，该案中的大楼并没有完成验收合格，不符合交付使用条件。另一方面，新强建筑公司主张房屋漏水是因为天气原因所致，但事实上，天气原因是当事人所能预料到的事项，而且大楼防水工程的主要功能就在于应对恶劣天气下的渗水等情况，因此，新强建筑公司的主张难以成立。根据合同约定，只有在工程验收合格的情况下，裕星公司才支付剩余价款，而且新强建筑公司资金周转困难是自身原因造成，其只有在向裕星公司交付合格的大楼后，才能请求裕星公司支付剩余价款，因此，新强建筑公司应当构成违约。

（二）关于恶劣天气是否构成不可抗力

在该案中，新强建筑公司主张，大楼房屋漏水是因为当地恶劣天气造成的，该恶劣天气是否构成合同履行中的不可抗力？笔者认为，该恶劣天气不应当构成不可抗力，因为不可抗力是当事人不可预见、不可避免、不能克服的客观情况，在该案中，应对恶劣天气是大楼防水工程的主要功能，也就是说，新强建筑公司做好防水工程，就是要应对恶劣天气，因此可以说，有效应对恶劣天气是当事人订立合同时可以预见的客观情况，其不应当构成不可抗力。

（三）新强建筑公司对建造的房屋是否享有留置权

在该案中，新强建筑公司占据大楼，拒绝向裕星公司交付大楼，该行为是否合法？也就是说，新强建筑公司对该大楼是否享有留置权？关于留置权，《物权法》第230条规定：“债务人不履行到期债务，债权人可以留置已经合法占有的债务人的动产，并有权就该动产优先受偿。”依据该条规定，留置权的客体限于动产，在该案中，新强建筑公司所占据的大楼属于不动产，无法成为留置权的客体。因此，新强建筑公司对涉案工程的占有，不能从留置权规定中寻找依据。

问题在于，新强建筑公司能否占有该大楼，并主张建设工程承包人的优先受偿权？关于建设工程优先受偿权，《合同法》第 286 条规定："发包人未按照约定支付价款的，承包人可以催告发包人在合同期限内支付价款。发包人逾期不支付的，除按照建设工程的性质不宜折价、拍卖的以外，承包人可以与发包人协议将该工程折价，也可以申请人民法院将该工程依法拍卖。建设工程的价款就该工程折价或者拍卖的价款优先受偿。"该条虽然规定了建设工程承包人的优先受偿权，但并没有规定承包人对建设工程享有留置权，因此，新强建筑公司留置该大楼的主张难以成立。同时，即便新强建筑公司不主张留置权，而只是主张建设工程优先权，其主张也难以成立。因为依据《合同法》第 286 条的规定，只有在发包人未按照约定支付价款的情形下，承包人才有权主张建设工程优先受偿权，而在本案中，裕星公司拒绝支付剩余价款是因为工程验收不合格，其拒绝支付价款具有正当理由，因此，新强建筑公司也难以主张建设工程优先受偿权，其占有大楼并拒绝向裕星公司交付大楼的行为应当构成违约。

（四）新强建筑公司"留置"涉案工程长期拒不交付是否构成侵权

关于新强建筑公司长期"留置"涉案工程并拒绝交付裕星公司是否构成侵权，存在不同观点。笔者认为，该行为侵害了裕星公司对该大楼的权益，主要理由在于：一方面，大楼建成后裕星公司应当享有对该大楼的所有权。《物权法》第 30 条规定："因合法建造、拆除房屋等事实行为设立或者消灭物权的，自事实行为成就时发生效力。"本案中，涉案大楼虽然是新强建筑公司直接建造，但新强建筑公司是受裕星公司委托建造该大楼，该大楼的所有者应当是裕星公司，依据《物权法》第 30 条的规定，应当由裕星公司最终取得该大楼的所有权。另一方面，新强建筑公司长期"留置"涉案大楼的行为缺乏法律依据。大楼既然属于裕星公司，新强建筑公司占据大楼应当有合法的依据，否则将构成非法占有，如前所述，新强建筑公司长期"留置"涉案大楼既不成立留置权，也不构成建设工程优先受偿权，性质上最终构成侵权，应当承担侵权责任。

（五）关于先履行抗辩权的问题

就新强建筑公司而言，其无权主张先履行抗辩权，即要求裕星公司先支付 75%的工程款，才交付房屋，此种主张是无法成立的，理由如下。

第一，《合同法》第 67 条规定："当事人互负债务，有先后履行顺序，先履行一方未履行的，后履行一方有权拒绝其履行要求。先履行一方履行债务不符合约定的，后履行一方有权拒绝其相应的履行要求。"根据这一规定，在一方履行债务不符合约定时，后履行一方只能拒绝其相应的履行要求，而不能完全拒绝履行全部合同义务。在本案中，新强建筑公司的主要义务是按照合同的约定而进行施工建设并交付工作物，裕星公司的主要合同义务是交付工程款。但裕星公司已经支付了相当数量的工程款，履行了部分合同义务。

第二，双方在合同中约定，合同签订后，裕星公司预付20%工程款，在验收合格后，再支付75%。也就是说，本案中，双方当事人义务的履行虽有先后顺序，但负有先履行义务的一方当事人是新强建筑公司，而非裕星公司，只有在工程验收合格后，裕星公司才支付剩余款项。因此，新强建筑公司负有先履行合同的义务，其无权主张先履行抗辩权。

第三，新强建筑公司没有履行其合同义务。从本案来看，一年后，大楼竣工完成，但在竣工验收时，验收单位提出工程质量基本合格，但房屋防水工程多处开裂渗漏，存在隐患，需要及时整改。新强建筑公司提出防水工程多处开裂渗漏是因为当地天气异常，长期雷雨天气造成，正常情形下不会出现渗漏问题，因此工程质量符合约定。如前所述，恶劣天气不构成免责事由，因此，房屋防水工程多处开裂渗漏，存在隐患，表明新强建筑公司没有履行其合同义务，因此，对负有后履行合同义务的裕星公司而言，其应当有权主张先履行抗辩权，暂时拒绝支付价款，新强建筑公司则无权主张先履行抗辩权。所以，新强建筑公司就整个涉案工程不予交付，是违反《合同法》第67条规定的。

（六）关于诉讼时效的适用

关于裕星公司对新强建筑公司在2004年年底至2009年9月期间，超出相应工程款外多留置的房屋是否享有诉权，可否按侵权损害赔偿进行诉讼，以及侵权损害赔偿请求权的诉讼时效问题，值得探讨。《民法通则》第135条[①]规定："向人民法院请求保护民事权利的诉讼时效期间为二年，法律另有规定的除外。"同时该法第137条规定："诉讼时效期间从知道或者应当知道权利被侵害时起计算。"对于持续性的侵权行为而言，时效的计算不能从行为发生之时起计算，因为在整个侵权行为发生过程中，都可以推定受害人是知道或者应当知道侵权行为的存在。所以，在整个侵权行为持续阶段，都可以认为可行使请求权。

具体到本案，新强建筑公司无权占有涉案工程，持续到2009年，由此给裕星公司造成的损失，应为整个无权占有期间即2004年年底至2009年间给裕星公司造成损失的总和，而非2004年造成的损失，亦非2005年造成的损失。就是说，裕星公司向新强建筑公司主张无权占有涉案工程的侵权损害赔偿请求权，只有到2009年强制执行完毕才能确定，该债权的"质"和"量"才清楚

① 《民法总则》第188条将普通诉讼时效期间改为3年，本案仍应适用《民法通则》的相关规定。

明确。在整个侵权期间，裕星公司都有权主张损害赔偿，而不受时效的限制。

裕星公司对新强建筑公司享有的侵权损害赔偿请求权，自2009年强制执行完毕时可以行使；也知道新强建筑公司于2009年并未赔偿无权占有涉案工程对其造成的损失。按照《民法通则》第137条的规定，诉讼时效期间自2009年强制执行完毕时起算。裕星公司于2010年7月15日提起诉讼，属于在2年的诉讼时效期间内主张债权，没有超过诉讼时效期间，应受保护。

（七）关于新强建筑公司长期占有涉案工程是否为履行合同的必要条件问题

在合同已经解除的情况下，新强建筑公司占有涉案工程的合同依据也已消失，其关于继续占有涉案工程是继续履行合同的必要条件的主张难以成立。

在合同关系并未解除的情形下，如果当事人双方已就结束诉争合同的竣工、结算进行协商，不再继续履行诉争合同，而是清理诉争合同关系，发包方裕星公司明确要求承包方不再继续施工，而是返还涉案工程，承包方新强建筑公司继续占有涉案工程也就不是履行合同的必要条件。只有在当事人双方仍然愿意继续履行合同的情况下，承包方新强建筑公司才能继续占有涉案工程。

（八）新强建筑公司的行为构成违约和侵权的竞合

如前所述，新强建筑公司长期“留置”涉案大楼的行为应当构成侵权，同时，新强建筑公司没有按照合同约定按期交付经验收合格的大楼，也应当构成违约。问题在于，此时应当构成责任的竞合还是责任的聚合？笔者认为，新强建筑公司的行为应当构成违约责任与侵权责任的竞合，两种责任所救济的损害在内容上具有较大的重合，裕星公司无权同时主张。但依据《合同法》第122条的规定，裕星公司有权在违约责任与侵权责任中选择对其最为有利的请求。

在裕星公司依据违约责任向新强建筑公司提出请求时，其首先有权请求新强建筑公司承担修复责任，即继续做好大楼的防水工程；其次，裕星公司有权请求新强建筑公司交付涉案大楼；再次，如果当事人在合同中约定了违约金责任，则裕星公司应有权主张该违约金责任；最后，新强建筑公司长期“留置”涉案大楼，导致裕星公司因长期无法使用该大楼而遭受损失的，裕星公司也有权请求新强建筑公司赔偿损失。但在裕星公司请求新强建筑公司承担侵权责任时，其只能请求新强建筑公司返还涉案大楼，并请求新强建筑公司赔偿其占据涉案大楼期间给其造成的损失。对于防水工程的修复费用等，裕星公司无法依据侵权责任向新强建筑公司提出请求。

因此，相比较而言，与主张侵权责任相比，裕星公司主张违约责任对其更为有利。

案例二十三　合同履行与诚实信用原则

一、案情简介

H 市旺德建筑公司（以下简称“旺德公司”）因建造两栋大楼急需黄沙，遂于 9 月 10 日与本市郊县建材公司（以下简称“郊县公司”）签订了一份合同，合同约定旺德公司购买郊县公司黄沙 30 车，每吨价 300 元，合同订立一个月以后，由郊县公司送货，货到付款。合同订立后，黄沙价格开始上涨，市场价已经从 300 元/吨涨到 350 元/吨，郊县公司经理李某见价格上涨，不愿如数供货，遂于 10 月 12 日给旺德公司的经办人章某某去电话，提出因货源紧张，要求变更货物数量，少供货，遭到旺德公司拒绝。李某遂于次日安排两辆（其中一辆是借用外单位车）“130”型货车，装了两车黄沙（每车装载 2 吨），送到旺德公司处，并要求以“130”型车为标准，计算交货数量。旺德公司提出郊县公司的做法是不合理的，尽管合同规定交货数量为 30 车，但应以“东风牌”大卡车作为计算标准，每车装载 4 吨，共 120 吨。为此，双方发生争议，协商未果，旺德公司遂向法院起诉，认为郊县公司已构成故意违约，应承担违约责任。郊县公司则提出，双方对交货的计量标准发生重大误解，因此应当撤销该合同。

二、争议梳理

关于本案中郊县公司是否构成违约，存在不同观点。

第一种观点认为，郊县公司并未构成违约，因为合同规定，郊县公司应交付 30 车黄沙，但没有说明以什么车型装载，郊县公司以“130”型车为计量标准，也是符合合同规定的，当然旺德公司对此产生了误解，但对这种误解的产生，旺德公司也是有责任的，不能都由郊县公司负责。

第二种观点认为，郊县公司已构成违约，因为尽管合同对计算标准规定不清，但根据当地交易习惯，一般人理解 30 车黄沙是指用“东风牌”大卡车运载。郊县公司之所以要用“130”型车送货，是因为根本不想按合同供货，所以用该车送货，实际上将交货数量减少。因此，郊县公司已经构成违约。

第三种观点认为，尽管合同对交货数量的计算标准规定得不清楚，但依据诚实信用原则，郊县公司不应当以“130”型货车送货，否则，明显有悖于诚信原则，应当承担责任。

三、案例评析

本案的主要争议在于：以何种标准计算交货数量。诚然，合同对此规定得不明确，因为30车黄沙究竟是指什么型号的车，从合同本身来看是不清楚的，而以“130”型的车与“东风牌”卡车运载货物，数量相差一倍。这样，确定计算数量的标准就显得十分重要了。笔者认为，本案有如下问题值得讨论。

（一）本案中的合同不构成重大误解

郊县公司主张对30车的理解，旺德公司、郊县公司之间存在着重大的差异，由此表明，双方已构成重大误解。所谓重大误解，是指缔约时当事人由于对合同内容发生认识上的错误而订立了合同，正是基于错误认识而订立合同，从而直接影响了当事人所享有的权利和承担的义务。笔者认为，本案不构成重大误解，其原因在于：当事人并未真正发生认识上的错误。毫无疑问，对旺德公司来说，它认为30车就是指以“东风牌”大卡车装载的30车，而对于郊县公司来说，是否也发生了认识上的错误呢？笔者认为从本案实际情况来看，郊县公司在订约时是应该知道30车不是以“130”型车装载的30车。因为：一方面，郊县公司作为专门生产黄沙并经常给他人送货的企业，应当知道按当地交易习惯，以车为计算标准，一般都是指“东风牌”大卡车，至少不是指“130”型的车，如果要以“130”型车作计算标准，当事人应当有特殊的约定。另一方面，郊县公司给他人送货时，主要是用“东风牌”大卡车送货，而在给旺德公司送货时，故意以“130”型卡车，甚至从外单位借来一辆车送货，而郊县公司却有“东风牌”大卡车闲置不用，显然，郊县公司并没有发生误解，而只是因为想减少供货，而故意使用“130”型车供货。因此，本案不存在重大误解问题，故不能撤销该合同。

（二）郊县公司的行为已构成违约

从表面上看，合同只是规定郊县公司应交付30车黄沙，郊县公司以“130”型车为计量标准送货，并未违反双方在合同中约定的条款，但实际上在本案中，郊县公司在履行合同规定的交货义务时违反了诚实信用原则。

所谓诚实信用原则，是指民事主体在从事民事活动时应当诚实无欺、恪守信用，以善意的方式行使权利、履行义务，不得规避法律义务。在合同履行中，当事人应当严格遵循诚信原则，诚信原则也是合同履行的一项基本原则。

这就是说，在合同履行过程中，当事人不仅应当按照诚实信用原则履行自己的义务，而且在法律和合同规定的义务不明确或不完全的情况下，当事人应当依据诚实信用所产生的附随义务（如忠诚、照顾、协作、保密等）来履行自己的义务。诚实信用原则除了具有规范当事人行为的机能，还具有指导解释法律或合同条文的机能，以补充合同或法律规定的疏漏（即传统民法所谓的规定欠缺之补正机能与规定之解释机能）。① 当存有漏洞时，诚信原则所衍生的附随义务发挥作用，法官得以运用衡平裁量权裁判，在这个意义上，可以说诚信原则具有某种造法机能。如果当事人就交货数量、交货地点、方法等规定不明确，则应当根据诚实信用原则来确定。诚信原则是伦理道德规范在法律上的表现，也可以说它是以法律形式确认了最基本的商业道德。在《合同法》中，这一原则适用范围极为广泛，并且为许多学者称为债（合同）法中的最高规则或"帝王规则"。任何合同当事人在履行合同时违反诚实信用原则都是违法的，并应承担相应的责任。

我国《合同法》第 60 条规定："当事人应当遵循诚实信用原则，根据合同的性质、目的和交易习惯履行通知、协助、保密等义务。"针对合同存在疏漏的情况，第 61 条紧接着规定："合同生效后，当事人就质量、价款或者报酬、履行地点等内容没有约定或者约定不明确的，可以协议补充；不能达成补充协议的按照合同有关条款或者交易习惯确定。"第 125 条规定诚信原则作为解释合同条款，确定合同条款真实意思的指导规则之一。由此可以看出，我国《合同法》肯定了诚信原则作为履行合同的基本原则，并将交易习惯、诚信原则作为解释合同、补充合同漏洞的重要手段。

从本案来看，郊县公司的行为显然已违背了诚实信用原则的精神。因为按诚实信用原则的要求，当事人对交货数量规定得不明确的情况下，应当按照诚实信用这一商业道德来确定合理的交货数量。这就是说，合同规定的 30 车黄沙未确定明确的计量标准，那么郊县公司就应当按诚实信用原则考虑合理的计量标准。换言之，郊县公司应当想到，作为一个诚实的、守信用的商人，在此情况下应当以何种标准来交货。而在本案中，郊县公司显然不是按照一个诚实、守信的商人的标准来做的。一方面，郊县公司在订约以后，鉴于黄沙价格已经上涨，曾要求旺德公司减少供货数量，当此要求被拒绝以后，郊县公司便以合同没有规定明确的计算标准为由，以"130"型货车送货，实际上郊县公司的目的在于减少交货数量。另一方面，郊县公司明知按当地的交易习惯，以车为计量单位的，车的含义通常是指"东风牌"大卡车。而郊县公司给他人送

① 林诚二. 民法理论与问题研究. 北京：中国政法大学出版社，2000：7-9.

货也主要是以“东风牌”大卡车送货，显然郊县公司以“130”型车送货既可以达到少交货的目的，又不至于被旺德公司抓住违约的把柄，然而郊县公司的行为的确是与诚信原则相背离的。

那么违反诚实信用原则的行为是否构成违约行为？笔者认为违约的概念应当为区分两种。

一是狭义的违约概念，它是指合同当事人违反了合同所明确规定的义务的行为。合同义务或者说合同债务的产生原因是多方面的。除了合同规定的义务以外，还应包括法律规定的义务以及依诚实信用原则所产生的告知、照顾、忠诚、说明、注意、保密等附随义务。但根据狭义的违约概念，只有在违反了合同规定的义务的情况下才构成违约。二是广义的违约概念，它是指合同当事人违反各种合同义务的行为，此种义务既包括合同约定的义务，也包括依法律规定和诚实信用原则所产生的义务。从当代合同立法的情况来看，违约概念的扩大已成为合同责任发展的一个重要趋势。例如，根据许多国家的立法和判例，即使买卖双方当事人未在合同中规定出卖人所负有的使用方法的告知义务，而出卖人未向买受人告知某种产品的使用方法而使买受人遭受损害，出卖人也应承担违约的损害赔偿责任。笔者认为，我国合同立法和司法实践也应当采纳广义的违约概念，对违反法律规定的义务及依诚实信用原则所产生的附随义务的行为，应责令行为人承担违约责任。因为不管当事人是否在合同中规定这些义务，一旦合同成立，这些义务就自然成为合同的组成部分。违反这些义务就构成违约。

问题在于，郊县公司违背依诚实信用原则所产生的义务与直接违背合同规定的义务在责任后果上是否存在区别？有一种观点认为，尽管诚信原则十分重要，但毕竟不是合同当事人在合同中明确规定的义务，因而违反这些义务，当事人所承担的责任较之直接违反合同规定的义务的责任要轻一些。笔者认为，此种观点是不妥当的，因为合同规定的义务与诚实信用原则所产生的义务相比较，很难说二者孰重孰轻。在某些合同关系中，附随义务可能比合同规定的给付义务更为重要，违反附随义务的后果要比违反合同规定的给付义务的后果更为严重。因此要在具体案情中，通过具体确定义务的内容及违反义务所造成的后果等来合理确定违约的当事人的责任。如从本案来看，郊县公司虽有违约行为，但其仍然作出了履行，尤其是交货数量的计量标准在合同中规定得不十分明确，对此旺德公司也负有一定的责任，基于这种情况，可以减轻郊县公司应承担的损害赔偿或支付违约金的责任，当然，还应责令郊县公司按照合理的计算交货数量的标准继续履行其交货义务。

（三）关于本案中合同漏洞的填补

所谓合同漏洞，是指当事人在合同中对于合同条款没有约定或者约定不明确的现象。[①] 具体来说，一是合同的内容存在遗漏；二是合同中的约定不明确，或者约定前后矛盾。一般来说，合同漏洞是当事人在订立合同时所不知道的，且在合同中也没有规定填补漏洞的方法，如果在缔约时已经知道而故意不予规定，尤其是已经在合同中规定了填补漏洞的方法，则不能视为合同漏洞。如果合同的必要条款出现漏洞，则可能因为该条款的欠缺而导致合同不能成立。在合同根本不成立的情况下，也就不存在所谓的合同漏洞问题，更没有必要对漏洞进行填补了。只有在当事人对合同的非必要条款未作出规定或约定不明确的情况下，才可以认定合同已经成立，法院可以依据合同的性质、交易习惯以及法律的任意性规范作出解释，从而填补合同的漏洞。在我国，交易当事人仍然欠缺合同的观念和意识，也欠缺《合同法》的有关知识，因此难免在合同中出现一些疏漏，这就会发生合同解释方面的争议，因此需要确立合同解释方面的规则，来解决这个问题。

问题在于，在合同存在漏洞的情况下，法院应当通过何种方法来填补漏洞？《合同法》第60条规定："当事人应当按照约定全面履行自己的义务。当事人应当遵循诚实信用原则，根据合同的性质、目的和交易习惯履行通知、协助、保密等义务。"第61条规定："合同生效后，当事人就质量、价款或者报酬、履行地点等内容没有约定或者约定不明确的，可以协议补充；不能达成补充协议的，按照合同有关条款或者交易习惯确定。"笔者认为，在本案中，应当依据《合同法》第61条的规定来填补合同漏洞，不过依据该规定填补漏洞，应当按照以下程序来进行。

1. 由当事人达成补充协议

填补漏洞的第一步，是由当事人达成补充协议。按照合同自由原则，合同的内容应当由当事人自由约定，在当事人就合同的条款规定不明确的情况下，由当事人继续通过其达成的补充协议，来填补合同的漏洞，这就充分体现了合同自由原则。同时，通过当事人达成协议来解决当事人之间的争议，也是最有效的填补漏洞的方式。由当事人达成补充协议填补合同漏洞的前提是合同已经成立。当然，合意的内容并不意味着对合同的每一项条款都必须达成一致意见。如果当事人就合同的主要条款达成合意，合同即可成立，其他的内容可以通过合同解释的办法予以补充。因此，法官在填补漏洞时，必须要正确判断合同是否成立，是否已经对当事人产生了约束力。而判断合同的成立实际上就是

① 参见《合同法》第61、139、141、154、156、159、160、161条等。

要判断当事人双方是否就合同的主要条款达成了合意，也就是说对主要条款双方是否已经经过了要约和承诺过程而达成了合意。由当事人达成的补充协议，可以是书面的，也可以是口头的，但补充协议必须针对合同的漏洞而达成。

2. 按照交易习惯来确定

填补合同漏洞的第二步是在当事人不能达成补充协议的情况下，则应当由法官按照合同的有关条款和交易习惯来确定。所谓按照合同的有关条款来确定，是指根据合同的性质以及现有合同的条款来确定合同究竟需要哪些条款，并在此基础上填补合同的漏洞。所谓交易习惯是指在当时、当地或者某一行业，某一类交易关系中，为人们所普遍采纳的、且不违反公序良俗的习惯做法。交易习惯可以分为一般的交易习惯、特定区域的交易习惯、特殊行业的交易习惯和当事人之间长期从事某种交易所形成的习惯。各种交易习惯的存在及其内容应当由当事人双方举证证明，在当事人未举证证明交易习惯的情况下，法官也可以根据自己对交易习惯的理解选择某种习惯来填补合同的漏洞。

问题在于，当事人双方所举证证明的交易习惯彼此之间可能发生冲突，在此情况下，便需要通过一定的规则来解决各种交易习惯之间的冲突。笔者认为，在交易习惯彼此之间发生冲突的情况下，法官根据交易习惯填补漏洞应当注意以下几点。

第一，按照当事人双方在订约时理解的习惯来填补漏洞。当事人在订约时如果对于合同条款的某一用语，都是按照某种习惯来理解的，即使事后对此发生了争议，也应当考虑双方共同理解的习惯来填补漏洞。如果一方在订约的时候已经明确告知对方自己是依据某种习惯而行为的，而对方并未对此明确表示反对，则应当按照双方明知的习惯来填补漏洞。

第二，如果地区习惯和行业习惯发生冲突，应当确定行业习惯优先。由于当事人双方处于不同地域，而在对某一条款发生争议以后，一方可能是按照一般的或行业的习惯来理解的，另一方是按照仅适用于本地区的交易习惯来解释的，而对方对该特殊习惯并不了解，此时应当按照双方都知道或应当知道的一般的或行业的习惯进行解释。

第三，地区和行业习惯与当事人之间的交易习惯发生冲突，应当以当事人之间的交易习惯为准。如果对某一条款发生争议之后，一方是按照一般的或特殊的以及行业的习惯来进行解释的，而另一方是按照当事人过去从事系列交易时所形成的习惯来进行理解的，则应当按照系列交易的习惯进行解释。这主要是因为从系列交易中形成的习惯更接近当事人的意思。因为系列交易是当事人多次交易行为的总结，它虽然没有载入当事人的合同之中，但也可以视为当事人默示的意思。《国际商事合同通则》第 1.8 条的注释认为，对一个特定的合同，当事人之间业已建立的习惯自动产生约束力，除非当事人明确表示排除其适用。但某一特定习惯做法能否被认为已在当事人间建立，须视其具体情况而定，在当事人间先前交易或履行中仅出现过一次的做法显然不足以视为当事人间的习惯。《美国统一商法典》第 1-205 条“交易过程和行业惯例”第 4 项规定，“在合同的情况下，应将协议的明示条款与适用的交易过程或行业惯例作一致的解释；如果此种解释不合理，明示条款的效力优于交易过程和行业惯例，交易过程的效力优于行业惯例”。这些都表明当事人之间的交易习惯应当具有优先于行业习惯的效力。

在本案中，郊县公司过去都是采用“东风”牌的大卡车交货，可见双方是以“东风”牌的大卡车作为计量单位的，以“东风”牌大卡车交货已经成为当事人之间的交易习惯，应当按照该习惯解释本案中“车”的含义，从而填补合同的漏洞。

（四）关于依据习惯处理民事纠纷的问题

本案实际上也涉及在法律没有规定的情形下，应依据习惯处理纠纷的问题。《民法总则》第 10 条规定：“处理民事纠纷，应当依照法律；法律没有规定的，可以适用习惯，但是不得违背公序良俗。”此处所说的“法律”，是指法律的具体规定，而不包括法律的基本原则，与法律的基本原则相比，应当优先适用习惯，因为习惯较之于法律基本原则更为具体，优先适用习惯，可以有效防止案件裁判出现“向一般条款逃逸”（Die Flucht in die Generalklauseln）[①] 的现象。“向一般条款逃逸”是指在存在法律规则的情况下，法官不援引法律规则，而直接援引法律原则来作出判决。在司法实践中，由于习惯作为法律渊源的地位不明确，所以在缺乏具体的法律规则时，法官不主动寻找相关的习惯规则，甚至在当事人举证证明存在习惯规则时，法官也拒绝援引，而直接依据法律原则裁判。这就导致了裁判“向一般条款逃逸”的现象，此种做法可能导致具体规则被虚化、被架空，而法官自由裁量权过大，甚至被滥用，也因此出现同案不同判的现象。所以，只有在缺乏法律具体规定的情形下，才能依据习惯处理相关的纠纷。由于本案中无法找到可供适用的具体依据，因而可以适用习惯。

---

① Hedemann, Die Flucht in die Generalklauseln: eine Gefahr für Recht und Staat, Mohr, 1933.

案例二十四　债务转让与第三人代为履行

一、案情简介

圆方食品贸易有限公司（以下简称“圆方公司”）与东来粮油食品公司（以下简称“东来公司”）签订了一份大米购销合同，合同规定：圆方公司向东来公司出售 1 500 吨大米，每吨单价 1100 元，在 1995 年 3 月底于某火车站交货，货到三天后付款。几天后，圆方公司又与第三人签订了一份同样的大米购销合同，第三人在合同订立后，立即向圆方公司汇出 500 吨大米的货款，圆方公司在收到该款后，先向第三人通过火车发送了 500 吨大米。10 天后，圆方公司又向东来公司发送了 1 000 吨大米。至 2 月中旬，圆方公司不能收集到余下 500 吨大米给东来公司。东来公司遂多次发函催要，圆方公司遂商请第三人 F 县副食品批发市场（以下简称“批发市场”）暂时拨出 500 吨大米给东来公司，以后再由圆方公司向批发市场补齐。批发市场表示同意，但由于货到后，一部分大米被处理，仅剩下 400 吨尚未销售，批发市场遂向东来公司发函，称愿帮助某贸易公司（即圆方公司）交付大米 400 吨，但货款由东来公司与圆方公司结清。东来公司表示同意接收。但在收到货物以后，以“尚欠 100 吨大米”为由，要求批发市场补足，同时拒绝向圆方公司支付 1 500 吨的全部货款。圆方公司多次催讨未果，遂向法院起诉，要求东来公司支付 1 400 吨大米的货款，同时圆方公司、东来公司要求追加批发市场为第三人。

二、争议梳理

对本案中的圆方公司是否应当承担违约责任，存在两种不同观点。

第一种观点认为，圆方公司与第三人达成债务转让的协议，由第三人交付 500 吨大米给东来公司，再由圆方公司向第三人补齐，而第三人未能交足 500 吨大米，可见是第三人构成对东来公司的违约，应由第三人承担违约的责任，圆方公司不应承担责任。

第二种观点认为，圆方公司与第三人并未达成债务转让的协议，第三人只是代替圆方公司履行债务。如果第三人不完全履行合同，应由圆方公司向东来公司承担违约责任。

关于东来公司是否有权拒绝支付全部货款，也存在三种不同意见：第一种意见认为，因圆方公司未构成违约，东来公司无权拒绝支付全部货款；第二种意见认为，圆方公司已构成违约，东来公司基于同时履行抗辩权，可以拒绝支付全部货款；第三种意见认为，圆方公司虽然构成违约，但东来公司无权拒绝支付全部货款。

三、案例评析

（一）关于圆方公司与第三人之间的关系

笔者认为，在本案中，关键是确定圆方公司与第三人批发市场之间的关系，即圆方公司与批发市场之间是否发生了债务转让关系，批发市场是否负有清偿500吨大米债务的义务？

所谓债务转让，是指债务人与第三人达成转让债务的协议，由第三人取代原债务人承担债务。在债务移转的情况下，原债务人将脱离债务关系，其地位由新债务人替代。债务移转在性质上并不消灭债务，仅仅是将原债务移转到新债务人，一旦发生债务转让，原债务人就不再承担债务，也不承担因新债务人不履行合同而发生的违约责任。

笔者认为，从本案的实际情况来看，圆方公司与批发市场之间并没有发生债务移转，其原因在于：第一，圆方公司作为债务人，并未与批发市场达成转让债务（即交付500吨大米）的协议，因为圆方公司商请批发市场暂拨500吨大米给东来公司，但并未明确这是一种债务转让，尤其是批发市场向东来公司交付大米以后，仍由东来公司与圆方公司结算货款，也就是说，应由东来公司向圆方公司交付1 500吨大米的货款，这种结算方法不仅在圆方公司、东来公司之间的购销合同中作出了明确规定，而且批发市场在向东来公司发货前，也就此情况向东来公司作了特别声明。既然货款仍由圆方公司、东来公司双方去结算，那就意味着圆方公司并没有退出原合同关系，其仍然是作为债务人存在的，在履行债务的同时，其仍享有在双务合同中债务人的权利（如收取货款的权利）。既然圆方公司并未退出合同关系，仍然享有作为债务人的权利，那就谈不上债务的转让问题。从法律关系上来看，由圆方公司与东来公司之间结清货款，表明债权债务关系仍然存在于他们之间，第三人批发市场并未真正作为债务人，加入合同关系之中。第二，根据《合同法》的第84条规定，“债务人将合同的义务全部或者部分转移给第三人的，应当经债权人同意”。因为在债务移转的情况下，第三人资信情况如何，是否具有清偿债务的能力，都直接影响到合同义务能否得以履行，债权人的利益能否得到保障问题。如果债务人在不征得债权人的同意的情况下，将债务随意转让给第三人，势必会因第三人不履行或不完全履行债务，导致对债权人利益的重大损害，所以债务移转必须要取得债权人同意。而在本案中，在圆方公司商请批发市场代为履行以后，圆方公司并没有与东来公司联系，提出转让债务并要求东来公司同意。至于以后批发市场向东来公司发函，表示愿意帮助圆方公司交付大米，这只是愿意辅助债务履行的通知，而非关于征询东来公司是否同意移转债务的通知。所以，笔者认为，本案中东来公司与第三人的行为，不符合债务转让的要件。

本案中，批发市场并未替代圆方公司的地位而加入合同关系，而只是以债务履行辅助人的身份代替圆方公司清偿债务。所谓债务履行辅助人，是指基于债务人的意思而为债务人履行债务的人。在绝大多数情况下，合同都是由合同当事人自己履行的，但是如果法律或合同没有规定必须由债务人亲自履行，或者根据合同的性质并不要求由债务人亲自履行债务，则可以由第三人代债务人履行债务。从合同自由原则和保护债权人利益出发，第三人代替债务人履行债务，只要不违反法律规定和合同约定，且未给债权人造成损失或增加费用，这种履行在法律上应该是有效的，因为这种替代履行从根本上说是符合债权人的意志和利益的，因此，法律应当承认其效力。然而，第三人替代债务人履行债务常常会使人造成一种错觉，即认为第三人已替代债务人成为合同当事人，或者认为既然第三人已替代债务人履行债务，当然也应当为债务人承担责任，笔者认为此种观点是不妥当的。依据我国《合同法》第 65 条规定："当事人约定由第三人向债权人履行债务的，第三人不履行债务或者履行债务不符合约定，债务人应当向债权人承担违约责任。"事实上，第三人代替债务人清偿债务，或者与债务人达成转让债务的协议，如未征得债权人的同意，则第三人不能成为合同关系的主体。换言之，即使第三人与债务人之间达成代替履行债务的协议，也不能对抗债权人，债权人也不得直接向第三人请求履行债务，其只能将第三人作为债务履行的辅助人而不能将其作为合同当事人对待。而在债务转让的情况下，第三人已经成为合同关系的当事人。因此，如果他未能依照合同约定履行债务，债权人可以直接请求其履行义务和承担违约责任。但在第三人代替履行时，对第三人的履行不适当行为，债务人应当承担债不履行的民事责任，债权人也只能向债务人而不能向第三人请求承担责任。

从本案来看，既然圆方公司与第三人批发市场并未达成转让债务协议，批发市场只是代替圆方公司履行了债务，那么，在批发市场未能交付 500 吨大米，而仅交付了400吨大米的情况下，应由圆方公司承担债务不完全履行的责任，东来公司无权向第三人提出请求，要求第三人承担违约责任。因为第三人与东来公司之间并未发生合同关系。

（二）关于东来公司可否主张同时履行抗辩权

由于批发市场未能交足大米而导致圆方公司违约，因而东来公司有权请求圆方公司承担违约的责任。问题在于，由于圆方公司的违约，东来公司是否可以基于同时履行抗辩权，而拒绝支付货款？所谓同时履行抗辩，是指双务合同的当事人一方在他方未为对待履行以前，有权拒绝自己的履行。我国《合同法》第66条规定："当事人互负债务，没有先后履行顺序的，应当同时履行。一方在对方履行之前有权拒绝其履行要求。一方在对方履行债务不符合约定时，有权拒绝其相应的履行要求。"同时履行抗辩权赖以存在的基础是诚实信用原则。诚实信用原则作为民法的基本原则，是指导双务合同履行的重要原则；而同时履行抗辩权乃是诚实信用原则的具体引申，同时也只有在诚信原则的指导下才能发挥其具体的规范功能。否则，该原则在具体适用中，就有可能背离立法的宗旨。在部分履行的情况下（如本案中圆方公司已交付了大米1 400吨，尚欠100吨），另一方可否行使同时履行抗辩权而拒绝支付全部货款？根据《合同法》第66条关于"有权拒绝其相应的履行要求"的规定，如果一方已作了部分履行，另一方已接受了该部分履行，则应就已履行部分支付货款，对未履行部分可以拒绝支付。当然，如果一方作出的部分履行对另一方毫无意义，依据合同的内容只有在其作出全部履行之后才能实现当事人的订约目的，则另一方有权拒绝该方作出的部分履行，并有权拒绝履行自己的义务。如果不属于此种情况，则另一方拒绝履行自己的全部义务是违背诚实信用原则的。

从本案来看，圆方公司应交付的大米尚欠100吨，尽管构成不完全履行，但这种数量的不足并不是十分严重，尤其是圆方公司未交付余下100吨大米，并未导致已交付的1 400吨大米对于东来公司来说已变得毫无意义，东来公司亦并非因为圆方公司尚差100吨大米而不能实现其缔约目的。更何况，东来公司已受领了圆方公司交付的1 400吨大米并已作出了处理，在此情况下东来公司援引同时履行抗辩拒绝支付全部货款，显然违背了诚实信用原则的要求，构成对同时履行抗辩权的滥用。对于东来公司来说，可以请求圆方公司交付差欠的100吨大米，同时就圆方公司的部分履行追究其违约责任，但其仍有义务向圆方公司支付已受领的1 400吨大米的货款。

案例二十五　关于保证人代债务人行使抗辩权的问题

一、案情简介

W市进出口集团（以下简称“进出口集团”）与该市盛兴服装有限公司（以下简称“盛兴公司”）于1月30日订立了一份购销合同，合同规定由进出口集团售给盛兴公司10万米坯布，每米单价2.90元，5月30日交货，货到后付款，合同并对坯布的规格、质量作出规定。由于盛兴公司提出要先发货后交款，进出口集团遂提出要请人担保。2月5日，盛兴公司请该市储运公司（以下简称“储运公司”）作保，储运公司的负责人在合同书的保证人一栏中签字盖章。2月10日，进出口集团又与盛兴公司订立一份购销合同，由盛兴公司售给进出口集团100套男西服，每套400元。4月15日，进出口集团向盛兴公司发来10万米坯布，同时派车取走100套西服。盛兴公司经验收发现坯布存在严重质量问题，遂于4月20日向进出口集团去函请求退货。4月底，进出口集团来函催要29万元的货款，盛兴公司厂长提出因该厂已承包给个人经营，承包人对承包以前的债务不能负责。进出口集团遂于5月10日在法院起诉，请求储运公司承担支付货款和违约金的责任。储运公司了解到进出口集团提前发来的坯布存在严重质量问题并要求提前交货，且进出口集团取走盛兴公司100套西服也未付款，认为进出口集团也要承担责任。

二、争议梳理

关于保证人是否有权就进出口集团交付的产品质量及提前发货提出异议及要求进出口集团向盛兴公司支付货款一事，存在不同观点。

第一种观点认为，既然保证人要代债务人即盛兴公司履行义务，则其有权主张盛兴公司所应享有的权利。这样也有利于保证人在代债务人履行债务以后而向债务人行使求偿权。

第二种观点认为，保证人没有权利要求债权人即进出口集团承担责任，尤其关于支付100套西服的货款问题，只能由盛兴公司催讨，保证人因与进出口集团没有合同关系，故无权向进出口集团主张权利。

三、案例评析

从本案来看，储运公司为盛兴公司提供保证，由于当事人没有在保证合同中就保证形式问题作出规定，保证人没有特别声明保留先诉抗辩权，因而保证人应与债务人负连带责任。这样债权人即进出口集团直接针对保证人即储运公司提起诉讼，请求保证人代债务人履行债务是合法的。

问题在于，保证人在代主债务人履行债务时，是否可以行使债务人的权利？在本案中，这一问题涉及三方面的内容，即关于进出口集团向盛兴公司交付的产品有瑕疵以及提前交付，而保证人能否主张权利；进出口集团取走盛兴公司100套西服而未付款，保证人能否催讨。下面对此分别展开阐述。

（一）关于进出口集团向盛兴公司交付的产品有瑕疵的问题

《合同法》第111条规定："质量不符合约定的，应当按照当事人的约定承担违约责任。对违约责任没有约定或者约定不明确，依照本法第六十一条的规定仍不能确定的，受损害方根据标的的性质以及损失的大小，可以合理选择要求对方承担修理、更换、重作、退货、减少价款或者报酬等违约责任。"如果进出口集团交付的产品有瑕疵，盛兴公司有权提出异议。由于此种瑕疵属于表面瑕疵，经过初步检验就能够发现，因此盛兴公司在进出口集团交货以后，经检验发现货物有瑕疵应立即提出异议，并有权要求进出口集团修理、更换，如果产品的瑕疵不能修理或产品不能更换，或经修理或更换以后对盛兴公司已无利益，则盛兴公司有权退货并解除合同，同时有权要求进出口集团赔偿损失。我国《合同法》第157条规定："买受人收到标的物时应当在约定的检验期间内检验。没有约定检验期间的，应当及时检验。"在本案中，进出口集团在4月15日向盛兴公司发来10万米坯布以后，盛兴公司经过验收发现坯布存在严重质量问题，曾于4月20日向进出口集团去函请求退货，由此表明其已经尽到及时检验的义务，并及时提出质量异议，这不仅使进出口集团的违约行为得以确定，而且使买受人得以享有同时履行抗辩权及要求进出口集团承担违约责任的权利。所谓同时履行抗辩权，在本案中，是指如果作为出卖人的进出口集团交付的货物有瑕疵，作为买受人的盛兴公司应有权拒绝受领，并要求出卖人修补、替换，这样在交付无瑕疵之物与价金的支付之间可成立同时履行抗辩权。如果货物全部存在严重瑕疵，则买受人应有权拒绝出卖人关于支付全部货款的请求。除行使同时履行抗辩权以外，作为买受人的盛兴公司还有权要求进出口集团承担违约责任。

问题在于，由于盛兴公司内部实行承包，新的承包人即盛兴公司厂长提出因该厂承包给他人经营，他对承包以前的债务不能负责，也不愿介入先前的债务纠纷，笔者认为这种观点是缺乏法律依据的，因为承包只是一种内部经营方式的变化，并不能够影响到盛兴公司对外部债权、债务的承担。那么当进出口集团要求保证人代盛兴公司支付全部货款和承担违约责任时，保证人能否主张盛兴公司的权利？从我国现行法的规定看，保证人可享有盛兴公司享有的抗辩权。我国《担保法》第20条规定："一般保证和连带责任保证的保证人享有债务人的抗辩权。债务人放弃对债务的抗辩权的，保证人仍有权抗辩。抗辩权是指债权人行使债权时，债务人根据法定事由，对抗债权人行使请求权的权利。"在本案中，同时履行抗辩权即为抗辩权的一种，由于盛兴公司不行使其应享有的同时履行抗辩权，因而保证人应当依法享有此种抗辩权。保证人之所以应享有由债务人来行使的抗辩权，乃是因为保证人要代债务人承担义务，且在债务人不行使其权利时，保证人当然应当享有此种权利，这对于保障保证人和债务人的利益都十分必要。据此可见，保证人根据进出口集团向盛兴公司交付的产品有瑕疵而向进出口集团主张同时履行抗辩权，拒绝进出口集团关于支付价金的请求是合法的。

（二）关于进出口集团提前交货的问题

合同一旦规定了明确的履行期限，则当事人均应依履行期限的规定履行，依规定的期限，不仅包括债务人应按期履行义务，债权人应按期接受债务人的履行，同时也包括债务人不应提前履行义务。应当看到，提前履行并非均对债权人不利。在借款合同中，如果债务人提前还款，则实际上抛弃了期限利益，对贷款人是极为有利的。在某些货物的交付中，如果买受人急需得到该货物，则提前履行对买受人是有利的，但是在许多情况下，如果买受人不愿提前得到该货物，则提前履行将会使其多支付一些仓储、保管费用，甚至会严重打乱其生产、经营计划的安排。因此，我国《合同法》有关规定承认提前履行亦可构成违约，但与一般违约有所不同。《合同法》第71条规定："债权人可以拒绝债务人提前履行债务，但提前履行不损害债权人利益的除外。债务人提前履行债务给债权人增加的费用，由债务人负担。"盛兴公司可以根据进出口集团提前履行的违约事实，拒绝收货或请求支付额外费用。

问题在于，在盛兴公司未向进出口集团提出请求其承担费用的情况下，保证人能否提出此种请求？我国现行立法对此并未作出规定，笔者认为，在此情况下，保证人应有权代盛兴公司提出请求，其原因在于，一方面，盛兴公司向进出口集团提出请求，是盛兴公司享有的要求补救的权利，此种权利较之于抗辩权而言，对债务人同样重要，在债务人不行使补救的权利时，保证人亦应代债务人行使要求补救的权利。另一方面，盛兴公司向进出口集团提出请求其承担额外费用，如果其请求均能够满足，将会极大地减少责任，在保证人已与债务人承担连带责任情况下，债务人的责任减轻实际上意味着保证人责任的减轻。保证人如果不能行使债务人要求补救的权利，也就不能保障自己的权利和维护自身的利益。因此笔者认为，允许保证人代债务人要求进出口集团承担关于提前履行费用的责任，是完全合理的。

（三）关于进出口集团取走盛兴公司100套西服而未付款的问题

进出口集团取走100套西服，应按合同规定向盛兴公司支付4万元，但进出口集团一直未支付，而盛兴公司的新的承包人不愿介入以前的债务纠纷，也未向进出口集团催款，在此情况下，保证人能否代盛兴公司主张权利呢？笔者认为这里涉及两个问题。

第一，保证人能否行使代位权问题。所谓代位权，是指当债务人怠于行使其对第三人享有的权利而有害于债务人的债权时，债权人为保全自己的债权，可以自己的名义代位行使债权人的权利。我国《合同法》第73条确立了债权人的代位权："因债务人怠于行使其到期债权，对债权人造成损害的，债权人可以向人民法院请求以自己的名义代位行使债务人的债权，但该债权专属于债务人自身的除外。"可见，代位权是债权人代替债务人向债务人的债务人主张权利，它针对的是债务人不行使债权的消极行为，行使代位权的目的在于保护债务人的责任财产，从而最终保护债权人的权利。保证人能否代债务人行使债权？笔者认为，尽管保证人在尚未代债务人履行债务，而获得对债务人的求偿权以前，保证人还不是债务人的新的债权人，但在保证人承担连带责任的情况下，保证人已经被债务人的债权人提出请求，要代债务人履行债务，因此保证人必然要在代债务人履行债务以后而成为债务人的新的债权人。如果债务人怠于行使其债权，保证人应可以行使代位权，以保护自己未来的债权。在本案中，如果盛兴公司怠于行使对进出口集团所享有的要求支付4万元西服价款的债权时，保证人应可以代替盛兴公司并以盛兴公司的名义向进出口集团追讨。当然，由于购买西服属于盛兴公司与进出口集团之间的另一个合同关系的内容，保证人即使能够行使代位权，也必须以盛兴公司的名义，而不能以自己的名义向进出口集团提出请求。

第二，保证人能否行使抵销权。从上述分析可见，保证人行使代位权时遇到一个值得探讨的问题，即保证人在尚未替代主债务人清偿债务，并没有实际成为主债务人的债权人的情况下能否行使代位权的问题。现行立法对此也没有作出规定，不过，笔者认为，即使保证人不能行使代位权，也应该能够行使债务人所享有的抵销权。所谓抵销权，是指二人互负债务，而且其履行债务的种类相同并已届清偿期，则各自可以自己的债务与对方的债务互相抵销。例如在本案中，如果确定盛兴公司应当支付一部分货款给进出口集团（例如仅部分货物有瑕疵，而另一部分货物并无瑕疵，盛兴公司应支付部分货款），而进出口集团又欠盛兴公司 4 万元价款，货款债务与货款债务属于种类相同的债务，且均已届清偿期，因此盛兴公司与进出口集团之间可以将债务互相抵销，抵销以后若还有剩余的债务，任何一方均有义务继续偿还。

可见在本案中，盛兴公司是享有抵销权的，但是在盛兴公司不行使该权利时，此种权利是否可以由保证人行使呢？对此在理论上历来有两种不同的观点。一种观点认为，抵销权应属于广义的抗辩权，保证人可以代债务人行使抗辩权，因此可代为行使抵销权。尤其是因为在连带债务中，如果某一连带债务人对债权人享有债权，其他债务人也可以以该债务人应分担部分为限主张抵销，这样承担连带责任的保证人也应该享有债务人的抵销权。另一观点认为，抵销权的行使，属于单独行为，抵销权与撤销权的法律性质相同，都是形成权的一种，具有行使上的专属性，仅当事人本人才能行使，他人不能代为行使，尤其是因为主债务人所享有的抗辩权，仅限于与主债务本身的发生、消灭或履行有牵连关系的抗辩权，至于主债务人以外的其他债权债务均与主债务属于不同的法律关系的内容，故不属于主债务人的抗辩权的范围。笔者认为，从广义上说，抵销权应可以属于抗辩权的范围，根据《担保法》第 20 条的规定，“抗辩权是指债权人行使债权时，债务人根据法定事由，对抗债权人行使请求权的权利”。据此可见，只要债权人在向债务人提出请求时，债务人根据某种法定事由可以对抗债权人的请求，并能造成债权人的请求权全部或部分消灭或请求权延期，均属于抗辩权的行使。如果债权人行使其债权，而债务人提出因债权人对其负有债务，二者依法可以抵销，则必须在抵销后才能清偿其剩余债务，这就可以有效地对抗债权人的请求。正是从这个意义上说，笔者认为抵销权也属于广义的抗辩权的范围。因此在本案中，如果盛兴公司不行使其债务的抗辩权，保证人依据《担保法》第 20 条，仍有权行使抗辩权，主张抵销，而进出口集团则不能以保证人与其未发生购销合同为由而拒绝抵销。

案例二十六　关于利他合同中的履行问题

一、案情简介

某市居民张华对某业余歌手李琳琳十分仰慕，每次在李琳琳演唱时都要亲自捧场祝贺。后来，张华打听到了李琳琳的生日，且了解到其属马，便在其生日临近时向该市玉器制作有限公司（以下简称“玉器公司”）订作了一件玉器，该玉器为独山玉，造型为两匹奔马，价款 2 万元。在订货单上，玉器公司应张华的要求，特别注明，“于 1998 年 10 月 5 日前将该玉器交付给歌手李琳琳”。张华在订约以后，便将订货情况发短信告知李琳琳，说如果货物不合适，可以直接要求玉器厂调换。李琳琳回复说：“谢谢！不用客气。”在订货当时，张华向玉器公司支付了定金 1 000 元，预付款 1 000 元，在玉器制作完成后，玉器公司委托赵某将该玉器送交给第三人李琳琳，赵某在乘车途中不慎将玉器碰坏，后赵某将玉器送至李琳琳处，李琳琳打开一看，发现玉器有破损，便说：“我没有订货，请退回给订货人。”后赵某便将该玉器送至张华处，张华发现玉器破损，因此，拒绝收货，要求玉器公司重作，并要求玉器公司赔偿损失，双倍返还定金，因双方不能达成协议，张华遂向法院起诉玉器公司和赵某。

二、争议梳理

本案在审理过程中，对于诉讼主体和合同关系的主体存在不同观点。

第一种观点认为本案的原告应为张华和李琳琳，被告应为玉器公司和赵某。张华作为合同的当事人，李琳琳作为合同关系之外受益的第三人，应当都有起诉的权利。赵某作为玉器公司的雇员负责送货，在送货途中存在故意和重大过失而导致货物受损，因此应当由赵某和玉器公司作为共同被告承担连带责任。

第二种观点认为本案的原告应为张华，被告应为玉器公司，李琳琳应该定为第三人。按照合同相对性，只能由债权人张华起诉债务人玉器公司，作为合同受益人的李琳琳不能作为原告，只能作为诉讼中的第三人参与诉讼。

第三种观点认为本案原告应为张华，被告应为玉器公司和赵某。张华作为合同债权人有权起诉，赵某和玉器公司作为共同被告承担连带责任。

三、案例评析

（一）本案在性质上是真正的利益第三人合同

本案是一起为第三人利益订立的合同的纠纷。所谓为第三人利益订立的合同，又称利他合同、第三人利益合同、第三人取得债权的合同或向第三人给付的合同，它是指合同当事人约定由一方向合同关系外第三人为给付，该第三人即因之取得直接请求给付权利的合同。此种合同中，当事人双方约定使债务人向第三方履行义务，第三人由此取得直接请求债务人履行义务的权利。由于此类合同中的第三人仅享有权利而不承担义务，因而此类合同又被称为“第三人利益合同”，第三人也常常被称为“受益人”。非真正的利益第三人合同中，第三人没有对债务人的直接请求权，其仅属于履行受益人，也不享有拒绝债务人履行的权利。但是真正的利益第三人合同中，第三人则享有针对债务人的履约请求权和拒绝履约权，其法律地位类似于合同当事人。

在本案中，张华为歌手李琳琳订购了一件玉器，在订货单上，玉器公司应张华的要求，特别注明，“于 1998 年 10 月 5 日前将该玉器交付给歌手李琳琳”。从这句话来看，很难确定该合同是真正的利益第三人合同，还是非真正利益第三人合同，因为李琳琳可能只是收货人，并不当然对玉器公司享有请求权。但是，张华在订约以后，便将订货情况发短信告知李琳琳，说如果货物不合适，可以直接要求玉器厂调换。从该情节可以看出，该案中的合同应当属于真正的利益第三人合同，因为李琳琳享有请求玉器公司调换玉器的权利，其也应当有权请求玉器公司履行交付玉器的义务。

如果认为本案中的利益第三人合同属于真正的利益第三人合同，则第三人应当享有拒绝受领的权利，合同一经成立，该第三人如不拒绝，便可独立享有权利。合同当事人虽可以为第三人设定权利，但不应强迫该第三人接受此权利。对第三人设定的权利，该第三人可以接受，也可以抛弃。如果第三人拒绝，则合同不能对其发生效力。从本案来看，张华在订约以后，便将订货情况发短信告知李琳琳，说如果货物不合适，可以直接要求玉器厂调换。李琳琳回复说：“谢谢！不用客气。”这一情节表明，李琳琳没有明确表示接受，但其也没有明确表示拒绝，至于在赵某将玉器送至李琳琳处后，李琳琳拒绝受领，是因为其发现玉器有破损，这并不意味着李琳琳一开始就拒绝接受。据此，我们可以认为，本案中，只要第三人没有拒绝，就应当认定，该利益第三人合同已经对其发生效力。第三人虽然不是订约当事人，但其享有独立的请求权，即第三人尽管只享有权利不享有义务，但一旦由当事人指定成为利他合同中的第三人，就享有独立的请求权。也就是说，一旦债务人没有向第三人履行或履行不适当，那么第三人有权以自己的名义直接向债务人提出请求。需要指出的是，第三人享有的受益权是受合同当事人指定的，只能由特定人享有，不能任意移转和继承。如果第三人将利益转让给他人，则与合同规定相违背。

利他合同的产生，使合同不仅在当事人之间产生了拘束力，而且对第三人也发生了效力，这就在一定程度上突破了合同相对性的规则。然而，这种突破并没有根本改变合同相对性规则，因为这种合同只是为第三人设定权利而不是为第三人设定义务，相反，利他合同的设立，真正使合同更充分地实现了合同当事人尤其是债权人的意志和利益。债权人直接通过其与债务人之间的合同，向第三人提供某种利益，直接由债务人向第三人作出履行，而不是以与债务人及第三人分别订立合同或分别作出履行的方式来完成，这就可以减少交易费用，更好地实现债权人的意志和利益。

问题在于，第三人李琳琳究竟是利他合同中的第三人，还是代债权人接受履行的第三人？换言之，李琳琳是独立享有权利的第三人，还是代债权人接受履行，值得研究。利他合同是为第三人设定权利和利益，但第三人并不支付代价，或承担相应的义务。因此，利他合同对第三人享有的权利的规定必须是明确的。但是在第三人代债权人接受履行的情况下，合同并不需要对第三人所享有的权利和利益作出明确的规定，根据债务人的通知或指示，都可以使第三人成为债权人的辅助人。在本案中，张华向玉器公司订货以后，在订货单上，玉器公司应张华的要求特别注明，于1998年10月5日前将该玉器交付给第三人李琳琳。张华在订约以后，便将订货情况告知李琳琳，李琳琳表示感谢。可见，合同规定债务人应当于1998年10月5日前将该玉器交付给第三人李琳琳。合同规定债务人应当将玉器交付李琳琳，不是对履行方法的约定。该规定实际上是给予了第三人一种独立的利益和权利，李琳琳表示同意接受货物以后，合同当事人也不能再变更或撤销为第三人设定的利益条款。这就是说，对利他合同而言，第三人已经依据合同产生了独立的请求权，且第三人已经明确表示接受了该项权利，则合同当事人一方或双方不得随意撤销第三人依据合同所应当享有的权利。本案中，合同规定由债务人向第三人交付玉器，第三人接受该玉器并不仅仅是代债权人受领给付，而是具有独立地承受利益的特点。事实上，在债务人交付有瑕疵的情况下，第三人李琳琳拒绝收货，并要求退货给张华，可见第三人已经独立地提出了请求，而且张华得知该情况以后，也并没有完全否定第三人提出请求的权利，所以笔者认为张华具有将其权利授予第三人李琳琳的意思，因此该合同应当被认定为利他合同，而不是第三人代债权人接受履行的行为。

（二）玉器公司交付的玉器不合格的责任

本案中，玉器公司交付的玉器不合格，毫无疑问已经构成违约，应当向张华承担违约责任，张华有权要求其双倍返还定金并赔偿损失。问题在于，第三人李琳琳能否也请求玉器公司承担责任？对利益第三人合同而言，利益第三人合同是为第三人创设权利，在债务人不履行或不适当履行、造成其权利不能实现的情况下，第三人也有权请求债务人继续履行。第三人提出请求的根据也在于缔约当事人之间订立的合同。但在一般情况下，第三人提出请求的前提应当是债权人未向债务人提出请求，如果债权人已提出请求，则债务人应当向债权人承担继续履行的责任，此时，第三人也没有必要再继续提出请求，但如果债权人没有提出请求，第三人向债务人提出请求是合法的。

值得探讨的是，在利他合同中，若债权人与第三人的请求发生冲突，是应当优先满足债权人的请求还是第三人的请求？笔者认为，这需要根据两种请求的内容与合同目的的关系来考虑。既然该合同是缔约当事人为当事人利益所设定的，合同缔约目的就是使第三人的利益得到实现，所以如果第三人提出重作的请求，该请求与第三人利益实现的目的是一致的。当然如果第三人认为重作将造成交付的逾期，使这种礼物的交付已经没有意义，也可以不要求重作。对于张华提出的请求双倍返还定金和赔偿的请求，由于是债务人向债权人所承担的责任，第三人并没有因这种责任的承担获得利益，因而还不能充分实现该合同订立的目的。

在本案中，玉器公司是委托赵某将该玉器送交给第三人李琳琳，赵某在乘车途中不慎将玉器碰坏，张华也起诉赵某，要求其承担损害赔偿责任。笔者认为，这一请求不能成立，因为该玉器买卖合同的当事人是张华与玉器公司，赵某只是为玉器公司送货，其并非合同当事人，张华无权请求其承担违约责任。同时，张华也无权请求赵某承担侵权责任，因为该玉器在交付之前就已经损坏，张华并未取得该玉器的所有权，其无权请求赵某承担侵权责任。本案中，只能由玉器公司在向张华承担责任后再请求有过错的赵某承担责任。

案例二十七　合同关系中的第三人

一、案情简介

2002年8月10日，W市外贸进出口有限责任公司（以下简称“外贸公司”）与W市贸易交易商场（以下简称“贸易商场”）签订了一份棉纱购销合同，双方约定：贸易商场供给外贸公司21支纱200吨，货到后付款，每吨4万元，共计价款800万元。合同第7条规定：“为节省贸易商场费用，由对乙方（贸易商场）供货的丙方（即W市福昕建设纱厂，以下简称‘建设纱厂’）直接将货于12月底以前送到甲方（外贸公司）处。”合同同时规定，当事人一方不履行合同的，应向对方承担按货款总值5%计算的违约金。在该合同签订以后，贸易商场又与建设纱厂签订一份合同，合同规定：建设纱厂同意将200吨21支纱于2002年12月底以前送到外贸公司处，货到并经验收后，由贸易商场向建设纱厂按每吨3.8万元支付货款。合同同时规定，当事人一方不履行合同的，应向对方承担按货款总值5%计算的违约金。在合同订立以后，因原材料价格上涨，严重影响建设纱厂的生产，至12月底，其仍不能向外贸公司及其他客户供货。外贸公司遂以贸易商场及第三人违约为由，在法院提出诉讼，请求贸易商场及第三人继续履行合同，并承担违约金责任。

二、争议梳理

法院在处理本案的过程中，对于第三人即建设纱厂是否应当对外贸公司承担违约责任，存在几种不同观点。

第一种观点认为，建设纱厂作为第三人，与外贸公司之间并无直接的合同关系，外贸公司无权请求建设纱厂向其承担违约责任。

第二种观点认为，尽管外贸公司与建设纱厂之间没有订立合同，但是根据外贸公司与贸易商场之间、贸易商场与建设纱厂之间订立的合同，建设纱厂有义务向外贸公司交货，如果不能按期交货，应当承担违约责任，而贸易商场对外贸公司不应当承担责任。

第三种观点认为，尽管建设纱厂有义务向外贸公司交货，其没有交货应当承担责任，但贸易商场也未履行其对外贸公司负有的义务，因此也应承担责任。

三、案例评析

（一）外贸公司与贸易商场之间订立的合同中关于由第三人履行的约定是否有效

笔者认为，要确定本案中第三人即建设纱厂是否应当对外贸公司承担责任，应当先确认第三人是否对外贸公司负有交货义务，如果存在此种义务，则其违反义务，应当承担违约责任，如果不负有这种义务，则其不对外贸公司承担违约责任。根据合同的相对性原理，合同的义务和责任应当由当事人承担，除法律和合同另有规定以外，第三人不对合同当事人承担合同上的义务和责任。换言之，与合同无关的人无须就合同的违约负责。这一规则要求在确定合同责任时必须首先明确合同关系的主体和内容，区分不同的合同关系及在这些关系中的主体，从而正确认定责任。当然，合同相对性规则并不是绝对地排斥第三人的责任。不过，要认定第三人是否应当承担合同责任，首先应确定第三人是否应当和实际承担了合同规定的义务，只有在第三人承担了义务的前提下，才有可能发生第三人违反合同义务及责任的问题。

从本案来看，实际上存在两个合同关系。一是外贸公司与贸易商场之间订立的购销棉纱的关系，在该合同中，规定了第三人即建设纱厂应有义务向外贸公司交货。二是贸易商场与第三人之间订立的棉纱购销合同，在该合同中也规定第三人应有义务向外贸公司交货。两份合同的内容大体上是相同的。贸易商场希望通过这两份合同的订立及履行，获得差额利润。但合同最后没有得到履行，贸易商场也未获得预期利润。问题在于，由于第三人的原因而使合同没有履行，第三人是否有义务向外贸公司承担责任，为此，就需要分析在上述两份合同中均规定的第三人向外贸公司交货的义务在法律上是否有效，这是确定第三人是否应对外贸公司负责的前提。

在本案中，外贸公司与贸易商场之间订立购销合同，其中规定了由第三人向外贸公司履行的义务，这一规定，实际上是合同当事人为第三人设定义务。从民法上看，此种规定如未经第三人同意，应为无效。根据民法的一般规则，任何人未经他人同意，不应为他人设定义务，擅自为第三人设定义务的合同都是无效的。因为义务实际上是一种负担，单纯承担义务将会给义务人带来不利益或损失；如果经过第三人同意，表明第三人自愿出让其利益，按照私法自治的原则，法律应当尊重当事人实施的这种合法的处分行为。但如果未经第三人同意，而为第三人设定义务，将可能给第三人造成损害，所以，合同当事人在未取得第三人同意的情况下，为第三人设定合同义务的条款是无效的。

从本案来看，关于外贸公司与贸易商场之间订立的合同中有关由第三人履行约定的效力，如果不考虑建设纱厂与贸易商场之间的合同，显然不能确定作为第三人的建设纱厂是否同意，如果无法确定建设纱厂是否已经同意该约定，该约定是无效的，但从建设纱厂与贸易商场之间的合同来看，建设纱厂显然是同意该义务的设定的，因此，应当认定该约定对建设纱厂发生效力。

（二）贸易商场与建设纱厂之间订立的合同所规定的由建设纱厂向外贸公司供货的条款性质

在贸易商场与第三人订立的合同中，明确规定由第三人将 200 吨 21 支纱于 12 月底以前送到外贸公司处。该条款的性质应该如何判断呢？笔者认为，从该约定来看，首先可以认为，合同约定由建设纱厂向外贸公司交付货物性质上属于利益第三人合同。所谓“为第三人利益订立的合同”，又称为第三人利益合同、利他合同、第三人取得债权的合同或向第三人给付的合同，是指合同当事人约定由一方向合同关系外第三人为给付，该第三人即因此取得直接请求给付权利的合同。与由第三人代债权人接受债权的情况不同，在此种合同中，尽管第三人没有参与合同的订约，但一旦此种合同成立，则第三人对此可享有合同规定的权利。换言之，一旦由当事人指定成为利他合同中的第三人，其就享有独立的请求权。如果债务人没有向第三人履行或履行不适当，第三人有权以自己的名义直接向债务人提出请求。本案中，之所以认为贸易商场与建设纱厂之间订立的合同所规定的由建设纱厂向外贸公司供货的条款性质属于利益第三人合同，就是因为当事人双方约定的由债务人向第三人（外贸公司）作出给付，外贸公司作为受益人，在该合同中，外贸公司只是享有权利而不承担义务。

在利益第三人合同中，第三人虽然不是订约主体，也无须通过其代理人参与订约，但一旦该合同成立，则第三人只要没有明确拒绝合同当事人为其设定的权利，该合同条款将对第三人发生效力。因为为第三人设定权利一般来说对第三人来说都有利，所以该合同的订立事先无须通知和征得第三人的同意，该第三人如不拒绝合同为其设定的权利就可以享有债权。从本案来看，贸易商场与建设纱厂订立合同为外贸公司设定权利以后，外贸公司并未作出拒绝该条款的表示；相反，从外贸公司与贸易商场之间事前订立的内容来看，外贸公司是完全同意接受该权利的，据此可以认为，该条款是有效的。建设纱厂根据合同条款，有义务向外贸公司交货，如未履行该义务，外贸公司作利益第三人有权独立请求其履行义务。

问题在于，贸易商场与建设纱厂之间订立的合同同时规定，当事人一方不履行合同的，应向对方承担按货款总值5%计算的违约金。因为建设纱厂未能向外贸公司交货，外贸公司能否基于合同关于违约金的约定，请求建设纱厂承担违约金责任？笔者认为，第三人虽然享有权利，但其并不需要承担任何义务和责任，请求继续履行是合同赋予其享有的权利，但请求第三人支付违约金责任并不是合同赋予其的权利，如果允许其主张违约金责任，则有违合同等价交换原则，而且不符合合同相对性的基本原理。

（三）第三人是否应当根据债务移转的规定向外贸公司承担责任

在本案中，贸易商场对外贸公司所负担的债务，是否已经完全转移给第三人（即建设纱厂）？如果债务已经完全转移，那么第三人就已经取代了贸易商场的地位，贸易商场将退出其与外贸公司之间的合同关系，自然不应对外贸公司再承担责任。

从本案来看，贸易商场与建设纱厂签订一份合同，合同规定：建设纱厂同意将200吨21支纱于2002年12月底以前送到外贸公司处，货到并经验收后，由贸易商场向建设纱厂按每吨3.8万元支付货款。合同同时规定，当事人一方不履行合同的，应向对方承担按货款总值5%计算的违约金。笔者认为，从该情节来看，该约定在性质上并不是债务的移转，而只是一份由第三人向债权人履行义务的合同，该合同只是明确了建设纱厂债务履行辅助人的身份。因为，第一，该规定只是为第三人设定债务而非移转债务，即使第三人在订立合同的当时明确表示接受该条款，也只是表明第三人愿代替贸易商场履行交货义务，而绝不意味着转让和受让债务。建设纱厂自愿向外贸公司供货，也不是作为债务人在履行义务，而只是作为履行辅助人来辅助债务人履行债务。作为债务人的贸易商场并未退出债务关系。第二，贸易商场从未表示过要退出债务关系，相反，它一直承担着作为债务人的义务。例如在它与建设纱厂订立的合同中曾明确规定，在建设纱厂将货送到外贸公司处，货到并经验收后，由贸易商场向第三人付款。可见，贸易商场认为建设纱厂是代自己向外贸公司履行义务，而并未取代贸易商场在合同中的地位，第三人在向外贸公司交货以后，由外贸公司根据第一份合同向贸易商场付款，而贸易商场根据第二份合同向第三人付款，两个合同关系区分得十分清楚，并未发生债务转让问题。所以不能根据债务移转的规定使第三人向外贸公司负履行债务的责任。

（四）关于第三人的责任

在本案中，贸易商场先后与外贸公司、建设纱厂订立了两份合同，最后这两份合同都没有得到履行，那么贸易商场是否应当向外贸公司承担责任呢？笔者认为，根据贸易商场与外贸公司的合同，不能使第三人向外贸公司承担支付违约金的责任，而只能承担继续履行的违约责任。而根据贸易商场与建设纱厂的合同，既然第三人同意于 2002 年 12 月底以前向外贸公司交货，据此可以认定建设纱厂负有向外贸公司交货的义务，同时在建设纱厂不履行债务时，外贸公司有权请求建设纱厂继续履行，外贸公司有权请求贸易商场承担违约责任；同时，贸易商场也有权请求建设纱厂承担违约责任。

案例二十八　未履行报批义务的法律后果

一、案情简介

F市斯迈尔公司与Q市盛源公司合作生产一种清洁剂。双方准备成立中外合资经营企业，经过两个月的谈判，双方于2005年5月10日签订了一份为期5年的合资合同，该合同已经报批。合资公司于当年5月底正式登记成立，并且办理了所有经营手续和执照。同年7月12日，双方又签订一份补充协议，该补充协议中约定，原合同的一切条款不变，但是，合资合同的期限延长到10年。双方前往外经贸管理部门办理了补充协议的审批登记手续。由于双方还在其他领域开展了合作事宜，盛源公司决定将其对合资公司8%的股份出让给斯迈尔公司。双方于2006年11月签订了《股权转让补充协议》(以下简称《补充协议》)。《补充协议》约定股权转让价款为1.2亿元，斯迈尔公司应于2007年1月底付清所有购股款。斯迈尔公司于2007年1月25日前往银行办理转账支付手续，但是，由于银行转账系统故障未能及时转账，因此，在约定的付款期限后三天购股款才转到盛源公司。《补充协议》中规定，该补充协议，由盛源公司报请有关部门批准。但由于盛源公司认为《补充协议》没有必要报批，因而一直没有报批。2007年8月，双方因合作经营管理问题发生了争议，斯迈尔公司提出《补充协议》已经生效，其享有对公司的控股权，但盛源公司提出两点抗辩理由：一是由于《补充协议》没有报批，根据我国法律规定无效；二是斯迈尔公司未能按照约定付款，按照《合同法》关于先履行抗辩的规定，盛源公司有权拒绝转让股权，因此，《补充协议》也应当被解除。而斯迈尔公司认为其已经支付了股款，但盛源公司拒绝转让股权，且未履行报批义务，构成违约，要求盛源公司支付违约金并赔偿损失。

二、争议梳理

本案在诉讼中存有如下争议焦点问题。

1. 没有报批的《补充协议》是否有效？一种观点认为，《补充协议》是双方当事人的一致意思表示，对双方具有法律约束力，双方应当严格履行。另一种观点认为，根据《中外合资经营企业法》第 3 条的规定，“合营各方签订的合营协议、合同、章程，应报国家对外经济贸易主管部门（以下称审查批准机关）审查批准。审查批准机关应在三个月内决定批准或不批准。合营企业经批准后，向国家工商行政管理主管部门登记，领取营业执照，开始营业。”因此，合资双方的补充协议必须经由对外经济贸易主管部门的批准，否则不发生法律效力。本案中的补充协议并未报批，因此不具有法律效力。还有一种观点认为，《中外合资经营企业法》第 3 条的规定只是一个管理性强制性规范，不涉及合同的效力问题，《补充协议》不能因违反了该规定而无效。

2. 斯迈尔公司迟延 3 天付款是否为盛源公司的履行抗辩事由？对此有两种观点：一种观点认为，既然斯迈尔公司客观上没有按约定的时间支付价款，就是依约履行义务，合同相对方可以行使先履行抗辩权，拒绝转让股权。生源公司拒绝转让股权的行为属于行使抗辩权，没有违约。另一种观点认为，既然双方当事人明确约定了合同的履行期限，而斯迈尔公司却事实上没有遵守合同内容，迟延 3 天付款，构成根本违约。

三、案例评析

（一）关于未报批的《补充协议》的效力问题

《中外合资经营企业法》第 3 条规定：“合营各方签订的合营协议、合同、章程，应报国家对外经济贸易主管部门（以下称审查批准机关）审查批准。审查批准机关应在三个月内决定批准或不批准。合营企业经批准后，向国家工商行政管理主管部门登记，领取营业执照，开始营业。”本案中涉及该补充协议是否需要报批，在没有报批的情况下，其效力如何？仅仅从文义解释来看，未经审批则合营协议、合同、章程都是无效的，在很长一段时间的司法实践中，法院也采纳了此种做法。笔者认为，此种观点并不妥当。一方面，从立法目的来考量，法律设立该项制度主要为了维护公共安全与公共利益，如果当事人之间合同的某些条款虽未经审批，但并不有损公共利益，不宜导致整个合同无效。否则会鼓励当事人的不诚信行为，大量出现“阴阳合同”“黑白合同”，即双方签订两份合同，根据是否对其有利而决定是否申报审批。从而使得大量的合同逃避了国家的监管，反而损害了社会公共利益。所以，基于立法目的考量，笔者认为该条性质上并非完全属于效力性规范。也就是说，没有报批，不应该都导致合同无效。另一方面，从该规定适用的社会效果来看，如果司法机关或审批机关作出判断之前都认为合同无效，则对当事人十分不利，使其权利义务关系处于不确定状态。合同对当事人没有任何拘束力，一旦审批期限过长，当事人的预期将陷入不确定状态，影响交易的达成。过多地宣告合同无效不利于鼓励交易和促进外商投资的发展。所以，应对其进行必要的限缩。

《合同法司法解释一》第9条规定："依照合同法第四十四条第二款的规定，法律、行政法规规定合同应当办理批准手续，或者办理批准、登记等手续才生效，在一审法庭辩论终结前当事人仍未办理批准手续的，或者仍未办理批准、登记等手续的，人民法院应当认定该合同未生效；法律、行政法规规定合同应当办理登记手续，但未规定登记后生效的，当事人未办理登记手续不影响合同的效力，合同标的物所有权及其他物权不能转移。"因此，本案中，即便《补充协议》没有报批，也不能以此为由认定该协议无效，协议当事人可以继续申请报批该协议。即便是在诉讼过程中，当事人也可以继续报批，不能因没有报批而认定合同无效。如果通过补办手续的方法获得了批准，则应当认为合同继续有效。但是在补办手续之后仍然不能够获得批准，则可以认定合同未生效。

问题在于，在合同明确约定由一方履行报批义务的情况下，负有报批义务的一方没有履行该义务，是否应当承担合同责任？在实践中，有种观点认为，可以将报批义务视为一项独立的合同，如果当事人未履行报批义务，可构成违约，《最高人民法院关于审理外商投资企业纠纷案件若干问题的规定（一）》即采纳了此种观点。笔者认为，此种观点具有一定的合理性，在法律上可以将设定报批义务的条款视为一种特殊的条款，类似于清算义务条款和仲裁条款。也就是说，虽然整个合同因未获得行政审批而未生效，但由于报批义务具有相对独立性，因而报批义务仍然有效。之所以应当认定该义务继续有效，是因为否认报批义务的效力既不符合合同当事人的缔约目的，也会损害政府的行政审批权，妨害政府对经济的必要管理，且会鼓励不诚实守信的行为。由于报批义务仍然有效，在负有申请报批的一方当事人未履行申请报批义务的情形下，对方当事人可以基于合同约定请求其及时申请报批。当然，在负有申请报批义务的一方当事人未申请报批的情形下，合同并未生效，对方当事人可能因此遭受一定的损失，其有权请求负有申请报批义务的一方当事人承担因为过错导致合同未生效的法律责任，这种责任在性质上不属于违约责任，而主要是缔约过失责任。从赔偿范围来看，也只能是信赖利益的损失，而非期待利益的损失。在本案中，盛源公司认为《补充协议》没有必要报批，因此，一直没有报批。在此情形下，其只应承担缔约过失责任。

（二）斯迈尔公司迟延3天付款与盛源公司的同时履行抗辩权

本案中，斯迈尔公司实际支付价款的时间确实超过了约定的付款期限，不符合《补充协议》关于付款期限的约定。但盛源公司不能因为此种轻微的违约行为行使抗辩权，不得拒绝继续履行合同。根据《合同法》第66条的规定："当事人互负债务，没有先后履行顺序的，应当同时履行。一方在对方履行之前有权拒绝其履行要求。一方在对方履行债务不符合约定时，有权拒绝其相应的履行要求。"该条是关于合同当事人同时履行抗辩权的规定，此种抗辩权的行使必须具有"相应性"，也就是说，抗辩权的行使必须与相对方的违约行为具有比例关系。这种比例关系一般都要求迟延履行会对另一方当事人造成较大的不利影响，或者对当事人合同目的能否实现有重大影响。但本案中，虽然斯迈尔公司迟延3天付款，但其不符合行使抗辩权的比例关系和相应性，因为第一，与《补充协议》约定的整个履行期限相比，3天的迟延时间非常短，与合同的整个履行期限不构成不利关系；第二，斯迈尔公司迟延3天付款是由于银行转账系统故障导致的，属于客观上的障碍，其自身难以预测和防患。且事实上，斯迈尔公司在3天后及时履行了付款义务。第三，通常来说，3天时间与股权的转让与否没有实质性联系，除非盛源公司证明其因3天迟延履行导致了其重大损失，且致使合同目的不能实现。然而3天的迟延时间并不会导致这些效果，不具有相应性，不构成抗辩事由。盛源公司不能因此主张享有同时履行抗辩权。

（三）斯迈尔公司迟延3天付款并不构成根本违约

我国《合同法》第94条规定："有下列情形之一的，当事人可以解除合同：……（四）当事人一方迟延履行债务或者有其他违约行为致使不能实现合同目的；……"该条实际上就是关于根本违约制度的规定。据此，根本违约要求违约行为导致"不能实现合同目的"，即双方希望通过合同实现的目的无法实现。但本案中，斯迈尔公司在履行期限届满后3天就已经支付了价款，并不构成根本违约，也不属于"不能实现合同目的"的情形，因为：一方面，双方签订补充协议的根本目的在于股权的移转，其目的在于，由支付价款的一方获得股权，由出让股权的一方获得价款，最终实现拟转让股权的主体变更。斯迈尔公司迟延3天支付价款，盛源公司获得价款的目的并没有受到实质性的影响，其合同目的完全能够实现；另一方面，斯迈尔公司已经提前前往银行办理转账手续，虽然付款期限被推迟，但是，此种履行迟延主要是因银行的转账系统故障造成的，其主观上还是诚实守信的，符合一个善良的履约人的标准。也就是说，斯迈尔公司一直在积极地履行合同，没有从根本上影响合同目的的实现。

（四）关于抗辩权的行使与合同的解除

在本案中，盛源公司提出，斯迈尔公司未能按照约定付款，按照《合同法》关于同时履行抗辩的规定，盛源公司有权拒绝转让股权，因此，《补充协议》也应当被解除。这实际上是混淆了抗辩权的行使与合同解除权的行使。抗辩权都是对抗对方请求的权利，抗辩权行使的主要目的就是对抗对方所提出的履行或承担违约责任的请求，这是抗辩权所具有抗辩的一般性质的体现。正如有的学者所指出的："抗辩权属于广义形成权之一，乃对抗请求权之权利也，其作用在于防御，而不在于攻击，因而必待他人之请求，始得对之抗辩。又抗辩权主要虽在对抗请求，但并不以此为限，对于其他权利之行使，亦得抗辩。"[①] 抗辩权只是给予抗辩权人对抗对方请求的权利，而并没有给予抗辩权人某种补救的权利。这就是说，抗辩权人行使其抗辩权，只能对抗对方的请求，而不能解除合同或要求对方承担违约责任，否则与抗辩权的性质是完全违背的。因此，盛源公司仅仅是行使抗辩权，就要求合同的解除，是没有法律依据的。抗辩权的行使和合同解除权的行使是两个不同的概念，必须明确地区分开来。

当然，毕竟斯迈尔公司已经违约履行，虽然不构成根本违约，但应当因违约行为承担违约责任。尤其是在以下两种情况应承担违约责任：一是给盛源公司造成了实际损失，例如，利益损失等；二是双方约定了迟延履行的违约金，斯迈尔公司应当承担违约金责任。

① 洪逊欣．民法总则．57页；梅仲协．民法要义．北京：中国政法大学出版社，1998：38.

案例二十九　债权人的撤销权

一、案情简介

B市易达房地产开发公司（以下简称“易达公司”）长期拖欠B市万象建筑公司（以下简称“万象公司”）工程款2 400万元，万象公司多次催要，易达公司提出因资金周转困难暂时无力偿还。2002年3月10日，万象公司再次向易达公司催要工程款时，易达公司提出正在筹措资金偿还万象公司的债务，并提出，其准备将万象公司建造的一幢办公楼和一栋配套楼（总价值约为5 000万元）卖给他人，卖掉楼房后将立即偿还万象公司的债务。同年4月18日，易达公司与第三人新开投资公司（以下简称“新开公司”）达成协议，将两幢楼卖给新开公司，共得价款2 000万元，已经支付1 000万元，并告知万象公司已经将该楼出售给新开公司，所得价款将用于支付给万象公司。万象公司了解到，易达公司租用了新开公司的一幢办公楼，租期两年，易达公司所付的租金很低。因此，万象公司认为易达公司与新开公司恶意串通，低价买卖楼房，以损害万象公司利益，且易达公司也拖欠了另外两家公司的欠款，一直未清偿。万象公司与易达公司、第三人新开公司多次协商催讨欠款不成，遂到法院起诉，请求法院根据易达公司与新开公司之间的买卖合同价款过低，宣告撤销该买卖合同，并认为该合同也构成恶意串通，应当被宣告无效；同时，提起代位权诉讼，以自己的名义请求新开公司向易达公司支付剩余的1 000万元价款。

二、争议梳理

本案争议的第一个焦点在于，易达公司与新开公司之间的买卖合同是否应当被宣告无效，对此存在两种不同观点。第一种观点认为，易达公司与新开公司之间的买卖合同是有效的。因为尽管两幢楼房的卖价确实低于市场价格，但当事人之间因存在许多合作关系，易达公司愿以较低的价格出售给新开公司，这是其自由处分其财产的权利。万象公司认为易达公司与新开公司之间有恶意串通行为，证据是不充足的。第二种观点认为，易达公司与新开公司之间的买卖合同应被宣告无效。因为易达公司之所以将楼房低价出售给新开公司，是为了低价租用新开公司的房屋，这样最终将导致对万象公司利益的损害，据此可以认定易达公司与新开公司之间存在恶意串通，损害万象公司利益的行为。

本案争议的第二个焦点在于，万象公司是否有权请求撤销易达公司与新开公司之间的买卖合同。一种观点认为，易达公司与新开公司之间的买卖合同构成以不合理的低价转让财产，损害了债权人万象公司的利益，万象公司有权请求撤销该买卖合同。另一种观点认为，易达公司与新开公司之间的买卖合同的价款虽然低于市场价格，但新开公司是善意的第三人，万象公司无权主张撤销该合同。

三、案例评析

（一）易达公司与新开公司之间是否构成恶意串通

从表面上看，本案中易达公司与新开公司之间的买卖合同似乎符合恶意串通的要件，因为该房屋买卖合同的价款定得偏低，而且据法院查证，易达公司租用新开公司房屋的租金确实偏低。可见，易达公司低价转让楼房是为了从租金中得到补偿。同时，易达公司与新开公司之间通过订立低价转让房屋的行为，最终使万象公司对易达公司的债权很难得到完全实现。但笔者认为，从本案的案情来看，并不能认定易达公司与新开公司之间存在恶意串通行为，主要理由在于：一方面，恶意串通要求当事人具有串通的恶意，即当事人明知或应当知道其订立的合同或实施的其他行为将构成对他人的损害而故意为之。从本案来看，尽管易达公司从事该种行为时具有逃避部分债务，从而最终损害万象公司利益的意图，但对于新开公司来说，其低价受让房屋的目的是获得利润，很难认定其具有损害万象公司的恶意。另一方面，恶意串通行为在结果上直接导致了对他人的损害，恶意串通与他人的损害之间具有直接的因果关系。但从本案来看，万象公司虽然最终遭受了损害，但是要认定万象公司的损害是因为易达公司与新开公司订立买卖合同的结果，则是困难的，因为易达公司与新开公司之间的低价买卖的行为虽然影响了万象公司债权的实现，但并没有直接侵害万象公司的债权，尤其是新开公司并没有实施直接侵害万象公司债权并导致该债权不能实现的行为。

总之，笔者认为，万象公司提出易达公司与新开公司之间恶意串通，损害其利益并据此请求确认买卖合同无效的主张是不能成立的。当然，应当看到，在本案中，易达公司故意低价转让其财产，从而使其不能有足够的资产清偿对万象公司的债务，导致万象公司的债权不能完全实现。在此情况下，法律应当为债权人设立一定的保障措施，并制裁债务人恶意侵害债权的行为，以保障社会经济秩序。

（二）万象公司是否可以行使债权人撤销权

在本案中，万象公司可以获得的保护其债权的措施在于通过行使债权人撤销权。《合同法》第 74 条规定，“因债务人放弃其到期债权或者无偿转让财产，对债权人造成损害的，债权人可以请求人民法院撤销债务人的行为。债务人以明显不合理的低价转让财产，对债权人造成损害，并且受让人知道该情形的，债权人也可以请求人民法院撤销债务人的行为。”撤销权行使的目的在于防止因债务人的责任财产的不当减少而给债权人带来损害，从而使债权得到充分实现。

笔者认为，本案中，易达公司与新开公司之间实施的行为已经在客观上符合了撤销权的行使要件。表现在：

1. 债务人实施了处分财产的行为。根据我国《合同法》第 74 条，债权人的撤销权，是指因债务人放弃其到期债权或者无偿转让财产，对债权人造成损害的，债权人可以请求人民法院撤销债务人的行为。债务人以明显的不合理的低价转让财产，对债权人造成损害，并且受让人知道该情形的，债权人也可以请求人民法院撤销债务人的行为。具体来说，可以撤销的行为包括：第一，放弃到期债权。也就是说，债权到期后明确表示免除债务人的债务。严格地说，债权在未到期之前债务人放弃自己对他人的债权，也属于处分财产的行为，债权人也有权请求撤销。第二，无偿转让财产，这主要是指将财产赠与他人。当然，此处所说的赠与是指赠与已经实际生效，如果债务人与第三人只是达成了赠与合同，还没有交付赠与物，则债权人不得请求撤销。债务人明知自己没有义务而向他人作出清偿，对此行为是否可以作为放弃财产的行为予以撤销，要考虑债务人主观上是因为错误而作出清偿还是为了转移财产、逃避债务，这就是说，债权人行使撤销权时应当举证证明债务人主观上具有恶意。第三，以明显不合理的低价转让财产。根据《合同法司法解释二》第 19 条的规定，“对于合同法第七十四条规定的‘明显不合理的低价’，人民法院应当以交易当地一般经营者的判断，并参考交易当时交易地的物价部门指导价或者市场交易价，结合其他相关因素综合考虑予以确认。转让价格达不到交易时交易地的指导价或者市场交易价百分之七十的，一般可以视为明显不合理的低价；对转让价格高于当地指导价或者市场交易价百分之三十的，一般可以视为明显不合理的高价。”在本案中，易达公司的楼房市价为 5 000 万元，其仅仅以 2 000 万元的价格就予以转让，不到市场价的70%，而且易达公司所实施的低价转让楼房的行为属于法律上的处分行为，因此可以成为撤销权行使的对象。

2. 债务人处分财产的行为已经或将要严重损害债权。并不是说债务人实施了一定的处分财产的行为，债权人都可以予以撤销。要构成撤销权行使的客观要件还必须要确定此种行为是否有害于债权人的债权。在此必须要区分债权人正当地行使撤销权与尊重债务人的正当的行为自由的界限。笔者认为，区分的关键就在于债务人从事的处分财产的行为是否有害于债权人的债权，如果并不有害于债权，则仍然属于债务人正当的行为自由的范围，债权人不能加以干涉。因为在不损害债权人债权的情况下，债务人处分其财产是其正当行使处分权的表现，法律上也不能对此进行干预，债权人更不得主张撤销。

所谓债务人的行为有害债权，是指因债务人的行为而减少其一般财产，导致债权人不能得到完全清偿（债务超过）。一般来说，只要债务人以明显不合理的低价转让其财产，并导致其无法履行到期债务，都可以称为有害债权。在本案中，易达公司所实施的低价转让楼房的行为属于法律上的处分行为且已经发生法律效力，而这种低价转让楼房的处分行为，将直接导致易达公司不能筹集到足够的资金以偿还对万象公司的债务，而只能筹集到2 000万元用于还债，且新开公司只实际支付给万象公司1 000万元，万象公司仍有1 000万元的债权难以得到实现，因此可以认为，此种低价转让行为减少了债务人的责任资产，从而有损于债权人的债权。

3. 债务人与第三人具有恶意。对此应当区分债务人的恶意和第三人的恶意问题。《合同法》第74条规定，“债务人以明显不合理的低价转让，对债权人造成损害，并且受让人知道该情形的”，其中只是提到了受让人的恶意问题，而并没有提到债务人的恶意，债权人在行使撤销权时，是否需要满足主观要件，举证证明债务人具有恶意，对此在理论上存在不同的看法。笔者认为，对债务人恶意的确定是十分重要的。因为在市场经济社会，交易当事人应当具有广泛的从事交易活动的自由，即使对债务人而言，也不能因为其负债而使其行为自由受到极大的限制。负债经营的现象是常见的，债权人对债务人的行为自由也不得滥加干预，否则不仅妨碍了他人的行为自由，而且会妨碍交易的正常进行。但是这并不是说债务人可以随意行为，如果债务人从事了恶意损害债权人债权的行为，则法律从保护债权人考虑，理所当然应允许对此行为加以干涉。这就是说，要允许债权人行使撤销权。

如何确定债务人的恶意？从《合同法》第74条的规定来看，实际上只是要求债权人能够证明债务人在从事低价转让行为时，明知转让的价格属于明显不合理的低价，且客观上有害债权，就可以认定债务人主观上具有损害债权的恶意，这就极大地减轻了债权人对债务人恶意的举证负担。当然，这并不是说，债务人在低价转让财产时，明知是以不合理的低价进行转让，即足可认定其恶意实施了转让财产的行为。在债权人举证证明债务人具有恶意以后，应当允许债务人反证证明其主观上是因为重大误解等原因造成的。如果债务人的反证达到了能使人合理相信的程度，也可以否定债权人关于恶意的举证。从本案来看，在易达公司低价转让房屋时，第三人应当知道买卖的标的价值 5 000 万元，而易达公司仅以 2 000 万元转让给第三人，两者价格相差 3 000 万元。尽管易达公司从低价承租房屋中可以得到近 400 万元的补偿，但易达公司仍然损失近 200 万元。易达公司完全可以按市价出售该两幢房屋，然后按正常价格租用第三人的房屋，易达公司没有这样做，表明其主观上是具有恶意的。

关于第三人新开公司是否有恶意的问题，对债权人万象公司而言是很难举证的，但是从本案来看，万象公司能够证明，易达公司与其签订的房屋买卖合同价款明显低于市价，且在该笔交易完成之后，易达公司租用了新开公司的一幢办公楼，租期两年且易达公司所付的租金很低。从该情节可以看出，新开公司作为一个合理的商人，对易达公司低价转让房屋损害万象公司的债权是知道的，同时，因其知道房屋售价是很低的，并通过低价收取租金的方式予以弥补，因此，可以认定，新开公司是有恶意的。

总之，笔者认为，本案符合债权人撤销权的行使条件，万象公司有权请求撤销易达公司与新开公司之间的房屋买卖合同。

（三）关于万象公司可否行使代位权的问题

万象公司在行使撤销权时知道，易达公司还拖欠了另外两家公司的欠款一直未清偿。因此，其在行使撤销权时也提起代位权诉讼，以自己的名义请求新开公司支付欠易达公司剩余的 1 000 万元价款，并请求新开公司将剩余的1 000 万元直接支付给万象公司。

从实践来看，在行使撤销权之后再行使代位权，是因为二者的效力并不完全相同，根据我国司法解释的规定，债权人代位权的行使效果是直接归属于代位权人，根据《合同法司法解释一》第 20 条的规定，“债权人向次债务人提起的代位权诉讼经人民法院审理后认定代位权成立的，由次债务人向债权人履行清偿义务，债权人与债务人、债务人与次债务人之间相应的债权债务关系即予消灭”。这就确认了代位权人所享有的优先受偿权。但是在行使撤销权时，司法解释并没有规定债权人的优先受偿权。鉴于司法实践中撤销权的行使效果是将相关的财产交付给法院，由法院确定如果存在多个债权人，则在多个债权人之间进行平等分配，这实际上是确立了“入库原则”。所以，从本案来看，万象公司在主张撤销权之后，之所以主张债权人代位权，是因为易达公司存在多个债权人，如果只是行使债权人撤销权，则其他债权人也将参与财产分配，这对其显然不利，因此，万象公司在主张债权人撤销权之后又主张了债权人代位权。

从法律强化保护债权人利益的价值取向考虑，允许行使代位权的债权人获得优先保护未尝不可，但是关键的问题在于，万象公司是否符合债权人代位权行使的要件，债权人代位权的行使要件是债务人怠于行使其债权，而在本案中，易达公司只是低价转让其财产，而不存在怠于行使债权的问题，因此，万象公司无法主张债权人代位权。

案例三十　债权人的代位权

一、案情简介

2001年5月10日，W市郊东农工商贸易公司（以下简称“郊东公司”）曾向盛兴食品公司（以下简称“盛兴公司”）借款400万元，双方约定于2002年12月底以前全部还清。但是在还款期到来后，郊东公司未按期付款，盛兴公司多次催要，郊东公司提出第三人W市外贸进出口公司（以下简称“外贸公司”）曾购买了郊东公司的汽车等货物，拖欠其货款500万元，应于2002年10月底以前支付完毕，待这笔货款支付后，郊东公司将立即还清欠款。双方为此达成还款协议，协议规定，郊东公司“应于2003年4月底以前外贸进出口公司还款以后还清欠款”。至2003年5月底，郊东公司仍未还款。盛兴公司向其催要，郊东公司提出，盛兴公司同意在进出口公司还款以后其才还款，因进出口公司未还款，故郊东公司暂不能履行还款协议。2004年5月，因为郊东公司迟迟未向外贸公司催款，为此，盛兴公司向法院起诉，要求外贸进出口公司支付其拖欠郊东公司的货款。后经法院判决后，执行了外贸进出口公司的300万元财产。盛兴公司又向法院起诉，要求郊东公司继续履行另外100万元的货款。郊东公司提出，既然盛兴公司已经找了外贸公司偿还借款，就不能再找郊东公司清偿债务。在此期间，郊东公司的另一家债权人幸福公司也对该执行提出异议，认为其早已获得对郊东公司的胜诉判决，外贸公司拖欠的货款不应当全部执行给盛兴公司。

二、争议梳理

关于郊东公司是否有义务于2003年4月底以前还款，对此存在两种不同的观点：一种观点认为，合同约定的必须等外贸公司还款之后，郊东公司才有义务还款；另一种观点认为，不论外贸公司是否还清欠款，郊东公司都有义务还款。

关于盛兴公司是否有权行使代位权，存在两种不同的观点。第一种观点认为，盛兴公司无权请求第三人返还货款，因为盛兴公司与第三人之间并不存在合同关系，第三人只是欠了郊东公司的货款，对盛兴公司并不负有债务，盛兴公司不能向第三人提出请求。第二种观点认为，尽管盛兴公司与第三人之间没有合同关系，但第三人欠了郊东公司的债务；而郊东公司又故意不催付，在这种情况下盛兴公司为保护债权，有权向第三人主张权利。

关于盛兴公司行使代位权之外，其能否再次请求郊东公司主张清偿债务，存在不同观点。一种观点认为，债权人一旦行使代位权，就视为其放弃了对债务人的求偿权。另一种观点认为，在债务尚未清偿完毕的情形下，即便债权人已经行使了债权人代位权，其仍有权请求债务人履行债务。

三、案例评析

（一）郊东公司是否有义务于应于 2003 年 4 月底还清欠款

从本案来看，郊东公司欠盛兴公司 400 万元债务，双方曾约定于 2002 年 12 月底前还清。郊东公司未及时还款，已构成违约，但因为双方达成了还款协议，表明盛兴公司已同意郊东公司延期偿还债务，双方约定：郊东公司“应于 2003 年 4 月底以前外贸进出口公司还款以后还清欠款”。郊东公司根据这一还款协议的约定，认为盛兴公司已同意在外贸进出口公司还款于郊东公司之后，郊东公司才向盛兴公司还款，而外贸进出口公司没有还款，因此郊东公司不能立即还款，这也是双方就还款日期发生争议的主要原因。

从上述还款协议规定的内容来看，对郊东公司是否有义务于 2003 年 4 月底以前还款，并不清晰。据此就盛兴公司、郊东公司之间还款问题形成了两种截然不同的认识。郊东公司认为，其应在第三人还清债务以后，才向盛兴公司还款，这实际上是将还款协议视为附条件的民事行为。也就是说，双方在还款协议中，郊东公司将第三人向郊东公司还款作为一个条件，并将该条件的成就或不成就作为还款协议是否能实际履行的根据，换言之，如果外贸公司没有还款，则郊东公司就不应按还款协议还款，当然，这并不是说郊东公司没有义务还款，只是说，它不应于 2003 年 4 月底以前还款。然而，从盛兴公司的理解来看，还款协议实际上只是规定了郊东公司应于 2003 年 4 月底以前“还款”，这实际上是约定了债务履行的期限，也就是说，郊东公司应当在约定的债务履行期之内还款，当事人约定的重点在于约定该债务履行期限，而不是为了将外贸公司还款作为还款的条件。

笔者认为，郊东公司的这种理解是不能成立的，因为还款协议中规定“外贸进出口公司还款”是从属于“应于 2003 年 4 月底以前”还款这个前提的，也就是说，双方之所以规定外贸进出口公司还款的问题，是因为郊东公司提出，外贸进出口公司可以在 2003 年 4 月底以前还款，因而盛兴公司同意达成还款协议。当事人所达成的还款协议的核心内容是郊东公司“应于 2003 年 4 月底以前”还款，外贸进出口公司还款并不是当事人约定的对郊东公司还款所附的条件。所以，尽管还款协议的内容规定得不十分明确，但是从当事人双方订立还款协议的目的、还款协议的整体内容等方面来理解，该协议是指郊东公司应于 2003 年 4 月底以前还款。据此，笔者认为还款协议仍然是有效的，郊东公司应依据还款协议，于 2003 年 4 月底以前履行还款协议，付清全部欠款。

（二）盛兴公司是否有权行使代位权

根据合同相对性，合同关系只能发生于特定主体之间，只有合同当事人一方能够基于合同向另一方当事人提出请求或提起诉讼，而不能向与其无合同关系的第三人提出合同上的请求及诉讼，由于盛兴公司与第三人之间无合同关系，因而其无权请求第三人向其支付货款。然而，在本案中，由于郊东公司在第三人向其支付货款的期限到来以后，不愿积极向第三人提出请求，甚至希望将该款作为与第三人联营成立新公司的投资。在此情况下，应当允许盛兴公司行使债权人的“代位权”，以保护其债权。

所谓债权人的“代位权”，是指债务人怠于行使其对于第三人享有的权利，而有害于债权人的债权时，债权人为保全自己的债权，可以以自己的名义代位行使其债务人的权利。《合同法》第 73 条规定：“因债务人怠于行使其到期债权，对债权人造成损害的，债权人可以向人民法院请求以自己的名义代位行使债务人的债权，但该债权专属于债务人自身的除外。”该条对债权人代位权作出了规定。债权人是以自己的名义行使债权人代位权，而不是以债务人代理人的身份行使代位权。在本案中，盛兴公司以自己的名义向郊东公司的债务人即外贸进出口公司主张权利。代位权是债的对外效力的体现，是债的一种保全措施，通过代位权的行使，能有效地保障债权人的债权得以有效实现。关于债权人代位权的行使条件，《合同法司法解释一》第 11 条规定：“债权人依照合同法第七十三条的规定提起代位权诉讼，应当符合下列条件：（一）债权人对债务人的债权合法；（二）债务人怠于行使其到期债权，对债权人造成损害；（三）债务人的债权已到期；（四）债务人的债权不是专属于债务人自身的债权。”依据这一规定，本案中，盛兴公司应当有权行使债权人代位权，主要理由在于：

第一，作为债权人的盛兴公司与作为债务人的郊东公司之间存在着合法的债权债务关系，且债权人对债务人的债权合法、确定，并已届清偿期。此种债权债务的存在，是代位权成立的基础和前提条件。

第二，郊东公司怠于行使其债权。所谓怠于行使其权利，是指债务人能够通过诉讼或仲裁的方式向其债务人主张权利，但一直未向其主张权利。要求这个条件的主要原因在于：此种方式具有一种客观的明确的标准，能够用来判断是否构成怠于行使。具体来说，一方面，债务人是否通过诉讼或仲裁以外的方式向其债务人主张了权利，对此债权人很难举证，即使债权人能够举证，债务人也可以随便举出一个事例说明其曾经向其债务人主张过权利，就可否定债权人关于其怠于行使债权的指责。在本案中，郊东公司在2003年4月底之前，就应当积极向外贸进出口公司主张权利，而在2003年4月底之后长达一年的时间内，也没有以诉讼或者仲裁的方式积极向外贸进公司主张债权，这已经构成了怠于行使债权。

第三，债务人怠于行使债权的行为已经对债权人造成损害。所谓债务人怠于行使债权造成债权人损害，是指债务人怠于行使对次债务人的权利，造成自己无力清偿对债权人的债务。在本案中，由于郊东公司在其债权到期后，并没有积极向外贸公司主张债权，并因此导致郊东公司无法向盛兴公司履行债务，这显然造成了债权人盛兴公司的损害。

第四，债务人的债权不是专属于债务人自身的债权。根据《合同法》第73条的规定，债权人可以代位行使的权利必须是非专属于债务人的权利。由此可见，代位权的客体必须是非专属于债务人的债权。对专属于债务人的权利，不得行使代位权。在该案中，郊东公司对外贸公司所享有的债权是普通的金钱债权，并不具有人身专属性，可以成为债权人代位权行使的对象。

（三）关于代位权行使的效果

在本案中，盛兴公司向法院起诉，要求外贸进出口公司支付其拖欠郊东公司的货款。后经法院判决后，执行了外贸进出口公司的部分财产。但郊东公司的另一家债权人幸福公司对该执行提出异议，认为其早已获得对郊东公司的胜诉判决，外贸公司拖欠的货款不应当全部执行给盛兴公司。

这就涉及代位权行使的效力问题。关于代位权行使的效果，在债权人行使代位权之后，因行使代位权取得的财产应当如何分配，存在着“入库原则”说、债权人平均分配说、代位权人优先受偿说。根据《合同法司法解释一》第20条的规定，最高人民法院的司法解释实际上持最后一种观点。[①] 此种规定在实践中的操作也十分便利。[②] 但该规定赋予代位权人优先受偿的效力，突破了

① 当然，也有学者认为，代位权在性质上不是担保物权，而是债权的一种权能，它不具有物权的优先性，因此，代位权人行使代位权不能优先受偿。如果在债权人行使代位权时，已经有人对债务人提起诉讼甚至已经获得胜诉的判决，仍然必须由次债务人向行使代位权的债权人履行清偿义务，对于债务人的其他债权人也是不公平的。笔者认为，在债权人行使代位权时，如果没有其他的债权人对债务人主张权利，也没有其他债权人行使代位权，则该债权人不必要通知债务人的其他债权人，可以将通过行使代位权所获得的财产全部取走，用来清偿债务人对自己的债务。但如果有其他债权人提起诉讼，则在执行时应当按照债权的比例平均分配。

② 王闯．对最高人民法院《关于适用中华人民共和国合同法》若干问题的解释（一）的若干理解//判解研究，2000（1）．北京：人民法院出版社，2000：111.

债权平等原则，与其作为债权的性质也不符合。这实际上涉及公平与效率之争，从效率上讲，应当允许债权人优先受偿，从而鼓励债权人行使权利，但从公平的角度看，原则上应当平等保护各个债权人的权利，债权人行使代位权不应当从次债务人所作出的清偿中优先受偿。但由于我国司法解释已经采取了代位权人优先受偿说，因而盛兴公司获得的外贸公司的清偿是有效的。幸福公司即使已经获得了对郊东公司的胜诉判决，其也无权主张参与分配。

（四）盛兴公司在行使代位权后，可否再向债务人主张权利

盛兴公司提起代位权之诉后，后经法院判决，执行了外贸进出口公司的300万元财产。但郊东公司欠盛兴公司400万元，外贸公司的给付显然无法完全清偿郊东公司的债务，此时，盛兴公司是否仍有权向郊东公司主张债权，存在不同观点。一种观点认为，债权人一旦行使代位权，就视为其放弃了对债务人的求偿权。因为人民法院一旦认定代位权成立，由次债务人向债权人履行债务，债权人接受履行后，债权人与债务人之间的债权债务关系就因此而消灭，债权人不得再向债务人主张权利。另一种观点认为，在债务尚未清偿完毕的情形下，即便债权人已经行使了债权人代位权，其仍有权请求债务人履行债务。

关于债权人代位权行使的效力，《合同法司法解释一》第20条规定：“债权人向次债务人提起的代位权诉讼经人民法院审理后认定代位权成立的，由次债务人向债权人履行清偿义务，债权人与债务人、债务人与次债务人之间相应的债权债务关系即予消灭。”所谓“相应的债权债务关系即予消灭”，是指债权人与债务人之间的债务关系在第三人清偿的范围内消灭，因此，在债权并未因次债务人的清偿行为而完全消灭时，其仍有权向债务人提出请求。另外，放弃债权必须有明确的意思表示，债权人行使代位权是保全其债权的体现，不能将该行为解释为其已放弃剩余债权。

总之，笔者认为，本案中郊东公司未能按期履行还款协议，显然已构成违约并应负违约责任。而盛兴公司既有权请求郊东公司履行义务和承担责任，也有权行使法律所赋予的代位权，请求第三人及时还清其对郊东公司的欠款，但不能请求第三人代郊东公司向其还款。

案例三十一　共同担保争议案

一、案情简介

天元投资有限公司（以下简称“天元公司”）向M市农业银行（以下简称“农业银行”）借款8 000万元，并以其一栋办公大楼作为抵押。但由于该大楼的评估价值仅为5 000万元，因此，农业银行要求天元公司另行提供担保。天元公司董事长莫某某便要求其好友林先生作为保证人提供保证担保但未约定保证方式，并请其长期的业务伙伴兴达办公设备有限公司（以下简称“兴达公司”）以其厂房提供抵押。天元公司的债务到期后，其无力清偿债务，农业银行在将天元公司的办公大楼拍卖之后，仅获得4 000万元，另4 000万元未能获得清偿。农业银行首先要求林先生以其个人全部财产清偿全部4 000万元债务，林先生认为，农业银行首先应当请求兴达公司以其抵押的厂房清偿债务，不足部分再由其清偿。但农业银行坚持认为，兴达公司已经资不抵债，且涉及职工的安排问题，请求兴达公司履行债务的程序过于烦琐，因此，农业银行坚持在法院起诉，要求林先生清偿债务。在法院将林先生的两栋房产拍卖、清偿债务之后，林先生则上诉提出，农业银行不应当首先请求其履行债务，同时，起诉兴达公司和天元公司以及天元公司的董事长莫某某，要求其偿还。

二、争议梳理

本案争议的第一个问题在于，将天元公司的办公大楼拍卖并清偿债务之后，农业银行能否首先要求林先生以其个人财产清偿剩余的4 000万元债务？对此存在三种观点。一种观点认为，林先生应当与兴达公司共同对天元公司的剩余债务承担责任，而不应当由林先生单独对该债务承担责任。另一种观点认为，物保应当优先于人保，也就是说，在农业银行的债务未获得清偿时，其先应当向提供物保的兴达公司主张债权，在兴达公司无力清偿债务时，再由提供人保的林先生履行债务。还有一种观点认为，在物保与人保并存的情形下，物保与人保的地位相同，应当由债权人选择由哪一方负担债务。

本案争议的第二个问题在于，在林先生清偿债务后，其能否向其他担保人追偿？对此存在两种不同观点。一种观点认为，担保人都应当对债务人的债务承担责任，因此，某一担保人承担责任后，其应当有权向其他担保人追偿。另一种观点认为。由于法律没有规定追偿规则，所以担保人在承担担保责任后，不可向其他担保人追偿。

三、案例评析

（一）在债务人自己提供担保物的情况下农业银行是否有权选择优先实现第三人担保

依据《物权法》第176条的规定，如果债务人自己提供物的担保的，债权人应当先就该物的担保实现物权，毕竟债务人是债务的终局承担者，在其自己提供物的担保的情形下，应当由其自己负责，如果由其他担保人先承担责任，可能涉及追索的责任。所以，在本案中，天元公司向农业银行借款8 000万元，并以其价值4 000万元办公大楼作为抵押，在天元公司到期不能清偿债务的情形下，农业银行先应当以天元公司抵押的财产清偿其债务。

问题在于，在农业银行将天元公司的办公大楼拍卖并清偿债务之后，农业银行能否首先要求林先生以其个人财产清偿剩余的4 000万元债务？这涉及第三人提供的担保是否涉及清偿顺序的问题，对此存在两种不同的观点。

一是物保优先说。此种观点认为，当其他担保人既提供物的担保又提供人的担保时，物保应当优先于人保，因为一方面，与人保相比，物保更为可靠，因为债权人可以独占性地支配担保人所提供的担保财产，而且在债务人不履行债务时，其可以就该担保财产优先受偿，这显然更为可靠；另一方面，担保物权具有优先受偿的效力，因此，即便担保人破产，债权人也可以就相关的担保财产优先受偿，其效力要优先于人保。

二是平等说。此种观点认为，如果由第三人提供物的担保，且又有保证时，债权人应当平等地对待物上担保人和保证人，不存在所谓“物保优先于人保”的问题。作出此种规定的理论基础在于：首先，所谓物权优先于债权是指在同一个标的物上，物权优先于债权。这就是所谓“在同一标的物之上同时存在物权与债权时，物权优先”的规则。在物的担保和保证并存的情况下，二者的标的物并不同一，因而也就根本无法适用该规则。物的担保的标的物是特定的担保财产，而保证的标的物是保证人的一般财产。尤其是，物权和债权的优先性常常发生在义务主体同一而权利人不同的情况下。例如，抵押权人优先于普通债权人，他们是不同的债权人。而在物保和人保并存的情况下，债权人和抵押权人是同一的，此时，无法确定其自身的权利之间的优先性问题。[1] 其次，在有些情况下，保证的担保可能比物的担保更有利于保护债权人的利益。因为，如果保证人有较强的信用和足够的责任财产，在此情况下，保证比担保物权更有利于保障债权人的权利。

正是因为不存在所谓"物保优先于人保"的问题，所以，担保的第三人的法律地位是完全平等的，也就是说，不论第三人提供的是物的担保还是人的担保，不论物保内部其提供的是抵押担保还是质押担保，也不论保证人提供的是一般保证还是连带责任保证，只要是债务人之外的第三人提供的担保，则其法律顺位应当是相同的，债权人完全有权要求任一第三人承担担保责任。因此，根据《物权法》第 176 条的规定，有约从约，无约则自由选择，在当事人没有特别约定的情形下，允许债权人在人保和物保之间进行选择。正如王泽鉴教授所指出的，债权人的债权，如果系由数个担保权予以担保，法律给予债权人行使权利自由的原则，债权人得在任一担保人之间，自由选择其行使权利的对象。[2] 所以在本案中，在农业银行将天元公司的办公大楼拍卖并清偿债务之后，农业银行直接选择作为保证人的林先生首先承担担保责任，以其个人财产清偿剩余的 4 000 万元债务，这是符合我国现行法律规定的。

（二）林先生承担担保责任之后是否有权要求其余第三人担保人分担相应份额

《物权法》第 176 条规定："提供担保的第三人承担担保责任后，有权向债务人追偿。"据此，在林先生清偿债务后，林先生有权要求债务人天元公司赔偿。但问题在于，林先生能否向其他担保人追偿？这涉及担保人之间的追偿问题，关于各个担保人之间能否相互追偿，存在如下三种不同观点：一是相互追偿说。此种观点认为，在某担保人承担担保责任之后，应当允许其向其他担保人追偿。二是只能向债务人追偿说。此种观点认为，在存在多个担保人时，债务人是最终责任人，担保人在承担担保责任后，应当直接向债务人追偿。如果可以向其他担保人追偿，意味着其他担保人承担责任后，还必须向最终责任人即债务人追偿，从程序上讲，这是不经济的。因此，某一担保人在承担责任后，其只能向债务人追偿，而不能向其他担保人进行追偿。三是连带关系说。此种观点认为，在第三人提供的物的担保和人的担保并存的情况下，如果物上担保人与保证人之间未就担保份额作出约定，两者之间的关系与连带共同保证人之间的关系相类似，在解释上可以认定其构成连带债务关系。从比较法上来

---

① 高圣平. 物权法担保物权编. 北京：中国人民大学出版社，2007：65.
② 王泽鉴. 民法物权. 台北：自版，2013：486.

看，不少国家都承认，担保人之间追偿权的法理基础为连带之债。

从我国现行法律规定来看，就担保人的追偿权而言，现行法律规定确实是不清晰的。2000 年的《担保法司法解释》第 38 条第 1 款明确规定，担保人承担担保责任后，有权向其他担保人进行追偿，但是《物权法》第 176 条最终局限于“担保人承担担保责任之后，有权向债务人追偿”，就担保人之间能否追偿的问题则采取了回避的态度。笔者认为，第三人承担担保责任后，宜肯定其对其他担保人享有追偿权，主要理由在于：第一，担保人在提供担保时，应当意识到其有义务承担担保责任。即使某个担保人承担了责任后向其追偿，也是其承担责任的体现，并没有不当加重其责任。更何况，承担了责任的担保人只是按份地追偿，对这些担保人并没有不公平。[1] 第二，既然物权法贯彻的是平等对待人保和物权的原理，平等对待就意味着所有担保人都应当承担一定的责任。如果某个担保人承担了责任后，不能向其他人追偿，这就与保证人和物上担保人平等的精神相违背。第三，这是公平价值理念的体现，符合人们的预期，也避免了可能出现的道德风险。因为如果不允许清偿了全部债务的担保人向其他担保人清偿，债权人可能与其他担保人串通，由某个担保人承担责任，或者债权人擅自免除某个担保人的责任，这就不利于保护承担担保责任的担保人的利益。因此，在本案中，林先生在承担担保责任之后，其有权向兴达公司追偿超出其份额的责任。

需要指出的是，在本案中，林先生在承担担保责任后，向天元公司的董事长莫某某追偿，其主要理由在于，其是受莫某某邀请而担任保证人，莫某某也有个人财产，其也应当对公司债务承担责任。笔者认为，按照法人有限责任原则，除非符合“揭开公司面纱”的情形，否则，公司债权人仅能向公司主张债权，而不能向公司的股东等成员主张责任。因此，即便林先生是受莫某某邀请担任保证人，而且莫某某也有个人财产，林先生也无法向莫某某追偿。

（三）林先生向兴达公司追偿时，其与兴达公司应当如何分担债务

在本案中，林先生向债务人天元公司追偿时，其有权向天元公司追偿其承担的全部债务。但林先生在向兴达公司追偿时，将遇到一个法律上的难题，即林先生有权向兴达公司追偿多少债务？二人之间应当如何分担债务？关于担保人之间的债务分担数额，存在两种不同观点：一种观点认为，各个担保人应当平均分担。另一种观点认为，应当采用公平分担原则。依物上保证人与债权人之间的担保合同，物上保证人以物之价值担保特定数额主债务的履行，在担保

[1] 梅夏英，高圣平．物权法教程．北京：中国人民大学出版社，2007：347．

债务额大于或者等于物的价值时，物上保证人仅以物的价值为限承担担保责任，在担保债务额小于物的价值时，物上保证人仅担保该数额的主债务的履行，物的价值中超过担保债务额的，属物上保证人所有，债权人无权优先受偿。[①] 笔者认为，在债务的分担上，按照私法自治原则，如果当事人之间就债务分担存在约定，则毫无疑问，应当按照该约定分担债务。但在担保人之间没有就债务分担数额作出约定时，各担保人之间应当如何分担债务？笔者认为，既然各个担保人追偿的基础在于连带责任，则在当事人没有约定的情形下，各个担保人之间原则上应当平均分担债务，当然，对提供物保的担保人而言，如果其平均分担的债务数额未超出其提供的担保财产的价值，则其应当分担的债务数额即为该平均数额；如果其应当分担的债务数额超出了其提供的担保财产的价值，则其分担的债务数额应当以其提供的担保财产的价值为限。在本案中，当事人没有就债务分担数额作出约定，因此，林先生和兴达公司原则上应当平均分担 4 000 万元债务，当然，如果兴达公司提供担保的厂房价值低于 2 000 万元，则其分担的债务数额应当以该厂房的价值为限。

---

① 高圣平．物权法担保物权编．北京：中国人民大学出版社，2007：69.

案例三十二　债的变更纠纷案

一、案情简介

2015年8月5日，Q市旭日矿业有限公司（以下简称“旭日公司”）与M市华宇氧化铝有限公司（以下简称“华宇公司”）订立了一份电解铝买卖合同，合同约定，旭日公司购买华宇公司的1 000吨电解铝，每吨价格14 000元，共1 400万元，半年后交货。合同明确规定，若到期后不交货，华宇公司应承担货款总额30%的违约金。合同签订后，电解铝价格发生了剧烈波动，2015年年底，电解铝价格从每吨14 000元上涨到每吨16 000元。合同到期后，华宇公司无法履行，鉴于合同双方有长期的良好合作关系，旭日公司表示其电解铝备货比较充足，但其急需活性氧化铝。后双方订立一份补充协议，协议第1条就规定，“鉴于电解铝价格急剧上涨，甲方（华宇公司）向乙方（旭日公司）交付3 000吨活性氧化铝，以代替原定1 000吨电解铝”。但该合同没有对迟延交付的违约责任作出约定。合同签订后，旭日公司的董事会改组，新的董事长上任后，认为由于活性氧化铝的价格一直下跌，所签订的补充协议对其不利，购买活性氧化铝无利可图，因此，要求华宇公司继续履行原协议，并要追究华宇公司迟延交付的违约责任。而华宇公司提出，既然双方已经达成了新的补充协议，其就没有义务按照原价格出售电解铝，也不应承担违约责任。

二、争议梳理

本案争议的第一个问题就是，当事人在补充协议中达成交付3 000吨活性氧化铝以代替原定1 000吨电解铝的协议，究竟是债的变更、债的更新还是新债抵旧？对此存在不同的观点。由于对该协议的性质有不同的理解，就决定了，补充协议生效以后，原协议是否继续有效，还是原协议已经终止？

本案争议的第二个问题就是，旭日公司是否有权请求华宇公司承担迟延交付的违约责任？一种观点认为，原协议继续有效，所以，华宇公司要根据原协议承担违约责任。另一种观点认为，既然原协议已经终止，华宇公司也就不存在因违反原协议而承担违约责任的问题。

三、案例评析

（一）补充协议的性质

在本案中，当事人双方签订了购买电解铝的合同。合同签订后，电解铝价格发生了剧烈波动，2015 年年底，电解铝价格从每吨 14 000 元上涨到每吨 16 000 元。合同到期后，华宇公司无法履行，因此，双方基于友好协商，重新签订了补充协议，该协议第 1 条就规定，“鉴于电解铝价格急剧上涨，甲方（华宇公司）向乙方（旭日公司）交付 3 000 吨活性氧化铝，以代替原定 1 000 吨电解铝”。就该补充协议的性质，确实存在不同的观点。

1. 债的变更说。此种观点认为，该补充协议在性质上属于债的变更。所谓债的变更，是指债的内容发生变化。在本案中，当事人在补充协议中变更了合同的标的物。但因为没有约定违约责任条款，所以，关于违约责任仍然适用原合同的规定。如果一方未履行补充协议，则继续适用原合同规定的违约金条款。

2. 债的更新说。所谓债的更新，也称债的更改，是指以新的债代替旧的债，从而使旧债归于消灭。换言之，它是通过设定新的债权债务的方式消灭旧的债权债务，债的更新一般是通过合同的方式实现的，因此，更新又称为更新契约。一般来说，在债的更新中，新债的性质、标的等应当不同于原债，否则可能只是债的履行方式的改变，难以成立债的更新。债的更新和债的变更都可能是债的内容发生变化，最根本的区别表现在，变更后的债与原债是否具有同一性：债的变更并不会导致原债消灭，虽然债的变更会使原债在内容等方面发生一定的变化，但变更后的债仍与原债具有同一性。虽然债的变更可能导致债的内容发生变化，但此种变化并非根本性的，变更以前的内容和变更后的合同内容仍保持一定的连续性，因此原合同关系继续存在并有效。然而，在债的更新的情况下，更新后的债与原债已经不具有同一性。通常，只有在债的内容发生实质性变更的情况下，才能成立债的更新。所谓实质性的变更，是指合同的主要内容发生变更，导致合同关系失去同一性。何为合同内容的主要部分，应依当事人的意思和一般交易观念加以确定，即按照一般交易观念或当事人的意思，确定合同的内容是否已经发生了根本性的改变。从本案来看，由于双方当事人在补充协议中以氧化铝代替了电解铝，交付的数量也发生了变化，因而可以理解为，合同的内容已经发生了根本性的改变，补充协议构成债的更新。

债的变更和债的更新最大的区别在于，旧债是否消灭。在债的更新中，新债产生，而旧债消灭。而在债的变更的情形，债的同一性并未发生变化，因此，旧债只是发生一定程度上的变更而已。就本案而言，如果将补充协议理解为债的更新，则旧债消灭，这就意味着，原协议终止，原协议中的违约责任条款也不再适用。而如果将补充协议理解为债的变更，则原协议继续有效，只是发生了变更。因此，原协议中关于违约责任的规定可以继续适用。

3．新债抵旧说。所谓新债抵旧，也称为间接给付，是指以清偿旧债务为目的而负担了新的债务。换言之，负担新债务是履行旧债务的方法。在新债务没有成立之前，旧债务仍然存在，但一旦新债务成立，则旧债务归于消灭。[①] 以新还旧的效力在于，一旦当事人之间达成以新还旧的协议，以新债务清偿旧债务，可能导致旧债务消灭。在本案中，如果采取新债抵旧说，则旭日公司可以请求华宇公司履行交付氧化铝的新债务，如果华宇公司履行了新的债务，则旧的债务应当消灭。

笔者认为，本案的合同在性质上应当属于债的更新，主要理由在于：第一，当事人通过约定已经变更了合同的标的物，将原来的交付电解铝变为交付活性氧化铝。第二，当事人交付标的的数量也发生了变化，从1 000吨电解铝变更为3 000吨活性氧化铝。第三，合同中的违约金条款也发生了变化。在原协议中存在违约金条款，但在补充协议中没有就违约金问题作出约定。总之，补充协议构成对原协议的实质性变更，因此，新债和旧债之间不再具有同一性，属于债的更新。

（二）旭日公司是否有权请求华宇公司承担迟延交付的违约责任？

关于旭日公司是否有权请求华宇公司承担迟延交付的违约责任，存在不同观点。一种观点认为，原协议继续有效，所以，旭日公司有权依据原协议请求华宇公司承担违约责任；另一种观点认为，既然原协议已经终止，华宇公司也就不存在因违反原协议而承担违约责任的问题。问题的关键在于，原协议是否终止？如果将本案的情形认定为债的更新，则在当事人之间产生新的合同关系，原协议已经终止。因此，原协议中所包含的违约金条款也失去效力，不能再适用。但问题在于，原协议中的违约金条款已经失效的情况下，在一方违约的情况下，究竟应当如何承担责任？笔者认为，不能因为当事人在新的协议中没有约定违约责任，就当然认定当事人不需要承担违约责任，当事人之间没有约定违约金条款，表明旭日公司并没有免除华宇公司应承担的违约责任。尤其是在本案中，当事人之间达成的补充协议并非和解协议，只是变更了原合同规

① 黄立．民法债编总论．北京：中国政法大学出版社，2002：672．

定的标的。因此在一方当事人违约的情形下，对方当事人仍有权基于法律规定请求行为人承担违约责任。

还有一种观点认为，本案构成情势变更，所以，应当免除当事人的责任。所谓情势变更，就是指合同在有效成立以后，由于当事人无法预见和防止的客观事实发生了异常变动，导致合同赖以成立的基础动摇或丧失，致合同不能履行或如果履行会显失公平。情势变更原则是诚实信用原则的具体运用，目的在于消除合同因情势变更所产生的不公平后果。确实，从本案来看，在当事人双方签订合同后，电解铝价格发生了剧烈波动，2015 年年底，电解铝价格从每吨 14 000 元上涨到每吨 16 000 元。合同到期后，华宇公司无法履行。但价格上涨并非客观事实的异常变动，所谓客观事实的异常变动，是指作为合同成立基础或环境的客观事实，发生了重大或实质性的、违背正常规律的变动。一般来说，构成情势变更的情况是社会或自然环境发生根本性变化，或违背市场规律的突变或巨变，或经济政策的重大调整。而原料、运费、劳动力等通常生产要素的变化或上涨，以及由此导致生产成本的上涨、企业的盈亏，是市场规律的客观正常反映，是企业进行市场经营活动所须面对的正常商业风险，原则上不应认为构成情势变更，应属于一般商业风险。对此情形，应当是当事人可以预料到的，而不能作为解除合同的理由。但是，在本案中，当事人签订补充协议，也意味着，当事人将其作为合同解除的理由，所以，也就不存在依据情势变更制度免责的问题。

案例三十三　债权债务的概括移转

一、案情简介

1999 年 10 月 5 日，S 市通达公司（以下简称“通达公司”）与该市工商银行（以下简称工商银行）订立一份借款 2 000 万元的合同，约定两年后还款。1999 年年底根据政府关于国企改革的要求，市政府经贸委遂将通达公司的股权转让给该市成功公司（乙方）、兴隆公司（丙方）、兴发公司（丁方）和华盛公司（戊方）。五方于 1999 年 12 月 30 号签订了产权转让合同书，该合同第 2 条明确规定，“甲方（指通达公司）以 1.02 亿元的价格将其百分之百的股权转让给乙、丙、丁、戊四方，其中转让给乙方为百分之八十，转让给丙方为百分之六，转让给丁方百分之四，转让给戊方为百分之十的股权。”合同第 4 条规定：“乙、丙、丁、戊按股权比例承担改制时所确定的甲方的所有债权、债务。”在合同签订以后，当事人在工商局办理了变更登记手续，成立了新的公司，登记为“四方公司”，但在变更登记项目中注明是“名称变更”。在该股权转让合同签订以后，通达公司正式通知了债权人工商银行。工商银行给通达公司正式发函，要求将成功公司与兴隆公司在该市新建的某大厦共 20 000 平方米的物业为 2 000 万元贷款设定抵押，方可同意它们的收购行为。银行函件中称：“在满足以上条件的基础上，我行同意此项股权转让方案。”此后，成功公司与兴隆公司正式去函同意将该物进行抵押，银行与成功公司、兴隆公司签订了抵押合同，但并未办理登记手续。借款合同期满，债务人“四方公司”经营亏损，无力清偿借款本息。2001 年 3 月，工商银行在法院起诉，要求成功公司、兴隆公司、兴发公司、华盛公司承担清偿债务的责任，并主张对成功公司与兴隆公司提供的抵押物行使抵押权。成功公司、兴隆公司提出，它们虽然签订了抵押合同但是并没有登记，因此并不符合银行同意股权转让的条件，该项抵押并没有生效，其不应该承担责任。兴发公司、华盛公司提出该笔借款在改制时并没有记载在债务一览表中，因此其无义务承担该项债务，而且工商银行只要求成功公司、兴隆公司承担担保责任，实际上就免除了它们的清偿义务，因此，其不应该承担清偿责任。

二、争议梳理

第一种观点认为，根据我国《合同法》，债务承担应当取得债权人的同意。本案中的资产转让双方约定“乙、丙、丁、戊按股权比例承担甲方的所有债权、债务”的行为属于债权债务的概括移转。债权人银行表示了附条件的同意，以两公司的不动产作抵押为条件。因为不动产抵押合同以登记为生效要件，故该抵押权尚未有效成立，条件尚未成就，债权人的同意不发生效力，因此，本案中的产权转让协议还不发生效力。债权人工商银行得就其借款合同向原债务人主张权利。

第二种观点认为，银行与成功公司、兴隆公司已经签订了抵押合同，即使并未办理登记手续，但也符合银行提出的股权转让的条件，因此，本案已经发生了债权债务的概括移转，成功公司、兴隆公司应当承担清偿债务的责任。

三、案例评析

（一）本案中是否属于债权债务的概括移转

笔者认为，本案已经发生了主体的变更，而不仅仅是单纯的名称变更。公司名称变更主要是名称的改变，而公司主体资格不发生任何变化，原企业将继续存在，其存续具有同一性。但是在本案中，通达公司已经从整体上转让给了成功公司、兴隆公司、兴发公司和华盛公司，并于其后重新设立了一家新的公司，主体已经发生了实质的变化，这表现在：第一，所有制的性质发生了变化，原来的通达公司是一家全民所有制的国有企业，现在已经变成了民营的有限公司；第二，企业的性质发生了变化，原来是一个单一股东的国有独资企业，现在已经变为多股东的商事有限公司；第三，公司的董事和法定代表人都已经发生了变化。据此可见，原企业已经不复存在，以原企业的资产为基础又新设立了一个主体，该主体正式登记为四方公司。所以，本案中的变更登记不是单纯的公司名称的变更。

单纯的名称变化不涉及企业的转让问题，而本案的产权转让合同书中的第2条明确规定，“甲方（指通达公司）以1.02亿元的价格将其在百分之百的股权转让给乙、丙、丁、戊四方，其中转让给乙方为百分之八十，转让给丙方为百分之六，转让给丁方百分之四，转让给戊方为百分之十的股权。”由此可见，通达公司已经被转让给了四方受让人，该转让协议合法有效，因此，这不是单纯的名称变更，而是企业资产本身的转让。

本案中的转让合同在性质上是一种通过购买净资产并转移债务的概括转让合同，即所谓营业的转让。合同中的第4条规定，乙、丙、丁、戊按股权比例承担通达公司所有债权、债务，这就表明了在转让净资产的同时，也转移了债务，属于资产的概括承受。那么能否理解成股东股权的单纯转让呢？现代公司法通过法人的独立人格严格区分公司资产与股东股权。如果是股权的转让，那么不会涉及公司债权、债务的承担的问题，因为该债权债务的主体是公司，与股东的股权分属不同主体，且股东对公司的债务依法只在出资范围内承担有限责任，"承担所有债权、债务"的条款无疑与公司法的规定相背离，故该协议只能解释为是公司资产（营业）概括移转的合同（在这里公司的所有物权、无形资产、债权、债务综合形成一个整体作为一个产权交易的标的），而非单纯股权转让的合同，才符合当事人本意。

（二）银行是否已经同意此项债权债务的概括转移

根据工商银行给通达公司的正式去函，要求将成功公司与兴隆公司在该市新建的某大厦为2 000万元贷款作抵押，成功公司与兴隆公司正式去函同意将该物进行抵押。银行与成功公司、兴隆公司签订了抵押合同，但没有办理登记手续。可否依此认定该资产转让合同无效？

我国《合同法》虽然在第88、89、90条对合同权利与义务的概括转让和由于主体合并分立导致的债权债务概括转让有明文规定，但对本案中的由于营业转让造成的债务承担却付之阙如。在民法理论上对这种情况称为法定的债务并存承担，即承担人就债务人之财产或营业概括承受其资产及负债者，债务人就其负债，应与承担人连带负其责任。按各国（地区）通例，在概括承受财产或营业之债务承担，只需对债权人为承担之通知或公告，即产生承担之效力，而无须经债权人之承认，因为原债务人之责任，并不因债务承担而免除。[①] 例如《德国民法典》第419条、《瑞士债法典》第181条及我国台湾地区"民法"第305条都有类似规定。因此，本案中的资产概括移转中的债务承担并不必须以债权人银行同意为要件。

况且在本案中，成功公司、兴隆公司已经按银行的要求与之签订了抵押合同，虽然没有办理登记手续。银行在函件中表示："在满足以上条件的基础上，我行同意此项股权转让方案。"从我国司法实践来看，我国《物权法》第15条规定："当事人之间订立有关设立、变更、转让和消灭不动产物权的合同，除法律另有规定或者合同另有约定外，自合同成立时生效；未办理物权登记的，

① 梅仲协．民法要义．北京：中国政法大学出版社，1998：298.

不影响合同效力。”据此，只要双方签字盖章则抵押合同已经成立，一方应当协助另一方办理登记手续，如果抵押人违背合同约定拒绝办理抵押登记致使债权人受到损失的，抵押人应当承担违约损害赔偿责任。我国学界通说认为，抵押登记只是设定抵押权，而不影响抵押合同本身的效力，权利人可以依合同请求抵押人履行合同，进行抵押登记，取得抵押权。抵押合同自合法成立之日生效，其成立和生效，适用《合同法》有关规定，而抵押权的成立自登记之日成立。故而，工商银行提出的条件实际已经具备，抵押合同已经成立，债权人可以通过合同获得救济，因此也应当认为银行已经同意债务的转让。

问题在于，五方于1999年12月30号签订了产权转让合同书，在该合同中的第2条明确规定，“甲方（指通达公司）以1.02亿元的价格将其拥有的百分之百的股权转让给乙、丙、丁、戊四方，其中转让给乙方为百分之八十，转让给丙方为百分之六，转让给丁方百分之四，转让给戊方为百分之十的股权。”合同第4条规定：“乙、丙、丁、戊按股权比例承担改制时所确定的甲方的所有债权、债务。”该约定是否能够对工商银行产生拘束力？也就是说，工商银行在请求四方承担责任时，是否只能按照股权比例要求四方承担责任，而不能超出股权比例要求其承担责任？笔者认为，如果债权人同意股权转让，则由四方对债权人按照比例承担清偿责任。但如果债权人并未同意四方按照股权比例来分别承担债务，则四方仍然应当共同向债权人承担债务清偿责任，而不能够以股权比例来对抗债权人的清偿请求。

（三）该笔借款在改制时并没有记载在债务一览表中是否可免除新债务人的责任

兴发公司、华盛公司提出该笔借款在改制时并没有记载在债务一览表中，因此其无义务承担该项债务。此种主张难以成立，依据《民法通则》第44条的规定，在企业法人因合并、分立等原因而消灭时，其债权债务关系由变更后的法人享有和承担。在该案中，即便工商银行的借款没有在债务一览表中记载，也不能认定工商银行已经免除了新债务人的责任。更何况，债务的免除需要债权人有明确的免除债务的意思表示，在债务一览表中没有对债务进行记载并不能据此认定债权人有免除债务人债务的意思。

（四）工商银行是否免除了兴发公司、华盛公司的还款责任

兴发公司、华盛公司提出，工商银行只要求成功公司、兴隆公司承担担保责任，实际上就免除了它们的清偿义务，因此，其不应该承担清偿责任。此种主张难以成立。一方面，如前所述，通达公司转让其股权时，在债权人并未同意四方按照股权比例来分别承担债务时，四方仍然应当共同向债权人承担债务

清偿责任。另一方面，免除债务需要债权人明确作出债务免除的意思表示，工商银行虽然只是要求成功公司、兴隆公司承担担保责任，但其并没有免除兴发公司、华盛公司债务的意思，因此，兴发公司、华盛公司认为工商银行已经免除其债务的主张无法成立。

案例三十四　房地产开发合同价款变更纠纷案

一、案情简介

S省华茂公司有一块3亩的商业用地，欲建一栋办公用房。2006年9月1日，华茂公司与该省金辉房地产五福公司（以下简称“金辉公司”）签订了一份《委托承建大楼合同》，该合同约定华茂公司委托金辉公司开发承建办公大楼项目，建筑面积为15 000平方米。约定于2007年12月31日交付，双方在该合同第8条约定了“营业大楼计价方式与价款”，即“按‘土地成本+建安成本+开发利润+税费等’的方式计价，确定营业办公大楼总价款”。并在该条第3项约定了大楼售价按每平方米3 500元作为上限价。合同签订后，由于当地政府出台相关规定，对繁华地带新建楼房的外墙设计标准和税费标准以及建筑行业最低工资标准都作出了新的规定，导致房地产公司在建造大楼过程中，建筑成本大幅上升。金辉公司因此多次致函华茂公司，请求适度增加合同价款。华茂公司也表示同意就此进行协商。后双方于2007年8月5日在华茂公司办公地点，共同签署了《联席会议纪要》，双方同意价格按实际成本加每平方米1 000元的价格确定，实际成本通过审计予以确定。《纪要》由双方法定代表人签字，但并没有加盖双方公司的公章。同年12月，双方聘请审计公司对大楼的建造成本进行审计，确定每平方米的成本为4 000元，合理定价每平方米为5 000元。金辉公司于2008年1月10号将大楼交付给华茂公司，但因为在此期间，华茂公司的董事会改组，新的董事会作出决定，认为会议纪要没有盖公司的公章，且不是正式的合同文件，因此坚持仍然按合同原定的价格执行。双方为此发生争议。金辉公司向法院提起诉讼，请求华茂公司按《联席会议纪要》支付工程款。

二、争议梳理

本案争议的第一个问题是，是否应当按原合同约定的价格履行，一种观点认为，金辉公司与华茂公司的会谈纪要不是合同，且没有加盖双方的公章，不是一份正式的合同文本，因此双方的权利义务仍然应当根据原来的合同确定。如果双方确实有意变更合同内容，应当签署正式的合同。第二种观点认为，本案中由于政府出台各种新政策，导致建筑成本大幅增加，已经构成情势变更，因此，即便华茂公司坚持要求执行原协议，金辉公司也有权依据情势变更要求变更合同价款。第三种观点认为，华茂公司与金辉公司之间的会议纪要已经构成对合同条款的变更，华茂公司不履行会议纪要的内容，已经构成违约。

本案争议的第二个问题是，政府出台相关的调控政策、导致建设成本增加，是否构成情势变更？一种观点认为，政府出台的调控政策是当事人缔约时不可预见的情况，应当构成情势变更。另一种观点认为，政府出台调控政策是当事人缔约时能够预见到的情况，不应当属于情势变更。

三、案例评析

（一）关于本案中合同的性质

关于本案中合同的性质，存在不同的看法，双方订立的是《委托承建大楼合同》，其究竟是委托合同还是房屋买卖合同，对此存在不同的观点。一种观点认为，该合同属于委托合同，因为从合同名称来看，其属于委托合同，即由华茂公司出地，由金辉公司负责建设。正是因为其属于委托合同，价款属于委托报酬，所以其低于市场价格，因此，其订立的合同价款比较低，合同约定的价格是比较合理的，即便因为政府的政策变更导致成本上涨，也应当是给受托人一定的补偿，而不是赔偿其利润损失。尤其是，如果将其认定为委托合同，在委托人行使任意解除权解除合同时，由委托人补偿受托人损失即可。另一种观点认为，虽然该合同名称是委托合同，但其本质上并不是委托合同，而应当是买卖合同，即由金辉公司将大楼建好后再出卖给华茂公司。

笔者认为，双方的合同关系在性质上属于委托施工合同关系，也就是说，由华茂公司将其3亩商业用地委托给金辉公司进行建设施工，在金辉公司建好后，按照一定的价格交付给华茂公司，虽然该合同具有委托合同的性质，但其也不同于一般的委托合同，因为一方面，从双方约定的内容来看，并不是委托他人处理一定的事务，而是承建一栋大楼，并需要交付符合标准的大楼。另一方面，当事人之间的权利义务关系比一般的委托合同关系要复杂得多。例如，在委托合同中，委托人可随意解除合同，但在建设施工合同中，不能随意解除，否则将造成一定的财产损失和浪费。此外，在楼盖好后，大楼所有权应当归属于华茂公司，而不是归属于金辉公司，而华茂公司则需要向金辉公司支付一定的建造费用和利润，只不过在本案中，当事人对报酬的约定采用了特殊的方式，即不是采取支付固定数额的报酬，而是采用每平方米的造价成本再加一定的利润予以确定。可见，金辉公司需要从中获取一定的利润，而不只是取得一定的委托报酬，由于此种约定并不违反法律、行政法规的规定，因而该约定也是有效的。

（二）合同条款是否已经发生变更

《合同法》第77条规定："当事人协商一致，可以变更合同"。当事人订立合同之后，任何一方当事人无权擅自对合同作出变更、解除，但是，合同双方当事人有权对合同条款进行协商变更。在本案中，双方在该合同第8条约定了"营业大楼计价方式与价款"，即"按'土地成本＋建安成本＋开发利润＋税费等'的方式计价，确定营业办公大楼总价款"。并在该条第3项约定了大楼售价按每平方米3 500元作为上限价。但是，鉴于在合同履行过程中政府实施一些调控政策，导致外墙设计变更、税费政策调整、人工成本增加、施工过程中的增项等原因引起的建筑成本提高，上述约定实际上无法继续履行，或者按原约定履行显失公平，故而双方经多次协商，共同签署了以调整本案所涉大楼价款为核心内容的《联席会议纪要》。

问题在于，会议纪要是否属于协议？当事人能否根据会议纪要主张变更合同内容？华茂公司认为，会议纪要不是合同，本案中的原合同是以书面形式签订的，所以不能通过纪要的形式来变更。尤其是双方当事人并没有在合同中盖公司的公章，所以，其并不是正式的法律文件，并不能据此认定合同条款已经变更。笔者认为，这一观点虽有一定道理，但当事人对合同条款的变更达成了合意，这种合意除了法律的特殊规定以外，可以以书面形式以外的其他形式表现出来。同样，在合同履行过程中，当事人也可以以多种方式变更合同。其实，会议纪要从形式上看并不是一种书面形式，没有以合同的形式表现出来。但关键在于，纪要的内容是否涉及对合同内容的变更。笔者认为，从纪要的内容来看，其已经构成对合同条款的变更。原因在于：

第一，从形式上看，纪要已经由双方法定代表人签字，但并没有加盖双方公司的公章。因此，纪要具有一定的法律效力，不能将其简单等同于一般的会议记录。《联席会议纪要》签署的地点在华茂公司办公地点，出席会议的人员包括金辉公司和华茂公司的负责人。这一点在纪要中有明确的表述。表明该会议纪要属于双方当事人真实意思表示的产物。

第二，在本案中，双方在会议纪要中同意价格按实际成本加每平方米1 000元的价格确定，实际成本通过审计予以确定。可见，纪要已经对原合同价款的确定作出了变更。

第三，纪要虽然没有双方公司盖章，但实际上已经被双方实际履行。《合同法》第37条规定："采用合同书形式订立合同，在签字或者盖章之前，当事人一方已经履行主要义务，对方接受的，该合同成立。"据此，当事人可以以实际履行的方式订立合同，也可以以实际履行的方式变更合同。从本案来看，虽然当事人应当通过书面的形式变更合同条款，而当事人只是通过纪要的方式表现出来，即价款应当是成本加利润予以确定，同时，双方在纪要中同意通过审计的方式确定建设成本，这实际上已经对合同价款作出了变更。

从本案来看，之所以当事人未执行《联席会议纪要》，是因为华茂公司因为董事会改组，新的董事会作出决定，认为会议纪要没有盖公司的公章，且不是正式的合同文件，故坚持仍然按合同原定的价格执行。因此，《联席会议纪要》未执行的主要责任在华茂公司，而不在金辉公司。

（三）本案是否应当适用情势变更原则

本案当事人就合同价款发生争议，实际上是因为政府出台相关的调控政策，导致建设成本增加而引发了相关争议。关于政府的调控政策导致建设成本增加，是否属于情势变更，对此存在不同看法。一种观点认为，即便双方没有通过协议变更合同，也可以依据情势变更的规定变更合同。合同成立以后客观情况发生了当事人在订立合同时无法预见的、非不可抗力造成的不属于商业风险的重大变化，继续履行合同对于一方当事人明显不公平或者不能实现合同目的，就属于情势变更。应当看到，情势变更制度的适用必须符合一定的构成要件，只有在符合特定的构成要件时，法院才能判令变更或者解除合同。根据《合同法司法解释二》第26条："合同成立以后客观情况发生了当事人在订立合同时无法预见的、非不可抗力造成的不属于商业风险的重大变化，继续履行合同对于一方当事人明显不公平或者不能实现合同目的，当事人请求人民法院变更或者解除合同的，人民法院应当根据公平原则，并结合案件的实际情况确定是否变更或者解除。"情势变更应当是合同当事人不可预见的。如果在订约时，当事人预见到将来会发生某种情事，而仍以现在的客观情况为基础订立合同，则表明当事人愿意承担该风险，不能主张情势变更。如果当事人应当预见将要发生的情势变更而未能预见，则应认为该当事人主观上具有过错，也不应主张适用情势变更。当然，如果有一方预见而另一方没有预见，应区分善意和恶意的不同情况，对善意的没有预见的当事人应允许其主张情势变更。

从本案来看，当地政府出台一系列新规定，对外墙设计、建筑工人最低工资等作出了规定，这些政府的政策规定确实属于当事人在签订合同时难以预料到的行为，而且对合同的履行产生了较大的影响，导致了合同履行成本的大幅上涨。因此有人认为这构成情势变更。应当承认，这一情形确实属于情势变更，但是对于成本上涨这一情况，在合同订立后，双方已经意识到并进行了反复协商，并达成了会议纪要，对成本上涨的问题作出了约定，修改了合同中的价款条款。因此，本案就没有必要通过情势变更原则来解决这一问题。因为意思自治是合同法的最高原则，在当事人通过意思自治已经解决合同履行中的问题时，就没有必要通过法院来进行情势变更原则的适用了。因为法院的调整属于公权力介入合同领域，而按照意思自治优先的原则，在当事人能够通过意思自治解决问题的情况下，公权力就没有必要介入其中了。故本案无须适用情势变更原则。

所以，在本案中，金辉公司不能再基于情势变更来要求调整合同，其根据会议纪要的内容来主张合同的变更调整，更有利于保障其合法权益。

案例三十五　债权的部分转让与委托索款

一、案情简介

W 市农工商贸易公司（以下简称“贸易公司”）拖欠该市盼达公司的货款 100 万元，一直未归还，盼达公司多次向贸易公司催要未果。某年 10 月，盼达公司打听到本市云通食品有限公司（以下简称“云通公司”）与贸易公司有长期的贸易往来关系，遂请云通公司出面帮助向贸易公司催讨欠款，云通公司提出须支付催讨欠款的费用。双方于同年 11 月 1 日达成协议，协议规定，由云通公司帮助盼达公司催讨货款，半年内，云通公司保证帮盼达公司要回 75 万元，剩下的货款可由云通公司处理。合同订立后的第三天，云通公司派人前往 W 市与贸易公司商谈，提出盼达公司已将债权全部转让给他，而云通公司又积欠贸易公司 110 万元的货款，双方可否冲抵 100 万元，贸易公司表示同意，双方为此达成协议。次年 4 月 1 日，云通公司向盼达公司汇去 75 万元货款，并通知盼达公司双方关系已经了结。一月后盼达公司了解到云通公司与贸易公司互相冲抵债务一事，认为云通公司仅支付给自己 75 万元太少，盼达公司只是委托云通公司催讨欠款，并没有允许其抵销债务，双方为此发生纠纷，因不能达成协议，盼达公司向法院提起诉讼，要求云通公司承担违约责任，并返还不当得利。

二、争议梳理

第一种观点认为，在云通公司与盼达公司达成的协议中，明确规定由云通公司帮助盼达公司催讨货款，双方并没有就转让债权问题达成协议，所以，云通公司无权以盼达公司的债权与贸易公司的债权相互冲抵。

第二种观点认为，云通公司与盼达公司的协议中虽没有明确规定转让债权，但从该协议的内容来看，实际已转让了债权，因此云通公司可以以其受让的债权与贸易公司的债权相互冲抵。

三、案例评析

笔者认为，本案争议的焦点在于债权是否转让。所谓合同债权的转让，是指合同债权人通过协议将其债权全部或部分地转让给第三人的行为。债权转让必须要转让人与受让人之间达成转让的合意，且依据《合同法》第 80 条的规定，债权人转让权利的，应当通知债务人。未经通知，该转让对债务人不发生效力。从本案来看，云通公司派人前往贸易公司商谈，提出盼达公司已将债权全部转让给他，而云通公司又积欠贸易公司 110 万元的货款，双方可否冲抵 100 万元？确定双方的抵销行为是否能生效，关键在于云通公司与盼达公司之间是否已就债权的转让真正达成了协议并通知债务人。

从本案来看，盼达公司与云通公司最初协商时，盼达公司便提出希望云通公司帮助向贸易公司催讨欠款，而云通公司提出须支付催讨欠款的费用，双方达成的协议中也明确规定，由云通公司帮助盼达公司催讨货款，可见双方并没有就转让全部债权的事宜达成协议，而从盼达公司的订约目的与合同的内容来看，盼达公司并没有转让全部债权的意图。从合同的条款可见，双方只是就部分债务形成了一种委托索款关系。

所谓委托索款，是指债权人与第三人之间订立委托协议，由债权人授权第三人代理其向债权人的债务人索款。委托索款与债权转让的区别表现在：一方面，委托索款将产生一种代理关系，即第三人基于委托授权成为债权人的代理人，有权代理债权人索取欠款。代理人的权利范围完全由授权委托书决定，代理人绝不能因为委托索款合同的成立而取代债权人的地位，其只是帮助债权人催讨欠款，而其本身并不是债权人。但是在债权转让关系中，不存在任何委托授权的问题，一旦发生债权转让，则受让人将取代债权人的地位，并享有债权人的权利。另一方面，在委托索款关系中，代理人代理债权人向债务人索款，由此所获得的一切钱款及其他财产，均应归属于作为被代理人的债权人，而不能归代理人所有，非依法律规定和合同约定，代理人不得擅自处分被代理人的财产。而在合同债权的转让中，因转让在性质上属于债的主体的变更，受让人通过转让则要取得原债权人的地位和权利，这样在合同债权转让以后，应由债务人向新的债权人即受让人清偿债务，债权人对债务人交付的财产当然享有所有权。

从委托索款与债权转让的区别可见，委托索款合同的成立不能导致债权的全部转让，因此认为本案中债权已全部转让的观点是不能成立的。

那么，本案中，是否涉及债权部分转让的问题，值得探讨。从法律上说，债权的转让既可以是全部的转让，也可以是部分的转让。在债权部分转让的情况下，受让人作为第三人将加入原合同关系之中，与原债权人共同享有债权。此时，合同的权利人一方已由一人变为数人，合同之债也将成为多数人之债。在此情况下，尽管原合同当事人依然存在，但合同的主体已经发生了变化。从本案来看，虽然盼达公司并没有转让全部债权的意图，在盼达公司与云通公司的协议中，也没有明确转让全部债权，但双方在协议中明确约定，在半年内云通公司保证帮盼达公司要回 75 万元，剩下的货款可由云通公司处理。对于该条的规定，可以作出两种理解。第一，如果云通公司能够帮盼达公司要回 75 万元货款，那么剩下的 25 万元货款的债权不管是否要回，都转归云通公司所有。因为合同规定"剩下的货款可由云通公司处理"。因而转让 25 万元货款的债权是很明确的，由此可以认为是债权的部分转让。那么债权转让的对价是什么呢？从本案来看，债权转让的对价是云通公司帮助盼达公司要回 75 万元货款。第二，从上述合同的规定，也可以理解为基于盼达公司将其 25 万元货款的债权转让给云通公司作为要回货款的报酬，这种理解也是符合双方当事人的订约目的的。因为双方在订约时，盼达公司商请云通公司出面催讨欠款，云通公司就提出须支付催讨欠款的费用，而转让 25 万元债权也就是云通公司要盼达公司支付的催讨货款的报酬。笔者认为上述两种理解都是正确的，但无论作哪一种理解，都不能否认这样一个事实，即 25 万货款的债权均已发生转让。

我们说双方所需转让的是 25 万元货款的债权，而不是所有权，其根本原因在于双方达成协议时，盼达公司对贸易公司享有的只是债权而不是所有权，请求支付 25 万元货款的权利，也只是一种请求贸易公司为支付行为的权利，而不是对实际交付的货款进行实际支配的权利。这种权利转让以后，云通公司是否能够实际得到这笔货款，则是难以确定的，因为债权的实现还有赖于债务人能否履行和是否实际作出履行。如果债务人不履行或不能履行，则已转让的 25 万元货款的债权也不能获得清偿。

既然双方已就 25 万货款的债权的转让达成了协议，而贸易公司对云通公司提出的互相冲抵债务的请求表示同意，可见贸易公司已经知道并同意全部债权的转让，至少其对部分债权的转让是知晓并无异议的，因此，本案中部分债权的转让已经生效，至于盼达公司提出云通公司向其仅支付 75 万元货款，而获得 25 万元货款，已构成不当得利，显然是不能成立的。因为既然 25 万元货款的债权已经转让，那么云通公司在受让后，享有并通过抵销实现了此项债权，完全是具有法律根据的，不能构成不当得利。

问题在于，此种部分转让是否构成显失公平？盼达公司认为云通公司仅支付75万元货款，就获得了25万元货款的权利，未免得到的太多，因而是不公平的。笔者认为，此种转让不构成显失公平。一方面，从主观上来看，双方在订约时完全是自主自愿的，任何一方都没有利用对方的无经验、无能力、不谨慎等与对方订约，并使自己获取利益，更何况，这种转让对双方都是有利的；另一方面，从客观上来看，因为盼达公司向云通公司转让的25万元货款是债权，而不是所有权，此项权利能否实现在转让时是难以确定的，对于受让人来说，其获得这项权利，要承担将来可能不能实现的风险。更何况在本案中，盼达公司除了转让这笔债权外，没有再向云通公司另外交付催讨欠款的报酬或费用。可见，从结果上来看，也不能认为是显失公平的。

既然25万元货款的债权已经转让，那么云通公司在受让这部分债权以后，是可以以这部分债权与贸易公司的债权相互抵销的。所谓抵销，是指双方互负债务时，各自可以以其债权充当债务之清偿，而使其债务与对方的债务在数额相当的情况下相互消灭。抵销适用的条件是：双方互负同种类的债务且均到履行期。如果互负债务的标的种类不同（如支付金钱之债与交付种类物之债是不同的），且双方当事人各有其经济目的，则除非双方达成抵销的协议，否则任何一方不得随意抵销。如果双方的债务中有一方的债务还没有到清偿期，则除非双方同意抵销，否则任何一方不得抵销。抵销的数额也必须相同，如果双方债务不相等，一方只能以其债权与对方相同数额的债权相抵。所以从本案来看，双方已达成合意同意抵销，而25万元货款的债权已经转让，可以就该部分将云通公司与贸易公司的债权相抵销。

那么，尚未转让的75万元货款的债权，能否由云通公司提出抵销？从原则上说，这笔债权没有转让，因此不能抵销。盼达公司提出其只是委托云通公司催讨欠款，并未允许其抵销，并认为抵销违反了其与盼达公司达成的协议，云通公司应承担违约责任，其主张也是合理的。但是既然在抵销后云通公司已经向盼达公司支付了75万元货款，而抵销的效果对盼达公司并无不利，那么对于75万元货款，也可以认为是云通公司代贸易公司向盼达公司所支付的货款，而其支付的原因是贸易公司拖欠盼达公司的货款。这样一种还款过程是采用本案中抵销的方式来实现的，尤其是通过抵销，可以使在不损害各方利益的情况下，使各方的债务发生部分或全部的消灭，可见这不失为解决“三角债”的一个好办法，因而从提高经济效益、降低交易费用等方面考虑，笔者认为，应维持抵销的效果。

案例三十六　合同转让的效果

一、案情简介

2013年9月7日，某市土产公司与该市某新妆服装厂（以下简称“服装厂”）订立再生布购销合同一份，合同约定同年12月31日前，土产公司向服装厂交付再生布20万米，每米价0.81元，价款总额16.2万元。交付方式为服装厂到土产公司仓库分批验收自提。合同签订之后，因市场变化，服装厂不愿意购买该再生布生产服装，遂向土产公司提出减少货物数量，该提议未得到土产公司同意。恰好服装厂得知邻县的农产品贸易公司（以下简称“贸易公司”）需要再生布，遂与该贸易公司达成协议，合同第3条规定，由土产公司将货直接发到该贸易公司的仓库，并由服装厂与贸易公司结算。合同第4条规定，“乙方（即贸易公司）应向甲方（即服装厂）支付货物价款总额16.2万元。”合同订立后，服装厂遂向土产公司发函，称该批再生布已转让给邻县的某贸易公司，请土产公司直接将货于同年12月31日运到该贸易公司的仓库。土产公司收到该函后，一直未予答复。同年12月15日，经过服装厂多次请求，土产公司同意贸易公司前去提货，贸易公司于12月31日将货提回，并同时付清了货款16.2万元。经检验发现规格不符合规定，且有质量问题，遂要求退货，土产公司予以拒绝。于是，贸易公司向法院提起诉讼，要求土产公司和服装厂承担违约责任，并要求其承担运输保管等费用。

二、争议梳理

关于服装厂是否已将其债权转让给贸易公司的问题，一审法院认为已发生转让，但关于服装厂是否应向贸易公司承担违约责任一事存在不同看法。

第一种观点认为，服装厂将该批货物的购买权转让给贸易公司时，应该保证该批货物是没有瑕疵的，且规格必须符合服装厂与土产公司订立的合同所约定的标准。当然土产公司因交付货物质量不符合规定也应承担责任，但不应免除服装厂的责任。

第二种观点认为，服装厂将该批货物的购买权转让给贸易公司后，就已经退出了与土产公司的合同关系，而由贸易公司代替其地位，如果土产公司交货质量和规格不符合合同规定，应由土产公司对贸易公司负责，而服装厂不应承担责任。

三、案例评析

（一）本案是否发生合同债权的转让

本案首先需要讨论，服装厂是否将其债权转让给贸易公司。所谓合同权利转让，是指合同当事人一方依法将其合同的权利和义务全部或部分地转让给第三人。我国《合同法》第79条规定，“债权人可以将合同的权利全部或者部分转让给第三人”，这是关于合同权利转让的规定。从法律上看，债权转让与合同权利的转让也存在一定的区别。因为债权转让可以通过多种方式而完成，例如依据法律的规定、法院的裁判、当事人的合意而发生移转，但根据我国《合同法》第79条的规定，合同权利的转让主要是通过合同来完成债权的移转的。笔者认为，本案中，并没有发生合同债权的转让，主要理由如下。

第一，当事人之间并没有达成转让债权的协议。要实现合同权利的转让，转让人与受让人之间必须订立转让合同，据此，合同权利的转让要涉及两种关系：一是债权人与债务人之间的原合同关系，二是转让合同关系。转让合同关系作为转让人与受让人之间的合同关系完全可由当事人在不违背法律和社会公共利益的前提下自由约定。合同的让与本身需要由转让人与受让人之间达成合意才能完成，此种合同关系的当事人是转让人和受让人，当事人订立转让合同必须符合民事法律行为的有效要件。如果合同转让具有可撤销的原因，则撤销权人可以行使撤销权。如果转让合同被撤销以后，受让人已接受债务人的履行，应作为不当得利返还给原债权人。转让协议必须合法有效，且不得违背社会公共利益。从本案来看，服装厂与贸易公司之间虽然达成协议，由土产公司直接将货发到该贸易公司的仓库，但是，并没有明确约定，贸易公司取得服装厂对土产公司所享有的债权，也没有明确约定，服装厂要从该债权债务关系中脱离。

服装厂与贸易公司的合同第3条规定，由土产公司将货直接发到该贸易公司的仓库，并由服装厂与贸易公司结算。从该规定可以看出，一是双方仅仅约定了交货地点，即由土产公司直接将货发到该贸易公司的仓库，这应当理解为服装厂与贸易公司之间合同的履行方式是比较特殊的，即通过第三人的行为来作出给付。二是合同约定，由服装厂与贸易公司结算。这表明，服装厂并没有退出其与土产公司之间的债权债务关系，其仍然负有向土产公司支付价款的义务。

第二，服装厂并没有就债权的转让通知债务人。在债权转让关系中，尽管债权人转让权利乃是根据其意志和利益处分其权利的行为，但此种处分通常涉及债务人的利益，这就产生了一个法律上的权益冲突现象。从保护和尊重权利人的权利、鼓励交易出发，应当允许权利人在不违反法律和公共利益的前提下用合同约定自由转让其权利，但是从维护债务人的利益出发，应对权利转让作出适当限制，即转让应通知债务人，以维护债务人的利益。根据《合同法》第80条："债权人转让权利的，应当通知债务人，未经通知，该转让对债务人不发生效力。"这就是说，债权人转让权利时，应当将其转让权利的情况及时通知债务人，如果没有通知，债权转让并不能对抗善意的债务人。一旦通知到债务人，则权利的转让发生效力；未经通知，该转让对债务人不发生效力，债务人仍然可以向原债权人履行义务。从本案来看，合同订立后服装厂遂向土产公司发函，称该批再生布已转让给邻县的某贸易公司，请土产公司直接将货于同年12月31日运到该贸易公司的仓库。这是否意味着，服装厂已经向土产公司发出了债权转让的通知？笔者认为，该通知是否属于债权转让的通知，既要考虑到债权转让是否发生，又要考虑在该函件中当事人的真实意思。从合同解释的角度来看，服装厂仅仅要求土产公司变更其债务履行方式，并没有转让债权的意思。一方面，需要区别债权转让和履行方式变更的关系，在债权转让中，发生了债权人的变更，而履行方式变更仅仅是债务人履行对象、履行地点等的变换，并没有发生债权人的变更。另一方面，服装厂向土产公司发函称"该批货物已转让给邻县的某贸易公司"，这并非意味着，服装厂对该批货物的所有权已经转让给了贸易公司。因为土产公司交付之前，该货物属于土产公司所有，并没有发生所有权的移转。所以，服装厂也没有权利将该批货物转让给贸易公司。从合同的本意来看，其真实意思是，服装厂与贸易公司达成了买卖该货物的协议，因此，服装厂希望土产公司直接向贸易公司履行。

所以，笔者认为，从当事人的真实意思考虑，本案中并没有发生合同债权的转让，而仅仅是服装厂希望土产公司变更债务履行方式。

（二）本案是否构成清偿代位

所谓清偿代位，是指与债的履行有利害关系的第三人，在为债务人向债权人作出清偿以后，取得代位权，可以在其清偿的范围内，就债权人的权利以自己的名义代位行使。[①] 一般认为，清偿代位会发生债权让与的效果。也就是说，在第三人向债权人作出清偿以后，根据法律规定，在清偿范围内的债权，由债权人移转给第三人。由于这种移转是根据法律的规定而不是根据当事人之间的合同而发生的，因而，清偿代位通常被称为因法律原因而发生的债的移转。正是由于清偿代位也发生债权移转的效果，因而许多学者认为，债权移转应当包括依合同或依法律行为而发生的债权移转、依据法律的原因而发生的债权移转。在本案中，根据合同约定，当贸易公司向土产公司提货以后，应当由服装厂与土产公司结算。但是，在贸易公司提货时，其直接向土产公司支付了货款，对于此种行为应当解释为发生了事实上的债权移转，还是清偿代位？

笔者认为，在该案中，尽管合同权利移转与清偿代位存在着相似之处，但也存在如下重要的区别。

第一，从设置的目的来看，清偿代位的目的在于保证第三人在为债务人清偿债务以后，能够使其利益得到充分的补偿。为实现这一目的，法律规定第三人在为债务人清偿债务以后，在第三人与债务人之间形成一种新的债务关系，第三人可以债权人的身份行使权利，要求债务人履行清偿义务。因为第三人的代替清偿已使原有的债的关系消灭，而在第三人与债务人之间产生了一种新的债权债务关系。为此，许多国家民法将清偿代位规定在债的消灭之中，并与债的移转相区别。而合同债权移转制度设置的目的在于保护债权人的债权，并保障作为一种交易形式的债权移转的顺利实现。为尊重债权人的处分债权的自由，法律允许其全部转让债权，也可以部分转让债权。从本案来看，关键是看，债权债务是否发生了移转，如果债务已经移转给了贸易公司，则贸易公司是履行自己的债务，并非清偿代位。清偿代位是在不存在债务的情况下作出的清偿行为，虽然清偿代位也使得债务消灭，但是，它并不意味着贸易公司原本负有该债务。

第二，清偿代位的效果是根据法律的直接规定产生的，换言之，即使当事人之间没有约定，只要第三人为债务人履行了债务，就有权向债务人行使求偿权。由于此种效果是由法律直接规定的，因而第三人即代位人所获得的补偿也应有法定限制。也就是说，代位人只能以其清偿的部分为限而获得债权，不能超过其清偿的部分而享有并行使权利。然而，对合同权利转让来说，它是由当事人之间订立的合同转让协议而产生的。作为受让人的第三人获得的合同权利内容也由转让协议来决定，法律上对此无限制。从本案来看，本来贸易公司没有支付货款的义务，但是，支付该货款之后，其有权在代为清偿债务的范围内

① 王家福主编．民法债权．北京：法律出版社，1991：195.

向服装厂追偿。

正是由于合同权利转让与代位清偿存在着明显的区别，因而笔者认为，贸易公司的行为构成清偿代位，而没有发生债权债务的概括移转。

（三）关于违约责任的承担

合同权利义务一旦转让，就会在转让方与受让方以及债务人之间发生一定的法律效力，就转让方与受让方的关系而言，合同的权利全部转让后，受让人将成为合同新的权利主体，而转让人将脱离原合同关系，由受让人取代其地位。但是，在合同债权没有发生转让的情况下，按照合同相对性规则，就应当由合同当事人解决合同争议。

依据合同的相对性，违约责任只能在特定的合同关系的当事人之间发生，合同关系以外的人不负违约责任，合同当事人也不对其承担违约责任。《合同法》第121条规定，“当事人一方因第三人的原因造成违约的，应当向对方承担违约责任。当事人一方和第三人之间的纠纷，依照法律规定或者按照约定解决。”这实际上确立了责任的相对性。在本案中，服装厂与贸易公司之间并没有发生合同债权的转让。就再生布的买卖来说，服装厂与土产公司之间仍然存在债权债务关系，所以，土产公司交付的货物出现瑕疵，仍然应当由服装厂向土产公司追究违约责任。贸易公司作为第三人，无权要求土产公司承担违约责任。同样，依据合同相对性规则，贸易公司可以向服装厂请求其承担违约责任。

（四）关于瑕疵担保责任

问题在于，服装厂是否应当向贸易公司负有物的瑕疵担保责任，即应就土产公司所交付货物的瑕疵向贸易公司承担责任？瑕疵担保责任起源于罗马法，并为大陆法系许多国家所采纳。该制度曾在历史上为保护买受人的利益、维护交易的安全，发挥过重要作用。但随着市场经济的发展，该制度也显示出了其一定的不合理性，主要表现在：一是补救方式简单。瑕疵担保责任的形式主要是减价和解除合同。只有在出卖人故意不告知瑕疵时，买受人才能要求损害赔偿。二是适用范围较为狭窄。它仅适用于物的瑕疵，而在出卖人交付的货物数量不足，或履行方法不符合规定等情形，都难以适用。因为这些原因，该制度对受害人的保护并不是十分有利。我国《合同法》在制定中曾就是否应当借鉴大陆法的瑕疵担保责任制度展开过讨论，立法者最终没有采纳这一制度，而规定了统一的不适当履行责任制度。根据我国《合同法》第111条的规定，凡是交付货物的质量不符合约定的，出卖人就应当承担违约责任。而受害方可以要求出卖人承担修理、更换、重作、退货、减少价款或报酬等各种违约责任。因此，任何不适当履行，包括交付的物有瑕疵，都应转化为违约责任。在本案中，土产公司向贸易公司交付的货物存在质量问题，但是，服装厂并不应当向贸易公司负有瑕疵担保责任，而应当向贸易公司承担违约责任。

（五）关于货物的运输费用

最后需要讨论的是，贸易公司是否有权要求土产公司承担运输费用？从本案来看，服装厂在与土产公司订立的购销合同中，曾明确规定交货方式由服装厂到贸易公司仓库分批验收自提，而服装厂在与贸易公司达成的协议中，规定由土产公司将货直接发到贸易公司的仓库。显然，该协议已变更了原合同所规定的交货方式和履行地点，此种变更是否有效呢？从本案来看，服装厂与贸易公司达成的变更原合同所规定的交货方式和履行地点的协议，若没取得土产公司的同意，那么土产公司仍然应按原合同所规定的交货方式，要求贸易公司前往其仓库自提货物。当然土产公司可以帮助贸易公司送货，但如果这样，送货费用应由贸易公司承担。在本案中，在服装厂向土产公司发函，请土产公司直接将货于12月31日运到该贸易公司的仓库以后，土产公司虽未明确表示否定的意见，但其于12月15日仍然向贸易公司发函，请贸易公司前去提货，表明其并没有同意合同履行方式的变更，这样，土产公司无义务承担运输的费用。所以，服装厂在未取得土产公司同意的情况下，擅自变更交货方式和履行地点，且单方面要求土产公司送货，显然，此种变更对土产公司不能生效。在土产公司不能承担送货义务的情况下，只能由服装厂根据协议向贸易公司承担送货义务，如果服装厂不亲自送货，贸易公司可以要求服装厂承担运输费用。

案例三十七　债权多次让与争议纠纷案

一、案情简介

2013年11月3日，S市兴旺建材有限责任公司（以下简称“兴旺公司”）与该市光彩建筑装饰有限公司（以下简称“光彩公司”）签订了一份“建筑装饰材料买卖协议”，合同约定，兴旺公司分两批向光彩公司交付板材、陶瓷、壁纸、石材等建筑装饰材料，总价款为500万元。在第一次交付后，兴旺公司向光彩公司交付了250万元的建筑材料，但光彩公司出具欠条500万元，其中包括了兴旺公司准备第二批向其交付的建筑材料价款250万元。但在兴旺公司第二次向光彩公司交付建筑装饰材料时，因为光彩公司的财务人员没有认真核对，又重新向兴旺公司出具了一份200万元的欠条。2014年1月5日，兴旺公司因购买生产原料急需资金，便将前述500万元的欠条转让给林沟采石场，由林沟采石场向兴旺公司支付450万元，同年2月3日，兴旺公司又将前述200万元的欠条转给该市的双河水泥厂，双河水泥厂向兴旺公司支付了150万元。在该笔债权转让后，兴旺公司立即通知了光彩公司，希望光彩公司直接向双河水泥厂支付200万元债务。3月1日，林沟采石场请求光彩公司清偿500万元债务，3月20日，双河水泥厂也请求光彩公司清偿200万元的债务。光彩公司认为，双河水泥厂的债权不成立，且债权转让给林沟采石场也没有通知光彩公司，因此，其不应当对林沟采石场承担债务。

二、争议梳理

本案第一个争议焦点在于，兴旺公司向他人转让的债权是否成立？对此存在两种观点。一种观点认为，第一个债权成立，第二个债权因发生错误，因此是无效的，应当予以撤销。另一种观点认为，第二个债权的200万元是错误的，但其中的50万元是成立的，该50万元债权转让仍然是有效的。

本案争议的第二个焦点在于，关于两个债权的转让是否生效。一种观点认为，两个债权转让都是无效的，因为第一个债权转让没有通知债务人，而第二个债权转让并非真正转让债权，因而是不成立的。

三、案例评析

（一）兴旺公司向他人转让的债权是否成立

债权转让的前提是转让人所享有的债权必须是合法有效的。这就是说，一方面，合同债权须有效存在，这是该合同中的权利义务能够被让与的基本前提。如果合同债权根本不存在或者合同应被宣告无效，或者已经被解除，在此情况下所发生的转让行为都是无效的，同时转让人应对善意的受让人所遭受的损失承担损害赔偿责任。另一方面，债权人必须享有债权，债权人转让的是他人的债权，将构成无权处分。

在本案中，兴旺公司向他人转让的第二个债权的200万元显然发生错误，但是经过双方核对，光彩公司只是向其多签发了150万元的债务，另外50万元的债务仍然是成立的。笔者认为，只要该50万元的债权是成立的，则转让该50万元债权的行为也应当是成立的。有人认为，只要债权人拿到了债务人的欠条，则欠条就是其债权凭证，不论该债务是否真实存在，该欠条都可以作为主张债权的凭证。笔者认为，此种观点并不妥当，欠条既是债权的凭证，也是借款合同的凭证，但欠条也可能发生错误。在本案中，虽然兴旺公司握有两张欠条，但第二份欠条显然存在错误，所以，不能完全凭欠条认定当事人之间的债权债务关系，而应当以当事人之间真实的法律关系为认定债权债务关系的依据。

（二）关于债权转让通知的效力

在本案中，兴旺公司转让了两个债权，但只有第二个债权转让通知了债务人，第一个债权转让并没有通知债务人。那么，在没有通知债务人的情形下，债权让与能否产生效力？或者说，该转让是否应当被认定为无效？对此存在不同观点。我国《合同法》第80条第1款规定："债权人转让权利的，应当通知债务人。未经通知，该转让对债务人不发生效力。"可见，我国法律采纳了通知主义。债权人作出转让权利的通知到达债务人以后，则债权转让已经实际生效，关于通知的效力，按照通知主义的立法例，要求债权人将权利让与的事实及时通知债务人，使债务人及时了解让与的事实，避免因债务人对债权转让毫不知情遭受损害及各种费用损失，从而避免了自由主义立法例的弊端，注重了对债务人的保护。同时，此种制度因对债权人自由处分其权利的行为未作出实质性限制，尊重了债权人处分其债权的自由，也有利于鼓励债权转让和促进流通，符合市场经济发展的需要。

依据《合同法》上述规定，未经通知，该转让对债务人不发生效力。据此，一方面，对让与人与受让人之间的债权让与关系而言，通知并不是债权让与的构成要件，是否通知不影响债权让与的效力。因此，转让人不得以没有通知而否认债权转让的效力。另一方面，在达成转让协议以后，如果债权人没有通知债务人，则该债权转让协议对债务人不产生效力，易言之，该债权转让协议只能在债权人和受让人之间产生拘束力，而不能对债务人产生效力，债务人无须向受让人履行债务，而且即使债务人已经实际知道债权转让的情况，但如果债权人没有对其通知，债权转让仍然对其不产生拘束力，此时，其仍然应当向原债权人作出履行。[①] 当然，一旦通知债务人，对债务人而言就确定了债权的归属，债务人可以依据通知清偿债务，债务人根据通知清偿债务以后即可免责。因此，在本案中，兴旺公司因购买生产原料急需资金，将500万元的欠条转让给林沟采石场，由林沟采石场向兴旺公司支付450万元，虽然兴旺公司转让该债权后没有通知光彩公司，但该债权让与仍可发生效力。

问题在于，债权转让时由谁通知债务人？从本案来看，毫无疑问，应当由让与人通知债务人，但问题在于，债权的受让人能否通知债务人？从现行法律规定来看，我国法律并没有规定债权让与通知的主体。笔者认为，原则上应当由让与人对债务人作出通知，但受让人也应当可以向债务人作出通知，因为允许受让人作出通知并不会不当加重债务人的负担。还应当看到，如果让与人在作出债权让与后丧失民事行为能力，其将无法对债务人作出有效的通知，此时，一概禁止受让人对债务人作出通知也不妥当。

（三）关于债权多次让与的效力

在本案中，出现了债权的多次让与，2014年1月5日，兴旺公司将500万元的欠条转让给林沟采石场，由林沟采石场向兴旺公司支付450万元，2月3日，兴旺公司又将前述200万元的欠条转给该市的双河水泥厂，双河水泥厂向兴旺公司支付了150万元。在该笔债权转让后，兴旺公司立即通知了光彩公司，希望光彩公司直接向双河水泥厂支付200万元债务。如前所述，尽管第一个债权转让没有通知债务人，但仍可发生债权让与的效力。而在第二个债权让与中，其中150万元的债权转让不成立，但剩余50万元的债权让与仍可发生效力。这就涉及在债权多次让与的情形下，如何确定债权的归属。

关于债权多次让与情形下的债权归属，有两种不同的模式。一是通知主义，此种方式认为，通知在先，权利在先，也就是说，哪个债权让与先通知债

① 杨明刚. 合同转让论. 北京：中国人民大学出版社，2006：132.

务人，则由该受让人取得债权。二是先让与主义，即先让与的债权优先于后让与的债权。也就是说，按照“先来后到”的规则，先前的受让人应优先于在后的受让人取得权利。在我国《合同法》中，对债权二重让与中，各受让人利益的优先保护未作规定，这就给实践中解决此类纠纷造成了困难。笔者认为，债权的转让毕竟不同于所有权的转让，不需要现实交付，在发生双重转让的情况下，债权转让的效力应当根据受让人受让债权的先后来决定优先顺序。第一受让人有权取得债权，第二受让人即使出于善意也不能取得债权。[①] 债权让与的通知仅对债务人和第三人发生效力。根据我国《合同法》第 80 条的规定，未经通知，该转让对债务人不发生效力。据此可以认为，债权转让协议一旦在债权人和受让人之间达成合意以后，便已经实际地发生效力，但并没有对债务人发生效力。所以，应当采用“先来后到”的规则，按照债权转让的先后顺序确定债权归属。尤其应当看到，通知本身并不是债权让与的生效要件，而只是对债务人发生效力的要件。所以，不能以通知主义确定债权让与的效力。

此外，需要指出的是，在涉及多重转让的情况下，通知仍然仅具有对抗债务人和第三人的效力。在没有通知之前，债务人若已经向原债权人作出清偿，该清偿可以发生债务消灭的效果。债权转让协议一旦在债权人和受让人之间达成合意以后，便已经实际发生效力，如果债权人违反债权转让协议拒绝转让债权，或将债权再次转让给他人，受让人有权要求其承担违约责任。在债权多重转让的情况下，通知不是债权转让的生效要件，不能以通知先后作为债权是否转让以及向哪一个受让人转让的标准。债权转让的通知仅具有对抗债务人和第三人的效力。另外，考虑到法律不保护恶意的原则，此处所说的债务人和第三人应当限于善意的债务人和第三人。

---

① 王泽鉴. 法律思维与民法实例. 台北：自版，1999：136.

案例三十八　公司改制后的债权债务承担问题

一、案情简介

S市租船公司原属于国有企业，2007年8月进行改制，改制后的公司名称变更为滨海租船有限公司，国有资本占51%，另外引进了两家战略合作伙伴，即众合投资有限公司（以下简称“众合公司”）和成功投资集团有限公司（以下简称“成功公司”），前者资本占25%，后者资本占24%，但公司注册资本、设立住所等都不变，只是公司的股东发生了变化，并新成立了董事会。在改制前，租船公司拖欠S市农业银行1 500万元。由于众合公司曾经借用了租船公司的一条价值1 600万元的游轮未归还，于是在改制前，由S市农业银行、S市租船公司和众合公司三家达成协议，将该出租的游轮进行抵债，当事人在合同中约定，自合同生效之日，该游轮的产权归S市农业银行所有。但众合公司一直没有向S市农业银行交付该游轮。改制后，农业银行再次追债，滨海租船有限公司提出，根据当时的三方协议，其与S市农业银行之间的债务已经了结，且租船公司已经改制，其不能偿还租船公司以前的债务。于是S市农业银行起诉滨海租船公司归还自己本金1 500万元，以及利息300万元。

二、争议梳理

关于S市农业银行能否起诉滨海租船公司，一种观点认为，已经改制了的公司是两个法人，某市农业银行无权要求改制后的公司承担债务，且租船公司之前提出过抵债，农业银行没有积极追讨，也有过错。第二种观点认为，改制后虽然是新的法人，但是仍然要对改制前的债务承担责任。其租给众合公司的财产，仍然属于滨海租船公司的财产，应当由滨海租船公司出面追讨。

关于债务是否了结，存在不同观点。一种观点认为，根据当时的三方协议，当事人之间的债务已经了结，至于众合公司是否已经向S市农业银行交付游轮，属于S市农业银行与众合公司之间的关系，滨海租船公司不再承担责任。另外一种观点认为，众合公司未向S市农业银行交付游轮，则S市农业银行与租船公司之间的债务关系就未了结，滨海租船公司仍应当对S市农业银行承担责任。

三、案例评析

（一）S市农业银行能否起诉滨海租船公司

1. 滨海租船公司是由前S市租船公司改制而来

在我国，始于1978年的国有企业改制浪潮是改革开放中的一种特有法律现象，因为《公司法》颁布前成立的国有企业普遍存在在公司治理结构等诸多方面并不符合现代公司制度要求的现象。所谓国有企业改制，是指对全民所有制企业进行变更，使之成为符合《公司法》要求的公司。原全民所有制企业改制为公司法上的公司，只是国有企业自身的规范化变更，其法人的身份并没有发生消灭和新设，主体身份保持了同一性，对外债权债务并不受影响，均由变更后的公司享有和承担。

S市租船公司的本次改制，正是为了符合《公司法》的要求而进行的变更，改制之后，S市租船公司变更为滨海租船公司，两者属于同一法人主体，并没有发生主体的改变。改制之后，S市租船公司仅仅是将名称从"S市租船公司"变更为"滨海租船公司"，企业性质从全民所有制企业变更为有限责任公司。除此之外，S市租船公司的其他主要事项并未进行变更，根据当地工商局的注册登记信息，更名后的滨海租船公司，其注册资本、设立日期、住所等事项均保持不变。由此可见，虽然股东发生了变化，但滨海租船公司系由原租船公司变更而来，而且滨海租船公司的公司章程、注册登记信息都明确表明其系由前租船公司改制而来，这就对外公示了两者在主体身份上的延续性和同一性，滨海租船公司与S市租船公司在主体身份上具有同一性，并没有发生变化。

2. 滨海租船公司应当承受改制前S市租船公司的债务

法人的变更并不是主体的消灭，变更后的法人与变更前的法人仍然是同一个法人，因此保持了主体的一贯性和同一性，变更后的法人应当继续享有原法人的权利、承担原法人的义务。如前所述，改制后的滨海租船公司与改制前的S市租船公司在身份上具有同一性，滨海租船公司应当承受改制前S市租船公司的债务。

第一，《合同法》第90条规定："当事人订立合同后合并的，由合并后的法人或者其他组织行使合同权利，履行合同义务。当事人订立合同后分立的，除债权人和债务人另有约定的以外，由分立的法人或者其他组织对合同的权利和义务享有连带债权，承担连带债务。"这就表明企业法人的变更并不影响权利义务的享有和承担。既然企业法人发生分立或合并之后，其权利义务都应当由变更后的法人享有和承担，那么在本案中，S市租船公司进行改制，变更为滨海租船公司，前者的权利自然也应当由滨海租船公司享有，前者的义务自然也应当由滨海租船公司承担。

第二，最高人民法院于2003年1月3日公布的《关于审理与企业改制相关的民事纠纷案件若干问题的规定》第4条规定："国有企业依公司法整体改造为国有独资有限责任公司的，原企业的债务，由改造后的有限责任公司承担。"这一规定强调，国有企业变更为国有独资有限责任公司之后，原企业的债务由变更后的公司承担。这一司法解释之所以强调公司变更后债务的承担而没有规定债权的享有，有其历史原因。因为在我国企业改制过程中，存在有些企业借机逃避企业债务的现象，因此特别对债务的承担作出了规定。这一司法解释规定的精神，表明国有企业改制之后，不影响原债务的承担。那么由这一规定可以从反面推知，国有企业改制之后，也不影响原债权的享有。因此，S市租船公司改制成为滨海租船公司之后，也不影响原债权的享有。

第三，合同一旦签订，就应当得到遵守和执行。《合同法》第76条明确规定："合同生效后，当事人不得因姓名、名称的变更或者法定代表人、负责人、承办人的变动而不履行合同义务。"既然滨海租船公司系由S市租船公司变更而来，那么S市租船公司与第三人的合同自然应由滨海租船公司与第三人进行履行，双方均不得因公司的变更而拒绝履行合同义务。即S市租船公司与第三人的合同债务由滨海租船公司承担，S市租船公司与第三人的合同债权由滨海租船公司享有。S市租船公司按照《公司法》和相关规定的要求改制为滨海租船公司，此种行为属于公司的变更，两者是同一个企业法人，保持了主体的延续性和同一性；因此，S市租船公司与第三人的合同关系并不受影响，S市租船公司对外享有的债权应当由滨海租船公司享有，债务也同样由滨海租船公司承担。

（二）关于债务是否了结

从本案来看，三方达成的协议是否存在债务承担的问题，如何认定三方协议将原有债务人的债务让与给第三人。有一种观点认为，三方达成协议之后，已经构成了债务移转，因此应当由众合公司承担债务。从本案来看，并不存在债务承担的问题，因为一方面，对众合公司来说，其并未承诺承担该笔债务，而只是同意将其占有的租船公司的船舶交付出去；另一方面，众合公司同意交出船舶，并不是要允诺承担债务，而只是把占有的船舶交付出去，代租船公司交付出去，交付之后，债务是否清偿完毕，与其无关。如果交付之后，债务仍然未能清偿完毕，则应当由租船公司承担。所以，在本案中，由于各方面原因，合众公司未能将船舶交付给农业银行，其只是承担未能交付的责任，对于债务不履行则无须承担责任。

本案应当构成指示交付。所谓指示交付，是指当事人在动产物权设立和转让时，如果该动产已经由第三人占有，负有交付义务的人可以将其对第三人的返还请求权转让给新的权利人，以代替物的实际交付。此处所言的负有交付义务的人主要是指出卖人、出质人等。我国《物权法》第 26 条对此作出了规定。在学理上，指示交付又称为让与返还请求权或返还请求权的代位。指示交付是为了保障第三人对标的物占有的延长，从而进一步发挥物的使用效益。这就是说，当事人达成协议，在协议中约定，自合同生效之日起，游轮的所有权应当移转给 S 市农业银行。对游轮的返还请求权也应当移转给 S 市农业银行，众合公司应当将游轮交付给 S 市农业银行。

关于租船公司与 S 市农业银行之间的债务关系是否已经了结，笔者认为，三方协议一旦签署，就应当发生效力，S 市农业银行应当享有该游轮的所有权，至于众合公司是否已经向 S 市农业银行交付该游轮，不影响三方协议的效力。在该协议中，S 市农业银行同意租船公司以移转游轮所有权的方式履行债务，可以看作是债务履行方式的一种变更，即由原来的支付款项的方式变更为移转游轮所有权的方式。该协议生效后，租船公司已经通过指示交付的方式履行其义务，其与 S 市农业银行之间的债务关系也应当归于消灭。

（三）应该由谁来主张借出船舶的归还请求权

当初，在改制前，由 S 市农业银行、S 市租船公司和众合公司三家达成协议，将该出租的船舶进行抵债，后来该协议未履行，租船公司已经改制，那么应该由谁来主张借出船舶的归还请求权？笔者认为，应当由 S 市农业银行享有向众合公司请求归还游轮的权利。因为改制后的公司应当承担改制前公司的债权债务，不因为改制而影响债权的效力，所以，农业银行仍然有权主张其债权，请求众合公司履行交付义务。

案例三十九 债务加入纠纷案

一、案情简介

崇文出版集团公司（以下简称“崇文公司”）拖欠H市永丰纸业公司（以下简称“永丰公司”）纸张等货款5 000万元。永丰公司因为购买原材料，急需资金，便多次催促崇文公司偿还。崇文公司提出，其资金紧张，暂时无力支付，但可以找一家化工企业，为永丰公司提供化工原材料。后来，崇文公司找到了M市嘉和化工集团（以下简称“嘉和化工”）。2015年2月，嘉和化工便向崇文公司出具了一份“关于货款冲抵的说明”。该说明指出，“我司愿帮助贵司交付液体烧碱两万吨，冲抵贵司欠永丰纸业公司的两千万元。”崇文公司将该说明提交给永丰公司后，永丰公司未提出异议。同年8月，嘉和化工向永丰公司交付了一万吨烧碱，永丰公司也接受了这些货物，也没有向崇文公司继续催要货款。2017年3月，嘉和化工交付另一万吨烧碱时，永丰公司明确表示拒绝，因为其库存较多，不再需要烧碱，且认为，这两批烧碱不足以抵偿2 000万元的欠款，并向崇文公司请求支付全部5 000万元的货款及利息。崇文公司提出，其中2 000万元的债务已经移转给了嘉和化工，且永丰公司时隔两年多，再提出清偿要求，时效已经届满。双方为此发生争议。

二、争议梳理

本案争议的第一个焦点是，崇文公司的2 000万元债务是否已经移转给了嘉和化工？一种观点认为，从嘉和化工的说明来看，其已经承担了崇文公司原来负担的2 000万元债务。另一种观点认为，嘉和化工的说明应当理解为债务加入，而不是债务移转。

本案争议的第二个焦点是，是否存在债务加入？一种观点认为，本案之中只有崇文公司和嘉和化工达成了合意，而债权人并没有同意。另一种观点认为，当嘉和化工向永丰公司交付货物时，永丰公司没有提出异议，表明其已经接受，所以，应当认为，已经构成债务加入。

本案争议的第三个焦点是，诉讼时效是否已经届满？一种观点认为，永丰公司超过两年才向崇文公司主张，因此，时效已经届满。另一种观点认为，因为存在债务加入，所以，时效还没有届满。

三、案例评析

（一）崇文公司的 2 000 万元债务是否已经移转给了嘉和化工

从本案来看，崇文公司拖欠永丰公司纸张等货款 5 000 万元，后来，崇文公司找到了 M 市嘉和化工，由嘉和化工提供原材料。2015 年 2 月，嘉和化工便向崇文公司出具了一份“关于货款冲抵的说明”。该说明指出，“我司愿帮助贵司交付液体烧碱两万吨，冲抵贵司欠永丰纸业公司的两千万元。”从该情节来看，应当属于债务加入而非债务移转。

所谓债务移转，也称为免责的债务承担，是指第三人代替债务人承担其债务，而原债务人不再对该债务负责。所谓债务加入，也称为并存的债务承担，是指第三人与债权人、债务人达成三方协议或第三人与债权人达成双方协议，抑或第三人向债权人单方承诺由第三人履行债务人的债务，但同时不免除债务人履行义务的债务承担方式。本案之所以是债务加入而非债务移转，理由主要在于：

第一，从“关于货款冲抵的说明”的内容来看，其中指出“我司愿帮助贵司交付液体烧碱两万吨，冲抵贵司欠永丰纸业公司的两千万元”。由此可见，嘉和化工只是愿意帮助崇文公司偿还部分债务，而并没有表示要承担该债务，并使崇文公司退出债的关系。

第二，债务移转需要得到债权人的明确同意，而债务加入并不需要得到债权人的同意，因为债务加入不会损害债权人的利益。从本案来看，虽然崇文公司向永丰公司提交了“关于货款冲抵的说明”，但永丰公司并没有明确地表示同意。如果要认定为债务移转，显然是不能成立的。因为债务移转之后，原债务人退出债的关系，而新的债务人是否能够清偿债务，是否符合债务清偿的要求，这些都需要债权人经过判断而表示是否同意。

第三，从债务的总数来看，总共是 5 000 万元。而嘉和化工通过提供原料，只能冲抵其中的 2 000 万元。所以，只有理解为债务加入，才能有效保护债权人的权益。

（二）债务加入是否已经成立

通常来说，在债务人和第三人之间达成协议的情况下，只要通知债权人，债务加入就已经成立。问题在于，从本案来看，嘉和化工向崇文公司出具了一份“关于货款冲抵的说明”。该说明指出，“我司愿帮助贵司交付液体烧碱两万吨，冲抵贵司欠永丰纸业公司的两千万元。”由此可见，债务人和第三人之间并没有达成书面协议，而只是由嘉和化工向崇文公司作出了单方允诺。作出单方允诺是否只要通知债权人，就可以构成债务加入？

在本案中，在崇文公司将上述说明提交给永丰公司以后，永丰公司并没有提出异议，也没有明确表示同意。崇文公司将该说明提交给永丰公司后，永丰公司未提出异议。同年 8 月，嘉和化工向永丰公司交付了一万吨烧碱，永丰公司也接受了这些货物，也没有向崇文公司继续催要货款。2017 年 3 月，嘉和化工交付另一万吨烧碱时，永丰公司明确表示拒绝，因为其库存较多，不再需要烧碱，且认为，这两批烧碱不足以抵偿 2 000 万元的欠款，并向崇文公司请求支付全部 5 000 万元的货款及利息。从这个情节来看，作为债权人的永丰公司虽然没有对第三人的承诺作出同意的表示，但是，其以实际受领履行的方式认可了第三人加入债务的承诺。最高人民法院在“广东达宝物业管理有限公司与广东中岱企业集团有限公司、广东中岱电讯产业有限公司、广州市中珊实业有限公司股权转让合作纠纷”[①] 一案中认为：“第三人向债权人表明债务加入的意思后，即使债权人未明确表示同意，但只要其未明确表示反对或未以行为表示反对，仍应当认定为债务加入成立，债权人可以依照债务加入关系向该第三人主张权利。”从该案来看，债权人不仅没有明确反对，而且以实际行为表明其同意债务的加入，法院认定该债务加入行为有效。

问题在于，永丰公司先前同意接受一万吨的烧碱，后来又拒绝接受另外一万吨烧碱。其以库存较多，不再需要烧碱为由，明确表示拒绝，且认为，这两批烧碱不足以抵偿 2 000 万元的欠款，并向崇文公司请求支付全部 5 000 万元的货款及利息。对此，有两种不同的观点：一种观点认为，通过第三人单方允诺的方式加入，债权人在任何时候都可以表示同意或者拒绝，这完全是债权人的权利。另一种观点认为，债权人已经以自己的行为表示同意，就不能再反悔。笔者赞成后一种观点，因为既然永丰公司以自己的行为表明，其接受第三人加入债务，就不得再反悔，这符合“禁反言”的规则。永丰公司接受第一吨烧碱，就表明其接受嘉和化工的债务加入，其事后就不得再否认。在嘉和化工加入债务之后，它作为债务人就有义务清偿 2 000 万元的债务。如果嘉和化工交付的烧碱不合格，永丰公司当然可以拒绝受领。但是，如果嘉和化工交付的烧碱质量是合格的，永丰公司就不能拒绝。从本案来看，永丰公司仅仅以库存较多为由拒绝受领，理由是不能成立的。至于两批烧碱是否可以抵偿 2 000 万

① 最高人民法院（2010）民提字第 153 号。

元的欠款，以及如何计算利息等问题，这是应当由永丰公司和崇文公司之间结算的问题，而不应当成为拒绝受领的理由。

在嘉和化工加入债务之后，按照当事人之间的约定，嘉和化工只是就其中的2 000万元负责。从性质上讲，嘉和化工只是在这2 000万元的限度内，与崇文公司承担连带责任，对于超过的部分，嘉和化工不再承担责任。如果嘉和化工将第二个一万吨烧碱交付给了永丰公司，就完全履行了其债务，不再对债务人负有任何责任。

问题在于，当嘉和化工承担了2 000万元的债务之后，其是否可以向崇文公司追偿？对于因第三人的单方承诺所形成的债务加入，新的债务人是否可在清偿债务后向债务人追偿，存在两种观点。一种观点认为，债务加入虽然在性质上不同于担保，但是，在效果上因其加强了债权人获偿的保障，因此，可类推适用保证的相关规定，在第三人清偿债务后，可类推援引《担保法》第31条向债务人追偿。另一种观点认为，第三人清偿导致债务消灭，债务人构成不当得利，第三人可以不当得利制度为请求权基础追偿。笔者认为，在第三人代债务人向债权人清偿之后，原债务人获得了利益，而且没有“法律根据”（或者说法律上的原因），因此，第三人有权依据不当得利制度向原债务人追偿。

（三）诉讼时效是否已经届满

永丰公司超过两年才向崇文公司主张，时效是否已经届满？笔者认为，如果不考虑债务加入这个因素，时效确实已经届满。因为在两年内，永丰公司并没有向崇文公司主张债权。但是，正是因为本案存在债务加入，所以，时效并没有届满。从本案来看，2015年2月，嘉和化工便向崇文公司出具了一份“关于货款冲抵的说明”。同年8月，嘉和化工向永丰公司交付了一万吨烧碱，永丰公司也接受了这些货物，也没有向崇文公司继续催要货款。2017年3月，永丰公司再向崇文公司催要货款。所以，从2015年8月到2017年3月，两年的时效期间没有届满。

总之，从本案来看，嘉和化工向永丰公司交付烧碱冲抵货款，已经成立。在扣减2 000万元的货款之后，其余的部分，永丰公司可以继续向崇文公司主张。

案例四十　债务抵充纠纷案

一、案情简介

2016年4月，M市科创集团有限公司（以下简称“科创集团”）向该市工商银行借款4 000万元，用于某新技术的开发。恰逢国家鼓励科技创新，工商银行便以低息发放了贷款，年利率仅为4%。借款期限为两年。科创集团以其公司董事长余先生的一套私人房产作抵押（按市值价值1 000万元）。工商银行也没有对该房屋价值进行评估，便接受了抵押。2017年3月，科创集团又向该银行借款4 000万元，银行确定了6.4%的年利率。借款期限为一年，并以科创集团新购入的大楼作抵押。2018年3月，科创集团在两笔债务到期以后，未清偿债务。恰好，科创集团开发的一项技术成功转让给某高科技企业，获得5 000万元的转让费。当某高科技企业将该笔转让费打入科创集团在工商银行的账户之后，科创集团办理了半年的定期存款，但工商银行直接将该笔转让费抵充了第一笔4 000万元的欠款，并就第二笔债务的抵押申请法院执行。而科创集团提出，该笔转让费应当抵充第二笔高利息的欠款，如果将科创集团的大楼进行拍卖，对公司来说损失很大。银行提出，自己作为债权人享有抵销权，可以自主选择抵销哪一笔债务。双方为此发生争议。

二、争议梳理

本案争议的第一个问题是，工商银行是否可以自主选择抵销任一笔债务？一种观点认为，科创集团在银行存款，对科创集团负有债务，同时，科创集团从银行贷款，银行又对该集团享有债权。因此，工商银行可以主张债的抵销。另一种观点认为，本案并不涉及抵销的问题，因为抵销以双方互负到期债务为前提，而就科创集团的存款而言，该债务并没有到期。

本案争议的第二个问题就是，如果发生债的抵充，究竟如何抵充？一种观点认为，在债的抵充之中，债权人享有选择权。另一种观点认为，在抵充之时，债务人享有选择权。

三、案例评析

(一) 工商银行是否可以自主选择抵销哪一笔债务

从本案来看，工商银行并不享有抵销权。所谓抵销，是指当事人双方互负债务，各使双方债务在对等额内相互消灭的法律制度。通过抵销也可以使当事人双方的债权实现，从而产生与清偿相同的效果。从这个意义上说，抵销具有清偿的功能。但本案并不符合抵销的条件。一方面，抵销需双方互负债务，若一方对他方未负有债务，则根本上不可能发生抵销。通常，主张抵销的一方的债权称为主动债权，被抵销之债权称为被动债权，只有在双方互负债务的情况下，才能抵销，被动债权的债务人须为主动债权的债权人，这种相互对立性必须在抵销的意思表示成立时就已经存在。从本案来看，科创集团在银行的存款，双方只是发生了储蓄合同关系，很难说银行是债务人。因此，银行不得提出抵销。另一方面，抵销要求双方的债务原则上已届清偿期。只有当双方债务均届清偿期时，才能够抵销。因为如果清偿期尚未届满，则债权人不得请求清偿，因此，也不能以该债权进行抵销。一般而言，清偿期尚未届满的债权原则上不得用于抵销，否则，主张抵销的一方将损害被抵销一方的期限利益，相当于强迫对方提前清偿债务。从本案来看，当某高科技企业将该笔转让费打入科创集团在工商银行的账户之后，科创集团办理了半年的定期存款，在存款没有到期的情形下，银行无权主张抵销。尤其应当看到，银行直接将客户账户中的钱款划转，用于清偿贷款，这也是违反储蓄合同的。

事实上，本案只是涉及清偿抵充，而非债务抵销。所谓清偿抵充，是指一人负担数宗债务，而给付的种类相同，如果清偿人提出的给付不足以清偿全部债务额时，应由清偿人在清偿时指定其抵充的债务。我国《合同法》对清偿抵充并未作出规定，但《担保法司法解释》第 64 条规定，“债务履行期满，债务人不履行债务致使抵押物被扣押后，抵押权人收取抵押物的孳息按照下列顺序清偿：(一) 收取孳息的费用；(二) 主债权的利息；(三) 主债权”。《合同法司法解释二》第 20 条也对债务抵充作出了规定。从本案来看，科创集团开发的一项技术成功转让给某高科技企业，获得 5 000 万元的转让费。当某高科技企业将该笔转让费打入科创集团在工商银行的账户之后，科创集团办理了半年的定期存款，但工商银行直接将该笔转让费抵充了第一笔 4 000 万元的欠款，并就第二笔债务的抵押申请法院执行。而科创集团提出，该笔转让费应当抵充第二笔高利息的欠款，如果将科创集团的大楼进行拍卖，对公司来说损失很大。实际上，从科创集团的本意来看，以 5 000 万元冲抵第一笔债务，对其是最为有利的。一是第一笔债务的利率较低；二是第一笔债务是以董事长余某的私人房产抵押的，而第二笔债务是以公司的办公大楼抵押的，拍卖公司办公大楼对于公司经营的影响较大。而工商银行则希望冲抵第二笔贷款，因为第二笔贷款的利率较高。因此，本案涉及的实际上就是5 000万元究竟冲抵哪一笔债务的问题，性质上不属于抵销而是抵充。

清偿抵充与抵销之间具有一定的类似性，它们都能够导致债的消灭，且都可能涉及数宗债务。但是，两者之间存在明显区别，表现在：一方面，构成要件不同。抵销要求双方互负债务，而清偿抵充则以同一债务人对同一债权人负有数宗给付种类相同的债务为前提。另一方面，法律效力不同。抵销是债的消灭原因，而抵充只有在符合了清偿的要件时才能发生债的消灭的后果。此外，在债的关系消灭方面，抵销具有溯及力，其效力自抵销适状发生之日起产生，而抵充并不具有这一法律效果。

（二）如果发生债的抵充，究竟如何抵充

如果工商银行和科创集团之间有约定，则银行可以划转科创集团账户中的钱款用于清偿贷款。此时的问题就是，在科创集团对银行负有数笔债务时，如何进行债的抵充？从法律上说，就抵充而言，有约定应当依据约定；在没有约定的情况下，应当依据法律规定的顺序进行抵充。我国《合同法》对清偿抵充并未作出规定，但《担保法司法解释》第64条规定，“债务履行期届满，债务人不履行债务致使抵押物被人民法院依法扣押的，自扣押之日起抵押权人收取的由抵押物分离的天然孳息和法定孳息，按照下列顺序清偿：（一）收取孳息的费用；（二）主债权的利息；（三）主债权”。《合同法司法解释二》第20条规定：“债务人的给付不足以清偿其对同一债权人所负的数笔相同种类的全部债务，应当优先抵充已到期的债务；几项债务均到期的，优先抵充对债权人缺乏担保或者担保数额最少的债务；担保数额相同的，优先抵充债务负担较重的债务；负担相同的，按照债务到期的先后顺序抵充；到期时间相同的，按比例抵充。但是，债权人与债务人对清偿的债务或者清偿抵充顺序有约定的除外。”由此可见，我国上述司法解释已经正式确立了清偿抵充制度。在本案中，科创公司负担的两项债务都已经到期，在此情形下，依据司法解释的上述规定，笔者认为，应当抵充第一笔债务，理由在于：

第一，债务均已届清偿期或者均未届清偿期的，先抵充无担保或担保最少的债务。依据《合同法司法解释二》第20条的规定，如果债务人对同一债权人负担数项债务，且数个债务都已届清偿期，或者都未届清偿期的，则优先抵充对债权人缺乏担保或者担保数额最少的债务。采纳该规则的主要原因在于：

已经有担保的债权或者担保较多的债权，其不能清偿的风险要小于没有担保或者担保较少的债权，因此，从保障债权人利益的角度出发，应当优先抵充没有担保或者担保较少的债权。从本案来看，科创集团以其公司董事长余先生的一套私人房产作抵押。按照当时的市值，价值 1 000 万元，工商银行也没有对该房屋价值进行评估，便接受了抵押。而在第二笔债务中，科创集团以其新购入的办公大楼抵押。从这两项担保而言，第二笔债务中的担保数额更大。而且，科创集团之所以坚持不要拍卖其办公大楼，是因为拍卖大楼会影响公司的正常经营。

第二，担保相等的，先抵充债务人因清偿而获益最多的债务，或债务人负担最重的债务。获益相等的，先抵充最先到期的债务。《合同法司法解释二》第 20 条规定："担保数额相同的，优先抵充债务负担较重的债务；负担相同的，按照债务到期的先后顺序抵充"。依据该规定，担保数额相同的，优先抵充债务负担较重的债务。从本案来看，2016 年 4 月，科创集团向该市工商银行借款 4 000 万元，用于某新技术的开发。恰逢国家鼓励科技创新。工商银行便以低息发放了贷款，年利率仅为 4%，借款期限为两年。2017 年 3 月，科创集团又向该银行借款 4 000 万元，银行确定了 6.4%的年利率，借款期限为一年。显然，在这两笔债务中，第一笔债务的负担较轻。如果担保数额相同，应当优先抵充第一笔债务。

总之，笔者认为，科创集团要求抵充第一笔债务的要求是依法有据的，应当予以支持。

案例四十一　合同解除纠纷案

一、案情简介

2010年10月20日，瑞盈公司与江南公司签订了一份合作协议，协议规定，由瑞盈公司出地四亩左右，并负责办理拆迁、规划等各种手续，而由江南公司投资1亿元，分三期支付，双方合作，共同建造一栋20层、容积率不低于3.8万平方米的大楼。大楼建成后，双方按50%分配房屋。2011年3月5日，政府的规划批下来，只批准建造10层，面积1.5万平方米。江南公司提出房屋面积比预期减少一半，其利益受到重大损害，要求瑞盈公司继续与政府协商，按原计划争取容积率。瑞盈公司要求江南公司支付第一期投资款。但江南公司表示瑞盈公司没有履行合同义务，所以不能支付第一笔款项。2011年6月1日，瑞盈公司正式向江南公司发函，提出江南公司必须在两个月内答复是否继续履行合同，否则两个月后合同正式解除，瑞盈公司将另寻合作伙伴。江南公司并未予以理睬，仍然要求改容积率。瑞盈公司便与第三人达成协议，并宣布与江南公司解约。双方为此发生争议。

二、争议梳理

本案争议的第一个问题在于，江南公司是否有权拒绝支付第一笔投资款项，对此存在两种不同观点。一种观点认为，由于房屋面积比预期减少一半，是政府规划部门作出的决定，瑞盈公司对此没有过错，江南公司无权拒绝付款。另一种观点认为，房屋面积比预期减少一半，表明瑞盈公司没有履行合同义务，所以江南公司有权拒绝支付第一笔款项。

本案争议的第二个问题在于，合同是否已经解除？一种观点认为，瑞盈公司在两个月后向江南公司正式发函，要求其答复是否继续合作，否则将在两个月后正式解除合同，由于江南公司一直拒绝答复，因而瑞盈公司有权解除合同，该案的合同关系已经解除。另一种观点认为，瑞盈公司无权单独解除合同，因此，在江南公司拒绝答复瑞盈公司时，不能当然认定合同关系已经解除。

三、案例评析

（一）瑞盈公司是否构成违约

从本案来看，双方合作，共同建造一栋20层、容积率不低于3.8万平方米的大楼。大楼建成后，双方按50%分配房屋。2011年3月5日，政府的规划批下来，只批准建造10层，面积1.5万平方米。显然，房屋面积比预期减少一半，江南公司利益受到了重大损害，因此，其有权拒绝支付第一笔投资款项。

从法律上说，房屋盖多少层、面积多少等，决定权属于政府规划部门，瑞盈公司无权决定。所以能审批多少、容积率多少、能盖多少层房屋，不是瑞盈公司能够决定的。但问题在于，合同约定，瑞盈公司负责办理拆迁、规划等各种手续，且合同中又没有约定不能达到双方约定的房屋面积时的解决方案。这就是说，当事人在签订合同时，对未来政府的审批能否办下来，对当事人而言，本来是一种不可控的风险，当事人可以在合同中约定，该风险发生时当事人应当如何分担该损失。但是，瑞盈公司仍然在合同中承诺自己负责办理拆迁、规划等各种手续，这就意味着，瑞盈公司实际上已经将取得政府的审批作为自己的义务，如果其无法取得约定的政府审批手续，则应当构成违约。

瑞盈公司允诺完成规划设计和审批，将其当作自己的一项义务。而实际却未能完成审批手续，只能认为构成违约。尤其是双方也并没有对政府容积率达不到合同约定时，应该如何分担损失等事项作出约定。这就意味着，达到合同约定的面积就成了瑞盈公司的义务，所以江南公司依据合同的约定要求瑞盈公司履行合同义务，也是有依据的。而瑞盈公司认为政府的批准是其无法控制的，也是不能成立的。因为既然其自愿承担办理建筑面积审批的义务，就应当承担相应的后果。

（二）江南公司是否有权拒绝支付第一笔投资款项

在瑞盈公司申请建造的房屋没有达到约定面积的情形下，依据《合同法》第67条的规定，江南公司享有先履行抗辩权。《合同法》第67条规定："当事人互负债务，有先后履行顺序，先履行一方未履行的，后履行一方有权拒绝其履行要求。先履行一方履行债务不符合约定的，后履行一方有权拒绝其相应的履行要求。"由于瑞盈公司已经构成违约，所以，江南公司拒绝支付投资款项的行为，可以看作是行使抗辩权的行为，该行为并不构成违约。不过，需要指出的是，江南公司拒绝支付第一笔款项时，合同已经处于履行不能的状态，是仍然需要继续履行，还是要解除合同，则需要当事人通过进一步协商予以确定。

（三）关于合同是否解除的问题

《合同法》第93条规定："当事人协商一致，可以解除合同。当事人可以约定一方解除合同的条件。解除合同的条件成就时，解除权人可以解除合同。"因此，在不符合法定解除权的情况下，如果当事人要解除合同，就必须通过双方协商一致的方式来进行，只有在双方就解除合同达成一致意见时，才能解除合同。

瑞盈公司在两个月后向江南公司正式发函，要求其答复是否继续合作。但江南公司一直拒绝答复，坚持要求瑞盈公司继续与政府协商，争取规划的审批。笔者认为，江南公司的理由难以成立。首先，政府拒绝批准已经成为客观事实。而且政府的答复也不可能更改，所以合同应当由双方根据诚信原则，依据变化了的情形进行协商履行。但江南公司一直拒绝谈判，以致项目无法继续进行。在此情形下，江南公司坚持要求对方履行一个不可能履行的义务，这显然是不能成立的。这是否意味着合同就当然解除了？笔者认为，此时不能认为合同已当然解除。因为从现行法的规定来看，只有法定解除权和任意解除权有明文规定。通常只有在一方违约的情形下，另一方才享有约定解除权。本案中，瑞盈公司因无法继续履行合同，只能请求依法定解除来解除合同，但是瑞盈公司本身并不享有法定解除权。

瑞盈公司是否应当承担相应的责任？在履行不能的情形下，瑞盈公司的行为确实构成违约。但是江南公司并未要求其承担违约责任，而只是要求其继续履行合同义务，说明江南公司还是希望继续合作，维持合同效力。江南公司要求继续履行客观上又无法实现，所以江南公司只能主张瑞盈公司承担违约责任。

案例四十二　解约定金与合同解除的问题

一、案情简介

宏祥公司向兴业公司购买位于某市中心的商铺，价款50万元。2004年3月，双方订立《商铺购买合同》，合同约定，宏祥公司在合同订立后3天内向兴业公司交付10万元定金，兴业公司应当在合同订立后1个月内将商铺过户给宏祥公司。合同第5条约定，“如果乙方（宏祥公司）违约，则无权请求返还定金；如果甲方（兴业公司）违约，则乙方除有权请求甲方双倍返还定金外，还有权请求甲方支付10万元的违约金”。合同订立后，宏祥公司按照约定向兴业公司交付了定金。后市政府决定兴建新的地铁线路，该线路经过该商铺附近，导致商铺价值大增，兴业公司便提出，按照合同约定，其可以以双倍返还定金和支付10万元的违约金为代价解除合同，并将该商铺以150万元的价格转卖给了另外一个公司。宏祥公司向法院起诉，认为兴业公司作为违约方，无权解除合同，同时主张除返还10万元的定金之外，另行请求10万元的违约金，以及100万元的违约损害赔偿。双方为此发生争议。

二、争议梳理

本案争议的第一个问题是，兴业公司是否有权以双倍返还定金和支付10万元的违约金为代价解除合同？一种观点认为，双方就此所作的约定，只是就违约责任的约定，并非意味着就因此使兴业公司享有合同解除权。另一种观点认为，双方的约定实际上就是给予了当事人合同解除权。

本案争议的第二个问题是，兴业公司作为违约方是否有权解除合同？一种观点认为，兴业公司作为违约方，无权主张解除合同，宏祥公司有权请求兴业公司承担违约责任。另一种观点认为，兴业公司虽然是违约方，但其仍可以以双倍返还定金和支付违约金为代价解除合同，但兴业公司仍应当承担违约责任，宏祥公司在主张违约金责任后，仍有权主张兴业公司承担100万元的违约损害赔偿。

三、案例评析

（一）兴业公司是否有权以双倍返还定金和支付10万元的违约金为代价解除合同

从本案来看，当事人能否以承担定金责任为代价解除合同，取决于定金的性质，如果该案中的定金属于解约定金，则当事人可以以承担定金责任为代价解除合同，但如果该案中当事人约定的定金属于其他定金，则当事人一般不能以承担定金责任为代价主张解除合同。所谓违约定金，是指为了弥补当事人一方违约的损失而约定的定金。所谓解约定金，是指当事人为保留单方解除主合同的权利而交付的定金。一方在交付解约定金以后可以放弃定金而解除合同，而接受定金的一方如果愿意加倍退还定金也可以解除合同。解约定金最大的特点在于，通过定金的放弃和加倍返还而赋予了当事人解除合同的权利。我国《担保法司法解释》第117条规定："定金交付后，交付定金的一方可以按照合同的约定以丧失定金为代价而解除主合同，收受定金的一方可以双倍返还定金为代价而解除主合同。对解除主合同后责任的处理，适用《中华人民共和国合同法》的规定。"这就在法律上确认了解约定金。笔者认为，虽然本案中当事人在合同中的约定并非十分明确，但是，从解释上看，将其认定为解约定金更为妥当，理由主要在于：

第一，从当事人就定金和违约金同时作出约定的交易情况来看，应当是赋予了定金和违约金不同的功能。按照合同第5条的约定，"如果甲方（兴业公司）违约，则乙方除有权请求甲方双倍返还定金外，还有权请求甲方支付10万元的违约金"。可以理解为，违约金的约定是为了弥补对方当事人的损失，而约定的定金则是作为解除合同的代价。

第二，当事人虽然仅使用"违约"这个比较模糊的表达，但是，从社会一般观念理解，当事人一方解除合同也应当包含在该合同中约定的"违约"之中，属于其具体情形之一。也就是说，缔约当事人的本意就是，可以以承担定金责任为代价来解除合同。当事人可以在合同中以专门条款的形式约定解约定金，也可以在主合同之外专门订立定金合同。当然，当事人约定解约定金并不需要当事人在合同中使用解约定金这一表述，如果当事人在合同中约定，交付定金一方可以抛弃定金而解除其合同，收受定金的一方可以通过双倍返还定金而解除合同，即可以认定该定金属于解约定金。

第三，如果合同中约定的定金并非解约定金，通常来说，当事人不必就违约之后的定金罚则作出规定。当事人对定金罚则作出如此具体的规定，本身也表明，双方有通过设定定金罚则来约束解约行为的意思。

问题是，当事人约定的解除权，是否要通过意思表示的方式行使，还是可以当然解除？一般认为，即使约定了解除权，权利人仍然要行使该权利。因为按照私法自治原则，当事人约定的解除权是可以抛弃的权利。权利人没有在法定期限或约定期限内行使，即丧失了其解除权。在本案中，解除权人在合法的期限内行使了其权利，因此，此种权利行使是有效的。

（二）兴业公司作为违约方是否有权解除合同

在本案中，兴业公司本身是违约方，而违约方是否有权解除合同，对此，一直存在不同的看法。一种观点认为，在法定解除的情况下，既然合同法规定了违约情形下的解除，并将解除作为一种违约救济方式，那么解除权主体应当限于非违约方。如果违约方也享有解除合同的权利，不仅与诚信原则相违背，而且会鼓励违约行为，从而不利于维护交易安全和秩序。另一种观点认为，既然该条没有将解除权主体限定于合同一方当事人，则双方当事人都应当有权解除合同。笔者认为，这两种观点都不无道理，就法定解除权而言，确实不应当赋予违约方解除权，之所以在法律上应当将合同法定解除权赋予非违约方，主要理由在于：

第一，有利于贯彻合同严守（pacta sunt survanda）原则。从形式上看，合同解除将消灭合同的效力，因此，其与合同严守原则之间存在一定的冲突，但合同解除作为一种违约救济制度，对于保障合同严守又是必不可少的。[①] 也就是说，在一方违约的情形下，通过赋予非违约方解除合同并主张赔偿的权利，可以督促违约方考量违约的后果，从而严格履行合同。如果确认违约方的法定解除权，则可能产生鼓励当事人违约的效果，合同解除制度所应有的保障合同严守的功能将难以实现。

第二，有利于减少道德风险。合同关系成立后，当事人应当严格按照合同约定履行合同，在一方违约的情形下，非违约方有权请求违约方继续履行，以实现其订约目的。但如果承认违约方的法定解除权，则在履行困难或者履行在经济上不合理时，当事人会选择故意违约，将引发相关的道德风险，这也违反了任何人不能从其不法行为中获利的原则。例如，在房屋价格上涨的情形下，违约方可能进行一房数卖，恶意解约，此类违约行为时常发生，如果予以认可，将极大地危害交易安全和交易秩序。

第三，符合合同解除的性质。在一方违约后，如果非违约方认为继续履行

---

① Ingeborg Schwenzer，Pascal Hachem，Christ Opher Kee，*Global Sales and Contract Law*，Oxford University Press，2012，p. 709.

会使其遭受更大的损害，愿意从原合同关系中解脱出来，寻找新的合同伙伴，则其可以选择解除合同，从这一意义上说，解除合同在性质上也是一种违约补救方式，是非违约方所享有的权利，其一般与损害赔偿、实际履行等方式相对应。[①] 而如果认可违约方依法享有解除合同的权利，则与合同解除作为非违约方补救方式的性质相违背。

第四，防止违约方从解约中获利。在合同履行过程中，如果违约方认为违约在经济上对其更为有利，则其可能选择解除合同，此时，如果肯定违约方的解约权，将不符合公平正义的价值理念。事实上，早在古罗马时期，当时的法律中就确立了“禁止非法获利”的原则，罗马法谚云：“任何人不得因他人不法行为获利”（neminem cum alterius detrimento et iniuria fieri locopletiorem）。禁止非法获利也是矫正正义的具体体现，因此，在合同生效后，法律应当尽量维持合同的效力，而不应当允许违约方通过解除合同的方式获得利益。

当然，就约定解除而言，应当尊重当事人的约定，不应当受到上述限制。本案中，当事人并没有在合同中约定解除权，因此，兴业公司只能依据法律规定解除合同。从我国《合同法》第 94 条的规定来看，除因不可抗力导致合同目的无法实现的情形外，合同解除权原则上应当由非违约方享有，违约方不享有法定解除权。

（三）宏祥公司在主张违约金责任后，是否有权主张兴业公司承担 100 万元的违约损害赔偿

本案的另一争议焦点在于，宏祥公司在主张违约金责任后，能否另外主张违约损害赔偿？这实际上涉及违约金责任与违约损害赔偿责任之间的适用关系。

违约金作为一种违约的补救方式，具有损害赔偿所不具有的特点。由于违约金数额可由当事人在订立合同时约定，这样当事人对违约后承担责任的范围可以预先确定，一旦发生违约，则不必具体计算损害范围，受害人就可以要求支付违约金。所以违约金与损害赔偿相比，一个重要特点在于：违约金的支付避免了损害赔偿方式在适用中常常遇到的计算损失的范围和举证的困难，从而节省了计算上的花费，甚至可避免诉讼程序、节省诉讼费用。但在我国，违约金主要是补偿性的，补偿性的违约金并不完全排斥损害赔偿的运用，同时，我国《合同法》并没有确认违约金为预定的损害赔偿。因此，违约金责任与违约损害赔偿责任原则上应当可以并用。

---

① Guenter H. Treitel, *International Encyclopedia of Comparative Law*, Vol. Ⅶ, Contract in General, Chapter 16, Remedies for Breach of Contract, Tübingen, 1976, p. 1.

从本案来看，宏祥公司从兴业公司处购买商铺，合同约定的价款是50万元。后市政府决定兴建新的地铁线路，该线路经过该商铺附近，导致商铺价值大增，兴业公司便提出，按照合同约定，其可以以双倍返还定金和支付10万元的违约金为代价解除合同，并将该商铺以150万元的价格转卖给了另外一个公司。这就意味着，兴业公司承担了双倍返还定金和10万元违约金的责任，总成本是20万元，净获利80万元（150万元－50万元－20万元）。如果仅仅只是以承担双倍返还定金和10万元违约金的责任为代价解除合同，则兴业公司反而从其违约行为中获得了较大的利益，这就会鼓励其实施不诚信的行为。另外，从宏祥公司的角度来看，在适用了定金罚则和通过违约金给予其补偿之外，其仍然遭受了损失。因此，应当允许宏祥公司请求损害赔偿。

但问题的关键在于，宏祥公司要主张100万元的实际损失，也面临举证上的困难。宏祥公司是否可以以兴业公司获利80万元为由，主张赔偿其80万元的损失？在美国，以波斯纳（Posner）为代表的经济分析法学派提出了效率违约理论（Theory of Efficient Breach）。此种理论认为，凡是对一方当事人来说，其违约的效益高于履行的效益，则应鼓励其违约。波斯纳指出："如果（一方当事人）从违约中获得的利益将超出他向另一方作出履行的期待利益，如果损害赔偿被限制在对期待利益的赔偿方面，则此种情况将形成对违约的一种刺激，当事人应违约。"[①] 假定甲同意向乙以100万美元出售机器，乙将该机器估值为110万美元，即期待得到10万美元的利润。如果丙认为他能够比乙从使用机器中得到更多的利润，因此愿付150万美元，这样甲可以违反其与乙之间的合同，而将机器转卖给丙。甲在赔偿乙从甲的履行中所获得的期待利润（110万美元）之后，还可能得到比先前的交易所能获得的利益更多的利益，而丙也可以实现其获得该机器的愿望。由于该机器转到更能有效利用它的丙手中，因而资源得到了最佳的分配，社会整体也从中获利。经济分析法学派认为，违约方从违约中获得的利益，超出了其作出履行所获得的利益，那么继续实际履行原合同对于他来说，则是一种损失，而违反原合同则实现了价值的最大化。因为如果违约对一方当事人有利，那么该当事人可以花钱去购买另一方当事人享有的要求实际履行的权利。然而达成这种购买协议也要增加额外的交易费用，因此该当事人通过违约并赔偿对方的期待利益，可以不必增加额外的交易费用。因此，只要违约是有效率的，则法院不应判决采用实际履行的补救方式。通过效率违约可以使资源得到最大化的利用。笔者认为，效率违约没有考虑到交易中的社会成本问题，因为鼓励违约可能危害社会交易安全和秩序，

① Posner, *Economic Analysis of Law*, Little Brown and Company, 2 nd, 1977, pp. 89 - 90.

甚至会引发道德风险。所以，在法律上不宜鼓励效率违约。就本案来看，如果兴业公司仅仅只是承担双倍返还定金和支付违约金的责任，则其就会获得不应有的利益，对于此种违约，法律上不应鼓励。

在该案中，兴业公司因为转售商铺而额外获得了 80 万元的获利，宏祥公司能否请求兴业公司返还该 80 万元获利？这就涉及剥夺违约方获利的问题。所谓剥夺违约方的获利，是指在违约方因违约行为而获利的情形下，非违约方有权请求违约方返还其因违约而获得的利益。在比较法上，获利返还制度也为一些国家判例和学说所认可，该制度在英美法中被称为剥夺性赔偿（disgorge or strip the gain）。我国《侵权责任法》第 20 条对此作出了规定。但《合同法》中并没有对此作出规定。笔者认为，有必要借鉴比较法的经验，在合同法中规定获利返还制度，从而有效制裁故意违约行为，更好地发挥违约责任预防违约行为的功能。因为如果不采用剥夺利润的方式，则无法阻止出卖人的机会主义行为。尤其是在一物数卖的情形，违约责任难以完全剥夺违约方从违约中获得的利益，因为非违约方所遭受的实际损失可能难以达到违约方的实际获利，因此，按照可预见性规则，即便赔偿非违约方的全部损失，也可能难以有效剥夺违约方的获利，这就不利于遏制恶意违约行为。要更好地发挥违约损害赔偿预防违约行为的功能，在客观上需要剥夺违约方在违约中的获利。因此，笔者认为，如果宏祥公司确实无法举证证明其实际损失，也可以将兴业公司的获利作为宏祥公司的损失，从而通过赔偿使其损失得到救济。

案例四十三　约定解除权在规定期限内不行使

一、案情简介

2010年7月29日，桂冠房地产开发有限公司（以下简称“桂冠公司”）与通蓝投资股份有限公司（以下简称“通蓝公司”）签订了《土地使用权转让协议书》，约定桂冠公司将一块国有土地使用权以5 000万元的价款卖给通蓝公司。由于该地正在办理土地性质由工业用地改为商业用地的手续，所以，地价款仍按工业用地计算。价款分三期支付，首期交付时间是合同签订后一个月。合同第5条约定：“如果乙方（通蓝公司）第一期款项没有交齐，则甲方（桂冠公司）有权在三个月内解除合同。”合同签订后，通蓝公司迟迟没有支付首期款项，桂冠公司曾两次发函催告通蓝公司，通蓝公司回函提出，因资金一时紧张，请求给予一定的宽限期，桂冠公司回函要求通蓝公司尽快支付首期价款，但并没有提出解除合同。在此期间，桂冠公司通过对土地的重新勘探、评估、测量，并经政府审批后将该土地的用途由工业用地变更为商业用地，土地价值也随之大幅上涨。4个月后，通蓝公司向桂冠公司支付了首期款项，桂冠公司收到款项后发函给通蓝公司，提出因为通蓝公司没有按期支付首期款项，合同已经自动解除。桂冠公司已经将该地转让给了另外一个公司。通蓝公司要求继续履行合同，桂冠公司则认为，通蓝公司已经违约，并认为合同已经解除，拒绝退还通蓝公司所支付的首期价款，并请求通蓝公司承担违约责任。

二、争议梳理

本案争议的焦点在于，涉案合同是否已经自动解除？一种观点认为，按照合同第5条的规定，由于通蓝公司违约在先，因而桂冠公司有权解除合同。但是，必须桂冠公司明确行使其解除权，才能解除合同。另一种观点认为，按照合同第5条的规定，通蓝公司违约之后，合同就自动解除。

本案争议的第二个问题是，桂冠公司是否有权拒绝返还通蓝公司的第一期价款？一种观点认为，由于通蓝公司违约在先，所以，其支付的第一笔价款应当冲抵桂冠公司的损失。另一种观点认为，即便通蓝公司违约，桂冠公司的损失应当按照法律规定和合同约定来确定，桂冠公司不能自行决定将第一笔价款直接冲抵损失。

三、案例评析

（一）本案合同是否已经自动解除

本案合同中第 5 条的约定，究竟是约定解除权，还是附解除条件的合同？这就需区分合同约定解除权与附解除条件的合同。所谓约定解除权，是指当事人双方在合同中约定，在合同成立以后，没有履行或没有完全履行之前，由当事人一方在某种解除合同的条件成就时享有解除权，并可以通过行使合同解除权，使合同关系消灭。我国《合同法》第 93 条第 2 款规定："当事人可以约定一方解除合同的条件。解除合同的条件成就时，解除权人可以解除合同。"这就是对约定解除权的解除的规定。所谓附解除条件的合同，是指当事人双方在合同中约定，以一定的条件的成就或不成就作为合同解除的条件。两者的区别在于：在附解除条件的合同中，只要双方约定一旦条件成就或不成就，则合同自动解除。而在约定解除权的情况下，双方以一定的条件的成就或不成就作为合同解除权的产生原因，如果双方约定的条件成就时，一方享有解除权，但合同并不是自动解除。

在本案中，当事人在合同第 5 条约定："如果乙方（通蓝公司）第一期款项没有交齐，则甲方（桂冠公司）有权在三个月内解除合同。"该条约定的是"有权"，这意味着，桂冠公司享有解除权，而并非表明当事人约定了合同的解除条件。而且当事人约定"在三个月内解除合同"，这就表明，合同是否解除，取决于当事人是否在三个月内行使解除权。如果解除权人不行使其权利，合同并不当然解除。还应当看到，在约定解除条件的情况下，一般都是条件成就自动解除，而不会附加期限。但是，在本案中，当事人还就合同的解除约定了 3 个月的期限，这也表明当事人并非约定了解除条件。所以，从本案的约定来看，当事人约定了解除权，而并非就附条件解除合同作出了约定。

正是因为依据合同约定，解除权人必须行使该权利，合同才能解除，因此，不能认为，在通蓝公司第一期款项没有交齐的情况下，3 个月后合同就当然解除。

（二）4 个月后，桂冠公司能否再主张解除合同

如前所述，在约定解除权的情况下，必须要解除权人实际行使解除权，才能使合同解除，而解除权又必须在规定的期限内行使。《合同法》第 95 条规

定："法律规定或者当事人约定解除权行使期限，期限届满当事人不行使的，该权利消灭。法律没有规定或者当事人没有约定解除权行使期限，经对方催告后在合理期限内不行使的，该权利消灭。"据此，合同解除权必须在规定的期限内行使，超过了该期限则发生解除权丧失的后果。从本案来看，显然桂冠公司解除合同的行为已经超过了合同约定的3个月的期限，因此，应当认为，桂冠公司已经丧失了解除合同的权利。在3个月以后，桂冠公司不能再主张解除合同。

在此需要讨论的是，通蓝公司是否应当催告桂冠公司解除合同？从《合同法》第95条的文义来看，在当事人没有约定合同解除权行使期限的情况下，相对人应当对解除权人作出催告，解除权人经催告后在合理期限内未行使解除权时，才能认定解除权消灭。当然，从该条规定来看，只有在当事人没有约定合同解除权行使期限的情况下，相对人才需要对解除权人作出催告，在本案中，当事人已经约定合同解除权的行使期限，桂冠公司只能在约定的期限（3个月）内解除合同，因此，在4个月后，桂冠公司不能再主张解除合同。

问题在于，桂冠公司能否依法解除合同？我国《合同法》第94条对合同法定解除权作出了规定，该条第4项规定："当事人一方迟延履行债务或者有其他违约行为致使不能实现合同目的"，可以解除合同。该条款将根本违约作为了兜底条款，这实际上是将根本违约作为解除合同的法定条件。虽然桂冠公司的约定解除权因为超过了3个月的行使期限而消灭，但这并不妨碍其行使法定解除权。要确定桂冠公司是否享有法定解除权，首先需要确定通蓝公司的迟延履行是否构成根本违约。在判断一方当事人迟延履行债务是否构成根本违约时，首先，应考虑时间对合同的重要性，如果时间因素对当事人的缔约目的的实现至关重要，违反了规定的交货期限将导致合同目的不能实现，则应允许非违约方解除合同；如果时间因素对合同并不重要，迟延造成的后果也不严重，则在迟延以后，不能认为迟延造成了合同目的落空而解除合同。其次，在确定迟延是否严重时，还应考虑到迟延的时间长短以及因迟延给受害人造成的实际损失等问题。如果迟延履行给非违约方造成了重大损失，则可以认为其构成根本违约。再次，要考虑迟延履行以后，如果非违约方能够证明继续履行对其无任何利益，也可以解除合同。如债权人证明，由于债务人迟延时间过长，市场行情发生重大变化，继续履行将使债权人蒙受重大损失，此时应允许解除合同。从本案来看，双方当事人在签订土地使用权转让合同之后，通蓝公司迟迟没有支付首期款项，桂冠公司曾两次发函催告通蓝公司，通蓝公司回函提出，因资金一时紧张，请求给予一定的宽限期，桂冠公司回函要求通蓝公司尽快支付首期价款，并没有提出解除合同。而只是因为在此期间，政府同意将桂冠公司的土地用途由工业用地变更为商业用地，土地价值也随之大幅上涨。桂冠公司将该土地转让给了他人，并主张解除合同。这就是说，通蓝公司没有支付首期价款，对双方订立合同目的的实现并没有产生实质性的影响。所以，桂冠公司以通蓝公司迟延履行构成根本违约为由，主张解除合同，显然是不能成立的。因此，桂冠公司并不享有法定解除权。

（三）桂冠公司是否有权拒绝返还通蓝公司的第一期价款

如前所述，桂冠公司既不能行使约定解除权，也不能依法解除合同，因此，通蓝公司有权请求桂冠公司继续履行合同。当然，由于通蓝公司迟延支付首期价款已经构成违约，桂冠公司有权请求通蓝公司承担违约责任。但桂冠公司在追究通蓝公司的违约责任时，也应当依据法律规定和约定进行，桂冠公司无权擅自没收通蓝公司已经支付的首期价款。

案例四十四 合同解除的条件

一、案情简介

2001年8月15日，S市对外进出口公司（以下简称“进出口公司”）与S市虹美百货（以下简称“虹美百货”）签订了一份购销各类涤纶哔叽40万米的合同，由于当时物价变化很大，不便把价格定死，双方在合同价款一栏内，只写了：“依市价而定”，交货时间是该年年底。合同订立以后，进出口公司积极组织货源，到当年9月底已备齐30万米的涤纶哔叽，为防止库存积压，及时收取部分货款，遂电告虹美百货，要求发运30万米的涤纶哔叽。虹美百货复函表示同意。货到以后，虹美百货组织有关工作人员进行了初步检验，认为颜色、手感均很好，但布中跳丝、接头太多，遂提出产品有质量问题，但考虑到该产品在市场上有销路，且双方有多年良好的合作关系，同意接收，并对另10万米的涤纶哔叽提出了明确的质量要求。10天以后，虹美百货向进出口公司按6元/米的价格汇去180万元的货款。进出口公司收到货款后，提出市场价格为7.2元/米，按原来商定的内容，应按市价确定合同价格，虹美百货应按1.2元/米补足全部货款。但虹美百货一直未予答复。当年12月5日，进出口公司又向虹美百货发函提出另10万米布已经备齐，要求发货并同时要求虹美百货补足第一批货物的价款。虹美百货复函提出该批货物质量太差，没有销路，要求退回25万米，双方为此发生争议，因多次协商不成，进出口公司遂向法院起诉，要求虹美百货继续履行合同，支付全部货款并支付违约金。

二、争议梳理

第一种观点认为，虹美百货提出解除合同是合理的，因为进出口公司交付的货物确实存在质量问题，但考虑到虹美百货已接收了货物，那么应允许虹美百货变更合同内容，即不再接受另10万米的货物。

第二种观点认为，虹美百货提出解除合同并退回已接受的货物已经构成违约。因为虹美百货在接受货物时并没有提出质量异议，故以后也不能再提出质量异议，并以此为由解除合同。

第三种观点认为，购销合同因一直缺乏明确的价格条款，因此不具备购销合同的必要条款，应当宣告合同不成立。

三、案例评析

本案首先需要确定合同是否成立。所谓合同的成立，是指双方当事人就合同的必要条款达成合意。此处所称“必要条款”，是指根据某个合同的性质所必须具备的条款，如果不具备这些条款，合同就不能成立。一般来说，买卖合同的主要条款是指标的、价款，如果缔约当事人未就这些条款达成合意，则合同不能成立。从本案来看，双方所订立的是购销合同，显然要使该合同成立，则缔约双方应就标的、价格条款达成一致，而双方在缔约时考虑到当时物价变化很大，不便把价格定死，双方经协商，在合同价格一栏内，只写了“依市价而定”几个字，这是否意味着当事人没有规定价格条款？从民法上看，此种情况并不属于合同未规定合同价格情况，因而不能据此而认定合同未成立。

从国外的立法经验来看，许多国家的合同立法认为，当事人在订立合同时，对某些条款没有作出规定，可以将这些条款留待将来以合理标准确定。这些条款被称为“将来确认的条款（Openterms）”，例如《美国统一商法典》第2-204条规定：“一项买卖合同，即使缺乏某些条款，只要当事人确有订立合同的意图，并且存在合理确定的办法，可以提供适当的救济，合同即不因缺乏确定性而不能成立。”这一规定确实反映了市场经济所要求的鼓励交易原则的需要，而且有利于订约当事人依据市场行情的变化，灵活确定一些合同的条款。从本案来看，当事人就价格条款所作出的规定，就属于这种将来确认的条款，在实践中又称为“活价条款”，就是说当事人尽管没有规定价款，但规定了将来确定价款的合理标准和具体的方法，这就是本案中所提到的“依市价而定”。由于“市价”是不难确定的，因而可以认为，价格条款是可以在将来具体确定的，据此认为本案中不存在价格条款而认定合同不成立的观点是不妥当的。

本案中，即使未明确规定价格条款，但是由于双方当事人都已实际作出履行，根据我国《合同法》第36条、第37条的规定，合同可以因当事人的实际履行行为而成立的规则，也应认为合同已经成立。在合同成立以后，进出口公司第一次交付30万米的涤纶哔叽确有瑕疵，但数月后虹美百货才提出货物质量有瑕疵，要求解除合同并退回货物，其主张能否成立呢？《合同法》第94条规定，非违约方可以在对方严重违约“致使不能实现合同目的”情况下，单方解除合同。不过，在交付商品有质量瑕疵的情况下，为了严格区分双方当事人的责任，我国现行法律法规要求买受人执行“进货检查验收制度”。供方应对提供的产品的质量负责，供方交货时，应将产品合格证（或质量保证书）和双方商定的必要的技术资料随同产品或运单交需方据以验收。根据《合同法》第157条，“买受人收到标的物时应在约定的检验期间内检验。没有约定检验期间的，应当及时检验”。第158条规定，“当事人约定检验期间的，买受人应当在检验期间内将标的物的数量或者质量不符合约定的情形通知出卖人。买受人怠于通知的，视为标的物的数量或者质量符合约定。当事人没有约定检验期间的，买受人应当在发现或者应当发现标的物的数量或者质量不符合约定的合理期间内通知出卖人。买受人在合理期间内未通知或者自标的物收到之日起两年内未通知出卖人的，视为标的物的数量或者质量符合约定”。关于何谓“合理期间”，2012年《最高人民法院关于审理买卖合同纠纷案件适用法律问题的解释》第17条规定：“人民法院具体认定合同法第一百五十八条第二款规定的‘合理期间’时，应当综合当事人之间的交易性质、交易目的、交易方式、交易习惯、标的物的种类、数量、性质、安装和使用情况、瑕疵的性质、买受人应尽的合理注意义务、检验方法和难易程度、买受人或者检验人所处的具体环境、自身技能以及其他合理因素，依据诚实信用原则进行判断。”在本案中，虹美百货在进行初步检验时发现产品有质量问题以后，本来可以及时向进出口公司提出书面异议并拒付货款；如果质量确实不符合规定，虹美百货有权退货，但虹美百货考虑到该产品在市场上有销路，且双方有多年良好合作关系，于是同意收货，并于10天后向进出口公司汇去了180万元货款。可见虹美百货已经放弃了提出质量异议，以及在对方交付货物有瑕疵时，可以享有的补救的权利，那就意味着货物已被虹美百货视为符合合同规定，虹美百货以后再提出解除合同，显然无法律上的依据。也就是说，虹美百货享有的法定解除权已经被其放弃，不能再继续行使该项权利。虹美百货向进出口公司按6元/米的价格汇去180万元货款，而没有根据市价（7.2元/米）来付款，可能是考虑到了货物质量方面存在瑕疵因此单方面降低了价格，但此种单方面降价行为是不妥当的。其原因在于，既然虹美百货已经同意收货，也未提出以降价作为接受瑕疵的先决条件，那么事后单方面降价，违背了双方约定的依市价而定价格的条款。进出口公司要求虹美百货按7.2元/米补足全部货款，显然是合理的。

虹美百货提出，因进出口公司交付的货物质量有瑕疵，虹美百货不能再接受进出口公司准备交付的第二批货物（即10万米涤纶哔叽）。如果仅仅只是拒绝接受该10万米货物，则是一个变更合同的问题。合同的变更与合同的解除是不同的，合同变更只是对原合同内容作出某些修改和补充而使其内容发生部分变化，但并非消灭原合同关系，或者根本改变合同的实质内容。而合同的解除则是消灭原合同关系，且并不建立新合同关系。合同的变更一般只涉及合同未履行部分，变更前已履行的部分则不再变动。而合同的解除将使合同关系消灭，因此发生溯及既往的效力。在本案中，如果虹美百货只是提出拒绝接收第二批货物，而并未提出退回先前货物，那么这在性质上属于变更问题。

合同变更与合同解除，除法律或合同另有规定以外，应该由双方协商一致，因为合同的任何内容都是经过双方协商达成的，因此，变更或解除合同内容应该经过双方协商一致，任何一方未经对方同意，无正当理由擅自变更合同内容，不仅不能对合同另一方产生约束力，而且将构成违约行为。因此，虹美百货若要拒收第二批货物，必须经过双方协商，达成变更合同数量条款的协议，才能实施此种行为。如果进出口公司先前交付的第一批货物质量确实存在瑕疵，虹美百货是否能够拒绝接受？如前述由于在接受第一批货物时，虹美百货对第二批货物已提出具体质量要求，因而若进出口公司交付的货物确实不符合这一质量要求，为此虹美百货可以以进出口公司违约为由，要求解除合同，这已经不再是合同的变更问题了，而转化为违约后的补救问题。

案例四十五　框架协议的解除

一、案情简介

2007年年初，F市招商银行某支行（以下简称“招商银行”）与该市农工商开发有限公司（以下简称“农工商公司”）签订了一份《战略合作协议》，协议规定，招商银行未来两年内对农工商公司提供不少于2亿元的资金支持。具体贷款的数额、利率、期限等，由双方在将来具体约定。农工商公司将以优惠价格为招商银行职工提供租赁房屋。合同并约定，任何一方违反约定将承担违约责任。在该协议签订后，农工商公司以每平方米30元/月（市价为每平方米40元）的价格为招商银行职工40多人提供了租赁用房。2007年8月20日，双方签订了一份借款4 000万元的合同，并在还款计划一栏中规定：2008年8月20日还款2 000万元，2008年12月20日还款2 000万元。合同中并规定：“如果乙方（农工商公司）不能清偿债务，愿以房抵债。”2008年8月30日，因农工商公司无法清偿第一笔债务，当事人签订了一份以房抵债协议，合同中约定：“如果乙方（农工商公司）不能清偿债务，将以位于该市杨林大道125号的一栋楼房（约1万平方米，价值5 000万元）为甲方（招商银行）折价清偿债务。”但在2008年年底，农工商公司并没有按照约定偿还这两项债务。招商银行多次催讨未果，便将该出租房屋折价4 000万元清偿债务，但剩余200万元利息尚未还清，招商银行提出要解除《战略合作协议》。农工商公司提出，其只是一时资金困难，无法按时还款，且农工商公司已经以优惠价格为招商银行职工提供租赁房屋，招商银行通过该楼房折价获得了清偿，因此，农工商公司已经履行了其义务，招商银行应当继续履行《战略合作协议》，尽快签署剩余1亿6 000万元的借款合同。招商银行认为，农工商公司还有200万元利息尚未还清，这表明，农工商公司根本没有还款能力，也没有其他财产可以偿还债务，因此，鉴于农工商公司已经违反合同，且未来也不能履行债务，其有权解除《战略合作协议》，拒绝继续提供借款。双方为此发生争议。

二、争议梳理

本案的争议焦点在于，招商银行是否有权解除《战略合作协议》？对此有两种观点。一种观点认为，虽然农工商公司一时没有还款，但公司已经以优惠价格为招商银行职工提供租赁房屋，而且招商银行已经通过该楼房折价获得了清偿，因此，农工商公司已经履行了其义务，招商银行应当继续履行《战略合作协议》，无权解除合同。另一种观点认为，在第一期借款的还款期限到来时，农工商公司并没有按时清偿债务，虽然招商银行已经通过楼房折价的方式使其债务获得了清偿，但毕竟农工商公司已经构成违约，而且还有200万元的债务尚未清偿。因此，招商银行有合理理由相信农工商公司将来无法履行债务，其应当有权解除合同。还有一种观点认为，战略合作协议本身是一种意向协议，而不是真正的合同，招商银行在将来是否继续借款给农工商公司，需要双方单独协商，招商银行并没有履行该《战略合作协议》的义务，因此，其并不需要解除该合同。

本案的第二个争议焦点在于，以房抵债协议是否有效？一种观点认为，以房抵债协议构成了流押契约，因此是无效的。另一种观点认为，以房抵债协议的履行是在债务人无法履行协议时签订的，因此，其并不属于流押契约，而应当是有效的。

三、案例评析

（一）关于《战略合作协议》的性质

笔者认为，该案中的《战略合作协议》并不是一份意向书，而是正式的合同，此种合同在性质上应当是框架合同。所谓框架合同，也称为架构合同、架构契约，是指双方当事人之间签订的为同一类型的合同提供基本框架和条件的合同。它是一种长期合同，意义在于为未来的重复性契约规定定型化条款，调整长期存在的持续性交易关系，从而避免了当事人重复协商，降低交易成本，稳定长期交易关系。框架协议的特点在于，对双方在将来将要持续进行的交易进行一种事先的安排。由于当事人在订立框架合同时，并没有能力也没有必要对长期交易的全过程进行预测，因而，当事人通常不会在框架合同中对将来持续进行的交易作出事无巨细的约定，具体的交易行为仍需要将来在框架协议的范围内进行个别约定。所谓框架，也就是说，只能在合同中确定大致的交易安排，而不会对合同的具体条款作出细化约定。法国2016年新债法第1111条规定：框架合同是指由缔约人仅先就未来合同关系的基本特征达成合意，而合同的具体履行方式由未来的实施合同加以明确的契约。因此，框架协议也是合同，一旦订立，也是合法有效的。

在本案中，《战略合作协议》规定，招商银行未来两年内对农工商公司提供不少于2亿元的资金支持。具体贷款的数额、利率、期限等，由双方在将来具体约定。这些条款可称为“有意待定的条款”或“特意待定的条款”。本案还明确规定，如果当事人违反该协议将承担违约责任，显然，该协议并不是当事人订约的意向，而应当独立的合同关系。同时，在《战略合作协议》签订后，双方已经开始按照协议的约定履行合同，具体而言，农工商公司已经按照协议的约定以优惠价为招商银行的职工提供租赁房屋，而招商银行也已经按照约定向农工商公司提供第一期借款。

（二）招商银行是否有权解除《战略合作协议》

本案中，招商银行认为，农工商公司已经违反了第一期的借款协议，且还有200万元利息尚未还清，这表明，农工商公司根本没有还款能力，也没有其他财产可以偿还债务，因此，鉴于农工商公司已经违反合同，且未来也不能履行债务，其有权解除《战略合作协议》，拒绝继续提供借款。由此可见，招商银行提出了解除合同的理由：一是农工商公司是否违反了《战略合作协议》；二是农工商公司未来也不能履行债务。

首先，需要判断农工商公司是否违反了《战略合作协议》并使招商银行享有解除权。笔者认为，该协议的内容虽然不包括将来每次借款的具体数额、利率、还款期限等内容，但由于已经包括了总的借款数额等内容，而且当事人约定了违约责任，当事人显然有受该协议约定拘束的意思，因此，该《战略合作协议》应当属于独立的合同。依据该合同约定，招商银行未来两年内对农工商公司提供不少于2亿元的资金支持。当事人约定在将来签订借款协议是该《战略合作协议》的组成部分，双方在将来具体签订借款合同是当事人依《战略合作协议》所负担的义务。判断招商银行是否享有解除《战略合作协议》的权利，主要是看农工商公司是否构成根本违约。在该《战略合作协议》中，农工商公司的主要合同义务是按照约定的期限和数额清偿借款，并且以优惠的价格向农工商公司的职工出租房屋。在该案中，农工商公司已经按照约定向招商银行的职工出租了房屋，但其主要合同义务是按照约定的期限和数额清偿借款，农工商公司并没有按照约定的期限清偿借款。

在债务履行期限届满后，农工商公司并没有按照约定清偿借款，虽然招商银行已经通过房屋折价的方式使其第一期债权获得了实现，但这并没有改变农工商公司违约的事实。更何况，农工商公司仍有200万元的利息尚未清偿。

其次，农工商公司是否构成预期违约。招商银行提出，农工商公司未来也不能履行债务，其有权解除《战略合作协议》，也就是认为，农工商公司已经构成预期违约。所谓预期违约（anticipatory breach），亦称先期违约，是指在履行期到来以前的违约。《合同法》第108条规定："当事人一方明确表示或者以自己的行为表明不履行合同义务的，对方可以在履行期限届满之前要求其承担违约责任"。预期违约包括明示毁约和默示毁约，两者都构成违约。本案主要涉及默示预期违约的问题。所谓默示违约，是指在履行期到来之前，一方以自己的行为表明其将在履行期到来之后不履行合同，而另一方有足够的证据证明对方将不履行合同，且对方也不愿意提供担保。我国《合同法》第108条也规定："当事人一方……以自己的行为表明不履行合同义务的，对方可以在履行期届满之前要求其承担违约责任。"笔者认为，本案中农工商公司的行为不构成默示违约，因为一方面，农工商公司虽然违反了清偿第一期债务的约定，但并不意味着其无能力清偿将来的债务；另一方面，招商银行并没有要求农工商公司提供担保。《合同法》第69条规定："当事人依照本法第六十八条的规定中止履行的，应当及时通知对方。对方提供适当担保时，应当恢复履行。中止履行后，对方在合理期限内未恢复履行能力并且未提供适当担保的，中止履行的一方可以解除合同。"依据该条规定，招商银行要主张农工商公司构成预期违约，并主张解除合同，其应当先要求农工商公司提供担保，而其并没有提出此种要求，因此，农工商公司并未构成预期违约。

（三）以房抵债协议是否构成流押契约

所谓流押契约（lex commissoria），又称绝押契约，其包含流抵和流质契约，它是指当事人双方在设立抵押或质押时，在担保合同中规定，债务履行期限届满而担保权人尚未受清偿时，担保物的所有权移转为债权人所有。我国《物权法》为了保护债务人的利益，防止债权人利用债务人一时急需而强迫债务人订立流押契约，同时也是为了通过清算程序使其他债权人能够获得清偿，保护其他债权人的利益，从而分别在抵押中规定了禁止流抵协议（第186条），在质押中规定了禁止流质契约（第211条）。但对这两条规定的合理性，学界一直存在争议。不少学者认为，严格禁止流押契约不利于简化担保物权的实现程序，而且不利于尊重当事人的私法自治，不利于充分发挥物的经济效用。值得注意的是，我国《物权法》虽然认为流押条款、流质条款这类流担保条款是无效的，但与此同时却规定当事人之间可以通过协议折价的方式实现担保物权，可见，我国现行立法认为当事人之间就担保物权的实现不能"事先以物抵债"，但是允许"事后以物折价抵债"。因此，本案中，当事人签订的以房抵债协议是否有效，关键要看以房抵债协议签订的时间。

从本案来看，2007年8月20日，双方在签订借款协议时，合同中已规定："如果乙方（农工商公司）不能清偿债务，愿以房抵债。"2008年8月30日，因农工商公司无法清偿第一笔债务，当事人签订了一份以房抵债协议，合同中约定："如果乙方（农工商公司）不能清偿债务，将以位于该市杨林大道125号的一栋楼房（约1万平方米，价值5 000万元）为甲方（招商银行）折价清偿债务。"由此可见，以房抵债协议不是在债权债务形成的时候订立的，而是在债务已经无法清偿时订立的，从而与流押契约存在本质区别。以房抵债协议是借款协议中约定的"愿以房抵债"的具体化，因为"愿以房抵债"的表述只是表达了一种意愿，而没有具体约定要抵债的房屋，抵债的房屋、抵债的数额等，都没有特定化。而8月30日签订的以房抵债协议就十分明确、具体了，所以，从表面上看，双方签订的以房抵债协议与流押契约类似，都是当事人在债务履行期限届满前签订的。但判断该以房抵债协议是否属于流押契约，还要看当事人约定的内容。笔者认为，该协议并不属于流押契约：一方面，合同约定"将以位于该市杨林大道125号的一栋楼房（约1万平方米，价值5 000万元）为甲方（招商银行）折价清偿债务"。其中专门规定的是折价，而流押契约是以抵押物的所有权直接用于清偿债务。另一方面，当事人事后确定该房屋的价值并且用于抵债，并且还剩余200万元的利息并未偿还，实际上是对房屋进行了事后折价，该协议不同于流押契约，当事人在债务清偿时有一个折价的过程，这显然不同于流押契约，流押契约直接是约定抵押物的所有权归属于债权人，并不存在折价的过程。因此，本案当事人所约定的以房抵债协议在性质上并不属于流押契约，其应当是有效的。

案例四十六　根本违约与同时履行抗辩权的行使

一、案情简介

2002年8月10日，G省经纶公司（以下简称“经纶公司”）与S省中发有限责任公司（以下简称“中发公司”）订立了一份购销马口铁的合同，合同规定马口铁价格条件为CIF天津746美元/吨，总价为250万美元，装运期限为该年10月10日以前。合同第6条规定：“付款条件为买方在收到卖方关于预计装船日期及准备装船数量的通知后，应于装运前20天，通过中国的银行开出以卖方为受益人的不可撤销信用证。”合同第8条约定：“任何一方违反合同，将承担500万美元的赔偿责任。”同年9月19日，经纶公司请上海某银行开出以中发公司为受益人的信用证，并为此支付了开证费用。9月24日，上海某银行通过电传向香港三和银行开出第LC434100000号信用证，同日，香港三和银行电话通知中发公司收到了经纶公司通过上海某银行开出的信用证，中发公司通知香港三和银行拒收此已迟到的信用证，并于同日给经纶公司发来传真，称鉴于经纶公司迟延开出信用证，决定解除合同，并要求经纶公司赔偿其利润损失500万美元。经纶公司认为中发公司的主张极不合理，遂在法院提起诉讼，要求中发公司实际履行。

二、争议梳理

本案在审理中，存在几种不同的观点：第一种观点认为，经纶公司虽然于装运前20天向上海的银行申请开出信用证，但中发公司直到9月24日才收到经纶公司开出的信用证。可见经纶公司确已构成迟延履行，中发公司有权要求解除合同并要求经纶公司赔偿损失。第二种观点认为，经纶公司迟延5天开出信用证，是因银行的过错造成的。经纶公司对此并无过错，即使迟延数天，也未给中发公司造成损失，中发公司无权解除合同。第三种观点认为，经纶公司、中发公司均已构成违约，应当各自对自己的违约行为向对方承担赔偿责任，同时应当继续履行该合同规定的义务。

三、案例评析

首先需要确定经纶公司是否已构成违约？依据合同约定，装运期限为 1994 年 10 月 10 日以前，合同同时规定：付款条件为买方在收到卖方关于预计装船日期及准备装船数量的通知后，应于装运前 20 天，通过中国的银行开出以卖方为受益人的不可撤销信用证。如何理解上述两个条文之间的关系呢？笔者认为，这些规定都是对履行期限所作的规定，如果经纶公司没有收到中发公司关于预计装船日期及准备装船数量的通知，那么经纶公司应于 1994 年 10 月 10 日以前 20 天，即 9 月 20 日以前开出以中发公司为受益人的信用证。如果中发公司通知经纶公司装船日期提前或推迟，则经纶公司应于准确的装船日期前 20 天向中发公司开出信用证。本案中由于中发公司并没有向经纶公司发出正式通知，因而经纶公司仍应于 1994 年 9 月 20 日以前向中发公司开出信用证。

根据合同规定，经纶公司应在 1994 年 9 月 20 日以前通过中国的银行开出以卖方为受益人的不可撤销信用证，经纶公司委托上海某银行为其开出信用证，该银行应为经纶公司在履行债务方面的代理人，该银行按期开出信用证，表明经纶公司按期履行了债务，否则将构成违约。从本案来看，尽管经纶公司在 1994 年 9 月 19 日便申请其委托的银行开立以中发公司为受益人的信用证，并为此支付了开证费用，但该银行迟延到 9 月 24 日才通过电传向香港三和银行开出信用证。根据 1992 年国际商会《跟单信用证统一惯例》第 11 条第 1 款的规定："如开证行以有效的电讯传递方式指示通知行通知信用证或信用证修改书，该电文应被视为有效信用证文件或有效修改书，且无须再以邮件确认。"因此，上海某银行通过电传向香港三和银行开出信用证的时间（9 月 24 日）即为信用证的开出日期，亦为经纶公司实际履行其义务的时间。由于经纶公司委托的银行已经迟延 4 天开出信用证，据此经纶公司已构成迟延履行，不论该银行因何种原因而发生迟延，其开证迟延均应视为经纶公司的迟延。经纶公司不论是否基于其与该银行之间的委托合同而追究银行的迟延责任，对于中发公司来说，经纶公司毫无疑问应负迟延履行的责任。

在经纶公司迟延 4 天履行开证义务的情况下，中发公司是否有权解除合同？从法律上来看，中发公司不履行其交货义务的途径有两条：一是如果经纶公司的迟延履行已构成根本违约，中发公司可依法解除合同；二是根据经纶公司的违约而行使同时履行抗辩权，拒绝履行自己的义务。下面对此分别阐述。

（一）经纶公司的行为是否构成根本违约

根本违约（fundamental breach，substantial breach），又称为重大违约，是

指一方的违约行为严重影响了另一方订立合同时所期待的经济利益。《联合国国际货物销售合同公约》第25条规定："一方当事人违反合同的结果，如使另一方当事人蒙受损害，以至于实际上剥夺了他根据合同规定有权期待得到的利益，即为根本违反合同，除非违反合同方并不预知而且一个同等资格、通情达理的人处于相同情况中也没有理由预知会发生这种结果。"我国《合同法》第94条规定："有下列情形之一的，当事人可以解除合同：（一）因不可抗力致使不能实现合同目的；（二）在履行期限届满之前，当事人一方明确表示或者以自己的行为表明不履行主要债务；（三）当事人一方迟延履行主要债务，经催告后在合理期限内仍未履行；（四）当事人一方迟延履行债务或者有其他违约行为致使不能实现合同目的；（五）法律规定的其他情形。"从该规定中可以发现，法定的合同解除权仅限于"因不可抗力导致不能实现合同目的""迟延履行致使不能实现合同目的"等几种情况，我国《合同法》虽没有明文表述为根本违约，而是将其称之为"不能实现合同目的"，但是与英美法的"根本违约"实际具有相似的功能。《合同法》第94条在多个条款中将"不能实现合同目的"作为兜底性条款，表明《合同法》中关于法定解除权主要是围绕能否实现合同的目的而构建起来的，这与国外的"根本违约"制度是非常相似的。一旦构成根本违约，即合同目的不能实现，非违约方有权解除合同；反过来说，也只有在根本违约的情况下，非违约方才享有法定的单方解除合同的权利。

笔者认为，该条第4项中"有其他违约行为致使不能实现合同目的"，即我们通常所说的根本违约，其中"合同目的"既具有一般条款的属性，也是一个不确定概念，它是认定根本违约的关键性问题。如何理解合同的目的呢？合同目的就是指合同当事人通过订立合同所期望获得的利益，订约目的必须要根据具体的交易而加以判断。有关合同目的能否实现的问题，应当根据不同的合同关系，具体问题具体分析。例如，买卖合同中双方当事人的立约目的与租赁合同中双方当事人的立约目的是有很大差异的。除此之外，还需要考虑双方当事人在合同条款中的具体约定，有些合同条款依据合同的性质可能不涉及合同的目的，但不能够排除当事人之间将其作为合同目的对待的情况，因此这些条款在解释中也应当被视为合同的目的。合同目的的实现将使合同的债权得以实现，但是在特殊情况下，债务人作出了一定的履行，甚至履行了大部分义务，使合同债权得到部分实现，但合同目的没有达到。债务人没有按照法律和合同的规定全面地、正确地履行其债务，使债权人的债权不能完全实现，债务人都要承担违约责任。但是，并不是说债务人在从事任何违约行为以后，债权人都有权解除合同，只有在债务人根本违约、致使债权人订立合同的目的不能达到的情况下，债权人才可以解除合同。

从本案来看，如果按照《公约》规定的标准来衡量经纶公司的违约行为，显然一个合理人并不可能预见到经纶公司迟延4天开出信用证会导致中发公司的订约目的落空，因此还不能构成根本违约。那么根据我国《合同法》第94条的规定，经纶公司是否构成根本违约？笔者认为也不构成根本违约。一方面，中发公司作为出卖人，其在购销合同关系中的期待利益应为获得经纶公司按合同规定交付的价款，获得全部价款是中发公司的订约目的。那么经纶公司仅仅迟延4天就使中发公司完全丧失了上述的期待利益并且致使合同目的根本不能实现了吗？当然不会。因为迟延交付并不等于不交付或无力交付，更何况经纶公司仅迟延4天开出信用证，迟延时间很短，完全不能表明其将拒绝付款或不能交付货款，从而使中发公司的订约目的落空。另一方面，经纶公司迟延4天开证，并不会给中发公司造成重大损害，因双方采用到岸价格（CIF），中发公司要负责承担货物装上运载工具前的一切费用和风险，而经纶公司迟延4天，将使其蒙受更大的租船费用、仓储保管费用等，甚至可能遭受某些违约罚款，但这些损失因迟延期限很短，因而毕竟是有限的。尤其因为双方的交易是购销马口铁，不会发生在短期内货物价格急剧波动，货物不会在短期内发生毁损灭失等问题，因此迟延几天绝不会给中发公司造成重大损害，不会影响中发公司订立合同所期望的经济利益。还应当看到，我国《合同法》第94条第3项规定，“当事人一方迟延履行主要债务，经催告后在合理的期限内仍未履行”时，非违约方才可以解除合同。这就意味着在迟延履行的情况下，原则上非违约方应当向对方规定一个允许推迟履行的合理期限，若在该期限到来后仍未履行，则构成根本违约，非违约方有权解除合同。本案中，经纶公司迟延开证后，中发公司应当立即为经纶公司确定一个允许推迟履行的合理期限，在该期限到来后仍未履行时才可以单方解除合同。而在经纶公司仅迟延数天的情况下，中发公司既未催告，也未确定延缓期限，就要求直接解除合同，显然是不合理的。

（二）中发公司是否可行使同时履行抗辩权

根据《合同法》第66条规定的同时履行抗辩权制度，双务合同的当事人一方在另一方未按合同规定履行自己的义务以前，有权拒绝自己相应义务的履行。在一方违约的情况下，另一方正当地行使同时履行抗辩权，主要是为了对抗对方所提出的履行或承担违约责任的请求，并不构成违约。因为行使抗辩权是行使权利的行为，是合法行为，与违约行为在性质上是根本有别的。那么，本案中，经纶公司迟延了4天开出信用证，中发公司可否据此而行使同时履行抗辩权，拒绝履行交货义务呢？笔者认为，中发公司可以相应推迟履行自己的义务，但不能完全拒绝履行自己的义务。正当行使同时履行抗辩权，要求一方在行使该权利时，须按照诚实信用原则的要求，针对对方违约情况而拒绝履行自己的相应的义务，换言之，拒绝履行的义务应与对方的不履行或不完全履行的义务大体相当，具有某种牵连性或对价性，保持一种利益平衡的状况。这就是《合同法》第 66 条所称的“相应的”含义。在一方迟延履行的情况下，另一方要行使同时履行抗辩权，必须充分考虑对方的违约情况，如果一方在履行期限到来后不履行，另一方只能相应地同时推迟自己的履行义务的期限，而不得拒绝以后的履行。只有在迟延履行的后果较为严重，且接受履行对另一方已无利益时，方能拒绝履行。而在本案中，中发公司仅在经纶公司迟延 4 天开证的情况下，便拒绝履行自己的全部义务，显然已根本违反了诚实信用原则，其抗辩权主张不能成立。对由此造成的后果，应由中发公司承担。

（三）中发公司是否有权要求经纶公司赔偿其利润损失 500 万美元

本案中，合同第 8 条约定，“任何一方违反合同，将承担 500 万美元的赔偿责任”。该条款实际上是约定的损害赔偿，鉴于经纶公司已经迟延 4 天开具信用证，因而中发公司根据合同约定的损害赔偿数额要求其承担 500 万美元的损失赔偿，显然，该请求的赔偿数额过高，但是违约方是否有权请求法院减少该约定的数额？应当看到，我国《民法通则》第 112 条和《合同法》第 114 条都允许当事人约定损害赔偿。依据《合同法》第 114 条的规定，如果约定违约金数额过高或低于损失时，法院可以根据当事人的请求予以增减，但《合同法》并未允许法院对约定的损害赔偿条款进行干预，这显然属于立法上的疏漏。笔者认为，违约损害赔偿责任的减轻可以类推适用违约金减少的规则，也就是说，在当事人约定的违约损害赔偿责任过高时，违约方有权请求人民法院减少赔偿数额。当然，违约方在请求人民法院减轻违约损害赔偿责任时，其应当证明非违约方的实际损失数额。从本案来看，非违约方并没有实际损失，当事人约定的违约损害赔偿责任显然过高，因此，违约方有权请求人民法院大幅降低该约定损害赔偿责任。

综上所述，笔者认为经纶公司要求中发公司继续履行合同的主张是合理的，如果继续履行合同，经纶公司不能主张合同在完全履行的情况下所应获得的利润及要求赔偿因中发公司不履行而使其遭受的利润损失。经纶公司只能要求中发公司赔偿因其不正当行使同时履行抗辩权或擅自解除合同而给其造成的实际损失。但经纶公司迟延 4 天开证，也构成违约，这实际已经构成了双方违约，按我国《合同法》第120条规定，“当事人双方都违反合同的，应当各自承担相应的责任”，经纶公司亦应当赔偿由此给中发公司造成的实际损失（如多支付的租船费及罚金等）。

案例四十七　明示毁约与履行拒绝

一、案情简介

2000年9月5日，S市大众贸易有限公司（以下简称“大众公司”）与该市红星农场签订了一份棉花购销合同。合同规定：红星农场向大众公司供应甲级皮棉1 000担，每担220元，共计22万元；交货时间为该年11月中旬；交货方式为大众公司自提；大众公司应向红星农场交付4万元定金。合同订立后，大众公司立即向红星农场交付了定金，并于5天后，与本省某纱厂订立购销甲级皮棉的合同，合同规定大众公司向纱厂供应甲级皮棉1 000担，每担300元。如果一方违约应按价款的20%承担违约责任。同年9月25日，红星农场法定代理人向大众公司的经办人打来电话，声称由于雨水过多，棉花长势不好，不能按合同约定的数量交货。大众公司立即派人赴红星农场处了解详细情况，后得知雨水问题并未影响棉花的收成，红星农场不愿交货的真正原因是棉花价格不断上涨，红星农场已与外市的一家贸易公司签订了一份购销合同，价格肯定高于红星农场与大众公司约定的价格。大众公司多次要求与红星农场协商希望红星农场能按期交货，但均遭到红星农场拒绝。大众公司为防止红星农场向他人交付货物，遂于当年10月10日在法院提起诉讼，要求红星农场实际履行，如不实际履行，则应承担双倍返还定金，赔偿其利润损失，以及为其向纱厂支付6万元违约金的责任。

二、争议梳理

第一种观点认为，合同尚未届履行期限，大众公司无权请求红星农场实际履行，也不能追究红星农场的违约责任，只有在履行期到来以后才可以提出上述请求。

第二种观点认为，尽管合同未届履行期，但因红星农场已明确表示不履行合同，因此红星农场已构成违约，大众公司要求追究红星农场的违约责任是合理的。

第三种观点认为，尽管红星农场已构成违约，但大众公司不得要求红星农场为其向纱厂支付 6 万元违约金，因支付 6 万元违约金属于另一合同的内容。

三、案例评析

在本案中，合同规定的履行期限为 11 月中旬，但红星农场在履行期到来之前，明确表示不能按合同规定数量交货，在无正当理由的情况下，大众公司多次要求与红星农场协商，希望红星农场能按期交货，却遭到红星农场拒绝，红星农场的行为实际上已构成预期违约。这种预期违约在民法上常常被称为"明示毁约"，它是指在履行期到来之前，一方明确和肯定地向另一方表示在履行期到来以后将不履行合同义务，且这种不履行合同义务的表示无正当理由。既然一方当事人在无正当理由的情况下，明确表示要毁约，那么即使这种行为发生在履行期到来以前，在性质上也属于一种故意违约行为。①

预期违约行为和履行期到来后的拒绝履行一样，都是指债务人无正当理由拒绝履行债务，并损害债权人的利益的行为。在明示毁约中，债务人已实施一定的行为，明确地表示他将单方面撕毁合同，解脱债务的拘束。可见，不论债务是否已到履行期，都表明债务人已构成违约。据此，非违约方可以要求违约的补救。《合同法》第 94 条规定：在履行期限届满之前，当事人一方明确表示或者以自己的行为表明不履行主要债务，当事人可以解除合同。第 108 条规定："当事人一方明确表示或者以自己的行为表明不履行合同义务的，对方可以在履行期限届满之前要求其承担违约责任。"在本案中，尽管履行期还没有到来，但红星农场无正当理由单方面提出终止合同，已构成《合同法》所说的"当事人一方明确表示……不履行主要债务"；而大众公司了解到红星农场不愿交货的真正原因是棉花价格不断上涨，红星农场已与外市一家贸易公司签订了一份皮棉购销合同，其价格将高于大众公司所出的价格，红星农场正是为了获取高额利润而单方面终止合同。大众公司曾多次要求与红星农场协商，希望红星农场能按期交货，但均遭到红星农场拒绝，显然红星农场单方面毁约的行为，与在履行期到来以后的拒绝履行行为之间没有本质的区别。据此，大众公司有权在法院提起诉讼，获得违约补救。

问题在于：在大众公司提出请求以后，红星农场应当承担何种违约责任？是否应当承担与其在实际违约情况下相同的责任？这是一个值得探讨的问题。参照根据我国《合同法》第 94 条和第 108 条的规定，大众公司可以获得如下补救。第一，要求实际履行。红星农场已明确表示违约，但大众公司若希望红

① 崔建远. 合同责任研究. 长春：吉林大学出版社，1992：93，97.

星农场向其交付货物，则大众公司有权请求法院判令红星农场在履行期到来时履行合同。如果红星农场能够履行合同，应当实际履行。当然，大众公司也可以根本不考虑对方作出的毁约表示，而单方面坚持合同的效力，等待履行期到来时，再提出请求，要求红星农场继续履行，不过这种等待方式可能对大众公司并不一定有利，因为红星农场极有可能在履行期到来之前将货物转卖他人，造成事实上的履行不能。而大众公司只有尽早提出请求，才能及时防止红星农场实施转售行为。不过，大众公司在履行期到来之前提出请求，只能要求红星农场在履行期到来之后实际履行合同，而不能要求红星农场立即履行合同，否则就意味着大众公司单方面更改了履行期限的规定，这显然是不妥当的，从这一点上看，预期违约与实际违约的责任还是有区别的。第二，大众公司有权请求红星农场赔偿可得利益损失。如果红星农场已经将货物交付他人，而不可能再在履行期到来以后作出履行，这样大众公司只能请求红星农场赔偿损失。在预期违约的情况下，如何计算可得利益损失，合理确定损害赔偿的范围，这是一个值得探讨的问题。一般来说，如果债务已届履行期，要赔偿可得利益的损失，那么，红星农场应赔偿合同价格与履行期到来时的市场价格之间的差价，因为如果红星农场在履行期到来时交付货物，大众公司能够得到这笔货物，则这批货物应按当时的市场价格来确定其当时的价值。而合同价格与市场价格之间的差价（假定货物价格是在不断上涨）正是大众公司所遭受的可得利益损失。但在本案中，债务未到履行期，棉花的市场价格仍在上涨，不能亦不应当按履行期到来时的市场价格，作为损害赔偿的依据，而只能根据提前毁约时的市场价格来确定，否则等于改变了履行期限的规定，加速了红星农场债务的履行。第三，大众公司有权要求赔偿实际损失。在确定红星农场的赔偿数额时，应当考虑到，从预期违约到履行期到来，大众公司有很长时间可以采取措施减轻损害，因而它应采取合理措施，所减轻的损害需从赔偿数额之中扣除。例如，如果大众公司在履行期限到来之前，可以从他处以合理的价格购买到质量相同的皮棉，那么就应当采取这种措施以减轻损害。由此可见，在预期违约的情况下，违约当事人所承担的责任形式与责任范围，与其在实际违约的情况下所承担的责任形式与责任范围，是不尽相同的。第四，除了要求实际履行和损害赔偿以外，大众公司也可以要求解除合同，在这一点上，它与履行期到来以后拒绝履行的情况是完全相同的。因为债务人已表示毁约，或者对合同主要条款已不准备履行，而债权人也不希望继续维护合同的效力，或者债务人已不能实际履行合同，则应允许债权人解除合同，使合同对双方不再产生拘束力。解除合同可使债权人从原合同的拘束中解除出来，寻找新的合作伙伴，而且由于是否解除的选择权在于债权人，这对债权人是有利的。不过，如果选择了解除合同，则不应再主张实际履行。从本案来看，如果红星农场已将货物转售给他人，已不可能实际履行，那么大众公司也可以要求解除合同。

在本案中，大众公司在与红星农场签订合同以后，曾与某纱厂订立了另一份购销甲级皮棉 1 000 担的合同，如果违约则应向该纱厂支付违约金 6 万元。大众公司提出：如红星农场不履行合同，则不仅应赔偿其可得利益的损失，而且应当代其支付 6 万元的违约金。笔者认为，因为红星农场的违约而使大众公司不能向他人交付货物而承担违约责任，对大众公司来说也是一种损失，这种损失也是因为红星农场的违约所造成的，大众公司可以将这 6 万元违约金作为违约造成的间接损失而要求红星农场赔偿，但不能要求红星农场代其向某纱厂承担违约责任，因为毕竟大众公司与某纱厂之间的合同属于另外一个合同关系，红星农场与某纱厂之间不存在任何合同上的联系，当然无义务向其承担合同责任。不过，大众公司在提出要求红星农场赔偿支付 6 万元违约金的损失以后，红星农场可以以该笔损失是其在订约时不可预见的损失为由，提出抗辩。

大众公司向红星农场已交付 4 万元定金，可否根据定金罚则要求红星农场双倍返还定金?《担保法》第 89 条规定：“当事人可以约定一方向对方给付定金作为债权的担保。债务人履行债务后，定金应当抵作价款或者收回。给付定金的一方不履行约定的债务的，无权要求返还定金；收受定金的一方不履行约定的债务的，应当双倍返还定金。”但定金责任主要适用于重大违约，而不适用于轻微违约。笔者认为，红星农场预期违约行为已构成一种根本性违约，也就是说红星农场实施的并不是一种轻微违约，或者仅仅只表示不履行某种次要的义务，而是要单方面撕毁整个合同，不履行合同的全部义务。在此情况下，大众公司可以依据法律关于定金罚则的规定，要求红星农场双倍返还定金。

案例四十八　默示毁约的法律问题

一、案情简介

2001年10月4日，S市彩云纺织品进出口公司（以下简称“彩云公司”）与该市第一纺织有限公司（以下简称“纺织公司”）签订购销纱布的合同一份。合同规定：纺织公司供给彩云公司某种型号的纱布6 666.7米；交货时间为2002年1月底；交货方式为彩云公司自提。合同并对纱布质量作出了明确规定。在合同订立后，彩云公司向纺织公司预付定金10万元。2002年1月3日，彩云公司派人到纺织公司方检查纱布质量，发现纺织公司生产的纱布密度不够，并有污渍，不符合合同的规定，当即向纺织公司提出，彩云公司不能派人前来提货。纺织公司表示可以想办法消除瑕疵，希望继续交货，并提出一套新从国外进口的设备已经投产，用此设备生产能够保证交付的产品质量符合要求，并且提交了新设备生产的产品的样品。彩云公司认为，已接近交货期，纺织公司是不可能在短期内达到合同规定的标准的，遂于2002年1月8日给纺织公司发函提出因纺织公司违约，彩云公司被迫解除合同，纺织公司应承担不能交货的违约责任，并应双倍返还定金。纺织公司于2002年1月30日向彩云公司发去函电，催促彩云公司前来提货，彩云公司未予理睬。一月以后，双方协商仍未能达成一致意见，彩云公司向法院提起诉讼，要求纺织公司承担违约责任。纺织公司反诉彩云公司违约，并要求其承担违约责任。

二、争议梳理

在本案审理中，对纺织公司是否已构成违约，彩云公司是否有权解除合同问题，存在两种不同观点。

第一种观点认为，彩云公司于2002年1月3日派人到纺织公司处检查纱布质量时，发现纱布存在着严重的质量问题，当时距交货期仅有二十多天，在这么短的时间内，纺织公司是不可能消除已生产出的近6 666.7米纱布的瑕疵的，因此纺织公司确已构成严重违约，彩云公司据此要求解除合同并追究纺织公司的责任是合理的。

第二种观点认为，尽管在交货前彩云公司发现货物有质量问题，但因为未届交货期，还不能最终确定彩云公司一定违约，更何况在本案中双方的合同是购销合同，不是加工合同，纺织公司所供货物并不应限于自己所生产的纱布，它还可以从其他厂家组织货源。所以断定纺织公司在交货期到来后不能交货，并无充足的根据，可见纺织公司并未违约，违约的应是彩云公司一方。

三、案例评析

本案中，关键在于确定纺织公司是否已构成预期违约。所谓预期违约，亦称先期违约，包括明示毁约和默示毁约两种。所谓明示毁约，是指在合同履行期限到来之前，一方当事人无正当理由而明确肯定地向另一方当事人表示他不履行合同。所谓默示毁约，是指在履行期限到来前，一方当事人有确凿的证据证明另一方当事人在履行期限到来后，将不履行或不能履行合同，而另一方又不愿提供必要的履行担保。预期违约表现为未来将不履行义务，而不像实际违约那样，表现为现实的违反义务，但这并不意味着此种违约就不属于违约。从债务人的角度来看，履行期限不过是债务人实际从事履行行为的期限，在此期限之前，债务人已经负担了履行义务。这就是说，履行期限只是实际从事履行行为的期限而不是债务发生的期限，如果有确凿证据证明债务人已单方面违约，即使这种违约发生在履行期以前，也将会使债务人违反合同规定的义务，同时表明了他根本漠视了其应负的合同债务，因此构成违约。我国《合同法》第 108 条规定："当事人一方明确表示或者以自己的行为表明不履行合同义务的，对方可以在履行期限届满之前要求其承担违约责任。"当然，由于这种违约毕竟发生在履行期前，一般造成的是信赖利益的损害，如因信赖对方履行而支付一定的准备履行费用，因对方的预期违约而造成该费用的损失，因此，两种违约损害赔偿的范围计算上是各不相同的。

从本案来看，关键是确定纺织公司是否已构成默示违约，在默示违约的情况中，债务人并未明确表示其将在履行期到来时不履行合同，但是从其履行的准备行为、现有履行能力等因素考虑，可以预见到其将不履行或不能履行合同，而这种预见又是建立在确凿的证据基础上的。因为一方预见另一方在履行期到来时不会或不能履约，毕竟只是一种主观判断，具有强烈的主观因素，为了使此种预见具有客观性，就必须借助于一定的客观标准来判定是否构成默示毁约，否则，必然会出现主观臆断的默示违约和滥用合同终止权的现象。例如，《美国统一商法典》第 2－609 条中规定"有合理的理由认为对方不能正常履行”中的“合理的理由”，主要包括三种：一是债务人的经济状况恶化，无能力履行合同义务；二是债务人的信用不佳；三是债务人在履约期到来前的行为表明其有违约的危险。我国《合同法》第 68 条和第 69 条规定了默示违约的具体判断标准。《合同法》第 68 条规定：“应当先履行债务的当事人，有确切证据证明对方有下列情形之一的，可以中止履行：（一）经营状况严重恶化；（二）转移财产、抽逃资金，以逃避债务；（三）丧失商业信誉；（四）有丧失或者可能丧失履行债务能力的其他情形。”这就是说，在另一方具有法定的不能或不会履行合同的情况，包括经营状况严重恶化、转移财产、抽逃资金，以逃避债务；丧失商业信誉；有丧失或者可能丧失履行债务能力的其他情形，则一方可以暂时中止合同的履行，但在暂时中止合同的情况下，还不能确定对方是否默示毁约，因为在一方预见到另一方将不会或不能履行合同以后，对方已面临着不能履行的危险，但还不能立即确定对方违约并寻求法律上的救济，即使其理由十分充足，证据十分确凿，也不能宣告对方已构成违约，从而解除合同，而必须要求债务人在合理期限内提供充分的履行担保。所以《合同法》第 69 条规定：“中止履行后，对方在合理期限内未恢复履行能力并且未提供适当担保的，中止履行的一方可以解除合同。”可见，是否提供履行担保或在合理期限内未恢复履行能力是确定另一方是否构成默示违约的关键。如果另一方在合理的期限内不提供适当的履行担保或未恢复履行能力，则将构成默示违约。履约担保并不一定必须采取抵押、质押等方式，也不一定要求担保物的价值必须大于被担保的债权的价值，任何担保只要足以使一方消除对另一方有可能违约的疑虑，就可以认为是充分的。如果对方在规定的期限内没有提供必要的担保或回复履行能力，则可以证明其已违约，在此情况下，一方可以以对方构成默示违约为由而要求对方承担违约责任或解除合同。

毫无疑问，在本案中，在合同订立后，彩云公司向纺织公司预付定金 10 万元。2002 年 1 月 3 日，彩云公司派人到纺织公司方检查纱布质量，发现纺织公司生产的纱布密度不够，并有污渍，不符合合同的规定，当即向纺织公司提出，彩云公司不能派人前来提货。虽然纺织公司提出可以解决货物质量问题，但彩云公司认为，已接近交货期，纺织公司的纱布是不可能在短期内达到合同规定的标准的，遂于 2002 年 1 月 8 日给纺织公司发函提出因纺织公司违约，彩云公司被迫解除合同。

应当看到，从彩云公司 1 月 3 日发现纺织公司生产的纱布质量不合格到月底交货，时间只有二十多天，在这么短的时间内纺织公司是否能够按期交付合格的纱布，的确是存在问题的，但是，毕竟尚未到交货期，也不能完全排除纺织公司具有消除瑕疵的可能性，以及从其他处组织货源的可能性。从《合同法》第94条规定来看，预期违约的成立需要“在履行期限届满之前，当事人一方明确表示或者以自己的行为表明不履行主要债务”，而且依据《合同法》第69条的规定，在预期违约的情形下，非违约方解除合同的条件是违约方既未恢复履行能力又未提供担保。问题在于，在本案中，纺织公司是否提供了有效的担保？虽然距离纺织公司履行合同的期限较短，但不能据此当然认定纺织公司无法履行债务，在履行期到来之前，哪怕距离履行期仅差一天，彩云公司也不能根据其主观判断，认定纺织公司在履行期到来后，将不能履行，从而简单地认定纺织公司已实际构成了默示违约。依据《合同法》第69条的规定，彩云公司要主张解除合同，其必须要求纺织公司在合理时间内提供充分的履约保证，只有纺织公司没有提供履约保证时，彩云公司才能依法解除合同。而在本案中，纺织公司表示可以想办法消除瑕疵，希望继续交货，并提出一套新从国外进口的设备已经投产，用此设备生产能够保证交付的产品质量符合要求，并且提交了新设备生产的产品的样品。那么，纺织公司所提出的这样的整改措施是否符合履约保证的要求，是否构成有效的履约担保？

笔者认为，在默示违约的情形下，违约方所提供的担保并不限于抵押权等物权担保方式，只要能保证恢复违约方的履约能力，消除对方当事人的不安状态，就应当认定是提供了有效的担保。本案中，应当认定纺织公司已经提供了有效的担保，因为距离履行期限毕竟还有二十多天的时间，如果进口设备能够批量生产，是有可能按照约定完成货物交付义务的。而对彩云公司而言，纺织公司是否提供了有效的担保，其应当及时进行了解与评估，确定纺织公司是否能够在交货日期到来时按照约定的质量、数量交付货物，而在本案中，彩云公司并未进行此种评估，而且在纺织公司于2002年1月30日发函催促提货时，彩云公司也未予理睬，因此，其主张纺织公司构成违约并主张解除合同的请求难以成立。

案例四十九　损害赔偿金与违约金的关系

一、案情简介

1999年1月10日，F市汉光实业有限公司（以下简称“汉光公司”）与该市顺达贸易有限公司（以下简称“顺达公司”）订立了一份购销普碳钢盘圆正品1 000吨的合同，合同规定每吨价1 200元，总价款120万元，交货期为该年6月30日，交货地点为S市火车站。合同第4条规定：“本合同生效后30天内，甲方（即汉光公司）应向乙方（即顺达公司）预付5万元。”第5条规定：“如果逾期交货，每逾期一天应按总价款的0.1%支付违约金。”合同订立后，汉光公司于同年2月1日与第三人（某物资供应站）订立了向第三人通程公司销售500吨普碳钢盘圆正品的合同，合同规定每吨价1 500元，交货期为该年7月1日。同年2月5日，汉光公司向顺达公司汇去5万元，至6月30日，顺达公司未交货，汉光公司多次催促，顺达公司一直拖延至8月1日才提出交货，因此时该种货物价格已下降至每吨1 000元，第三人通程公司拒绝接受汉光公司拟交付的货物，并要求汉光公司支付约金15万元，汉光公司遂向顺达公司提出拒绝收货，并在法院起诉，要求顺达公司双倍返还定金，代汉光公司向通程公司支付违约金并赔偿利润损失30万元及各种费用损失，按合同条款第5条支付违约金。

二、争议梳理

本案在审理中，对顺达公司已构成违约并应承担违约责任问题并没有分歧意见，但关于顺达公司应承担何种责任，则存在不同的观点。

第一种观点认为，顺达公司仅应依合同第5条支付违约金并双倍返还定金，就足以弥补汉光公司的损失，而不应再承担其他的损失。

第二种观点认为，顺达公司除应双倍返还定金和支付违约金以外，如果汉光公司还有其他损害的，还应赔偿损失。

三、案例评析

在本案中，顺达公司迟延交货，已构成违约，应承担违约责任。顺达公司在迟延以后，汉光公司一再催促顺达公司交货，顺达公司拖延至8月1日才提出交货，而此时货物价格已下降，因此顺达公司的继续履行已对汉光公司没有利益，故汉光公司提出拒绝收货、解除合同的要求是合理合法的。汉光公司除要求解除合同以外，是否还可以提出其他两种请求，值得探讨。

（一）关于要求顺达公司双倍返还定金问题

所谓定金，是指合同当事人一方预先支付给另一方的一笔金钱，其目的在于担保合同债的履行。[①]《合同法》第115条规定："当事人可以依照《中华人民共和国担保法》约定一方向对方给付定金作为债权的担保。债务人履行债务后，定金应当抵作价款或者收回。给付定金的一方不履行约定的债务的，无权要求返还定金；收受定金的一方不履行约定的债务的，应当双倍返还定金。"由于定金是预先交付的，在债务人履行债务后，定金可以抵作价款，因此定金常与预付款发生混淆，由于定金在交付以后，在一方不履行合同的情况下，将对违约方实施定金制裁，而预付款在交付以后，无论发生何种违约行为都不发生预付款的丧失或双倍返还问题，故合同中规定的先行给付的货币究竟是定金还是预付款一定要由当事人在合同中约定清楚，如果当事人没作约定，原则上只能视为预付款，不能作为定金，亦不适用定金罚则。从本案来看，当事人在合同第4条中规定"本合同生效后30天内，甲方应向乙方预付5万元"，并没有写明是预付款还是定金，因此不能将该笔款项视为定金而只能作为预付款。

问题在于，汉光公司于2月5日向顺达公司汇去5万元，至8月初汉光公司提出解除合同，期间已有半年，汉光公司可否要求顺达公司支付在半年内占有5万元的利息？笔者认为不能提出此种请求。因为既然是预付款，在性质上是预先给付的价款，本身并无利息。更何况顺达公司是依合同占有预付款的，而并不是非法占有，当汉光公司主张解除合同以后，当事人负有恢复原状的义务，顺达公司将其占有的预付款返还给汉光公司就已完成了返还义务，不应为此再支付利息。

（二）关于顺达公司支付违约金的责任

违约金是当事人预先确定的、在一方违约以后应当向另一方支付的一笔金钱，它是违约后生效的独立于履行行为之外的给付，在违约发生以后，常常会发生支付违约金的责任与损害赔偿的责任的并存和选择问题。如果当事人在合

---

① 王家福主编．民法债权．北京：法律出版社，1991：125.

同中约定了违约金，非违约方又因违约而遭受了实际损害，则非违约方是否可以同时请求支付违约金和要求赔偿损失，或者是应先考虑请求支付违约金还是先考虑请求赔偿损失？笔者认为，如果合同中规定了违约金，应首先考虑按合同的规定支付违约金，其理由在于：

第一，按合同的规定支付违约金是《合同法》规范的性质所决定的，也是合同自由原则的具体体现。《合同法》主要是任意性的法律，这种任意性的特点表现在《合同法》的规定大多可以由当事人双方通过约定加以改变，当事人的约定具有优先于法律规定而适用的效力，也就是说，有约定的，首先依约定，没有约定的，才依法律规定。而违约金作为当事人约定的条款，当然应当优先于法定的损害赔偿而适用。

依据合同自由原则，当事人有权选择违约责任方式，一旦当事人作出选择，则只要此种选择不违背法律强制性规定和社会公共利益，就应尊重当事人的选择，合同自由的精神就是使合同当事人的约定具有优先于法律的任意性规定的效力，而法律关于损害赔偿的规定毕竟是任意性的规定，是当事人在没有约定的情况下所应适用的规则。如果当事人之间有约定，则应适用当事人的约定。

第二，我国现行立法规定和司法实践，实际上也承认应优先考虑支付违约金。如《合同法》第 114 条规定："当事人可以约定一方违约时应当根据违约情况向对方支付一定数额的违约金，也可以约定因违约产生的损失赔偿额的计算方法。……当事人就迟延履行约定违约金的，违约方支付违约金后，还应当履行债务。"第 2 款还规定以实际损害赔偿范围调整违约金的幅度。可见，往往在考虑违约金补偿之后，才考虑违约损害赔偿、实际履行等责任的适用。

第三，违约金作为一种违约的补救方式，具有损害赔偿所不具有的简便易行特点。由于违约金数额可由当事人在订立合同时约定，这样当事人对违约后承担责任的范围可以预先确定，一旦发生违约，则不必具体计算损害范围，受害人就可以要求支付违约金。所以违约金与损害赔偿相比，一个重要特点在于：违约金的支付避免了损害赔偿方式适用中常常遇到的计算损失的范围和举证的困难，从而节省了计算上的花费，甚至可避免旷时费神的诉讼程序。

总之，笔者认为，如果合同中约定了违约金，就应当首先执行违约金条款。当然，如果当事人所设立的违约金过分高于违约行为给债权人造成的损失，则法院可以依《合同法》第 114 条第 2 款的规定酌情予以削减，从而防止违约金可能产生的副作用。

在本案中，合同第 5 条约定，如果逾期交货，每逾期一天应按总价款的 0.1%支付违约金。顺达公司自 7 月 2 日至 8 月 1 日共逾期 30 天交货，其应支付的违约金数额为30(天)×(120万元×0.1%)=3.6万元。

那么，第三人请求汉光公司支付15万元违约金，是否应由顺达公司代为支付？笔者认为，由于顺达公司与第三人之间不存在合同关系，因而不应对第三人负违约金支付的责任，但如果汉光公司确已向第三人支付了15万元，则该笔数额的支付应转化为因顺达公司的违约而给汉光公司造成的损害，汉光公司可要求其赔偿损失，但如果尚未确定汉光公司是否必须向第三人支付15万元违约金，而只是由第三人提出了支付15万元违约金的请求，则不能将第三人的请求均作为顺达公司应向汉光公司所承担的责任。因此，该笔损失必须在确定以后才可要求顺达公司赔偿。

（三）关于要求顺达公司赔偿利润损失30万元及各种费用损失问题

利润损失是可得利益的损失，所谓可得利益，是指合同在适当履行后可以实现和取得的财产利益，也有学者将其称为“预期实现和取得的财产增值利益”[①] 或者“由于违约方的违约而导致受损方丧失的应得利益”[②]。利润损失虽然不是实际的财产损失，但它是可以得到的利益的损失，即如果没有违约行为发生，合同当事人能够获得的财产利益，从这个意义上说，可得利益的损失与实际损失无太大差异，它们都是受害人所遭受的损失，只不过利润在违约行为发生时并没有为合同当事人所实际享有，而必须通过合同的实际履行才能得以实现，因此利润损失是未来的可得利益损失。不过，利润损失也是当事人在订约时能够合理预见到的损失。只要合同如期履行，就会被当事人所获得，因此非违约方可以就可得利润损失提出请求。我国《民法通则》第112条确认了可得利益的赔偿，《合同法》第113条也规定：“当事人一方不履行合同义务或者履行合同义务不符合约定，给对方造成损失的，损失赔偿额应当相当于因违约所造成的损失，包括合同履行后可以获得的利益，但不得超过违反合同一方订立合同时预见到或者应当预见到的因违反合同可能造成的损失。”因此，如果受害人能够举证证明其遭受利润的损失确系违约方的违约行为所直接造成，而且这些损失是违约方在签订合同时所应当预见的，则违约方应当赔偿这些利润损失。当然，对于可得利益的赔偿应如何计算，是一个值得探讨的问题。

在本案中，汉光公司要求顺达公司赔偿30万元利润损失，其根据是合同规定钢材每吨价1 200元，而汉光公司将该批货物转售给第三人的价格为每吨1 500元，若合同得到履行，汉光公司每吨净赚300元，这样利润损失应为1 000(吨)×300元=30万元。汉光公司的要求是否合理呢？笔者认为，汉光

① 中国高级法官培训中心. 首届学术讨论会论文选. 北京：人民法院出版社，1990：546.
② 程德钧主编. 涉外仲裁与法律. 北京：中国人民大学出版社，1993：138.

公司提出应按照合同价计算其利润损失有一定道理，一般来说，按照合同价格来履行义务，就使当事人获得了基于合同的应获得的利益，也就实现了其订约目的。在标的物市场价格不断下降、低于合同价格的情况下，以合同价计算利润损失是合理的。但是汉光公司要求顺达公司赔偿 30 万元利润损失则不合理。因为汉光公司与第三人仅订立了出售 500 吨钢材的转售合同，另 500 吨的钢材尚未找到买主，不能判定另 500 吨是否能找到买主，或者汉光公司能从中赚取多少利润。假如汉光公司可以举证证明在迟延期间该笔货物的市价曾上升至每吨1 500 元，则汉光公司若认为，其获得了标的物以后能够以每吨 1 500 元出售而赚取利润，此时汉光公司的请求是合理的。但事实上，合同标的物的价格在不断下降，故汉光公司要求赔偿 30 万元不合理，其请求不能成立，但汉光公司若要求仅赔偿 15 万元的利润损失是有根据的。

如果汉光公司的关于赔偿 15 万元的利润损失的请求能够成立，那么应从 15 万元中扣除 3.6 万元的违约金。因为依据我国现行法律规定，在违约金和损害赔偿责任并存的情况下，违约金数额已转化为补偿性的损害赔偿，对于违约方来说，其支付了违约金以后，只应赔偿违约金数额不能弥补实际损害的部分。更何况，赔偿了利润损失已使汉光公司获得了合同在完全履行下所能得到的利益，因此汉光公司不应再获得另外的补偿。所以在本案中，顺达公司应赔偿的数额为 15 万元－3.6 万元＝11.4 万元，当然，如果汉光公司向第三人所承担的责任能够确定，该损失也应由顺达公司承担。

在考虑利润损失的赔偿时，还应该注意到，汉光公司要获得利润损失，通常也要支付一定的费用，如保管、运输费用等，就顺达公司来说，如果能够举证证明汉光公司要获得上述利润，必须要支付一定的费用，但因为违约且因为赔偿利润损失而使汉光公司节省了这些费用或开支，或避免了某些损失，按照损益相抵原则，这些节省的费用应从损害赔偿额中予以扣除。

最后需要讨论的是，汉光公司是否有权就各种费用的支出（如与顺达公司和第三人联系和交涉所支付的费用等）要求顺达公司赔偿。笔者认为，如果这些费用都是为获取利润而必须支付的费用，那么在赔偿了利润损失后就不应再赔偿这些费用的损失，因为该费用是为获取利润必须支付的代价，并可通过利润的取得而获得必要补偿。要获得利润，就不能主张费用损失；要主张费用损失，就不能主张利润，否则必然导致重复计算。当然，如果汉光公司可以证明这些费用通过赔偿损失仍不能得到补偿，则可要求对此继续得到赔偿。

案例五十　定金的性质与责任

一、案情简介

2006年8月5日，H市路通摩托车制造有限公司（以下简称“路通公司”）与该市四方外贸进出口有限公司（以下简称“四方公司”）签订了一份买卖合同，合同规定，由路通公司供给四方公司某种型号的摩托车3 000辆，单价6 350元，总计货款1 905万元。四方公司须在同年10月底以前将货款汇入路通公司账户，款到10日内由路通公司将货供完，到期不履行合同，每迟延一天，就要承担货款5%的罚息。在合同订立后，四方公司须于5日内交付100万元定金。同年10月20日，路通公司向四方公司发去传真，要求四方公司付款。四方公司复电声称：“因资金一时短缺，望先发货，再付款。”路通公司予以拒绝。在路通公司多次催促下，四方公司于同年11月20日复函正式表示，因资金紧张，不能付款，四方公司自愿放弃100万元定金，作为解除合同的代价。路通公司遂于2007年5月底在法院提起诉讼，要求四方公司履行合同，根据合同约定的每天5%的罚息，以半年计算，共计17 145万元，并赔偿其一切损失。四方公司则辩称，路通公司主张的违约金是天价违约金，不应当得到支持，其已放弃100万元定金，不应再承担其他任何责任。

二、争议梳理

第一种观点认为，四方公司已自愿放弃100万元定金，应当享有合同解除权。更何况路通公司在获得100万元定金以后，损失已基本得到补偿，不应再提出其他请求，且路通公司主张17 145万元的违约金是天价的赔偿金，缺乏法律依据。

第二种观点认为，四方公司单方面提出终止合同，已构成违约。四方公司除应当承担丧失定金的责任以外，还应当承担继续履行合同和赔偿损失的责任。

三、案例评析

（一）路通公司如何运用定金罚则

本案涉及对定金形式与性质的认定问题。定金的形式有多种，但在实践中，最基本的形式是两类：一是解约定金；二是违约定金。所谓解约定金，是指当事人为保留单方解除主合同的权利而交付的定金。一方在交付解约定金以后可以放弃定金而解除合同，而接受定金的一方如果愿意加倍返还定金也可以解除合同，这种定金最大的特点在于通过定金的放弃和加倍返还而给予了当事人解除合同的权利和机会。所谓违约定金，是指在接受定金以后，一方当事人不履行主合同，应当按照定金罚则予以制裁。违约定金是实际中广泛采用的一种定金。《担保法》第 89 条规定，“当事人可以约定一方向对方给付定金作为债权的担保。债务人履行债务后，定金应当抵作价款或者收回。给付定金的一方不履行约定的债务的，无权要求返还定金；收受定金的一方不履行约定的债务的，应当双倍返还定金。”《合同法》第 115 条规定，“当事人可以依照《中华人民共和国担保法》约定一方向对方给付定金作为债权的担保。债务人履行债务后，定金应当抵作价款或者收回。给付定金的一方不履行约定的债务的，无权要求返还定金；收受定金的一方不履行约定债务的，应当双倍返还定金。”这些规定显然是对违约定金的规定。可见，违约定金是一种法定的定金，此种定金在实践中运用得最为广泛。一般来说，如果当事人在合同中没有特别指明定金的类型，则应当认为当事人约定的定金为违约定金。

我国法律是否应采纳解约定金？从我国法律规定来看，虽然《担保法》没有明确规定解约定金，但《担保法司法解释》第 117 条规定：“定金交付后，交付定金的一方可以按照合同的约定以丧失定金为代价而解除主合同，收受定金的一方可以双倍返还定金为代价而解除主合同。对解除主合同后责任的处理，适用《中华人民共和国合同法》的规定。”据此，当事人可以设立解约定金，但设立解约定金必须在合同中作出明确规定，否则只能将合同设立的定金解释为违约定金。这一点是符合各国民事立法的通例的，而且也符合当事人缔约的目的。因为从当事人订立合同的目的来看，是希望通过设置定金制度来保障合同的顺利履行，而不是通过支付一笔定金获得解除合同的权利。

从本案来看，当事人在合同中规定定金条款时，并没有明确规定四方公司在支付定金以后，可以享有解除合同的权利，因此，合同规定的定金并非解约定金，而只能理解为违约定金。既然是违约定金，那么四方公司不得以放弃定金作为其解除合同的代价。依据《合同法》第 115 条的规定，在四方公司已经构成违约的情况下，四方公司作为交付定金一方，依据定金罚则无权请求路通公司返还定金。值得注意的是，定金罚则是针对违约行为而设定的。

（二）路通公司可否请求四方公司支付过高违约金

这涉及违约金和定金的相互关系问题。最高人民法院曾于1987年在《关于在审理经济合同纠纷案件中具体适用经济合同法的若干问题的解答》中指出："定金与违约金的性质不同。定金是一种担保方式，而违约金是对违约的一种制裁和补偿手段。所以合同的一方可以在对方违约时既要求对方偿付违约金，又要求按定金罚则处理定金问题，只要法律和法规没有相反规定，就应当予以保护。"由此可见，最高人民法院历来认为违约定金和违约金是可以并用的。不过，学者一般认为，由于违约定金具有预付违约金的性质，因而，它与违约金在目的、性质、功能等方面相同，两者一般不能并罚。

我国《合同法》第116条规定，"当事人既约定违约金，又约定定金的，一方违约时，对方可以选择适用违约金或者定金条款"。按照许多学者的解释，该条的规定是对违约定金和违约金并用的限制，也就是说，该条并不允许两者并用。[1] 因为在实际中，定金主要是违约定金，它和违约金一样都要针对违约行为而适用，适用其中一种，便可以达到补偿受害人损失的作用。如果两者并用，其数额可能会远远超过因违约所造成的实际损失，这就加重了违约的惩罚，也会使非违约方获得双重的补救，特别是可能获得大大高于其实际损失的补偿。因此两者不宜并用。

问题在于，《合同法》第116条规定，"一方违约时，对方可以选择适用违约金或者定金条款"，此处所说的可以选择是否意味着必须选择？从该条字面的含义来看，似乎并不要求当事人必须选择一种，而不能将两者并用。笔者认为，《合同法》第116条规定的内容，如果不是指必须选择适用违约金或者定金条款，那么，该规定是毫无意义的。因为在当事人既约定违约金，又约定定金的情况下，不论法律是否存在规定，非违约方都可以在一方违约时，选择适用违约金或者定金条款。第116条的规定是对当事人设定违约金的一种限制。有人认为，一方违约以后，给另一方造成重大损失，如果相对方同时选择违约金和定金方能补偿损失，甚至不足以补偿损失，应不排除两种同时选择，即两者并罚。因为在这种情况下，两者并罚并不违反公平原则和诚实信用原则。笔者认为，从《合同法》第116条的本意来看，其是排斥违约金和定金的并用的。如果违约以后造成的损失过大，非违约方只能请求支付违约金或者要求承

① 蔡晖．违约金与违约定金的并罚与择罚．人民法院报，1999-11-27.

担定金责任以后，另外要求赔偿损失，但就违约金和定金的运用来说，只能适用一种。

即使在本案中，违约金责任和定金责任可以并用，但违约金数额显然过高。从本案来看，依据《合同法》第 114 条规定："约定的违约金低于造成的损失的，当事人可以请求人民法院或者仲裁机构予以增加；约定的违约金过分高于造成的损失的，当事人可以请求人民法院或者仲裁机构予以适当减少。"在违约金过高的情形下，应当由违约方请求予以适当减少，法院不能依据职权主动减少违约金数额。在该案中，四方公司已经提出路通公司主张的违约金数额过高，实际上已经包含了请求减少违约金数额的意思，所以，法院可以调整违约金数额。

但问题在于，法院应当如何调整违约金数额？根据《合同法司法解释二》第 29 条第 2 款的规定，当事人约定的违约金超过造成损失的 30%的，一般可以认定为《合同法》第 114 条第 2 款规定的"过分高于造成的损失"。也就是说，30%是判断过高数额的标准。但 30%是以造成的损失为基础的，笔者认为，依据《合同法》第 113 条的规定，损失既包括实际损失，也包括可得利益的损失。既然损害赔偿包括可得利益的损失，那么违约金的调整标准也应当包括可得利益的损失。如果在调整违约金数额时，只考虑实际损失，那么违约方在承担违约金以后，又不承担损害赔偿责任，则对非违约方损失的补偿是不完全的，也就是说只补偿了其实际损失，而没有补偿其可得利益的损失。如果违约金的数额高于实际损失和可得利益损失总和的 30%，应当认为，违约金的数额过高。此种违约金的条款具有赌博的性质，导致违约金成为一方获取暴利的工具，法院可以按照当事人的请求进行调整。从本案来看，合同约定的总价款是 1 905 万元，该数额中包括了路通公司获得的利润，但不能以此为标准确定实际损失，因为路通公司并没有交付摩托车，在计算其实际损失时，应当扣除其所节省的成本等费用。如果全部损失为 1 000 万元，即违约金数额超出路通公司损失 30%，即达到 1 300 万元时，即应当认定违约金数额过高，法院即可以依据当事人的请求予以减少。

（三）路通公司可否同时请求赔偿损害

从性质上来看，定金责任的运用不以实际发生的损害为前提，即无论一方违约是否造成实际损害，都可能导致定金责任。定金责任的承担不能替代损害赔偿责任，不能将定金责任作为损害赔偿的最高限额，也不能在计算损害赔偿数额时将定金列入其中，所以在定金的数额低于损失额的情况下，如果认为定金是最高法定赔偿额，从而非违约当事人不能够在请求对方承担定金责任以外另外请求赔偿损失，就不能补偿非违约方所受的损失，从而不利于对其利益的保护。据此，我国《合同法》第 112 条规定：“当事人一方不履行合同义务或者履行合同义务不符合约定的，在履行义务或者采取补救措施后，对方还有其他损失的，应当赔偿损失。”2012 年《最高人民法院关于审理买卖合同纠纷案件适用法律问题的解释》第 28 条规定：“买卖合同约定的定金不足以弥补一方违约造成的损失，对方请求赔偿超过定金部分的损失的，人民法院可以并处，但定金和损失赔偿的数额总和不应高于因违约造成的损失。”由此可见，如果因为一方不履行合同义务给另一方造成损失，在承担定金责任以后，仍然不能弥补受害人遭受的损失，违约方仍然应当承担损害赔偿责任，但如果同时运用定金和损害赔偿以后，其赔偿总额不得超过违约造成的损失总值。因此，从本案来看，如果不适用违约金，仅通过定金责任是无法填补非违约方的实际损失的，因此，路通公司有权在定金责任之外主张违约损害赔偿。

案例五十一　加害给付的责任

一、案情简介

S市宏达牛奶有限公司（以下简称“宏达公司”）与该市禧康水产肉蛋禽公司（以下简称“禧康公司”）于6月23日签订了玉米籽兑换胡麻饼的易货合同。合同签订后，宏达公司先后向禧康公司提交玉米籽84 980千克，禧康公司未提出质量异议，并换取了禧康公司的胡麻饼54 370千克。宏达公司经与其他饲料配比饲喂奶牛后，未发现异常。12月21日，宏达公司再次从禧康公司处兑换胡麻饼12 400千克（177包）。12月22日午间，宏达公司当班工作人员将其中的18包分发给各养牛队，按正常配比饲喂奶牛，各队于12月23日早晨均出现了奶牛中毒现象。宏达公司当即通知了市动物检疫站、畜牧兽医工作站及禧康公司等，其派员到事故现场，解剖死亡奶牛，勘查、分析事故原因，检查剩余的159包胡麻饼，发现其中29包系菜籽饼，外包装无标签，而且形状、颜色各异；有关技术人员初步认定此次奶牛中毒事故系菜籽饼中毒。

12月26日，在市动物检疫站的监督下，提取了饲喂的剩余饲料和禧康公司库存的胡麻饼样品，封样送往中国农业科学院畜牧研究所进行毒物化验。化验证实，菜籽饼中有毒成分异硫酸氰脂含量超过正常允许量。从而确认宏达公司“这次奶牛急性发病致死事件是由于该年12月22日供应胡麻饼存在严重质量不合格问题造成的，其中有相当数量是菜籽饼，而菜籽饼中的有毒成分异硫酸氰脂含量超过正常标准。”此次奶牛中毒事故，共造成6头奶牛10头犊牛死亡，死胎、流产7头，两头淘汰，直接经济损失45 439.80元，为死牛尸体、清库等支出的费用及因奶牛中毒造成隐性流产、推迟产奶期等原因，造成间接损失21 440.80元。

二、争议梳理

一种观点认为，本案是一个合同责任的纠纷。合同双方建立的“玉米籽兑换胡麻饼”的易货合同是有效的，宏达公司适当履行了合同规定的义务，而禧康公司未能按照合同规定提供胡麻饼合格产品，而提供了不合格的菜籽饼，属于违约行为。因此，禧康公司应承担不履行合同的违约责任，对宏达公司因此而遭受的经济损失应予赔偿。由于禧康公司违约提供了质量不合格的产品，并已造成危害，对原合同未履行部分已无履行之必要，应予解除。[①]

另一种观点认为，本案是一起合同责任和侵权责任竞合纠纷。宏达公司、禧康公司之间签订了一项以玉米籽兑换胡麻饼的易货合同，但禧康公司提供的胡麻饼中混进部分菜籽饼，且交货品种繁杂，难以辨认，这是合同标的物的质量问题，属于合同责任的范畴。同时，标的物质量不符合合同的约定，造成了宏达公司的奶牛死亡等严重后果，又构成了产品侵权责任，可以适用有关产品责任的规定。[②]

三、案例评析

笔者认为，本案是一起合同责任与侵权责任竞合的纠纷，更确切地说，本案是一起加害给付的纠纷。所谓加害给付，是指债务人实施了违反合同债务的行为，且此种行为造成了债权人履行利益以外的其他权益的损害。我国台湾地区学者郑玉波指出：“加害给付也称为不完全履行（ungehörige erfüllung），乃债务人未依债之本旨，所为之给付也。”[③] 加害给付具有如下几个特征。

第一，债务人的给付即履行行为不符合合同的规定。加害给付只能在履行有效合同义务的过程中发生，也就是说，合同已经成立并生效，债务人根据有效合同实施了履行行为，但此种履行行为不符合合同的规定。如果合同不能成立或应被宣告无效，或被撤销，在此情况下，只能产生不当得利的返还责任与缔约过失责任，而不产生加害给付责任。还应当看到，加害给付的主体只限于合同关系中的债务人，即只有当债务人实施的不符合合同规定的履行行为造成了对债权人的损害时，才有可能造成加害给付，如果是合同关系以外的第三人实施一定行为造成对债权人的损害，则构成侵权行为。在本案中，双方签订了玉米籽兑换胡麻饼的易货合同，合同内容是合法有效的，双方均应依据合同履行义务，但因为禧康公司的过错，致使给付的胡麻饼中菜籽饼的有毒成分含量超过正常标准，从而表明禧康公司虽然实施了履行行为，但此种履行完全不符合合同的规定。

---

① 中国审判案例要览（1992 年综合本）. 北京：中国人民公安大学出版社，1993：846.

② 中国审判案例要览（1992 年综合本）. 北京：中国人民公安大学出版社，1993：846－847.

③ 郑玉波主编. 民法债编论文选集. 台北：自版，1984：717.

第二，债务人的不适当履行行为造成了对债权人的履行利益以外的其他权益的损害。所谓履行利益，是指在债务人依据合同规定履行时，债权人从中所得到的利益。如依据合同交付合同的标的物，或交付价金等。在债务人未依合同的规定履行时，债权人依合同本来应该得到的利益，因为债务人不履行或不适当履行而没有得到，这就是履行利益的损失。法律对履行利益的保护实际是为了保护合同在严格履行情况下获得的全部利益。

所谓履行利益以外的其他利益，学理上称为固有利益或维护利益，是指债权人享有的不受债务人和其他人侵害的现有财产和人身利益。此处所称的现有财产是指履行标的物以外的财产，或称为履行利益以外的财产利益。例如，《产品质量法》第 41 条中规定的“人身、缺陷产品以外的其他财产损害”，此处所说的“其他财产损害”就属于固有利益的损害。在本案中，宏达公司、禧康公司双方依据合同的规定给付合格的玉米籽和胡麻饼就是双方依据合同所享有的履行利益；宏达公司的奶牛和其他财产，就是履行利益以外的其他财产利益。在本案中，禧康公司给付的胡麻饼中菜籽饼的有毒成分含量超过了正常标准，不仅使宏达公司未能获得履行利益，而且该胡麻饼造成宏达公司喂养的奶牛中毒，从而使宏达公司遭受了履行利益以外的其他损失，由此表明禧康公司的不适当履行行为已构成加害给付。

第三，加害给付是一种同时侵害债权人的相对权和绝对权的不法行为。债权人享有的履行利益实际上是债权人享有的债权，它是一种相对权，并应受到《合同法》的保护。而债权人享有的履行利益以外的其他利益，主要是债权人享有的绝对权，它应受到侵权法的保护。在本案中，禧康公司交付不合格的胡麻饼已构成违约，并使宏达公司享有的债权未能实现，禧康公司交付的不合格胡麻饼造成宏达公司的奶牛死亡和遭受其他财产损失，显然已侵害了宏达公司的物权和其他权益，因此，禧康公司实施的加害给付行为同时构成违约和侵权，并应导致违约责任和侵权责任同时产生，据此可见，加害给付是产生违约责任和侵权责任竞合的主要原因。

在本案的处理上，一审法院认为，本案主要是合同责任纠纷，据此判决禧康公司应承担违约责任。此种观点不无道理。因为在许多加害给付的案件中，适用合同责任可能更有利于保护受害人。其主要原因在于：一方面，从赔偿的范围来看，违约损害赔偿着重赔偿受害人的期待利益的损失。按照《合同法》第 113 条第 1 款的规定：“当事人一方不履行合同义务或者履行合同义务不符合约定，给对方造成损失的，损失赔偿额应当相当于因违约所造成的损失，包括合同履行后可以获得的利益，但不得超过违反合同一方订立合同时预见到或者应当预见到的因违反合同可能造成的损失。”此处所说的“合同履行后可以获得的利益”就是指期待利益。如果因加害给付使受害人遭受了重大的可得利益的损失，受害人可以就此举证，从而允许受害人选择违约责任并使其获得可得利益的赔偿，显然对受害人是有利的。另一方面，在债务人的给付有瑕疵并使债权人遭受给付本身以外的其他损害，如果给付本身的损害大于因给付造成的受害人的其他损失（如交付的有缺陷的锅炉爆炸，致锅炉工烧伤，锅炉的损失大于锅炉工遭受的损害），在此情况下，根据违约责任赔偿受害人遭受的履行利益的损失（即使受害人可获得锅炉本身的损失的赔偿）反而对受害人是有利的。尤其应该看到，根据《消费者权益保护法》第 23 条[①]的规定：“经营者提供商品或者服务，按照国家规定或者与消费者的约定，承担包修、包退或者其他的责任的，应当按照国家规定或者约定履行，不得故意拖延或者无理拒绝。”合同当事人可以在合同中特别约定实行“三包”，实行“三包”是违反合同后所采取的补救措施，采用此种合同责任可能对受害人是有利的。

问题在于，在本案中，禧康公司所实施的加害给付行为已造成了宏达公司的履行利益以外的其他权益损失，侵害了侵权法所保障的权益，应构成侵权行为，因此不能将本案单纯作为合同责任案件对待，而应将其作为违约责任和侵权责任竞合的案件对待。

通常，在加害给付的案件中，按侵权责任而不是合同责任处理，对受害人可能更为有利，其原因在于：一方面，在债务人的不适当履行行为造成对第三人的损害的情况下，由于第三人与债务人之间并无合同关系，对第三人的损害也是当事人在订约时所不可预见的，因而如果适用违约责任，债务人既可以合同的相对性否定其责任，也可因其订约时不可预见违约后果而要求减轻或免除责任，这对第三人来说是不利的。另一方面，因加害给付造成了受害人的人身伤害和精神损害，这种损害通常是当事人订立合同时难以预见的，尤其是对精神损失来说，原则上受害人不能通过合同之诉而获得精神损害赔偿，《合同法》也不应对受害人遭受的精神损害提供补救，因此，受害人在遭受人身伤害特别是精神损失的情况下，应当依据侵权责任获得赔偿。尤其应当看到，从赔偿的范围来看，违约损害赔偿和侵权损害赔偿是不同的。如前所述，因加害给付所产生的损害可以分为履行利益的损害和履行利益以外的其他损害。我国《合同法》第 113 条规定：“当事人一方不履行合同义务或者履行合同义务不符合约定，给对方造成损失的，损失赔偿额应当相当于因违约所造成的损失，包括合同履行后可以获得的利益，但不得超过违反合同一方订立合同时预见到或者应

① 《消费者权益保护法》于 2013 年 10 月 25 日由全国人大常委会修订通过，已对该条有所修正。

当预见到的因违反合同可能造成的损失。”由于履行利益是债权人基于债务履行时所期待取得的利益，因而主要受合同法的保护，而履行利益以外的利益，乃是债权人对其财产和人身所享有的不受他人侵犯的利益，此种利益主要受侵权法的保护。在侵权法上，对此种利益的侵害就属于因侵权行为而造成他人财产或人身的损害。不过，受害人选择合同上的请求权或侵权法上的请求权，在后果上会有一些差异。因为实现履行利益属于当事人的订约目的，一方当事人要求在另一方当事人违约时，希望通过实际履行或赔偿履行利益的损失，以使其获得合同在严格履行下所应得到的全部利益，则必须行使合同上的请求权。如果行使侵权行为请求权，则不能赔偿履行利益和可得利益的损失，但是，侵权法上的请求权可以主张赔偿精神损害。

从本案来看，禧康公司交付的胡麻饼不合格造成宏达公司奶牛中毒，奶牛中毒的直接经济损失达 45 439.80 元，间接损失达 21 440.80 元，显然已大大超过了 12 400 千克（177 包）胡麻饼不合格所致的损失，因此，如按合同责任处理，责令禧康公司主要赔偿履行利益的损失即 12 400 千克胡麻饼不合格的损失，将对受害人极为不利。但能否像一审法院所认定的凡因违约造成的损失，不管是直接损失还是间接损失，都应由禧康公司赔偿？笔者认为，一审法院认定禧康公司应赔偿其因违约给宏达公司造成的全部损失（包括直接损失 45 439.80 元，间接损失 21 440.80 元），此种看法有不妥之处。其主要原因在于：一方面，违约损害赔偿的范围主要限于因交付有瑕疵的产品导致宏达公司不能收到无瑕疵物从而造成的损害，这在本案中主要是指宏达公司交付的 12 400 千克胡麻饼不合格而使宏达公司蒙受的损害。另一方面，因禧康公司交付的胡麻饼不合格而给宏达公司造成奶牛中毒的损害属于履行利益以外的损害，此种损害属于侵权损害赔偿范畴。若按违约损害赔偿处理，那么应将奶牛中毒而导致死亡等所致的损失（即一审法院所认定的直接损失）作为因违约所引起的经济损失对待，因为违约直接造成的损失是瑕疵之物造成的，因瑕疵之物所引发的其他的损失，并不是可得利益损失，而只是间接损失，在违约损害赔偿情形下，这些间接损失是否都应赔偿，应当依具体情况而定。至于因奶牛中毒而引起的其他损失（即一审法院认定的间接损失），则因与违约行为的因果联系过于遥远，不能责令禧康公司赔偿。但如果本案按侵权责任处理，那么禧康公司交付有瑕疵的胡麻饼造成宏达公司财产损害，构成侵权行为，因侵权行为引起的损失（包括一审法院认定的直接损失和间接损失），都是侵权行为所致的结果，因而均应由禧康公司负责赔偿。

当然，笔者认为，既然本案属于违约责任与侵权责任竞合的案件，那么最好的办法是按照违约责任与侵权责任竞合的原则处理，《合同法》第122条规定，“因当事人一方的违约行为，侵害对方人身、财产权益的，受损害方有权选择依照本法要求其承担违约责任或者依照其他法律要求其承担侵权责任”，即允许宏达公司在基于违约的请求权与基于侵权的请求权之间作出选择。一旦宏达公司选择了其中一种请求权，则应当按其选择来处理，这对于保护受害人的利益是有利的。需要注意的是，《合同法司法解释一》第30条规定：“债权人依照合同法第一百二十二条的规定向人民法院起诉时作出选择后，在一审开庭以前又变更诉讼请求的，人民法院应当准许。对方当事人提出管辖权异议，经审查异议成立的，人民法院应当驳回起诉。”这就是说，宏达公司在一审开庭以前变更其选择的请求权的，人民法院应当准许，以充分救济受害人。另外，宏达公司选择合同请求权或侵权请求权时，涉及民事诉讼法上的管辖权问题，如果对方当事人提出管辖权异议，经审查异议成立的，人民法院应当驳回起诉。从本案来看，宏达公司在起诉禧康公司时，可以确定其法律依据，即究竟是合同法还是侵权法。不过，在一审开庭之前，如果宏达公司依法提出变更其诉讼请求的，应当允许。

案例五十二　损害赔偿范围的计算

一、案情简介

1999 年 5 月 10 日，B 市黄记食品有限公司（以下简称“黄记公司”）与 H 市汇味糖业有限公司（以下简称“汇味公司”）订立一份购销白糖的合同，合同规定：由汇味公司供给黄记公司白糖 200 吨，每吨 1 900 元；质量按国标；交货时间为 8 月初；交货地点为 B 市火车站；货到付款；黄记公司按合同规定须预交 10 万元；逾期不交货或不付款，每天按货款总值的 2%计算违约金。同年 7 月 25 日，黄记公司向汇味公司汇去 8 万元预付款，8 月 5 日，汇味公司将 100 吨白糖运抵 B 市火车站。黄记公司向汇味公司汇去 11 万元，并催促汇味公司尽速发来另 100 吨货。8 月 10 日，汇味公司复函提出希望推迟一月发货，并提出因白糖价格上涨，希望将每吨白糖价由 1 900 元提至 2 000 元，黄记公司于 8 月 15 日复函表示可以推迟一月，但价款不能变。同年 8 月 25 日，黄记公司因急需原料，遂以每吨 2 000 元的价格在市场上购买了 50 吨白糖。至 9 月 15 日，黄记公司催促汇味公司发货，汇味公司仍坚持按市价每吨 2 000元售卖提货。9 月 20 日，黄记公司提出解除合同，并要求对方支付违约金和赔偿损失。但至 9 月底，白糖价格急剧下跌，每吨跌至 1 800 元，汇味公司于 10 月 15 日提出交货，黄记公司拒绝，并于 10 月 30 日在法院提起诉讼。黄记公司诉称：汇味公司在合同订立后一再违约，应自 1999 年 8 月 6 日起每天按货款总值的 2%计算违约金，并应赔偿其按市价购买白糖的损失。汇味公司辩称：黄记公司按规定应交 10 万元预付款，仅交 8 万元，应自 7 月 25 日起每天按货款总值的 2%计算违约金，由于白糖价格已下跌，给汇味公司也造成了损失，黄记公司也应负赔偿责任。

二、争议梳理

第一种观点认为，本案主要是汇味公司违约，汇味公司应向黄记公司支付违约金并应赔偿未交付 100 吨白糖给黄记公司造成的损失。

第二种观点认为，尽管汇味公司构成违约，但黄记公司也有违约行为，因此本案属于双方违约，应由双方分担损失或责任。

第三种观点认为，汇味公司虽已违约，但黄记公司自愿推迟，已免除了汇味公司的责任。

三、案例评析

本案中，双方当事人于5月10日订立的购销白糖的合同是合法有效的，双方当事人均应依据合同的规定严格履行其义务，任何一方违反合同规定均应承担违约责任。

根据合同规定，黄记公司应在8月初以前向汇味公司交付10万元预付款，但黄记公司仅交付8万元，显然已构成违约。但此种违约是否属于拒付货款，并应承担不付款的责任（每天按货款总值的2%计算违约金）？笔者认为，不交足预付款与拒付货款之间是有区别的。所谓预付款，是由双方当事人商定的在合同履行前所给付的一部分价款，从性质上说，预付款的交付是指在履行期尚未到来时，一方自愿提前履行合同义务，给付部分价款，而另一方愿意接受这种对其有利的提前履行。预付款的交付通常为对方提供一部分资金上的帮助，但预付款与履行期到来后支付货款的义务是有区别的。更何况在本案中，黄记公司应交付10万元预付款实际仅交付8万元，不足部分的数额并不是太大，此种不足也不会影响到汇味公司的义务履行问题，在履行期到来后，汇味公司交付100吨白糖，黄记公司支付11万元货款，已将8万元预付款计入货款之中，汇味公司未提出任何异议，表明预付款支付不足并未实际妨碍汇味公司履行义务和给其造成较大的损害。汇味公司不能以此为由要求黄记公司每天按货款总值的2%计算违约金，更不能以预付款支付不足作为其拒绝履行另100吨白糖的交货义务的理由。因为预付款支付不足与100吨白糖的交付之间不构成对应和牵连关系，因此不适用同时履行抗辩权规则。当然，不交足预付款毕竟构成轻微的违约，黄记公司应向汇味公司支付不足部分的违约金。具体计算方法为：2万元×银行的贷额利率×迟延天数（7月26日至8月4日共计9天）。

关于汇味公司的责任，还需要讨论如下几个问题。

1. 汇味公司在推迟履行期间的责任

汇味公司于1999年8月5日发来100吨白糖以后，黄记公司催促汇味公司交付另100吨货，汇味公司于8月10日复函提出希望推迟一月发货，并希望提价，黄记公司于8月15日复函表示可以推迟一月发货，但不能提价。可见，尽管汇味公司仅交付部分货物，但因为黄记公司同意汇味公司可迟一月发来另 100 吨货物，表明黄记公司与汇味公司之间不仅达成了变更另 100 吨货物的交货时间的协议，而且黄记公司也因为同意汇味公司推迟交付货物，而免除了汇味公司在推迟履行期间的不完全履行的责任。这就是说，既然黄记公司同意汇味公司推迟履行，那就意味着汇味公司推迟至 1993 年 9 月 15 日（从黄记公司同意推迟之时起开始计算）交付 100 吨白糖是符合合同规定的，不构成违约，黄记公司亦无权追究汇味公司在此期间的违约责任。至于黄记公司在此期间因急需原料，以每吨 2 000 元的价格在市场上购买了 50 吨白糖，由此造成的损失即 50 吨×100 元/吨＝5 000 元的损失，应由黄记公司自己负担，黄记公司也无权要求汇味公司承担违约金责任。

2. 汇味公司在推迟履行期间到来后仍不履行的责任

汇味公司在推迟履行期间到来后（9 月 15 日）仍未履行交付另 100 吨白糖的义务，则构成违约，黄记公司有权请求其承担违约责任，黄记公司可以提出哪些请求？

第一，实际履行与解除合同。即使是在推迟履行的期限到来后，黄记公司也可以继续要求汇味公司履行义务，但亦可以要求解除合同。因为在推迟履行期间确定后，汇味公司在此期间到来后仍未履行，已足以表明其已拒不履行合同义务，具有毁约的故意，因此根据我国《合同法》第 94 条第 2 项规定，“在履行期限届满之前，当事人一方明确表示或者以自己的行为表明不履行主要债务”，黄记公司有权解除合同。当然，在解除合同以后，黄记公司不得再提出继续履行的问题（除非当事人另外再订立一个新的合同）。

第二，要求赔偿损失。在本案中，汇味公司应如何赔偿损失，赔偿何种损失，是一个值得探讨的问题。一般来说，在卖方不交货的情况下，损失额的计算应以货物的市场价格与合同的价格之间的差额作为标准，例如本案中，合同价为每吨 1 900 元，而市场价在当年 9 月 20 日为每吨 2 000 元，则每吨 100 元的差价乘以未交付的货物数量（100 吨），即为黄记公司所遭受的损失。当然，这一标准仅适用于合同标的物价格不断上涨的情况，如果合同标的物的价格是在不断下降，则不能适用这一标准计算损失。

在本案中，汇味公司在 9 月 15 日以后未交货，而在此之后，货物价格时涨时落。如何计算损失？笔者认为，黄记公司可选择两种方式确定其损失。一是如果货物价格不断波动，在某一时间涨幅很大，大大超出合同价，黄记公司如能证明这一点，就可以以这最后价格（假设在本案中白糖曾于 9 月 18 日涨至每吨 2 100 元）为基点计算损害额。因为如果出卖人如期交货，货物所有权转移给买方，在买方控制下，货物价格下跌的风险就由其自行承担，同样，货物价格上涨的利益也可以为其享有。所以，黄记公司可以以价格上涨的最高点计算其损害，并要求汇味公司赔偿。二是如果价格上涨而黄记公司又急需此货物，那么黄记公司也可以以高于原合同规定的价格在市场上购得替代物，黄记公司实行替代性购买价格与原合同价格的差额及黄记公司所支付的其他合理费用，即为黄记公司所受的损失，应由汇味公司赔偿。当然，上述损失只是直接损失，黄记公司还可以要求汇味公司承担利润损失，即因为汇味公司不交付白糖而使黄记公司不能如期生产出食品而造成的损失。但鉴于白糖并非紧俏商品，黄记公司极易从市场上购买到白糖，因此如实行保护性购买，则将不会有利润损失，因而黄记公司要证明存在利润损失是很困难的。

第三，要求支付违约金。在本案中，货物的价格最终不是上涨而是下跌了，汇味公司辩称其因价格下跌也蒙受损失，此观点是不能成立的。假如黄记公司实行替代性购买时，是以低于原合同的价格买进的，则黄记公司实际上并未受损失。当然，黄记公司提出，价格下跌是在 9 月底发生的事，在此之前，合同已经解除，而合同解除不应影响其要求赔偿的权利，因此应以合同解除时的价格为准计算损害。2012 年《最高人民法院关于审理买卖合同纠纷案件适用法律问题的解释》第 26 条规定：“买卖合同因违约而解除后，守约方主张继续适用违约金条款的，人民法院应予支持；但约定的违约金过分高于造成的损失的，人民法院可以参照合同法第一百一十四条第二款的规定处理。”据此，合同解除不影响主张违约金的权利，此种观点是合理的。但问题在于，即使按当时的市价计算损害，黄记公司所获得的赔偿额是有限的，如黄记公司请求违约金，自逾期之日起每天按货款总值的 2%计算，则数额将超过损害赔偿的数额。在违约金数额已超过损害赔偿额的情况下，违约金已体现了一定的惩罚性，非违约方在请求了违约金以后，不应再请求赔偿损失；否则，将会给汇味公司强加过重的责任。当然，如果违约金数额过高，根据我国《合同法》第 114 条的规定，“约定的违约金低于造成的损失的，当事人可以请求人民法院或者仲裁机构予以增加；约定的违约金过分高于造成的损失的，当事人可以请求人民法院或者仲裁机构予以适当减少”，法院有权予以公平裁量，适当减少。不过，本案中违约金数额虽然超过了实际损失额，但超过的并不是太多，而且因汇味公司故意违约，过错程度较重，因此不宜减少违约金数额。

案例五十三　约定损害赔偿条款适用纠纷案

一、案情简介

2008年1月5日，上海某船舶建造厂与广州某物流公司签订了一份“船舶建造合同”。合同约定，船舶建造厂为物流公司建造一艘六万吨散货船，而物流公司支付2亿元人民币的对价给船舶建造厂，双方约定交付日期为2年后，即2010年1月5日。关于合同价款的支付，双方约定分两期支付，合同签订后10个工作日内，物流公司先支付第一期价款8 000万元，船舶建造厂用以购买建造船舶的必要设备、零部件等。第二期价款于2009年1月5日支付，数额为剩余的全部价款。合同第11条就“严重违约的特别约定”作了详细规定：“买方在下列情况下被视为严重违反本合同规定之义务并导致合同无法履行……卖方有权将已建造的船舶出售，所获价款充抵赔偿额。”合同签订后，物流公司按照约定支付了第一期8 000万元价款。但合同签订不久，即爆发金融危机，物流公司业务量锐减，建造大型船舶对其已经意义不大，而且其现金流也严重不足。2008年12月，物流公司以情势变更为理由，请求解除合同。船舶建造厂认为，船舶已经开始建造，停工将导致其巨大损失，因此拒绝解除合同。双方协商未果。后来，物流公司提出，可以不解除合同，但应当将合同价款减少一半。但船舶建造厂表示不同意减少价款。2010年1月5日，船舶如期建造完毕，此时船舶建造厂要求物流公司接收船舶，但物流公司拒绝接收。船舶建造厂遂依据合同第11条的规定，将船舶以1亿元人民币的价格出售给第三人。船舶建造厂依据合同约定，在扣除出售的1亿元并加上第一期款项8 000万元，要求物流公司支付2 000万元的价款。而物流公司提起反诉，主张船舶建造厂应当向其返还第一期款项8 000万元及其利息500万元。

二、争议梳理

本案在讨论中形成如下几种不同意见。

第一种观点认为，由于物流公司没有支付第二期价款，违约在先，因而船舶建造厂应当有权要求物流公司支付全部合同价款。

第二种观点认为，物流公司在金融危机爆发的情况下，已经提出了解除合同的请求，船舶建造厂应当停止建造。而船舶建造厂却继续建造船舶，此时属于自己扩大损失，对于扩大的损失，应当由船舶建造厂自己承担。所以在购买必要设备及零部件之外，船舶建造厂应当将第一期价款中的剩余部分退还给物流公司。

第三种观点认为，物流公司已经构成违约，船舶建造厂有权要求其承担违约责任，但是不能根据合同第 11 条的约定主张赔偿，而应当根据实际损失来确定赔偿数额，法院根据实际损失情况来决定赔偿数额，即根据合同签订当年的年平均盈利状况，判令物流公司赔偿船舶建造厂 500 万元的损失。

三、案例评析

本案主要涉及如下三个方面的问题：一是双方签订的合同在性质上是买卖合同还是承揽合同；二是本案可否适用情势变更；三是法院能否调整当事人约定的损害赔偿的计算方法。

（一）双方签订的合同在性质上是买卖合同还是承揽合同

船舶建造合同在法律上究竟属于承揽合同还是买卖合同，对当事人的权利义务关系具有重要影响，值得探讨。承揽合同是承揽人按照定作人提出的要求完成一定的工作，并将工作成果交付给定作人，定作人接受该工作成果，给付约定报酬的合同。关于该案究竟应该属于买卖合同还是承揽合同，需要讨论如下两个问题。第一，在物流公司支付第一期 8 000 万元价款时，船舶建造厂是否应当立即施工建造，并完成相应的工作成果。承揽合同的标的物是特定的工作成果，在订立合同时是不存在的。它要在合同订立后，由承揽人依照约定通过其设备、技术和劳力创造出来。而买卖合同订立时，合同标的物一般是已经存在的，标的物为未来之物的买卖合同是特殊现象。通常，在承揽合同中，承揽人应当按照定作人的要求分阶段完成相应的工作成果。但如果其属于买卖合同，则并无此项要求，只要其在约定的期限内向买受人交付标的物即可。第二，物流公司在发生金融危机之后，是否可以请求解除合同。在承揽合同中，定作人享有任意解除权，而买卖合同通常并不以人身信任关系为基础，买受人取得标的物的所有权一般并不考虑出卖人的能力、技能等个人特点，因而只要标的物质量合格，究竟是由谁制造该标的物对买受人并没有意义，买受人也无权就此提出请求。《合同法》第 268 条规定："定作人可以随时解除承揽合同，造成承揽人损失的，应当赔偿损失。"这就在法律上确立了定作人的任意解除权。但是在买卖合同中则不存在任意解除权的问题。因此，如果本案中，当事人订立的是承揽合同，则物流公司可享有任意解除权，但如果是买卖合同，则不能行使任意解除权。

笔者认为，本案中的船舶建造合同在性质上应当属于买卖合同，而非承揽合同，主要理由在于：

一方面，在该合同中，定作人所支付的2亿元在性质上应当是购买船舶的对价，而非承揽人所取得的报酬。对承揽合同而言，定作人一般需要向承揽人支付材料费用，但在该案中，虽然物流公司第一期需要支付8 000万元，用于船舶建造厂购买必要的设备、零部件，但该款项后来是被计入整个价款之中，是购买船舶价款的一部分，而并非物流公司作为定作人所应支付的材料费。因此，不宜将该合同认定为承揽合同，而应当将其认定为买卖合同。

另一方面，在承揽合同中，定作人应当对承揽人所完成的工作成果享有所有权。例如，依据《合同法》第264条的规定，除当事人另有约定外，如果定作人未向承揽人支付报酬或者材料费等价款的，则承揽人有权对完成的工作成果享有留置权，这实际上是肯定了定作人对工作成果享有所有权。再如，依据《合同法》第265条的规定，如果因承揽人保管不善造成工作成果毁损、灭失的，则承揽人应当承担损害赔偿责任。这实际上也肯定了工作成果的所有权应当归定作人。而在该案中，船舶建造厂在将船舶建成后，依据合同约定，其仍然需要将其交付给物流公司，这也是移转船舶所有权的物权变动公示方法。可见，在交付船舶之前，船舶建造厂实际上享有该在建船舶的所有权，因此，该船舶建造合同在性质上应当属于买卖合同而非承揽合同。

既然该船舶建造合同并不属于承揽合同，则物流公司作为定作人，其并不享有任意解除合同的权利。

（二）本案可否适用情势变更

本案也涉及情势变更的适用问题。在该案中，2008年发生金融危机后，物流公司以情势变更为由，主张解除合同，而船舶建造厂则主张，船舶开始建造后，一旦停工，将会导致巨大的损失，因此拒绝解除合同。后物流公司又主张，可以不解除合同而将合同的价款减少一半，但船舶建造厂并不同意减少价款。问题在于，该案的情形是否属于情势变更？物流公司解除合同或者减少价款的主张能否成立？

所谓情势变更，是指合同成立以后客观情况发生了当事人在订立合同时无法预见的、非不可抗力造成的不属于商业风险的重大变化，继续履行合同对于一方当事人明显不公平或者不能实现合同目的。从本案的情况来看，当事人订立合同之后，因发生金融危机，物流公司业务量减少，从而遇到严重的经济困难，此种情形确实可以归入情势变更的范畴，物流公司应当有权主张变更或者解除合同。但从我国现行立法和司法解释规定来看，在情势变更的情形下，当事人主张变更或者解除合同应当遵循一定的程序。依据《合同法司法解释二》第 26 条的规定，在情势变更的情形下，“当事人请求人民法院变更或者解除合同的，人民法院应当根据公平原则，并结合案件的实际情况确定是否变更或者解除”，也就是说，发生情势变更后，当事人并不当然享有合同解除权，而只是有权请求人民法院变更或者解除合同。而在该案中，在发生金融危机后，物流公司如果主张变更或者解除合同，应当向法院提出请求，其直接向船舶建造厂主张变更或者解除合同，并不能够当然产生解除合同或者变更合同的效力，需要法院根据具体情况判断能否变更或者解除合同。

（三）法院能否调整当事人约定的损害赔偿的计算方法

本案争议较大的一个问题是，在物流公司拒绝接收船舶并支付价款的情形下，船舶建造厂能否根据合同第 11 条将该船舶转卖给第三人？在本案中，当事人在合同第 11 条中就“严重违约的特别约定”作了详细约定：“买方在下列情况下被视为严重违反本合同规定之义务并导致合同无法履行……卖方有权将已建造的船舶出售，所获价款充抵赔偿额。”该约定是否属于违约损害赔偿的计算方法？在物流公司违约后，船舶建造厂能否依据该条约定将船舶出售，并将所获价款冲抵赔偿额？

所谓约定损害赔偿方式，是指双方当事人约定在一方违约之后如何计算违约的方法。如果当事人已经在合同中对违约责任作出了约定，则应当尊重当事人的约定。《合同法》第 114 条第 1 款还规定：“当事人可以约定一方违约时应当根据违约情况向对方支付一定数额的违约金，也可以约定因违约产生的损失赔偿额的计算方法。”依据该条规定，当事人可以在合同中约定违约损害赔偿的计算方法，只要该约定有效，法院应当尊重当事人的此种约定，而不得擅自变更或废除当事人的此种约定。在该案中，当事人明确约定，在买方严重违约的情况下卖方有权……这就表明当事人双方自愿将船舶出卖而取得的价款充抵违约赔偿额，这本身就是一种损害赔偿的计算方法。笔者认为，该约定出于当事人真实的意思表示，应当肯定其效力，任何一方当事人不得随意变更或者废除该约定，除具有法律规定的原因外，法院也不得变更或者否定其效力。例如，如果当事人在约定违约损害赔偿计算方法时存在显失公平的情形，则法院可以基于当事人的请求而变更该条款。再如，在情势变更的情形下，法院也可以基于当事人的请求对该条款进行变更。

除上述法律规定的情形，在此还需要讨论的是，如果按照当事人所约定的违约损害赔偿计算方法所计算的违约损害赔偿数额过高，当事人能否请求人民法院调整该赔偿数额？我国《合同法》第114条第2款仅就违约金数额的调整作出了规定，法院能否调整当事人所约定的违约损害赔偿数额，《合同法》并没有作出规定。一种观点认为，此种情形可以类推适用《合同法》第114条第2款的规定，法院有权基于当事人的请求进行调整。另一种观点认为，既然《合同法》第114条没有规定此种情形，则表明立法者已经明确排除了法院调整违约损害赔偿数额的自由裁量权。从审判实践来看，一些法院依据职权对当事人所约定的违约损害赔偿数额进行了调整；而有的法院认为，即便当事人约定了违约损害赔偿的计算方法，当事人仍然应当举证证明其所遭受的具体损害。笔者认为，尽管《合同法》仅规定了违约金数额的调整，而没有规定约定损害赔偿数额的调整，但并不能据此认为，《合同法》完全排除了法院调整约定损害赔偿数额的权力。笔者认为，在尊重当事人私法自治的基础上，在特定情形下，法院仍然应当有权调整约定损害赔偿数额，主要理由在于：一方面，约定损害赔偿与违约金在功能上具有相似之处，《合同法》仅规定了违约金数额的调整，而没有规定约定损害赔偿数额的调整，显然属于法律漏洞，此时，约定损害赔偿数额的调整可以类推适用违约金数额调整的规则。另一方面，从司法实践来看，确实存在着当事人所约定的违约损害赔偿数额过高的情况，如果完全否定法院对约定损害赔偿数额的调整，可能会产生显失公平的后果。此外，笔者认为，在当事人依据约定损害赔偿条款主张赔偿损失时，非违约方不应当负有证明其实际损失的义务，如果违约方主张依据约定的损害赔偿计算方式所得出的违约损害赔偿数额过高，则其应当负有相应的举证义务。在该案中，在船舶建造厂依据约定的损害赔偿计算方式主张违约责任时，其并不需要举证证明自己遭受了何种财产损失，如果物流公司主张该约定损害赔偿数额过高，则其应当负担相应的举证义务。

法谚云："合同是当事人之间的法律。"如果当事人在合同中明确约定了违约损害赔偿的计算方法，除该约定具有欺诈、胁迫等效力瑕疵外，该约定应当具有法律效力，此时，法院不应当再要求非违约方举证证明自己的损害。当然，如果违约方认为按照当事人所约定的违约损害赔偿计算方法所得出的损害赔偿数额过高，则其可以请求法院减轻其违约损害赔偿责任。

第二编　合同法分则

案例五十四 挖掘机买卖纠纷案

一、案情简介

华盈有限责任公司（以下简称“华盈公司”）欲购买10台中型挖掘机（20～30吨），其从网上发现卡特挖掘机公司（以下简称“卡特公司”）生产的此类型号的挖掘机价格合理，质量受到用户好评，尤其是该公司在网上所发布的广告宣称，其生产的挖掘机“动力强劲，液压系统实现精确控制和更高液压效率，能提供业界最佳的生产效率”，并附有挖掘机行业协会颁发的产品质量金奖证明。2008年年初，华盈公司看到该广告后，便直接从网上向卡特公司订购了10台某型号的中型挖掘机，每台价格10万元。合同订立后，按照约定，华盈公司交付了10万元的定金，约定两个月后交货。但一个月后，华盈公司股东会决定，不再从事建筑施工行业，而转入酒店经营，并决定不再购买挖掘机。于是，华盈公司向卡特公司提出取消订货，并要求卡特公司退回定金。但卡特公司提出，挖掘机已经按照华盈公司的要求制造出来，正准备送货，因此不接受华盈公司取消订货的请求。华盈公司提出，挖掘机属于“特种设备场内机动车”，需要取得政府许可才能生产销售，而出卖人并未取得该许可，因此，该买卖合同应当是无效合同；同时，华盈公司提出，卡特公司在网上所作的广告涉嫌欺诈，因为其生产的挖掘机根本不能提供业界最佳的生产效率，因此，华盈公司主张撤销合同。双方为此发生争议。

二、争议梳理

本案争议的焦点之一是，关于挖掘机是否属于“特种设备场内机动车”，是否需要取得政府许可才能生产销售，对此存在两种观点。一种观点认为，卡特公司生产挖掘机属于“特种设备场内机动车”，需要取得政府许可才能生产销售，而出卖人并未取得该许可，因而该买卖合同也无效。另一种观点认为，挖掘机不属于“特种设备场内机动车”，生产、销售挖掘机也不需要政府特别许可。

本案争议的焦点之二是，卡特公司的网上广告宣传是否构成欺诈？也就是说，卡特公司宣传其生产的挖掘机“能提供业界最佳的生产效率”，该宣传是否构成欺诈？

三、案例评析

（一）挖掘机是否属于“特种设备场内机动车”

华盈公司认为，挖掘机属于“特种设备场内机动车”的主要理由在于：一方面，挖掘机属于厂内机动车辆。《厂内机动车辆安全检验技术要求》（国家技术监督局批准，1996年10月1日实施）将挖掘机规定为厂内机动车辆。厂内机动车辆（挖掘机）等机电类特种设备的正式销售需要取得制造许可。《机电类特种设备制造许可规则（试行）》（国家质量监督检验检疫总局，2003年6月17日颁行）第2条对此作出了具体规定。另一方面，厂内机动车辆（挖掘机）属于特种设备。《特种设备质量监督与安全监察规定》（国家质量技术监督局颁布，2000年10月1日实施，已失效）第2条规定，本规定所称“特种设备”包括厂内机动车辆。但笔者认为，华盈公司认为挖掘机属于“特种设备场内机动车”的主张难以成立，挖掘机不属于“特种设备场内机动车”，其销售无须取得制造许可，主要理由在于：

第一，认定挖掘机属于“特种设备场内机动车”的法律依据并不妥当。华盈公司认为挖掘机属于“特种设备场内机动车”的主要法律依据是《厂内机动车辆安全检验技术要求》和《特种设备质量监督与安全监察规定》，事实上，国务院已经于2003年3月11日颁行了《特种设备安全监察条例》（2009年修正，以下简称《条例》）。从法律规则的效力位阶来看，《厂内机动车辆安全检验技术要求》和《特种设备质量监督与安全监察规定》在性质上属于部门规章，而《条例》则属于行政法规，其效力位阶高于前述部门规章，因此，在认定挖掘机是否属于“特种设备场内机动车”时，应当以《条例》为依据。

第二，从《条例》的规定来看，挖掘机并不属于“特种设备场内机动车”。《条例》第2条第1款规定：“本条例所称特种设备是指涉及生命安全、危险性较大的锅炉、压力容器（含气瓶，下同）、压力管道、电梯、起重机械、客运索道、大型游乐设施……”该条并没有将挖掘机认定为“特种设备”。因此，不宜将挖掘机认定为“特种设备场内机动车”。

第三，国务院于2009年1月颁布了《国务院关于修改〈特种设备安全监察条例〉的决定》（以下简称《条例修改决定》），《条例修改决定》在原《条例》第2条第1款关于特种设备的内容中新加入了“场（厂）内专用机动车辆”，但质检总局发布的《关于征求〈场（厂）内专用机动车辆目录〉意见的函》（2009年3月26日，质检特函〔2009〕15号）中并没有列入挖掘机。因此，不宜将挖掘机认定为“特种设备场内机动车”。

总之，本案中的挖掘机并不属于“特种设备场内机动车”，其生产和销售并不需要行政机关的专门许可。

（二）卡特公司的广告是否构成欺诈

卡特公司在网上所发布的广告宣称，其生产的挖掘机“动力强劲，液压系统实现精确控制和更高液压效率，能提供业界最佳的生产效率”。华盈公司提出，其是在看了这个广告之后才决定购买，而从多方面了解的情况表明，卡特公司生产的挖掘机并不能提供业界最佳的生产效率，因此该广告构成欺诈。笔者认为，这一主张不能成立。因为一方面，卡特公司的宣传属于正常的广告宣传，其宣传的内容较为抽象，不能将其认定为欺诈。如何理解“动力强劲，液压系统实现精确控制和更高液压效率，能提供业界最佳的生产效率”？笔者认为，这句话并不是对产品质量、生产工艺等所作出的具体说明。“最佳的生产效率”只是说该产品的生产效率是一流的，但并不是说它是唯一的。更何况，卡特公司附有挖掘机行业协会颁发的产品质量金奖证明，该证明虽然不能保证该公司每一个产品都完全达到该标准，但至少能够证明该产品具有很好的质量。另一方面，卡特公司的网上广告宣传并不是对具体产品质量的担保，而应当属于正常的广告宣传。此外，本案中，产品尚未交付，华盈公司也没有对产品进行质量检验，不能以泛泛的市场调查为由认为卡特公司所生产的挖掘机质量不符合质量要求。因此，华盈公司认为卡特公司的网上广告宣传存在欺诈的主张难以成立。

（三）华盈公司能否同时提出宣告合同无效和撤销合同的请求

从实践来看，当事人为了取消合同，可能提出多项请求，所以在本案中，华盈公司也同时提出了宣告合同无效和撤销合同的请求。华盈公司提出，挖掘机属于“特种设备场内机动车”，需要取得政府许可才能生产销售，而出卖人并未取得该许可，因而认为该买卖合同应认定为无效；并且提出，卡特公司在网上所作的广告涉嫌欺诈，因为其生产的挖掘机根本不能提供业界最佳的生产效率，因此，华盈公司以欺诈为由主张撤销合同。

笔者认为，虽然宣告合同无效和撤销合同的法律效果是类似的，都可以否定合同的效力，但这两种请求之间存在一定的冲突，不能同时请求，因为一方面，对法院来说，当事人提出宣告合同无效，法院应当审查合同是否存在无效的事由，如果主张撤销合同，则法院应当审查是否存在可撤销的事由，但不能要求法院同时审查撤销或无效的事由。另一方面，无效在后果上比可撤销严重，因此，在主张无效后，就不得再主张可撤销。此外，在撤销权的行使期间经过后，当事人也不能再主张撤销合同。

（四）华盈公司能否主张卡特公司退还定金

从本案来看，华盈公司是因为自身经营方向转变而主张否定合同的效力，该行为已经构成违约，应承担相应的违约责任。关于定金责任，《合同法》第115条规定："当事人可以依照《中华人民共和国担保法》约定一方向对方给付定金作为债权的担保。债务人履行债务后，定金应当抵作价款或者收回。给付定金的一方不履行约定的债务的，无权要求返还定金；收受定金的一方不履行约定的债务的，应当双倍返还定金。"依据该条规定，华盈公司的行为已经构成违约，不得主张返还定金，而且如果因华盈公司违约造成卡特公司其他损失的，卡特公司还有权请求华盈公司承担违约损害赔偿责任。

案例五十五　货物质量是否合格争议案

一、案情简介

S市银行协会（以下简称“银行协会”）准备向该市银行推广一种新型验钞机，恰好A市金光新型材料研发公司（以下简称“金光公司”）在网上推广其刚研发成功的一款新型验钞机，于是银行协会决定购买金光公司的产品。2010年7月1日，银行协会与金光公司达成《订购合同》，约定采购1 000台金光公司生产的新型验钞机，每台1 500元，合同总价款150万元人民币。双方签订的《订购合同》第8条“检验”第1款规定：“检验标准按照双方约定的关于合同货物的质量标准、国家或行业相关质量标准中最为严格的标准执行。”同时合同约定，任何一方违约，应向对方支付总价款10%的违约金。在合同签订后一周内，金光公司就向银行协会交付了1 000台新型验钞机。但各个银行在使用了近两年后发现，这种验钞机拒钞率很高，不利于业务的开展，于是各银行反馈给银行协会，银行协会便于2012年6月30日向金光公司发函，要求退款或者更换验钞机。金光公司于2012年7月10日收到该函，后来双方约定先对验钞机的质量进行鉴定，金光公司便指定了一家鉴定机构对其中50台进行抽样鉴定，鉴定结果证明该批验钞机质量符合GB 16999—1997国家标准。但银行协会主张，GB 16999—1997国家标准已经被GB 16999—2010国家标准代替，而按照GB 16999—2010国家标准，该验钞机的质量并不合格。同时，银行协会提出，即便按照旧的GB 16999—1997国家标准，也应该由双方共同指定的机构鉴定，而不能由金光公司单方指定的鉴定机构进行鉴定。金光公司提出，本案已过诉讼时效，银行协会无权要求其退款赔偿，双方为此发生争议。

二、争议梳理

本案的第一个争议焦点在于，应当采用哪种标准确定验钞机的质量是否合格？一种观点认为，应当采用GB 16999—1997国家标准，由于当事人并未约定采用哪个标准确定验钞机质量是否合格，因而 GB 16999—1997 国家标准可以成为认定验钞机质量是否合格的依据。另一种观点认为，应当采用GB 16999—2010 国家标准，因为 GB 16999—1997 国家标准已经被GB 16999—2010 国家标准所取代，故应当使用最新的标准认定验钞机的质量。

本案的第二个争议焦点在于，银行协会主张权利是否已经经过了诉讼时效？一种观点认为，当事人订立合同的时间为 2010 年 7 月 1 日，而银行协会主张权利的时间为 2012 年 6 月 30 日，已经经过了诉讼时效。另一种观点认为，本案中诉讼时效的起算点并非合同订立之时，而应当是各银行协会知道或者应当知道其权利受到侵害之时，在本案中，诉讼时效的起算点应当是各银行向银行协会反馈验钞机质量存在问题之时，因此，本案的诉讼时效并未经过。

三、案例评析

（一）应当采用哪一标准确定验钞机的质量是否合格

本案中，关于采用哪种标准确定验钞机的质量是否合格，双方对此各执一词。笔者认为，采用 GB 16999—2010 国家标准更为合理。虽然 GB 16999—1997 国家标准和 GB 16999—2010 国家标准都是国家强制性标准，但依据《标准化法》第 2 条的规定，“强制性标准必须执行”，该法第 25 条规定：“不符合强制性标准的产品、服务，不得生产、销售、进口或者提供。”因此，GB 16999—2010 国家标准作为国家强制性技术标准，其法律效力具有强制性，双方均不能违反。金光公司主张，由于合同中并没有明确具体约定适用哪一个标准，而且在当时，GB 16999—1997 国家标准和 GB 16999—2010 国家标准都在采用，都属于国家强制性标准，所以只要符合其中一个标准，就符合了合同的约定。笔者认为，此种主张难以成立，因为在本案中，双方的《订购合同》第 8 条“检验”第 1 款规定：“检验标准按照双方约定的关于合同货物的质量标准、国家或行业相关质量标准中最为严格的标准执行。”依据该条约定，应当采用最为严格的标准认定验钞机的质量，即在当时的标准中，哪一个标准最严格、最高，就采用哪一个标准。在当事人订立合同时，已经出现了 GB 16999—2010 标准，从本案的情形来看，依据 GB 16999—1997 国家标准，该验钞机质量合格，而依据 GB 16999—2010 国家标准，该验钞机的质量不合格，显然，GB 16999—2010 国家标准更为严格，因此，应当采用 GB 16999—2010 国家标准认定验钞机的质量是否合格。依据该标准，该验钞机的质量是不合格的。

（二）关于鉴定的方法问题

关于如何确定验钞机质量的鉴定方法，双方当事人也存在一定的争议。鉴定工作本身是一项具有高度技术性的专门工作，从形式到内容，从技术手段到技术标准，都必须遵守相关标准和规范，并应当严格依照与标准规范相一致的操作规范、实施步骤和技术方法等开展各项鉴定活动。《产品质量法》第 21 条规定："产品质量检验机构、认证机构必须依法按照有关标准，客观、公正地出具检验结果或者认证证明。"本案中，验钞机的质量鉴定具有较强的专业性，因此，不能由当事人一方单方指定鉴定机构进行鉴定，而应当由双方共同商议选择鉴定机构进行鉴定，或者在无法达成一致意见时由法院指定鉴定机构。

同时，鉴定机构在鉴定验钞机的质量时也应当遵循行业的通行标准，鉴定程序也应当符合行业的公认程序。在本案中，涉案验钞机数量达到 1 000 台，而鉴定机构仅选择其中 50 台进行鉴定，并从该 50 台机器质量合格中得出所有 1 000 台机器合格的结论。笔者认为，此种做法也不妥当，如果不存在法律规定或者行业公认的鉴定方法，当事人可以约定具体的鉴定方法，而且即便采用抽样的方式进行鉴定，抽取的样品数量、抽取样品的方法等，也应当由双方当事人约定。

（三）银行协会的请求是否已经过了诉讼时效

本案的另外一个争议焦点在于，银行协会的请求是否已经经过了诉讼时效？本案中，双方当事人是于 2010 年 7 月 1 日达成《订购合同》，在合同签订后一周内，金光公司就向银行协会交付了 1 000 台新型验钞机。在发现质量问题后，银行协会便于 2012 年 6 月 30 日向金光公司发函，要求退款或者更换验钞机。金光公司于 2012 年 7 月 10 日收到该函。依据《民法通则》第 135 条规定，向人民法院请求保护民事权利的诉讼时效期间为 2 年，法律另有规定的除外。《民法通则》第 136 条第 2 项还规定，出售质量不合格的商品未声明的诉讼时效期间为 1 年。本案是否适用 1 年的短期时效？笔者认为，本案仍然应当适用 2 年的诉讼时效而非 1 年的诉讼时效，因为虽然验钞机的质量存在争议，但争议的是验钞机是否达到了约定的最严格标准，并以该标准判断验钞机是否合格，所以不适用 1 年的诉讼时效。

那么，如何计算 2 年的诉讼时效？笔者认为，应当从权利人知道或者应当知道权利受侵害事实之日起计算。本案中，如果从交货之时开始发现验钞机有瑕疵时计算，截止到 2012 年 7 月 10 日，应当已经过了 2 年诉讼时效，2 年的时效期间已经届满。但是银行业协会于 2012 年 6 月 30 日向金光公司发函，如果发函就意味着已经主张了权利，进而以发函时间来计算，则 2 年的诉讼时效期间尚未超出。所以此时要看是采用发函说还是到达说。在我国，理论上一般认为，准法律行为要准用法律行为的规则，如果行为是有相对人的，则应当类推适用《民法通则》[1] 第135条的规定，原则上适用到达主义（例外情况下为了解主义）。从《最高人民法院关于审理民事案件适用诉讼时效制度若干问题的规定》（法释〔2008〕11号）第10条第2款的规定来看，“当事人一方以发送信件或者数据电文方式主张权利，信件或者数据电文到达或者应当到达对方当事人的”，其也采到达主义。所以，以函件到达的时间来计算，则2年的诉讼时效已经届满，银行协会的请求应被驳回。

① 《民法总则》生效之后发生的案件，则应当类推适用《民法总则》的相关规定。

案例五十六　关于无权处分的效力

一、案情简介

尚某（某机关公务员）因工作调动，欲将自己的一套三室一厅（150平方米）的房屋出售，并在58同城网上发布了出售房屋的广告。陈某（无业）看到该广告后，立即打电话联系尚某，表明其打算购买该房屋，但陈某在电话中提出，自己现在不知道房屋是否适合自己居住，请求先租赁3个月，每月租金1万元，如果觉得居住舒适，就购买该房屋。考虑到租金较高，尚某便同意了陈某的承租请求，双方签订了一份正式的租赁合同。在租赁一个月后，陈某向尚某提出，因为小区物业要求更新门禁卡，需要房屋产权证，请尚某将产权证暂借两天。尚某当天就将产权证交给陈某，陈某拿到产权证后，立刻委托他人在微信群中发送了一则出售该房屋的消息。恰好汪某（某公司职员）刚调入该市，急需购买一套房屋，在看到该消息后，便立即与陈某联系，要求看房。双方在协商过程中，陈某谎称自己就是尚某，出示了伪造的尚某身份证件，并告知汪某因为家中父亲做手术，急需用钱，所以要将房屋尽快出售。后双方以每平方米3万元的价格（市场价约为4万元/平方米）将该房屋出售。但陈某提出，必须3天内交付现金。汪某因认为价格合适，遂表示同意。3天后，汪某将450万元现金交付给陈某，后陈某与汪某前往登记机关，利用其伪造的身份证件和从尚某处借来的产权证办理了登记过户手续。在手续办完后，汪某也立即搬进了该房屋。一月后，尚某来家中取回产权证，发现汪某已经住在其房屋内，且了解到房屋已经被出售给汪某，十分震惊，便立即联系陈某，但陈某已经关机，无法联系上。尚某发现上当受骗，立即报警，警察经过侦查，发现陈某已经潜逃国外，难以将其立即抓捕归案。于是，尚某在法院起诉，要求汪某返还房屋，并起诉登记机关要求其承担赔偿责任。汪某提出，自己已支付了房屋的全款，已经办理过户登记，取得了该房屋的所有权。双方为此发生争议。

二、争议梳理

本案第一个争议焦点在于，陈某的行为究竟属于无权代理、无权处分或者其他性质的行为。一种观点认为，陈某不是房屋所有权人，却出卖尚某的房屋，构成了无权处分。另一种观点认为，陈某的行为并不构成无权处分，因为其出卖房屋并不是以自己的名义进行的，而是以尚某的名义进行，陈某作为代理人不具有代理权，构成无权代理。还有一种观点认为，本案既不构成无权代理，也不构成无权处分，而构成了冒名行为，因为汪某不知道自己是在同代理人交易，以为陈某就是尚某，不存在三方关系，因此和无权代理不同，所以该行为既不构成无权处分，也不构成无权代理。

本案第二个争议焦点在于，汪某是否可以取得房屋所有权。一种观点认为：如果陈某的行为构成无权处分，则应当适用善意取得的规定，由汪某取得所有权；如果没有构成无权处分，就不适用善意取得，所以汪某不能取得房屋所有权。另一种观点认为，由于代理行为没有获得尚某的追认，买卖合同无效，汪某不能取得房屋所有权。还有一种观点认为，本案虽不构成无权代理，但可以类推适用表见代理的规则，因此，汪某可以取得房屋所有权。

三、案例评析

（一）陈某所实施的行为的性质

首先，需要讨论的是，陈某的行为是否构成无权处分？所谓无权处分，是指处分人没有处分权，而处分他人财物。《合同法》第 51 条规定："无处分权的人处分他人财产，经权利人追认或者无处分权的人订立合同后取得处分权的，该合同有效。"据此可见，无处分权的人处分他人之物或权利，应由该当事人事后取得了有处分权人的追认或取得处分权，该民事行为方可生效。无权处分行为的主要特点在于，行为人在没有处分权的情况下，以自己的名义处分他人财产。从本案来看，陈某谎称自己就是尚某，并出示了伪造的尚某身份证件，并告知汪某因为家中父亲做手术，急需用钱，所以要将房屋尽快出售。陈某所提交的房屋所有权证明也是从尚某处骗取的。同时，陈某在向汪某卖房时是以尚某而非自己的名义进行出售，该行为显然不同于无权处分行为。尤其是，在本案中，合同当事人是尚某而不是陈某。因此，陈某的行为并不构成无权处分。

其次，陈某的行为是否构成无权代理？此处所说的无权代理是指狭义的无权代理，即行为人既没有被代理人的实际授权，也没有足以使第三人善意误信其有代理权外观的代理。民法上通常将无权代理区分为两类，即狭义的无权代理和表见代理，在这两种情况下，代理人都不具有代理权，但就对本人的法律效果而言，表见代理和有权代理是相同的。在狭义无权代理情况下，代理人完全不具有代理权，而且在其实施代理行为时第三人又不可能相信其具有代理权，因此不能强制本人承担责任，只能由本人基于自身利益的考虑决定是否承认该行为的效果。

狭义的无权代理与无权处分行为都是指未获得授权而从事某种行为，都属于效力待定的行为。但两者是有区别的，表现在：一方面，无权代理是指无权代理人以本人的名义实施民事行为，而无权处分则是指无权处分人以自己的名义实施民事行为，例如，甲在未获得授权的情况下，出卖乙的物品给丙，如果甲是以乙的名义出卖的，构成狭义无权代理；如果甲是以自己的名义出卖的，则构成无权处分。也就是说，无权代理人、无权处分人在与相对人所订立的合同中的地位是不同的。另一方面，相对人的善意对行为的后果所造成的影响是不完全相同的。在无权代理的情况下，如果相对人是善意的，则要进一步考虑是否符合表见代理的构成要件。如果确已构成表见代理，则此种无权代理行为将直接对本人发生效力，但是相对人的善意只是表见代理的一个构成要件，而不是全部的要件。在处分人无权处分他人的动产时，如果受让人取得该动产时出于善意，则可以根据善意取得制度依法取得该动产的权利。在适用善意取得制度时，相对人是否具有善意是决定该制度是否能够适用的决定性的要件。从本案的事实来看，既不构成狭义无权代理，也不构成无权处分。

在本案中，陈某的行为也不构成狭义的无权代理，主要理由在于：一方面，在代理法律关系中，应当存在三方主体，即被代理人、代理人和相对人。而在本案中，房屋买卖合同订立并无三方法律主体存在，陈某并非以代理人身份订立买卖合同，汪某也认为陈某就是尚某，因而同其订立买卖合同。可见，该合同仅存在双方当事人，与无权代理的三方主体构成存在显著区别。另一方面，陈某从开始接触汪某时就谎称自己是尚某，而不是以尚某代理人的身份出现。因此相对人也认为，自己并不是同代理人在进行交易，而是与尚某本人进行交易。

既然陈某的行为既不构成无权处分，也不构成无权代理，那么，应当如何认定陈某行为的性质呢？笔者认为，陈某的行为应当属于冒名行为。所谓冒名行为，是冒用他人名义自为行为，而使相对人对此产生同一性的看法。[①] 通常认为，在冒用他人的姓名中，如果该被冒用人的身份对于相对人和交易并不重要时，则行为在相对人和冒用人之间存在。但如果被冒用人的身份在交易中具有重要作用时，那么则要考虑行为是否在被冒用人和相对人之间生效。在此种情况下，一般观点认为冒名行为应当类推适用代理法的规则，也就是说，如果

---

① 黄立．民法债编总论．北京：中国政法大学出版社，2004：164.

被冒用人同意他人的冒用行为，就如同追认无权代理行为一样，直接承受该行为的效力；如果被冒用人不进行追认，则可以类推适用广义无权代理的规则，判断行为的效力。冒名行为之所以可能类推适用代理的规定，其原因在于，冒名人和相对人均希望法律行为的效果归属于被冒名人，而非冒名人，这与代理制度所追求的效果是一致的；同时，冒名人的行为外观与代理行为十分相似，即当冒名人签下被冒用人姓名时，这实际上和以被代理人的名义从事行为相似。①

本案中，汪某善意相信陈某就是尚某，且由于尚某自愿将房屋所有权证书交由陈某保管，具有可归责性，应当类推适用表见代理的规则，即认定买卖合同有效。所谓表见代理，是指行为人没有代理权、超越代理权或者代理权终止后，以被代理人名义实施民事法律行为，相对人有理由相信行为人有代理权的，该代理行为有效。《民法总则》第172条规定："行为人没有代理权、超越代理权或者代理权终止后，仍然实施代理行为，相对人有理由相信行为人有代理权的"，构成表见代理，从广义上说，表见代理属于无权代理的一种。在没有代理权、逾越代理权限的情况下所实施的任何行为，都构成无权代理。尽管无权代理行为从根本上违反了被代理人的意志，但该行为并非当然无效。相对人只要有合理的理由相信无权代理人具有代理权，法律应当对于此种信赖利益予以保护，使表见代理行为有效。在此情况下，不论被代理人是否愿意，该无权代理行为所产生的法律效果都要由被代理人承担。如此，才有利于保护交易安全，维护市场经济的正常秩序。从本案来看，虽然陈某的行为不构成无权处分和无权代理，但其实施的行为构成冒名行为。对于冒名行为，如果被冒名人的身份对于交易和相对人而言具有重要意义，那么应当类推适用代理法的规定。因此，在本案中，陈某的行为可以类推适用广义的无权代理的规定。需要考虑的是，是应当类推适用狭义无权代理还是表见代理的规定？本案中，首先，汪某相信陈某就是尚某，且看到了尚某的房屋所有权证，房屋买卖价格较市场价相差不大，应当认为汪某是善意的。其次，在表见代理中，关键是要判断是否形成了一种权利外观，从而使相对人有合理的理由相信无权代理人具有代理权。如果在从事交易时，相对人不会或不应当相信无权代理人具有代理权，则不构成权利外观。对于何为"合理的理由"，我国司法实践中通常认为，"要考虑合同的缔结时间、以谁的名义签字、是否盖有相关印章及印章真伪、标的物的交付方式与地点、购买的材料、租赁的器材、所借款项的用途、建筑单位是

① 弗卢梅. 法律行为论. 北京：法律出版社，2013：928.

否知道项目经理的行为、是否参与合同履行等各种因素，作出综合分析判断”[①]。如果第三人已经而且应当相信无权代理人具有代理权，就可能构成权利外观。从本案来看，汪某是在尚某的房屋内从事的交易，而且陈某也提交了伪造的尚某的身份证和借来的房屋产权证，一般人在此情形下，难以怀疑陈某完全设下了一个骗局，而确有足够的理由相信陈某就是尚某。更何况，汪某和陈某一起去登记机关办理登记，登记机关也没有提出异议，这些都足以使汪某相信陈某就是尚某，具有合理的理由相信他们之间所从事的交易是真实的。同时，由于双方已经办理了房屋过户登记，所以汪某取得了房屋所有权，尚某无权向汪某主张权利，而只能向陈某主张权利。

（二）本案是否构成善意取得

善意取得又称为即时取得，它是指无处分权人将其动产或不动产转让给受让人，如果受让人取得该财产时出于善意，则受让人将依法取得对该财产的所有权或其他物权。《物权法》第106条规定："无处分权人将不动产或者动产转让给受让人的，所有权人有权追回；除法律另有规定外，符合下列情形的，受让人取得该不动产或者动产的所有权：（一）受让人受让该不动产或者动产时是善意的；（二）以合理的价格转让；（三）转让的不动产或者动产依照法律规定应当登记的已经登记，不需要登记的已经交付给受让人。受让人依照前款规定取得不动产或者动产的所有权的，原所有权人有权向无处分权人请求赔偿损失。当事人善意取得其他物权的，参照前两款规定。"善意取得制度的主要功能在于保护交易的安全。善意取得制度虽然削弱了对原财产所有人的所有权的保护，但是，它对于整个社会经济秩序的稳定是有利的。[②]

从《物权法》上述规定来看，善意取得应当以无权处分为要件，在没有无权处分的情况下，不能发生善意取得的效果。而在本案中，陈某冒名尚某，以尚某的名义签订买卖合同，不构成无权处分。因此，本案不符合善意取得的构成要件。汪某不能依善意取得制度，取得该房屋的所有权。

（三）登记机构的责任

登记的内容正确有利于维护交易当事人的利益，并最终有利于促进交易的安全和秩序，但登记发生错误也可能会给真正的权利人和交易当事人造成损失。一方面，如果对登记审查不严，导致因故意或过失而将有关财产登记在他人名下，就会使真正的权利人蒙受损失。另一方面，如果因登记审查不严而发

① 《最高人民法院关于当前形势下审理民商事合同纠纷案件若干问题的指导意见》，法发〔2009〕40号第14条。
② 尹田．物权法理论评析与思考．北京：中国人民大学出版社，2004：311.

生登记错误，使善意相对人与登记权利人发生了交易，则以后登记内容的更正可能也会造成善意相对人的损失。在因登记错误而使真正权利人和善意相对人遭受损失时，有关登记申请人和登记机构依法有义务作出赔偿。

关于当事人提供虚假材料申请登记时登记机构的责任，《物权法》第21条规定："当事人提供虚假材料申请登记，给他人造成损害的，应当承担赔偿责任。因登记错误，给他人造成损害的，登记机构应当承担赔偿责任。登记机构赔偿后，可以向造成登记错误的人追偿。"该条首先确定了当事人提供虚假的权属证书等证明材料申请登记，给他人造成损害所应承担的责任。所谓申请人提供虚假材料申请登记，是指登记申请人在申请登记的时候，以故意伪造、篡改等方式提供虚假材料，例如伪造他人的身份证、产权证或授权委托书等材料，将他人的财产设定抵押并进行登记，或者非法处分他人的财产等。这些弄虚作假的行为都可能造成对真正权利人的损害。从本案来看，陈某确实提供了虚假材料，即伪造的身份证，登记机构在审查过程中确实存在过错。伪造的身份证经过简单的查验就可以被查出，但登记机构没有查验，因此，登记机构需要对其过错承担一定的责任。当然，依据《物权法》第21条的规定，登记机构承担责任后，有权向造成登记过错的陈某追偿。

案例五十七　网购汽车纠纷案

一、案情简介

熊先生想购买一辆二手车，看到广告说有一个二手汽车买卖网站，遂在该网站上找到了一个名为“淘车”网店（已获得销售二手车的许可证），预约购买一辆二手的日产天籁小轿车，价值5万元。该小轿车质量说明上标明“15项安全系统正常”“14项轻微碰撞检测正常”“14项内部配置正常”，该车为黎先生所有，委托“淘车”网店出售。该网站承诺“没有中间商赚差价”，但熊先生在向“淘车”网店交费时，“淘车”网店提出需要另行支付4%的服务费和1 000元的过户费，并认为网站作出的承诺与网店无关。后经过多次协商，熊先生从“淘车”网店购买了该车，但仍支付了服务费和过户费。之后熊先生在开车上路时，发现汽车发动机有故障，几次在高速公路上熄火抛锚，后来送到修理店去维修，花费了2万元的修理费。熊先生要求“淘车”网店退车并赔偿2万元损失，同时要求返还4%的服务费和1 000元的过户费，并要求网站承担担保责任。“淘车”网店提出熊先生应当找卖主黎先生去主张，由黎先生负责。黎先生则主张，这辆车已经卖给了“淘车”网店，出了问题应当由网店负责。各方为此发生争议。

二、争议梳理

该案有如下争议焦点：一是“淘车”网店是否为合同当事人。对此存在不同观点，一种观点认为，该案中的“淘车”网店先是将黎先生的车买来，再将其卖给熊先生，该网店应当是与熊先生订立合同的合同当事人。另一种观点认为，该案中的“淘车”网店在性质上是居间人，也就是说，“淘车”网店只是提供一个交易的平台，对当事人的交易进行撮合，其只是将个人证照齐全的车进行挂售，而不是直接经营。还有观点认为，“淘车”网店在性质上应当是行纪人，此种观点认为，虽然“淘车”网店是受黎先生委托而出售汽车，但其在法律上应当是行纪人。

二是该车出现质量问题后，究竟应当由谁承担责任。“淘车”网店认为应当由黎先生负责，而黎先生则主张，汽车已经先出卖给了“淘车”网店，故应当由“淘车”网店对汽车质量负责。

三、案例评析

（一）关于本案合同关系的当事人

从本案来看，熊先生是从二手汽车买卖网站上预约购买一辆二手的日产天籁小轿车，价值5万元。熊先生与“淘车”网店具体协商，并向该网店支付了价款，但当事人并没有签订正式的书面合同，且“淘车”网店本身是受黎先生委托而出卖汽车，本案首先争议的问题在于，“淘车”网店在本案中的法律地位究竟是受托人还是出卖人？对此存在不同的看法。因为这一问题存在争议，决定了在汽车出现质量问题后，难以判断究竟应当由谁来承担责任。

确实，二手的日产天籁小轿车属于黎先生所有，“淘车”网店是受黎先生委托，二者之间存在委托合同关系，但笔者认为，“淘车”网店与黎先生之间已经形成行纪关系。所谓行纪，是指行纪人以自己的名义为委托人从事贸易活动，委托人支付报酬的合同。与代理不同，行纪人必须以自己的名义对外进行贸易行为。而代理人必须要以被代理人的名义行为。同一事务，如果是受托人以委托人的名义作出，则构成代理；如果其以自身的名义作出，则可能构成行纪。行纪人在以自己的名义从事贸易行为过程中，涉及两种合同关系：一是委托人与行纪人之间的行纪合同关系，如委托行纪人购买货物或出售货物；二是行纪人与第三人之间的合同关系，如行纪人接受委托以后，以自己的名义向第三人购买货物或向第三人出售货物。前一种关系常常被称为内部关系，而行纪人与第三人的合同关系被称为外部关系。本案之所以构成行纪，理由主要在于：

第一，“淘车”网店是以自己的名义销售汽车，其始终没有以黎先生的名义销售汽车，那么，在整个合同的订立过程中，熊先生都是具体与“淘车”网店协商，黎先生并没有出面。虽然“淘车”网店是受黎先生委托，但二者之间的关系主要是内部关系，而“淘车”网店和熊先生之间的关系属于外部关系，购车合同仍然是在“淘车”网店和熊先生之间订立的。

第二，从熊先生订立合同的意愿来看，其是相信了“淘车”网店对该车质量所作出的担保才决定购买该车，而且熊先生的真实意思也应当是在“淘车”网店购买汽车，其与黎先生并无直接接触，购车费用也是直接交付给“淘车”网店，因此，应当将“淘车”网店认定为合同当事人。

第三，购车价款是支付给“淘车”网店的，虽然“淘车”网店收取了4%的服务费和1 000元的过户费，但该服务费是额外收取的，本来依据二手汽车买卖网站的承诺，是不收取该费用的，但“淘车”网店在价款的基础上额外收取了服务费用。

第四，“淘车”网店已获得销售二手车的许可证。通常，行纪人必须取得从事某种行纪行为的特定的资格。在实践中，行纪人大多是专门接受客户的委托从事买进卖出行为的特定机构，他们通常要获取一定的资格许可。本案中，“淘车”网店已经获得了销售二手汽车的政府许可，其实际上是以行纪人的身份在活动。行纪人从事买进、卖出的活动，其通常需要收取一定的费用。

由于本案性质上是行纪关系，因而，该购车合同的当事人应当是熊先生与“淘车”网店。

（二）二手汽车买卖网站是否应当承担责任

本案涉及网站的责任问题。因为熊先生在所购的二手车发生故障的情形下，要求“淘车”网店退车并赔偿2万元损失，同时要求返还4%的服务费和1 000元的过户费，并要求网站承担担保责任。那么，本案中，二手汽车买卖网站是否应当承担责任？

关于网站的责任问题，应当区分电商交易的不同类型。譬如，在采取纯粹只提供交易平台的模式下，买方与卖方通过平台缔约，此时，网络交易平台不仅提供订立合同的机会，而且提供了促成合同订立的服务，将其定位为居间人似乎更为妥当；但是，电商平台往往又具有担保履约的功能，这往往通过统一的支付程序完成，此时，它所扮演的角色也超出了一般居间人的角色。在另外一些情况下，电商平台采取自营模式，自己作为供货商与消费者缔约，此时它的角色显然就成了普通的卖方。一旦交付的标的物存在瑕疵，则其应承担相应的违约责任。所以，网站是否应当负责，应当结合具体的网站所从事行为的性质、地位等情形而具体确定。从本案来看，二手汽车买卖网站并没有明确为“淘车”网店提供担保，而且具体的交易是在“淘车”网店与熊先生之间发生的。对“淘车”网店所销售的二手车，二手汽车买卖网站无法检验，也无法为消费者提供担保，因此，要求二手汽车买卖网站为汽车质量承担担保责任，是不合理的。

但是，二手汽车买卖网站承诺“没有中间商赚差价”，而熊先生在向“淘车”网店交费时，“淘车”网店提出需要另行支付4%的服务费和1 000元的过户费，并认为网站作出的承诺与网店无关。笔者认为，就“没有中间商赚差价”的承诺而言，二手汽车买卖网站仍应当负责，主要理由在于：二手汽车买卖网站在作出上述承诺时，其应当检查其网站上的各个网店，防止其收取服务费等费用。当然，另一个问题是，在该案中，服务费和过户费是否属于“差价”？笔者认为，服务费和过户费属于正常的收费，熊先生主张该费用构成差价，并不妥当。

（三）汽车质量出现问题的责任承担

严格地说，汽车质量说明最初应该是黎先生所提供的，然后由“淘车”网店将其挂在了网站上，《合同法》第421条第1款规定：“行纪人与第三人订立合同的，行纪人对该合同直接享有权利、承担义务。”在行纪关系中，涉及两个合同关系：一是委托人与行纪人之间的委托合同关系，如委托人委托行纪人购买货物或出售货物；二是行纪人与第三人之间的买卖合同关系，如行纪人接受委托以后，以自己的名义向第三人购买货物或向第三人出售货物。行纪人受委托人的委托与第三人订立合同，通常都是以自己的名义，因此基于合同的相对性，就行纪人与第三人所订立的合同，如果其作为出卖人的，就应当向第三人负担交付标的物的义务；如果因为行纪人交付的标的物质量出现问题，则应当由作为一方当事人的行纪人对对方当事人负责。如果“淘车”网店明知汽车质量存在问题而仍然在网站上作出质量担保，则“淘车”网店应当构成欺诈；即便无法认定“淘车”网店构成欺诈，“淘车”网店在网站上对汽车质量进行担保，而所交付的汽车并没有达到其所担保的质量标准，应当认定其构成违约，熊先生应当有权请求“淘车”网店承担违约责任。在认定“淘车”网店构成违约后，如果汽车存在严重问题，导致熊先生购买汽车的合同目的无法实现，则熊先生应有权解除合同，请求“淘车”网店返还购车费、服务费等费用，请求其赔偿汽车修理费用，并同时有权请求“淘车”网店承担其他违约责任。

由于黎先生对汽车质量的说明仅向“淘车”网店作出，并且使“淘车”网店因此承担责任，所以，“淘车”网店在承担责任后，应当有权向黎先生追偿。

案例五十八　股权回购争议案

一、案情简介

A 市淋江控股公司（以下简称“淋江控股”）是一家国有控股企业，国有股份占 51%，主要从事运输、电力等业务，2010 年 1 月，该公司拟筹资上市，需要一笔价款，便将该公司 49%的股权转让给 A 市地力控股有限公司（以下简称“地力控股”），约定股权价值为 4.5 亿元。双方签订了《股权转让协议书》，该协议书第 10 条明确规定，“若甲方提出购回本次被转让的股权，在符合本协议约定的回购条件下，乙方同意甲方的回购请求，但甲方回购金额须由以下部分组成：回购金额＝本次转让金＋本次转让金×同期银行贷款年利率（自本次股权转让完成日起至回购完成日止）＋1%（同期银行利息上浮一个点的利率）”，“自本次股权转让完成日起 1 年内，甲方没有行使本条约定的股权回购权利，则甲方失去本次转让股权的回购权”。在合同签订后，当地国有资产部门进行了评估，国资委也批准了该股权转让协议，地力控股支付了价款，双方办理了 49%的股权变更登记。同年 4 月 21 日，淋江控股向地力控股发出了回购通知。因淋江控股系国有控股公司，其在行使回购权时向 A 市国资委提出申请，该市国资委因各种原因迟延一年才批准淋江控股回购股权。一年后，淋江控股在回购股权时，因为已被批准上市，上市前景很好，地力控股不愿意淋江控股回购该股权，便提出该回购条款不合法，且回购也没有经过评估，应当被宣告无效，并认为，淋江控股在转让协议签订后经过一年才回购股权，已过了合同约定的回购期限，丧失了回购权，因此，其无权回购。双方为此发生争议，淋江控股诉至法院。

二、争议梳理

本案争议的第一个问题是回购协议的效力，法院存在两种不同的观点：一种观点认为，该回购协议违反了法律的强制性规定，应当被宣告无效。另一种观点认为，回购协议是当事人真实的意思表示，并未违反法律的强制性规定，应当承认其效力。

本案争议的第二个问题是关于淋江控股未按期行使回购权是否丧失该权利的问题。一种观点认为，由于时隔一年多，淋江控股并未行使回购权，因而其已经丧失了回购权。另一种观点认为，淋江控股在一年期内提出过回购要求，因此，其已经行使了回购权，如果因对方原因导致无法回购，则不应当认定期限已过。

三、案例评析

(一) 关于股权回购条款的效力

股权回购又称为对赌协议，即融资方（出让方）与投资方（收购方）在达成融资协议时，对于未来不确定的情况进行一种约定，双方在合同中约定，如果出现约定的条件，则投资方如何行使权利，如果未出现约定的条件，则融资方如何行使权利等。股权回购方式已经成为公司一种重要的经营模式，其本身也是一种重要的商业经营方式。对赌协议实际上就是期权的一种形式，通过条款的设计，有效保护投资人利益。对赌协议最早出现在外国投资公司对我国国内企业的投资中，后来也被运用在各种投资中。

关于回购协议的效力，主要要有三种观点：一是有效说。此种观点认为，合同符合当事人意思自治，不违反法律、法规规定，法无禁止即可为，故合同有效；例如，在“国药控股湖南有限公司与禹东海等股权转让纠纷上诉案”中，法院认为，回购协议合法有效，签订各方均应全面履行各自义务。因国药公司未按协议约定履行回购协议，应承担违约责任。[①] 二是无效说。此种观点认为，回购（对赌）交易违反公平原则，对投资方设定了保底条款，对于受让人来说，类似于保底条款的性质，因为其要进行回购，类似于合伙中的保底条款，应当被宣告无效。例如甘肃省高级人民法院对“海富投资与甘肃世恒公司的投资纠纷案”作出的二审判决中认定，当事人双方所签订的“对赌条款”无效。三是部分无效说。此种观点认为，回购协议的效力应当根据具体情形予以判断，对于违反了法律强制性规定的，应当认定其无效，否则应当肯定其效力。

笔者认为，回购条款应当被认定为有效。不可否认，从一定意义上说，此类条款确实带有一定的赌博色彩，对于转让人而言，其赌的是公司能够上市，就有足够的资金偿还融资，而且融资最终得到了回报；对于受让人来说，其赌的是公司如果能够上市，则会得到数倍的回报。但此种协议仍然是当事人对未来风险进行的一种控制和安排，也就是说，当事人在融资中对未来可能出现的

① 参见湖南省常德市中级人民法院（2017）湘07民终2156号民事判决书。

风险通过回购的方式进行控制，实际上是当事人对自己利益的一种安排，其没有损害国家和社会公共利益，而是对当事人利益的一种安排。在协议履行过程中，可能一方的获利较大，一方可能因此受损，但其都属于正常的商业风险和投资风险，不宜认定其无效。且该条款有利于鼓励投资，保障投资人的利益，极大促进了投资的活跃性，对于经济的发展是有利的。当然，如果当事人所订立的回购条款违反了《公司法》或者上市公司监管的相关规则，相关主体可能需要承担相应的行政处罚责任，但不宜因此认定该回购协议无效。

（二）股权回购条款不同于让与担保、企业间的融资借贷

在具体讨论对赌协议的效力时，还有必要澄清对赌协议和其他相关概念的关系。

1. 股权回购条款并非让与担保

所谓让与担保，是指债务人或第三人为担保债务人的债务，将担保标的物的权利移转于债权人，当债务清偿后，债权人将标的物返还于债务人或第三人；当发生债务不履行时，债权人可就该标的物优先受偿的权利。让与担保的担保机理是让与“所有权”以为“担保”，是在债务人提供的担保物之上设定担保，担保权人对担保物享有所有权，但此所有权只起担保作用，担保权人不能对担保物为担保权之外的处分。

我国《物权法》第5条规定：“物权的种类和内容，由法律规定。”由此可见，我国物权法采取物权法定的原则，当事人不能自由创设物权，即当事人在其协议中不得明确规定其通过合同设定的权利为物权，也不得设定与法定的物权不相符合的物权。由于让与担保并没有一套公示方法，此种担保设置之后，很难进行有效的公示，所以，担保人可能在设置了让与担保后将财产转让或者再次设立担保，从而损害他人利益。所以，我国至今无论是立法，还是司法实践，均未承认让与担保制度，所谓的让与担保在我国并未取得合法的地位，不存在“让与担保权”这一物权种类。即便当事人在合同中作出了让与担保的约定，其只能具有合同的效力，而不具有创设物权的效力。

而股权回购则是符合我国《合同法》及《公司法》等法律的有效制度，在实践中得到了广泛的应用。股权回购与让与担保存在区别。在本案中，一方面，该协议书第10条明确规定，“若甲方提出购回本次被转让的股权，在符合本协议约定的回购条件下，乙方同意甲方的回购请求”，“自本次股权转让完成日起1年内，甲方没有行使本条约定的股权回购权利，则甲方失去本次转让股权的回购权”。从这些约定来看，当事人既没有提供担保的意思，而且回购股权还有一定的限制条件，既需要符合约定的回购条件，也需要在约定的期限内

行使回购权，而在让与担保中并不存在此种要求。另一方面，股权回购并不存在一个债权关系和一个担保关系，而只存在一个买卖关系，股权回购的目的也不是担保，而是在一定条件下的股权买回。

2. 股权回购条款并非企业间的融资借贷

我国《商业银行法》等法律规定，对企业进行借贷的主体只能是依法成立的银行金融机构。因此，不允许企业之间的私自融资借贷行为。本案中的股权回购条款是当事人之间关于未来股权购买事项的约定，符合合同自由原则及相关法律法规的规定，并非企业间的融资借贷。

股权回购是企业之间资本运作的形式之一，我国法律只是禁止企业之间的金钱借贷，而并未禁止一切形式的资本融通流动。在资本市场上，企业间的融资并非狭义的企业之间的融资借贷，还包括多种形式的物权、股权、债权的流通。本案中，淋江控股通过向地力控股转让股权，能够使自己获得股权转让款项，从而解决其资金周转困难。但是，淋江控股所获得的此笔款项，是合同的对价，是以转让股权为交易条件的合法买卖行为，并非金钱借贷行为。而且，按照《股权转让协议书》的约定，能否以及是否回购股份，还要取决于淋江控股在约定期限内的意思决定，并非完全确定的事实。所以，淋江控股到期能否回购股权是不确定的，地力控股能否获得回购金额也是不确定的。相比之下，在融资借贷合同中，双方关于到期归还本息的义务则必须是具体而确定的。因此，不能将股权回购条款认定为企业间的融资借贷，否则，我国资本市场中广泛运用的股权回购则都可能因被错误定性而无法开展和进行。

3. 股权回购条款也不同于保底条款

保底条款是在合伙企业中，合伙人投资，不论企业经营状况如何，都能确保一定的基本收益，《合伙企业法》第 33 条规定，合伙协议不得约定将全部利润分配给部分合伙人或者由部分合伙人承担全部亏损。所以这种协议因属于保底条款而无效。而在本案中，当事人约定的股权回购条款中并没有包含保底条款，对股权回购条款而言，当事人在订立协议时，也要面临投资失败的风险，并不存在特定的保底条款。

（三）股权回购条款的效力不受是否进行评估的影响

地力控股提出，合同约定的回购条款不合法，且回购也没有经过评估，应当被认定无效。笔者认为，该理由难以成立，我国《合同法》第 44 条规定："依法成立的合同，自成立时生效。法律、行政法规规定应当办理批准、登记等手续生效的，依照其规定。"根据这一规定，只有全国人大及其常委会通过的法律和国务院通过的行政法规能够对合同设定批准、登记等的生效手续，其他的规范性文件如部门规章、地方性法规等，均无权对合同的生效设置其他限制。这是立法机关为了鼓励交易、促成合同成立、防止部门立法或地方立法侵害合同自由、交易自由的原则而专门作出的规定。

目前我国对国有股权转让应当进行评估尚无法律、行政法规层面的规定。我国目前只有如国家国有资产管理局 1992 年颁布的《国有资产评估管理办法施行细则》之类的规范性文件作出的规定，该《细则》第 10 条规定："对于应当进行资产评估的情形没有进行评估或者没有按照《办法》及本细则的规定立项、确认，该经济行为无效。"但是，《国有资产评估管理办法施行细则》仅为国有资产管理局颁布的规范性文件，从效力上看，仅属于部门规章，不属于法律和行政法规的位阶范围，因此，其关于国有股权转让不经评估即无效的规定，因不符合作为上位法的《合同法》的规定而不能适用。

（四）关于淋江控股未按期行使回购权是否丧失该权利的问题

在本案中，因淋江控股系国有控股公司，其在行使回购权时向 A 市国资委提出申请，该市国资委因各种原因迟延一年才批准淋江控股回购股权。据此，地力控股提出，由于合同约定的股权回购时间已经经过了一年，淋江控股并未按照约定的时间行使回购权，已经丧失了回购权。

回购协议第 10 条规定，"自本次股权转让完成日起 1 年内，甲方没有行使本条约定的股权回购权利，则甲方失去本次转让股权的回购权"。从该规定来看，当事人只是约定淋江控股要在一年内行使约定的股权回购权利，而并不是说必须在一年内完成股权回购。据此，笔者认为，所谓一年期限，是指在一年期内提出过回购要求，即可认定其已经行使了回购权，如果因对方原因导致无法回购，则不应当认定期限已过。也就是说，只要淋江控股在一年的回购期内提出了回购请求即可，至于股权是否回购完成，不应当影响回购权的效力，回购权也不因此而丧失。在本案中，淋江控股及时向地力控股提出了股权回购的请求，但因为主管部门的批准时间延迟而导致其没有在一年内完成股权回购，但并不能据此认为，淋江控股在一年内没有提出回购请求。

综上所述，回购条款内容明确，其股权转让行为的效力不受是否进行评估的影响，而且两者之间的股权转让行为已经依法取得工商部门的股权变更登记，其行为已经向社会公示，效力已经确定，所以《股权转让协议书》合法、有效。

案例五十九　风险负担与违约责任

一、案情简介

2009年5月20日，F市农副渔业有限公司（以下简称“农副公司”）与该市永辉副食品批发公司（以下简称“永辉公司”）签订了一份购买活鱼的合同，其中约定，未来三年内，永辉公司向农副公司购买武昌鱼20吨，每吨3万元，鲫鱼10吨，每吨2万元，甲鱼20吨，每吨10万元，共计280万元。合同第4款规定：“每年根据市场需求，甲方（永辉公司）直接从乙方（农副公司）进货，乙方保证甲方的购货需求。”农副公司为保证按期向永辉公司供货，且便于永辉公司取货，遂将永辉公司所需的鱼集中放置于临近一条大河的水池中。合同签订后，双方又签订一份补充协议，协议约定，农副公司应当于6月5日向永辉公司提供5吨武昌鱼、5吨甲鱼，共计65万元。6月4日，农副公司催促永辉公司前来取货，并提出也可由农副公司送货，由永辉公司承担费用。但永辉公司提出，因其库存的鲜鱼尚未售完，暂不能收货。至6月10日，永辉公司仍未前来取货。6月中旬以后，因连续罕见的暴雨，致使农副公司池中的水涨满并溢出。鱼纷纷跳入旁边的大河中，许多甲鱼也游入大河中。农副公司派大批人员打捞抓捕，但仍损失了大批的鱼，总计损失近50万元。鱼塘内仅剩余价值15万元的鲜鱼。恰好此时，永辉公司催促农副公司交货，农副公司提出，因为永辉公司迟延收货，已经导致鲜鱼损失50万元，其只能交付价值15万元的鲜鱼，但永辉公司应当向其支付65万元的价款。永辉公司表示，农副公司应当采取措施，防止鲜鱼损失，因此，其损失应当由其自己负担。双方为此发生争议。

二、争议梳理

关于鲜鱼损失应当由哪一方负担，法院对此有两种不同的观点。第一种观点认为，该损失是因为永辉公司迟延收货造成的，如果永辉公司按期接受货物，则不会造成损失，因此该损失应由永辉公司承担。第二种观点认为，尽管永辉公司已构成违约，但农副公司将鱼集中放进临近大河的水池中，且未采取必要的措施防止鱼逃走，所以也具有过错，因而应由双方分担损失；在未交付之前，应当由农副公司自己承担风险。

三、案例评析

（一）鲜鱼损失是否构成风险

分析本案首先需要讨论风险负担问题。买卖法的目的就在于把基于合同关系所产生的各种损失的风险在当事人之间适当分配。[①] 所谓风险，又称为危险，是指在双务合同的当事人一方的债务因不可归责于双方当事人之事由而不能履行，由此所产生的损害状态。所谓风险负担，即指上述风险应由哪一方负担。[②] 如果当事人没有在合同中约定损失的分担问题，而依据法律的规定从引起标的物毁损灭失的事由中又不能确定当事人一方或双方具有违约行为或过错，则将要发生风险的分担问题。

在本案中，农副公司将鲜鱼存放在靠近河边的池塘之中，不仅有利于鱼塘的取水和排洪，而且便于永辉公司取货，因此，农副公司在鱼塘选址上并不存在过错。同时，鲜鱼的损失是因为罕见的暴雨导致，在暴雨发生后，农副公司已经及时组织人员进行打捞捕捉等作业，但由于雨势过猛，水位上涨过快，导致鲜鱼还是游入河水之中。因此，应当认为本案中鲜鱼游入河流中已经构成了不可归责于双方当事人的标的物的毁损灭失，构成了“风险负担”中的风险。

那么本案中鲜鱼毁损灭失的风险应当由谁承担呢？关于风险负担，大陆法的民法传统历来有如下观点，即所有人主义、交付主义、债权人主义和债务人主义。《合同法》第 142 条规定：“标的物损毁、灭失的风险，在标的物交付之前由出卖人负担，交付之后由买受人负担，但法律另有规定或者当事人另有约定的出外。”据此可见，我国实际上采取的是交付主义。所谓交付主义，是指将物的风险与所有权移转区分开来，以物的实际交付时间为标的物风险转移的确定标志。风险的移转除了交付之外还受到当事人违约行为的影响。我国《合同法》第 143 条规定：“因买受人的原因致使标的物不能按照约定期限交付的，买受人应当自违反约定之日承担标的物毁损、灭失的风险。”该条规定的是因买受人的违约造成的标的物不能及时交付，实际上是由于买受人的过错导致标的物的交付迟延，该条没有严格限制买受人构成何种违约行为导致出卖人不能及时交付因而产生风险移转的问题。笔者认为，该条所称的买受人的违约主要

---

① 冯大同. 国际货物买卖法. 北京：对外经济贸易出版社，1993：132.

② 崔建远. 关于制定《合同法》的若干建议. 法学前沿：第 2 辑. 北京：法律出版社，1998：43.

是指如下几种情况：第一，合同约定应当由买受人自提货物的，买受人没有在约定的期限内提取货物，使出卖人不能及时向买受人交付货物。第二，在出卖人送货的情况下，出卖人通知买受人收货以后，买受人因未做好收货的准备，致使货物不能及时交付。但买受人拒绝收货所引起的风险移转问题，不适用《合同法》第143条，而应当适用第146条的规定。第三，因买受人未履行其主要义务，致使出卖人行使同时履行抗辩权，导致货物不能及时交付的。在上述情况下，因为买受人的原因致使出卖人不能及时交付标的物，则买受人应当承担自违反约定之日标的物毁损、灭失的风险。

因此，依据《合同法》第143条的规定，应当由永辉公司承担鲜鱼毁损灭失的风险。所谓买卖合同中的风险负担，指的是价金风险，即因为标的物毁损灭失致使给付不能时，买受人是否应当支付价金。具体到本案，永辉公司承担风险的结果就是，其应当依据合同约定向农副公司支付65万元的合同价款。由于本次暴雨并未导致鲜鱼全部损失，因而就没有毁损灭失的部分，农副公司也仍应当完成自己的给付义务，将该部分价值15万元的鲜鱼交付给买受人永辉公司。

（二）农副公司是否已经尽到减轻损失的义务

在本案中，农副公司提出，因为永辉公司迟延收货，已经导致鲜鱼损失50万元，其只能交付价值15万元的鲜鱼，但永辉公司应当向其支付65万元的价款。永辉公司表示，农副公司应当采取措施，防止鲜鱼损失，因此，其损失应当由其自己负担。

本案中，农副公司的鲜鱼损失是因为罕见暴雨导致的，农副公司也不可能预见到会发生罕见暴雨。而且农副公司已经在暴雨发生的第一时间组织人员进行捕捉打捞，因此就鲜鱼毁损灭失而言，农副公司已经尽最大可能减少损失。

《合同法》第119条规定："当事人一方违约后，对方应当采取适当措施防止损失的扩大；没有采取适当措施致使损失扩大的，不得就扩大的损失要求赔偿。"在民法上，减轻损失是受害人应承担的法定义务，也就是说在一方违约之后，虽给另一方造成了损害，但受害人应依据诚信原则或法律的规定，及时采取合理措施，减少已经发生的损害，如果未采取合理措施，减少损害，其本身也是有过错的，应按照过错责任的要求对自己的过错承担责任。从广义的违约的概念出发，受害人违反了减轻损害的义务，也构成了违约，但此违约与不履行和不适当履行合同义务是有区别的，前者主要是使受害人分担损害后果或减轻违约方的责任，后者将使违约方承担违约责任。因此，减损义务的目的是解决一方违约时，另一方没有及时减损，应当就没有及时减损的部分损失排除出违约损害赔偿的范围。但是在本案中，出卖人并没有因为买受人的行为受有损失，因为依据风险负担的规则，农副公司已经可以获得全部价款的支付，不需要请求永辉公司承担违约责任，所以也就没有减损规则的适用余地。

（三）关于迟延收货的法律后果

合同规定永辉公司应在 6 月 5 日以前取货，农副公司在 6 月 4 日就催促永辉公司前来取货，并提出也可由农副公司送货，由永辉公司承担费用，永辉公司提出因其存库的鲜鱼尚未售完，暂不能收货。至 6 月 10 日，永辉公司仍未前来取货。从本案来看，永辉公司的迟延履行确与农副公司遭受的损失有一定的联系，因为农副公司将鱼集中存放在那个池中，是为了便于永辉公司取货，且是为了保证货源，按期交付。农副公司集中存放是一种正当的履行准备，在选址上并无过错，在正常情况下，是不会发生鱼逃走的情况的。如果不发生罕见的暴雨致水池的水涨满且溢出，就不会发生上述损失。在农副公司集中存放后，如果永辉公司按期取货，就不会有后面的情形与损失发生，因此，永辉公司迟延收货导致了鲜鱼的损失，根据合同法风险负担的规则，其应当继续支付价金。

总之，永辉公司迟延收货，并因此导致鲜鱼的损失，该损失应当由永辉公司负担，永辉公司负担该部分损失的依据在于风险负担规则，即因其迟延收货行为而使其负担因风险发生造成的损失。

案例六十　土地转让合同争议案

一、案情简介

2004年4月16日，C市聚川房地产开发有限公司（以下简称“聚川公司”）与辉达公司签订了《土地转让合同》，约定辉达公司将某地块建设用地使用权面积19.81亩转让给聚川公司。在该合同中，双方约定，受让的土地中包括了绿化带面积和公共道路。同年4月20日，聚川公司又与旭辉地产集团（以下简称“旭辉地产”）签订《土地转让合同》，约定聚川公司将其中4亩地转让给旭辉地产进行加油站建设，每亩单价170万元，共计680万元，待实际面积确定后多退少补。合同约定由聚川公司负责办理规划等手续，但当事人并没有在合同中提及绿化带面积和公共道路问题。旭辉地产分别于2004年4月22日和12月27日两次向聚川公司支付了价款合计340万元，并于2004年6月开始在该地块上施工建设加油站。2006年4月，加油站土建施工完成，在审批过程中，C市政府因需要建设其他工程，故变更了项目规划，在该土地上增加了一亩绿化带面积，并同时规划增加了半亩的公共道路用地。聚川公司要求旭辉地产支付另一半费用，而旭辉地产以规划道路和绿化带面积变更导致其实际使用面积减少为由，主张聚川公司构成违约，因此拒绝支付剩余一半价款。聚川公司以旭辉地产拒绝支付价款为由，要求解除合同。双方为此发生争议，聚川公司诉至法院，请求旭辉地产支付剩余价款，并解除合同。

二、争议梳理

本案的争议焦点在于，政府规划变更是否构成情势变更，当事人能否据此解除合同？对此存在不同观点，一种观点认为，本案并未构成情势变更，双方应当继续履行合同。就该合同而言，聚川公司的合同义务是交付土地并将土地使用权证办好交受让方，而旭辉地产的主要义务是交付转让款。合同签订后，双方已经在履行该合同，聚川公司已经向旭辉地产交付了土地，旭辉地产也交付了一半土地转让款。在本案中，双方当事人既未出现法定解除事由，也未有约定解除事由，因此，双方签订的合同应继续履行，聚川公司要求解除合同的理由不能成立。另一种观点认为，政府改变建设用地规划构成情势变更，应当根据政府土地用途的规划，调整双方的权利义务关系，因旭辉地产所取得土地使用权的面积减少，故应当相应地减少其支付价款。

三、案例评析

（一）聚川公司与旭辉地产签订的《土地转让合同》中约定转让的土地面积应当包括规划道路面积和绿化带面积

从聚川公司转让该块土地使用权的合同约定可以认定聚川公司转让给旭辉公司的土地使用权面积中包括了规划道路面积和绿化带面积。本案中，聚川公司转让本案诉争的土地并非其自有土地，而是从辉达公司受让的，2004 年 4 月 16 日，聚川公司与辉达公司签订了《土地转让合同》，约定辉达公司将某地块建设用地使用权面积 19.81 亩转让给聚川公司。在该合同中，双方约定，受让的土地中包括了绿化带面积和公共道路。2004 年 4 月 20 日，聚川公司与旭辉地产在签订《土地转让合同》时，因聚川公司的土地使用权证尚未核发，而其转让给旭辉地产的土地使用权面积仅是其刚受让的土地使用权面积中的一部分，无法具体明确旭辉地产受让部分的规划道路面积和绿化面积，故在聚川公司与旭辉地产于 2004 年 4 月 20 日签订的合同中没有具体明确约定旭辉地产受让聚川公司的土地使用权面积范围是否包括规划道路面积和绿化面积，但这并不意味着旭辉地产受让聚川公司的土地使用权面积范围内不包括规划道路面积和绿化面积。对聚川公司而言，其应当知道其所转让的土地并非完全是建设用地，而应当包括了部分绿地和公共道路，但其并没有如实将该情况告知旭辉地产。对此，聚川公司具有一定的过错。

（二）聚川公司构成违约

从本案的情形来看，应当认定聚川公司构成违约，主要理由在于：

第一，合同中并没有提及绿化带面积和公共道路问题。尽管聚川公司事后认为，从聚川公司与旭辉地产约定转让的土地使用权价格（交易目的）可以认定，约定转让的 4 亩土地使用权面积中包括规划道路面积和绿化带面积。按照当时的市价，土地的价格应当是高于每亩 170 万元，正是考虑到其中包含绿化带面积和公共道路面积，所以，聚川公司才以低于市价的价格转让土地使用权，但当事人并没有在合同中对此作出约定。

第二，聚川公司明知道其转让的土地包含了绿化带和公共规划道路，但其转让时并没有告知旭辉地产。如前所述，聚川公司与辉达公司签订了《土地转让合同》，约定辉达公司将某地块建设用地使用权面积 19.81 亩转让给聚川公司。在该合同中，双方约定，受让的土地中包括了绿化带面积和公共道路。聚川公司在将该土地使用权转让给旭辉地产时，其应当如实告知旭辉地产相关情况，但其并没有如实告知。

严格地说，这属于合同的重大事项，也是给受让人所增加的一种权利负担，聚川公司应当在订约时向旭辉地产予以披露，而聚川公司未予披露，表明其违反了基于诚信原则产生的先合同义务，导致了旭辉地产信赖利益的损失。

第三，合同约定由聚川公司负责办理规划批准等手续，这就是说，旭辉地产有合理理由相信，聚川公司负责办理相关的规划手续，其转让的是建设用地，不应当包括绿化带和公共道路面积，如果聚川公司无法办理相应的规划手续，则属于聚川公司没有履行合同约定义务，应当由聚川公司对旭辉地产承担违约责任。

从本案来看，旭辉地产是否构成违约呢？在该案中，既然合同中没有约定其购买的建设用地中包含绿化带和公共道路，而且聚川公司在订立合同时也没有告知旭辉地产这一事实，因此，在实际能够使用的建设用地面积减少后，旭辉地产主张拒绝支付剩余价款具有正当理由，该行为并不构成违约，聚川公司也不能据此主张旭辉地产的行为构成根本违约，并据此主张解除合同。相反，聚川公司没有及时告知旭辉地产相应的情况，其向旭辉地产所交付的建设用地使用权也未能完全用于加油站建设，该行为应当构成违约。

（三）本案是否构成情势变更

虽然在聚川公司与辉达公司签订的合同中明确了土地中包含绿化带和公共道路面积，但具体情况并不明确，尤其是在聚川公司转让给旭辉地产的土地中究竟包括多少绿化带面积和公共道路面积，并不确定。聚川公司之所以没有向旭辉地产如实告知绿化带和公共道路面积，也是考虑到其所占面积并不确定。事后，由于政府规划调整，增加了道路和绿化带面积，并因而导致旭辉地产可以使用的建设用地面积减少，此种情况属于合同订立后客观情况发生了当事人在订立合同时无法预见的、非不可抗力造成的不属于商业风险的重大变化，构成情势变更，继续履行合同既不能实现聚川公司获取经济利益的合同目的，也不能实现旭辉地产建设符合安全规范要求加油站的合同目的，聚川公司有权要求变更土地转让合同。

首先，聚川公司不能要求解除合同。一方面，旭辉地产拒绝支付剩余价款具有正当理由，并不构成违约，聚川公司无权据此解除合同。另一方面，政府规划变更虽然构成情势变更，但其只是影响绿化带和公共道路的面积，而聚川公司对于其所转让的土地使用权中包含一定的绿化带面积和公共道路面积则是知情的，因此，聚川公司可以与旭辉地产协商相应减少价款，但其合同目的并非完全不能实现，聚川公司不能主张解除合同。在情势变更的情况下，《国际商事合同通则》第 6.2.3（1）条、《欧洲合同法原则》第 6：111（2）条规定了当事人负有继续谈判的义务。此种义务可以看作是依据诚信原则所产生的附随义务。[①]依据上述比较法的规定，笔者认为，在情势变更的情形下，从鼓励交易、最大限度地维护合同关系稳定出发，在当事人申请变更或者解除合同后，法院不应当直接变更或者解除合同，而应当鼓励当事人继续谈判。但法律不宜课以当事人继续谈判的义务，当事人拒绝谈判时，也不应当要求其承担法律责任。

其次，旭辉地产有权要求变更和解除合同。聚川公司与旭辉地产签订《土地转让合同》后，客观情况发生了当事人在订立合同时无法预见的、非不可抗力造成的不属于商业风险的重大变化，使旭辉地产订立合同的目的受到重大影响，旭辉地产应当有权主张变更或者解除合同。在情势变更的情形下，当事人可以主张增减给付，即可以要求增加或减少合同履行的标的物或者价款。例如，因为情势变更导致按照原定数量履行，对一方当事人严重不公，法院可以减少其交付标的物的数量。这一方法主要适用于合同标的的价值在量上发生了变化，并且可以通过价值量的增减使当事人的利益达到平衡的情形。在运用增减履行标的数额这一方法时，必须解决好增减的限度问题，这就需要确定出一个合理的标准来准确评估双方的价值比例关系，消除显失公平的现象。因此，在该案中，认定构成情势变更后，旭辉地产在主张变更合同时，可以对因增加绿化带和公共道路所占用的土地面积的价值进行评估，并相应地减少土地使用权转让价款。

如果因为政府规划变更导致旭辉地产建设符合安全规范加油站的合同目的无法实现或者受到重大影响，则旭辉地产应当有权主张解除合同。在该案中，旭辉地产在与聚川公司订立合同时，其所要取得的建设用地面积为 4 亩，而根据最新的政府规划，绿化带和公共道路将占据其中 1.5 亩的面积，旭辉地产实际能够利用的土地面积只剩下了 2.5 亩，这可能难以实现建设一个符合规划要求并安全达标规范的加油站的目的。因此，政府规划变更后，旭辉地产将无法在该土地上建设加油站，其合同目的无法实现，其也应当有权解除合同。

综上，本案中，因政府规划变更，发生了当事人在订立合同时无法预见的、非不可抗力造成的不属于商业风险的重大变化，继续履行合同可能导致当事人订立合同的目的无法实现，旭辉地产应当有权主张变更或解除合同。

---

① 英格博格·施文策尔. 国际货物销售合同中的不可抗力和艰难情势. 杨娟译. 清华法学，2010（3）.

案例六十一　股权优先购买权纠纷案

一、案情简介

华泰有限责任公司（以下简称“华泰公司”）是由徐先生等10名股东组成的，每人各占10%的份额，2009年4月16日，徐先生等8名股东欲将其股份转让给陈先生等5人，双方签署《资产转让协议》，就股权转让事宜作出了约定。约定内容包括转让价格、价款支付方式、股权转让条件和方式等。双方确认的股权转让价格是以双方确认的华泰公司现有资产为基础（8人的股份总计8 000万元）的。在协议签订后，徐先生联系公司另外两名未参与转让的股东，即张先生兄弟二人，因二人都在国外，一时联系不上，于是，徐先生联系当地的S市日报，发布一则《通知》，就华泰公司股权转让事宜以及优先购买权事宜告知张先生兄弟二人，并请求二人就是否愿意行使优先购买权作出答复。10天后，二人看到报纸上的通知后，立即声明不同意股权转让，愿意以每人100万元、共800万元的价格收购其余8人的股权，且愿意以每年少分红为代价进行补偿。徐先生等8名股东认为二人的收购价格过低，便明确表示拒绝，甚至提出，即便是同等条件，也不愿意将股权转让给张先生兄弟二人。张先生兄弟二人便在当地法院提起诉讼，要求宣告8名股东与第三人签订的有关股权转让协议无效，并要求行使优先购买权。

二、争议梳理

本案的争议焦点主要有如下两点：

第一，关于8名股东是否侵害了张先生兄弟二人的优先购买权问题，存在不同看法。一种观点认为，虽然张先生兄弟二人都在国外，一时联系不上，但是毕竟可以和其家人联系，不宜在报纸上以发布公告的方式作出通知，此种方式很难为二人所了解。因此，可以认为，8名股东在转让股权时没有以合理的方式通知张先生兄弟二人。另一种观点认为，虽然8名股东的通知方式不妥，但毕竟张先生兄弟二人已经看到该通知，因此，不应当否定该通知的效力。

第二，关于同等条件的理解，一种观点认为，虽然张先生兄弟二人愿意以每人 100 万元、共 800 万元的价格收购其余 8 人的股权，在该价格过低的情形下，二人愿意以每年少分红为代价进行补偿，且当事人之间仍然可以协商，但在没有协商的情形下，8 名股东就直接将股权转让，实际上是侵害了张先生兄弟二人的优先购买权。另一种观点认为，张先生兄弟二人所提出的 800 万元收购价格和 8 000 万元的转让价格差距过大，不符合优先购买权的行使条件，因此，8 人转让股权的行为应当有效。

三、案例评析

（一）关于股东优先购买权行使的效力

所谓股东优先购买权，是指股东享有的同等条件下优先购买其他股东拟转让股权的权利。该优先购买权是有限责任公司股东特有的一种法定权利。《公司法》第 72 条规定有限责任公司股东优先购买权的目的在于：维护有限责任公司的闭锁性及其股东之间的人合性，阻止部分股东在同等购买条件下随意将股权转让给第三人，进而破坏公司既有的人合性，损害其他股东的利益。

部分股东与第三人订立股权转让协议，其他股东主张优先购买权时，该股权转让协议的效力如何？《公司法》对此并无特别规定，实践中很多法院的观点并不一致：一是无效说。此种观点认为，侵害股东优先购买权的股权转让协议属于无效协议。例如，“上海地王案”中，一审法院即以侵害股东优先购买权为由宣告 SOHO 中国间接收购行为无效。[①] 二是有效说。此种观点认为，即便部分股东与第三人的股权转让协议损害了其他股东的优先购买权，该协议也是有效的。例如，在“周某某等与王某某等股权转让纠纷上诉案”中，法院认为，法律规定股东优先购买权的主要目的是保证有限公司的老股东可以通过行使优先购买权实现对公司的控制权，本案中，“周某某、陈某某以王某某、易某某转让股权时侵犯其优先受让权来主张王某某、易某某与欧阳某某、阳某某签订的股权转让协议无效的上诉理由，于法无据，本院不予支持”[②]。三是可撤销说。此种观点认为，侵害股东优先购买权的合同属于可撤销合同，优先购买权受到侵害的股东有权请求撤销该合同。

本案中，徐先生等 8 名股东将其 80％的股权实际转让给第三人之前，华泰公司的内部人合性并没有受到破坏，那么，在股权实际转让给第三人之前，张先生兄弟二人关于行使优先购买权的意思表示，是否立即在其与徐先生等 8 名

① 《外滩地王案一审宣判：SOHO 中国 40 亿购 50％股权无效》. 新民网，[2018－08－04].

② 湖南省岳阳市中级人民法院（2017）湘 06 民终 1094 号民事判决书。

股东之间产生“股权转让合同关系”？也就是说，在张先生兄弟二人表示行使优先购买权之后，股权实际转让给第三人之前，徐先生等8名股东是否负有将其股权转让给张先生兄弟二人的强制义务？笔者认为，在张先生兄弟二人主张股东优先购买权时，并不自动在张先生兄弟二人与徐先生等8名股东之间形成合同关系，在股权转让完成之前，依据《公司法》第72条和《公司法司法解释（四）》第21条的规定，其他股东可以在同等条件下主张优先购买权，优先受让该股权。而在股权已经转让完成后，股权转让协议仍然是有效的，如果其他股东确有证据证明其优先购买权受到侵害，则其应当有权以其优先购买权受到侵害为由主张撤销该合同，从而实现其优先购买权，主要理由在于：

第一，我国现行立法并没有否定损害股东优先购买权的股权转让合同的效力。我国《公司法》虽然规定了股东优先购买权，但并没有对侵害股东优先购买权的合同的效力作出规定，对此，《公司法司法解释（四）》第21条规定：转让股东“未就股权转让事项征求其他股东意见，或者以欺诈、恶意串通等手段，损害其他股东优先购买权，其他股东主张按照同等条件购买该转让股权的，人民法院应当予以支持。”根据该条规定，对损害股东优先购买权的股权转让合同不应仅仅因为损害股东优先购买权而认定合同无效或撤销合同，该条只是规定其他股东有权在同等条件下行使优先购买权，但对侵害股东优先购买权的股权转让协议的效力并没有作出规定。因此，我国现行立法并没有规定侵害股东优先购买权的合同为无效合同。

第二，从内容上看，股权转让协议是当事人真实的意思表示，没有造成他人和社会公共利益的损害，同时，通过优先购买权已经足以保护其他股东的利益，因此，没有必要否定侵害股东优先购买权的合同的效力。

第三，有利于鼓励交易，维护交易安全。应当看到，有限责任公司具有闭锁性，如果股东之外的第三人在侵害其他股东的同意权和优先购买权的情况下受让股权、成为新股东，就有可能破坏股东间既有的人合关系，影响公司的经营活动，损害既有股东的利益。但由于股东出让股权是自由行使财产处分权的必然要求，法律不得因为维护公司人合性而禁止股东转让股权。肯定股权转让合同的效力，在其他股东行使优先购买权后，受让人仍然可以依据股权转让协议向转让人主张违约责任，这有利于保护其利益，维护交易安全。

我国《公司法》第72条规定：“经股东同意转让的股权，在同等条件下，其他股东有优先购买权”。如果确实因为股东转让其股权没有通知其他股东而使其不能在同等条件下优先购买，则其他股东有权请求人民法院撤销侵害股东优先购买权的股权转让合同，从而消除此种威胁公司人合性的因素。一旦威胁公司人合性的负面因素得以消除，优先购买权的功能即得以实现。由于股东优先购买权的功能在于维护有限责任公司的闭锁性与股东之间的人合性，主张优先购买权的股东可以诉请人民法院撤销侵害其优先购买权的股权转让合同，以恢复原状。换言之，如果股权转让侵害了其他股东的优先购买权，而其他股东又无权主张撤销该合同，则股东的优先购买权将形同虚设。

（二）关于通知的方式

本案争议的焦点之一在于，通知的方式是否妥当？一种观点认为，虽然张先生兄弟二人都在国外，一时联系不上，但是毕竟可以和其家人联系，不宜在报纸上以发布公告的方式作出通知，此种方式很难为二人所了解。由于通知的方式不妥，因此，其股权转让行为已经侵害了张先生兄弟二人的优先购买权。另一种观点认为，虽然通知的方式欠妥，但并不影响通知的效力，也不应当影响股权转让的效力。

应当看到，股东在转让其股权时，确实应当通知其他股东，否则，其他股东将无从知悉该股权转让的情况，也无法主张优先购买权，极容易产生各种纠纷。但通知究竟应当采取何种方式，《公司法》没有作出规定。为此，《公司法司法解释（四）》第 19 条规定："有限责任公司的股东主张优先购买转让股权的，应当在收到通知后，在公司章程规定的行使期间内提出购买请求。公司章程没有规定行使期间或者规定不明确的，以通知确定的期间为准，通知确定的期间短于三十日或者未明确行使期间的，行使期间为三十日。"从该规定来看，明确了股东优先购买权的行使期限，即应当按照章程规定期限、转让股东通知期限和 30 日最低期限的先后顺序进行确定。但是究竟应当采取何种通知的方式，该条并没有作出规定。笔者认为，法律规定股东在转让股权时应当通知其他股东，其目的在于使其他股东了解股权转让的事实，从而便于其行使优先购买权，因此，不论采取何种通知方式，只要能够实现这一目的，就应当肯定该通知的效力。而事实上，在本案中，虽然其他 8 名股东是以在报纸上刊登公告的方式通知张先生兄弟二人，此种方式对于身在国外的张先生兄弟二人而言，可能并不能起到通知的效果，但张先生兄弟二人已经据此知道了股权转让的事宜，因此，笔者认为，应当肯定此种股权转让通知的效力。

（三）同等条件的理解

同等条件是对优先购买权人行使先买权的限制。作出这种限制有利于保护转让人的利益，以防止因其他股东主张优先购买权而损害转让人的利益。由于有同等条件的限制，使转让人的股权能够确定合理的市价，同时，在确立股东优先购买权以后也并没有剥夺其他股东的购买机会。[①] 因为其他股东仍然可以参与购买，如果其不能提供同等条件，则按价高者得的市场原则决定股权的归属，因而不违反公平竞争的原则。《公司法》只规定了在同等条件下，其他股东可以优先购买转让的股权，但未明确“同等条件”的内涵。如何确定同等条件？股权转让中的同等条件有哪些？《公司法司法解释（四）》第18条对股东优先购买权中的“同等条件”进行了规定，“人民法院在判断是否符合公司法第七十一条第三款及本规定所称的‘同等条件’时，应当考虑转让股权的数量、价格、支付方式及期限等因素。”可见，《公司法司法解释（四）》对同等条件只是列举了转让股权的数量、价格、支付方式与期限等主要因素，但其在列举之后用“等因素”进行规定。优先购买权中的“同等条件”主要是指价格条件，但其又不限于价格这一条件，只要是对转让人的经济利益有重大影响的，都应当纳入“同等条件”的范畴。

在本案中，张先生兄弟二人愿意以每人100万元、共800万元的价格收购其余8人的股权，显然这一出价和第三人的出价相比较相差过大，由于出价过低，因此不构成同等条件。但是，张先生兄弟二人提出愿意以每年少分红为代价进行补偿，此种情况是否构成同等条件？笔者认为，分红多少本身需要根据公司的经营状况而言，如果公司不能盈利，将无法分红，而且即便公司的经营状况较好，将来可以分红，但分红的时间也要晚于第三人支付转让价款的时间，这可能影响其他8名股东的资金需求，因此，即便张先生兄弟二人将来的分红在数额上可以与第三人的出价相当，甚至更高，也难以将其认定为同等条件。

同等条件是否可以反复协商？有一种观点认为，在该案中，张先生兄弟表示，关于出价的问题，可以进一步协商，在没有协商的情形下，8名股东就直接将股权转让，实际上是侵害了张先生兄弟二人的优先购买权。笔者认为，此种理由是不能成立的，因为其他8名股东在向第三人转让股权时，第三人的出价是十分明确的，张先生兄弟二人要主张优先购买权，就应当作出同等的对价，而不应当以需要再次协商为由主张其优先购买权受到侵害。

（四）关于转让股权的股东拒绝转让股份给其他股东的问题

在本案中，徐先生等8名股东认为张先生兄弟二人的收购价格过低，便明确表示拒绝，甚至提出，即便是同等条件，也不愿意将股权转让给张先生兄弟二人。问题在于，在张先生兄弟提出以同等条件购买股权的要求后，徐先生等

① 杜万华主编．最高人民法院物权法司法解释（一）理解与适用．北京：人民法院出版社，2016：275．

8名股东能否拒绝张先生兄弟购买股权的请求？能否在二者之间形成新的股权转让合同？同时，在张先生兄弟提出以同等条件购买股权的要求后，徐先生等股东也同意转让股权给张先生兄弟，此时，张先生兄弟能否拒绝购买？

前已述及，主张优先购买权的股东可以诉请人民法院撤销侵害其优先购买权的股权转让合同，进而使得公司的股权结构和人合性状况得以恢复原状，并实现股东优先购买权在维护公司人合性方面的功能。但是，优先购买权无法直接在优先购买权人与拟出让股权的股东之间形成股权转让合同关系，也就是说，在张先生兄弟主张优先购买权之后，其可以产生消极阻止徐先生等8人股权对外转让的效力，而没有在徐先生等股东与张先生兄弟之间成立新的股权转让合同，主要理由在于：

第一，基于股权出让自由的基本理念，主张优先购买权的股东与拟出让股权的股东缔结股权转让合同关系的基础在于，拟出让股权的股东愿意继续以相同条件出让股权。倘若拟出让股权的股东解除了与股东外第三人缔结的股权转让合同后拒绝出让股权，则原来有意行使优先购买权的股东无权强制与其形成新的股权转让合同关系；否则，就违反了缔约自由的基本合同法原则。简言之，有意行使优先购买权的股东与拟出让股东之间的股权转让合同仍应以后者同意以相同条件出让股权的意思表示为前提。

第二，转让股权的股东虽然有将股权转让给第三人的意思表示，但并没有将股权转让给其他股东的意思表示。在本案中，徐先生等8名股东虽然与第三人订立了股权转让协议，但其并没有与张先生兄弟二人订立股权转让协议，因此，即便张先生兄弟二人主张行使股东优先购买权，也不能在徐先生等8名股东与张先生兄弟二人之间当然成立股权转让合同关系。

第三，优先购买权仅指在订立买卖契约时优先买受的权利，而非就已成立之法律关系使之发生变动的权利。优先购买权人提出购买的意思表示以后，不能当然产生合同关系。一方面，如果认为具有优先购买权就必然导致股权的转让，则无异于强加给出卖人必须对其他市场主体的要约予以承诺的义务，进而赋予优先购买权以强制缔约的效力。但是，强制缔约制度具有法律明确规定的适用范围，其基本功能在于维护公共利益，通常是为了防止公共服务提供者选择性提供合同的行为损及公共利益。例如，《合同法》第289条规定的公共运输企业强制缔约义务就属于此种情形。而徐先生等8名股东与张先生兄弟二人之间的民事关系并不具备强制缔约的公共利益属性，因此，优先购买权人并不具备强制缔约的权利。另一方面，既然优先购买权不具备强制缔约的效力，那么，徐先生等8名股东的股权转让关系就应当遵守市场交易的基本规则。张先生兄弟二人倘若希望达成股权转让合同关系，就必须与出让人平等自由协商，并达成一致的意思表示。尤其是除了与第三人同等的价格因素外，优先购买权人还需要就价款支付时间和方式等其他可能影响当事人利益的合同内容进行协商。倘若徐先生等8名股东只具有向第三人出让股权的意向，而没有向张先生兄弟二人出让股权的意思表示，则应充分尊重其选择市场交易对象的自由。

笔者认为，股东优先购买权的制度功能在于，维护有限责任公司的闭锁性及其股东之间的人合性。因此，优先购买权人仅有权诉请人民法院撤销侵害其优先购买权的股权转让合同，但在拟出让股权的股东拒绝出让股权的情况下，无权强制与其形成新的股权转让合同关系。此时，若股权转让协议撤销，则应当维持原股权状况。如果徐先生等8名股东愿意在同等条件下转让股权给张先生兄弟二人，张先生兄弟二人不得拒绝，但如果徐先生等8名股东不愿意将股权转让给张先生兄弟二人，则应当维持公司股权的现状。

案例六十二　股权转让合同纠纷

一、案情简介

2015年5月20日，G市天意物业投资有限公司（下称“天意公司”）与W市路通物流有限公司（下称“路通物流”）签订《股权转让合同》，合同约定：天意公司将G市的“滠口小区住宅项目”（约20万平方米）100%的股权分三期转让给路通物流。合同签订后，路通物流依约向天意公司支付了第一期股权转让款人民币5 000万元。按照合同约定，路通物流应在同年年底支付第二期8 000万元股权转让款，并负责天意公司所拥有的“滠口小区住宅项目”的开发建设和日常经营管理；但在此期间，路通物流发现天意公司涉及多项债务纠纷，且“滠口小区住宅项目”的一栋楼房已被法院查封，路通物流给天意公司去函，要求其在两个月内了清债务关系，并尽快解除法院的查封。天意公司来函指出，一旦路通物流支付第二期股权转让款，债权债务纠纷都能解决，因此督促路通物流按期支付第二期股权转让款，否则将追究违约责任。路通物流提出，天意公司必须提供担保，保证两个月内能够了结所有债务，否则不能支付第二期股权转让款。天意公司提出，路通物流的要求极不合理，明确予以拒绝。于是，路通物流向天意公司发函，要求解除合同，并要求天意公司返还5 000万元的股权转让款，天意公司未予理睬。半年后，天意公司向法院起诉，要求路通物流承担违约责任。而路通物流则提出，合同已经解除，并要求天意公司退还5 000万元的股权转让款和利息。

二、争议梳理

本案争议的第一个问题在于，路通物流是否有权拒绝支付第二笔股权转让款？一种观点认为，路通物流应当按照合同约定支付第二笔股权转让款，因为天意公司本来就是等待第二期股权转让款的支付，了结相关的债权债务纠纷，因此，路通物流应当按照合同约定及时支付第二期股权转让款。另一种观点认为，路通物流购买的项目涉及债务纠纷，并且已经有楼盘被查封，其应当享有抗辩权，并有权拒绝支付第二期股权转让款。

本案的第二个争议问题在于，合同是否已经解除？一种观点认为，路通物流已经对天意公司发函解除合同，天意公司在半年时间内未予理睬，应当认定路通物流已经解除合同。另一种观点认为，本案中，路通物流是否有权依法解除合同尚不确定，路通物流发函解除合同，天意公司当然有权不予理睬，因此，合同关系并未因此解除。

三、案例评析

（一）路通物流是否有权拒绝支付第二笔股权转让款

从本案来看，路通物流有权拒绝支付第二期股权转让款，理由在于：第一，路通物流享有不安抗辩权。《合同法》第 68 条规定："应当先履行债务的当事人，有确切证据证明对方有下列情形之一的，可以中止履行：（一）经营状况严重恶化；（二）转移财产、抽逃资金，以逃避债务；（三）丧失商业信誉；（四）有丧失或者可能丧失履行债务能力的其他情形。当事人没有确切证据中止履行的，应当承担违约责任。"在本案中，天意公司涉及多项债务纠纷，且与路通物流股权转让相关的标的楼房有一栋也已被查封，符合"有丧失或者可能丧失履行债务能力的其他情形"。有一种观点认为，小区楼房总面积为 20 万平方米，而被查封的楼房只有一栋，还不足以说明路通物流的合同目的无法实现。但事实上，该楼房涉及标的本身，将直接导致路通物流的权利无法行使，甚至其合同目的无法实现。第二，天意公司应当保障路通物流所购买的标的没有瑕疵，但标的项目因为涉及债务纠纷而被查封，这也说明转让标的本身是不符合合同约定的。第三，路通物流行使不安抗辩权具有足够的证据，因为该小区有楼房是被法院查封的，路通物流有合理的理由相信天意公司存在履行债务的困难。

（二）路通物流是否有权解除合同

笔者认为，天意公司的行为已经构成预期违约，路通物流有权解除合同。所谓预期违约，是指在合同履行期到来前，一方当事人明确表明其将不履行合同，或者通过其行为表明其在合同履行到来时将拒绝履行合同。预期违约的典型形式就是默示违约，所谓默示违约，是指在履行期限到来前，一方当事人有确凿的证据证明另一方当事人在履行期限到来时，将不履行或不能履行合同，而另一方又不愿提供必要的履行担保，就可以构成预期违约。

第一，路通物流已经享有不安抗辩权。依据《合同法》第 68 条的规定，在双务合同中，在债务人出现丧失或者可能丧失债务履行能力的情形时，负有先履行义务的一方当事人有权主张不安抗辩权，拒绝履行义务。在该案中，天意公司涉及多项债务纠纷，且“滠口小区住宅项目”的一栋楼房已被法院查封，因此，路通物流有合理理由相信，天意公司存在《合同法》第 68 条第 4 项“有丧失或者可能丧失履行债务能力的其他情形”，因此，符合《合同法》第 68 条所规定的不安抗辩权的行使条件。

第二，路通物流已经及时通知对方。依据《合同法》第 69 条的规定，“当事人依照本法第六十八条的规定中止履行的，应当及时通知对方”，也就是说，即便符合《合同法》第 68 条规定的条件，路通物流也应当向对方明确表示因为对方的行为有可能使其不能或不会履行合同，因此，路通物流有权拒绝履行。在本案中，路通物流已经明确向天意公司作出了此种意思表示，该意思表示符合不安抗辩权的行使条件，因此，路通物流并不构成违约。

第三，路通物流要求天意公司提供担保，但天意公司并未提供担保。《合同法》第 69 条规定：“当事人依照本法第六十八条的规定中止履行的，应当及时通知对方。对方提供适当担保时，应当恢复履行。中止履行后，对方在合理期限内未恢复履行能力并且未提供适当担保的，中止履行的一方可以解除合同。”事实上，在出现天意公司涉及多项债务纠纷后，且与路通物流相关的标的楼房有一栋也已被查封，“有丧失或者可能丧失履行债务能力的其他情形”，还不能直接认定天意公司构成预期违约，此时，路通物流只能行使不安抗辩权，而不能以天意公司预期违约为由主张解除合同。路通物流要解除合同，在程序上首先应当要求对方提供担保，在天意公司拒绝提供担保时，将构成预期违约，此时，路通物流即可依据《合同法》第 69 条解除合同。

有一种观点认为，路通物流应当按照合同约定支付第二笔股权转让款，因为天意公司本来就是等待第二期股权转让款的支付，了结相关的债权债务纠纷，因此，路通物流应当按照合同约定及时支付第二期股权转让款。尽管路通物流在支付第二期股权转让款之后，天意公司有可能了结相关的债务纠纷，但问题在于：一方面，天意公司究竟涉及多少债务，本身是不确定的，路通物流的第二期股权转让款能否使天意公司了结其所有债务关系也不确定；另一方面，天意公司涉及多项纠纷，涉案标的楼房也被法院查封，此时，路通物流应当享有不安抗辩权，其有权拒绝天意公司的履行请求，也就是说，不论路通物流的第二期股权转让款能否了结天意公司的现有债务关系，其都可以行使不安抗辩权，拒绝支付第二期股权转让款。

（三）路通物流解除合同的法律依据

关于解除合同的法律依据，是《合同法》第 94 条和第 108 条所规定的

“以自己的行为表明不履行”合同义务的情形，构成根本违约，非违约方有权解除合同。大陆法系一般并不认可预期违约制度，而只是规定了不安抗辩权制度，并将其作为与同时履行抗辩权相对应的一项制度加以规定。而我国《合同法》在第 68 条规定了不安抗辩权之后，第 69 条又规定了预期违约，《合同法》第 94 条和第 108 条所规定的“以自己的行为表明不履行”与第 69 条中的情形是一致的，这就是说，在履行期限到来前，一方当事人有确凿的证据证明另一方当事人在履行期限到来时，将不履行或不能履行合同，而另一方又不愿提供必要的履行担保，就构成预期违约，非违约方有权解除合同，并要求对方当事人承担违约责任。但由于《合同法》并没有对二者的适用条件、范围等作出明确界定，这也引发了司法实践中的争议。两种制度具有一定的相似性，因为二者都是合同一方当事人在合同履行期到来前拒绝履行合同或者可能不履行合同，而且在不安抗辩权和预期违约的情形下，债权人都有权拒绝自己的履行，两种制度都是对合同预期不履行的救济制度。但二者是两种不同的、不能相互替代的制度。从性质上说，预期违约制度属于违约责任制度的范畴，而不安抗辩权属于抗辩制度，二者不能互相替代。因此，只要符合了预期违约的条件，非违约方就可以解除合同。从本案来看，路通物流已经具备这一条件，所以，其有权解除合同。

（四）本案中的合同是否已经解除

在本案中，路通物流已经对天意公司发函解除合同，天意公司在半年时间内未予理睬，是否应当认定路通物流已经解除合同？关于约定不明时的合同解除权行使期限问题，我国《合同法》第 95 条规定：“法律规定或者当事人约定解除权行使期限，期限届满当事人不行使的，该权利消灭。法律没有规定或者当事人没有约定解除权行使期限，经对方催告后在合理期限内不行使的，该权利消灭。”所谓“合理期限”是一个不确定的概念，赋予法官一定的自由裁量权，可以依据具体案情来加以判断。但是在实践中，完全由法官判断合理期限，可能使法官享有过大的自由裁量权。因此，《合同法司法解释二》第 24 条规定：“当事人对合同法第九十六条、第九十九条规定的合同解除或者债务抵销虽有异议，但在约定的异议期限届满后才提出异议并向人民法院起诉的，人民法院不予支持；当事人没有约定异议期间，在解除合同或者债务抵销通知到达之日起三个月以后才向人民法院起诉的，人民法院不予支持。”由于在本案中，路通物流发出解除合同的函件已经经过 3 个月，而天意公司在该期间内并没有提出异议，因此，应当认定解除合同的行为已经发生效力。合同解除权是形成权，一旦解除通知到达相对人，合同即行解除。异议权是一种请求权，是请求撤销合同解除行为的权利。异议期限届满非解除权人没有表示异议的，应当认为非解除权人的异议权消灭。非解除权人未在约定或法定期限内行使异议权的，异议权丧失，合同无争议地解除。非解除权人在约定或法定期限届满后向人民法院起诉的，人民法院不予支持。合同的解除对于合同当事人会产生重大影响，为了平衡双方当事人的利益，《合同法》在赋予合同一方当事人以解除权的同时，也赋予了另一方当事人以异议权，即在解除通知到达对方当事人后，如果对方当事人对解除合同的效力有异议的，可以提起确认之诉，这是为了防止一方当事人滥用解除权而损害另一方的合法权益。被通知解除合同的一方当事人，如果对对方当事人解除合同的行为不同意或有其他异议，则依法必须向人民法院或者仲裁机构确认能否解除合同。

除此之外，应当看到，在半年期间内，天意公司没有进行催告，是否可以认定合同已经解除呢？笔者认为，催告并不是确定解除权行使的条件，催告只是赋予了非解除权人确定对方是否具有解除合同的权利，但非解除权人是否催告不应当影响解除权因逾期行使而丧失的效力。立法者为解除权设立期限限制，目的就是要督促解除权的及时行使，使合同关系尽快得到确定和稳定。更何况在实践中，非解除权人大多是违约方，要由违约方来催告非违约方是否解除合同，且将这种催告作为解除权丧失的条件，既不符合情理，也不符合立法的意图。因此，在法律没有规定、当事人没有约定、合同相对方也没有催告的情形下，可以参照相关司法解释的规定，即解除权在解除权发生之日起一年内不行使的，解除权消灭。当然在本案中，路通物流已经行使了解除权，天意公司因未在合理期限内对路通物流解除合同的行为表示异议，因而其是否催告也不会影响合同解除的效力。

在合同解除后，依据《合同法》第 97 条的规定，尚未履行的，应当终止合同履行，路通物流已经支付的 5 000 万元股权转让款，天意公司应当予以返还，并支付相应的利息。

案例六十三　采矿权转让合同纠纷案

一、案情简介

兰陵公司准备购买兴盛煤炭公司（以下简称“兴盛公司”）的煤矿，双方在谈判过程中，兴盛公司向兰陵公司出具了一份专家鉴定资料，其中明确表明该煤矿的储存量约为25亿吨，可开采50年。兰陵公司多次组织人员前去考察该煤矿，2008年5月5日，双方签订了《煤矿转让协议》，合同第1条规定，转让煤矿的所有地面、井下的资产、设备、库存物品、采矿权以及以各种方式产生的土地使用权等资产和权益在本协议生效后全部转让给兰陵公司。合同第2条规定，合同总价款为5亿元，分三期支付，合同生效后先支付2亿元。第3条规定，兰陵公司在支付首次款项后即进厂办理接收手续。第4条规定，由兰陵公司办理采矿权转让审批手续，但兴盛公司负有协助办理的义务。合同第10条约定，任何一方违约，应按合同价款的50%向另一方支付违约金。但在兰陵公司支付第一期款项后，煤炭价格急剧下跌，兰陵公司便拖延办理审批手续。期间，兴盛公司曾经催促兰陵公司及时办理审批手续，兰陵公司未作答复。2008年12月底，兴盛公司催促兰陵公司支付第二笔款项，兰陵公司则提出，该采矿权转让合同一直没有获得政府审批，因此，合同是无效的，而且经过专家鉴定，该煤矿的储存量仅为10亿吨，仅可开采20年。因此，兴盛公司构成违约，其有权解除合同，并要求兴盛公司承担违约金责任。而兴盛公司提出反诉，认为兰陵公司故意拖延办理审批手续，并以尚未办理审批手续为由主张拒绝支付价款，构成违约，应当承担违约责任。

二、争议梳理

本案的争议焦点之一在于，在《煤矿转让协议》没有办理审批手续时，该合同是否有效，对此存在两种观点：一种观点认为，采矿权转让合同必须经过批准才能生效，本案中，采矿权合同并未经过批准，因此合同是无效的。另一种观点认为，采矿权转让合同未经审批只是导致采矿权不能转让，但该采矿权转让合同仍然是有效的。

本案的另一个争议焦点在于，哪一方当事人违反义务，是否可主张违约责任？一种观点认为，兰陵公司故意拖延办理审批手续，并以尚未办理审批手续为由拒绝支付价款，构成违约，应当承担违约责任。另一种观点认为，煤矿的储存量并没有达到兴盛公司声明的标准，兴盛公司应当构成违约。

三、案例评析

（一）关于“煤矿转让协议”的效力

首先需要确定的是，本案合同转让的标的究竟是什么，当事人双方签订的合同名称为《煤矿转让协议》，但合同第 1 条规定，转让煤矿的所有地面、井下的资产、设备、库存物品、采矿权以及以各种方式的土地使用权等资产和权益在本协议生效后全部转让给兰陵公司。由此可见，该合同的标的并非单纯的煤矿转让，也不是单纯的采矿权转让，其实际上包括了煤矿财产和采矿权在内的集合财产的转让。正是因为它是集合财产的转让，所以，采矿权转让本身只是该合同的部分内容，而不是合同的全部内容。即使因为兰陵公司没有办理采矿权的审批手续而认定该采矿权条款无效，也只是认定该合同的部分条款无效，而不能认定整个合同无效。

在本案中，采矿权是当事人合同的内容之一，在采矿权未经审批的情形下，是否导致该条款无效，存在不同的观点。一是无效说。此种观点认为，依据《矿产资源法》第 6 条、《探矿权采矿权转让管理办法》第 3 条、第 10 条的规定，采矿权转让应当经过批准，该规定在性质上属于效力性强制性规定，违反该规定，采矿权转让应当归于无效。二是有效说。此种观点认为，虽然采矿权转让依据有关规定应当经过批准，但该规定属于管理性强制性规定，违反该规定并不当然导致合同无效。同时，《物权法》第 15 条规定：“当事人之间订立有关设立、变更、转让和消灭不动产物权的合同，除法律另有规定或者合同另有约定外，自合同成立时生效；未办理物权登记的，不影响合同效力。”依据该条规定，当事人订立变动物权的合同，物权是否变动并不影响该合同的效力，而采矿权在性质上属于物权，应当适用该规则。三是合同成立未生效说。此种观点认为，未经批准的采矿权转让合同在性质上应当是已经成立的合同，但由于未经批准，因而尚未生效。对此，《合同法司法解释一》第 9 条第 1 款规定：“依照合同法第四十四条第二款的规定，法律、行政法规规定合同应当办理批准手续，或者办理批准、登记等手续才生效，在一审法庭辩论终结前当事人仍未办理批准手续的，或者仍未办理批准、登记等手续的，人民法院应当认定该合同未生效；法律、行政法规规定合同应当办理登记手续，但未规定登记后生效的，当事人未办理登记手续不影响合同的效力，合同标的物所有权及其他物权不能转移。”《最高人民法院关于审理外商投资企业纠纷案件若干问题的规定（一）》第 1 条第 1 款规定：“当事人在外商投资企业设立、变更等过程中订立的合同，依法律、行政法规的规定应当经外商投资企业审批机关批准后才生效的，自批准之日起生效；未经批准的，人民法院应当认定该合同未生效。当事人请求确认该合同无效的，人民法院不予支持。”依据上述规定，未经审批的合同在性质上是已经成立但尚未生效的合同。

笔者认为，无效说不无道理，且从我国司法实践来看，许多法院都采纳无效说，但应当看到，无效说也不尽合理：一方面，无效说容易引发投机，甚至可能引发道德风险。也就是说，随着矿产价值的变化，采矿权的价值也会发生变化，当事人可能会等待矿产价值的变化而拖延办理相关的手续，特别是在合同明确约定当事人一方负有办理审批手续的情况下，在出现采矿权价值升高等情况时，转让方可能故意拖延办理相关的审批手续，而受让方则无权依据合同请求转让方完成手续。从本案来看，合同第 4 条规定，由兰陵公司办理采矿权转让审批手续，但兴盛公司负有协助办理的义务。兰陵公司作为受让人，其应当知道，如果没有获得采矿权，采矿行为在法律上是存在瑕疵的，其应当积极主动地办理相应的采矿权审批手续，但兰陵公司拖延迟迟不办理审批手续，甚至在兴盛公司催促其及时办理审批手续时，也未作答复，主要原因就是当时的煤矿价格处于不断变化之中，兰陵公司想等待煤炭价格确定后才决定是否办理审批手续，这实际上是将煤炭价格变动的风险转移给了对方当事人，显然是一种投机的做法。另一方面，许多采矿权转让合同，采矿权转让之后，受让人已经进行了施工、建设，而转让方则拖延办理相关的手续，最后主张转让合同无效，合同无效后需要恢复原状，这可能导致重大的经济损失。从本案来看，兰陵公司已经进入煤矿，并开始煤矿开采活动，如果认定合同无效，则当事人双方应当负有恢复原状的义务，这也会给当事人造成巨大的损失。

笔者认为，采纳未生效说更为合理。一方面，采用未生效说有利于鼓励交易。如果认为，依法需要审批而未经审批的合同的效力状态是未生效，那么当事人依据合同约定负有办理审批的义务，则当事人应当继续报批。对此，申请报批的行为可以由人民法院予以强制执行。如果缔约当事人能够按照约定积极地报批，或者可由人民法院强制要求报批，则大量未经审批的合同将转变为有效，从而可以达到鼓励市场交易的目的。另一方面，采用未生效说有利于弥补合同形式上的缺陷。在未报审批的情况下，尽管合同存在形式上的缺陷，但这种缺陷并非不能弥补，法院可以责令负有报批义务一方继续报批，从而使合同满足各种形式要件要求。尤其应当看到，采用未生效说有利于平衡双方当事人的利益，保护诚信一方当事人的合法权益。从立法目的来考量，法律设立审批制度主要为了维护公共安全与公共利益，如果当事人之间合同的某些条款虽未经审批，但并不有损公共利益，则不宜宣告整个合同无效，否则会鼓励当事人的不诚信行为，就会出现本案中兰陵公司等待煤炭价格变动而故意拖延办理审批手续的情况，这显然是一种市场投机行为。此外，采用未生效说有利于维护市场交易秩序。对于需要审批的合同，从合同签订之日到合同履行之日大多存在一定的时间差，如果采用无效说或者不成立说，则合同当事人可能随时主张合同无效或者不成立，致使人们对于对方的信赖落空，进而导致正常市场交易缺乏诚信机制。若采用未生效说，则可以使合同关系在审批之前仍然存在，对当事人来说，合同的约定并非一纸空文，各方当事人仍然需要依据合同的规定来履行必要的义务。例如，合同规定一方负有报批义务的，该方必须履行该义务。这就有助于维护合同的秩序，督促当事人履行合同的义务。

（二）哪一方当事人违反义务

本案中，关于哪一方违反了合同义务，存在不同的观点。一种观点认为，兰陵公司故意拖延办理审批手续，并以尚未办理审批手续为由主张拒绝支付价款，构成违约，应当承担违约责任。另一种观点认为，煤矿的储存量并没有达到兴盛公司声明的标准，兴盛公司应当构成违约。笔者认为，兰陵公司已经违反了合同义务，构成违约，主要理由在于：

第一，兰陵公司负有义务办理审批手续而没有办理。办理审批似乎是为了兰陵公司的利益，但实际上其既然是合同的组成部分，就涉及双方的利益。煤矿价格的变动风险也应当是双方当事人应当承担的交易风险，在本案中，兰陵公司负有办理审批手续的义务，其因煤矿价格变动而没有办理，显然是违反了合同义务。

第二，关于兴盛公司是否出具虚假鉴定文件的问题。在双方谈判过程中，兴盛公司向兰陵公司出具了一份专家鉴定资料，其中明确表明该煤矿的储存量约为 25 亿吨，可开采 50 年。但兰陵公司经过专家鉴定，该煤矿的储存量仅为 10 亿吨，仅可开采 20 年。这是否意味着，兴盛公司构成违约呢？笔者认为，在双方谈判过程中一方出具的材料是否属实，另一方应当认真核实，在本案中，受让人兰陵公司应当主动鉴定，合作双方共同组织人员鉴定，受让人对转让人所提供的材料，应当进行必要的核实。如果没有去核实或者自己组织专家鉴定，而轻易相信对方的资料，则应当自己承担煤矿价值不如预期那么高的风险。更何况，在本案中，兰陵公司多次组织人员前去考察该煤矿，但在考察后仍然签订合同，这表明，兰陵公司已经认可了该煤矿的状况，其事后也不得再主张兴盛公司进行虚假宣传。

第三，合同中并没有规定煤矿的储存量问题，这表明煤矿的储存量等问题只是当事人订立合同的参考因素，而不是合同的重要内容。也就是说，因为在采矿权转让时，在当事人无法确定煤矿的开采量，而且借助科学技术无法确定煤矿的开采量时，当事人只能通过预估的方式确定大致的开采量。所以，当事人对煤矿储存量的预估只是当事人订立合同的重要参考因素，兴盛公司也没有义务担保该煤矿的储存量必须达到一定数量。

问题在于，在兰陵公司违反审批义务、未及时申请办理审批的情况下，其应当承担何种责任？对此有两种不同观点：一是缔约过失责任说。此种观点认为，在一方当事人违反申请办理审批的义务时，由于合同尚未办理审批，并未生效，因而，对方当事人仅能请求其承担缔约过失责任，而不能主张违约责任。二是违约责任说。此种观点认为，缔约过失责任仅能对守约方的信赖利益损失提供救济，而且信赖利益损失的赔偿不能超过履行利益，这显然无法有效保护守约方的利益，守约方应有权主张违约责任。

笔者认为，对于未经审批的合同而言，由于其并未完成法定的审批要件，不能产生当事人预期的效果，因而，该合同虽然已经成立，但并未生效。也就是说，该合同已经成立，对双方当事人都产生了一定的拘束力，未经对方当事人同意，一方当事人不得擅自变更、解除合同。同时，由于该合同尚未生效，因而，其不能对当事人产生与生效合同相同的拘束力，在兰陵公司未办理审批手续的情形下，兴盛公司将无法请求其承担违约责任，而只能请求其承担缔约过失责任。但是本案中，依据合同约定，兰陵公司负有办理审批的义务，该约定可以视为与合同的仲裁条款、清算条款相类似的条款，具有一定的独立性，故虽然合同因未完成审批手续尚未生效，但合同中的申请办理审批的条款已经生效，也就是说，在兰陵公司拖延办理审批手续时，虽然合同关系尚未生效，但兴盛公司仍应有权依据该办理审批条款请求兰陵公司继续办理该手续。

（三）关于违约金的支付

合同第10条约定，任何一方违约，应按合同价款的50%向另一方支付违约金，兴盛公司据此主张兰陵公司应当承担违约责任。笔者认为，如果兴盛公司没有因兰陵公司违约而遭受巨大损失，则当事人所约定的违约金显然过高，兰陵公司有权请求人民法院降低该违约金数额。关于违约金数额的调整，《合同法》第114条第2款规定："约定的违约金低于造成的损失的，当事人可以请求人民法院或者仲裁机构予以增加；约定的违约金过分高于造成的损失的，当事人可以请求人民法院或者仲裁机构予以适当减少。”根据《合同法司法解释二》第29条第2款的规定，当事人约定的违约金超过造成损失的30%的，一般可以认定为《合同法》第114条第2款规定的“过分高于造成的损失”。但此处所说的损失究竟限于实际损失，抑或包括可得利益的损失？对此看法不一。采用不同的标准，损失的基数就不同，违约金调整的条件和基础也会存在差别。笔者认为，《合同法》第113条所规定的损失既包括实际损失，也包括可得利益损失，因此，采用体系解释的方法，应当将《合同法》第114条所规定的损失解释为同时包含实际损失与可得利益损失。也就是说，在当事人所约定的违约金数额超出兴盛公司损失的30%时，则应当构成违约金数额过高，兰陵公司有权请求人民法院降低该违约金数额。

案例六十四　有奖销售的法律性质

一、案情简介

6月1日到7月31日期间，F市商贸百货大楼（以下简称“百货大楼”）举办了第四期有奖酬宾销售活动，凡在百货大楼购物20元者可获得奖券一张。在此期间，周某某在百货大楼处购物获奖券数张，其中一张为047956号。7月31日，百货大楼在公证员的公证下公开摇奖，摇出金奖号码一个，即047956号，奖金为10 000元；银奖号码20个，每个奖金500元。百货大楼当即将中奖号码及奖金额公布于大楼门前的公告牌上，并在公告牌上注明：“中奖者须在8月10日前兑奖，逾期作自动放弃处理。”除此以外，百货大楼在举办该期有奖销售活动中，未作出任何有关领奖时限的规定。8月4日、9日和11日《临江日报》三次刊登了百货大楼的开奖公告，并公布了中奖号码及奖金金额，但未注明领奖期限。周某某从《临江日报》上得知自己中奖后，于8月21日到百货大楼兑奖，百货大楼则以兑奖期限已过为由拒绝兑奖。为此，周某某在法院提起诉讼。

二、争议梳理

一审法院认为：周某某奖券的取得是合法的，百货大楼举办第四期有奖销售活动，未违反当时的政策、法律、法规，且经F市公证处派员监督公开摇奖，真实、合法，中奖号码具有法律效力。百货大楼从设奖之初，这笔奖金就从百货大楼的财产所有权中分离出来，百货大楼不再享有此奖金的所有权。百货大楼举办的第四期中奖号码摇出，就说明这期的销售利润已经完成，原设定的奖金就是中奖者的，百货大楼不付给周某某，就是对周某某财产的侵占。但周某某没有在百货大楼规定的8月10日前兑奖，超过了兑奖期限，对纠纷的引起亦有部分责任。因此，一审法院判决百货大楼付给周某某中奖奖金10 000元的70%，即人民币7 000元。

二审法院认为：周某某凭其中奖的奖券，已取得奖金的所有权，而百货大楼开展有奖销售活动的规则未使顾客周知，奖券上未注明开奖及领奖截止日期，表明发券人与持券人之间事先没有领奖期限的约定。F市公证处证实，摇出的金奖和银奖号码真实有效。但大楼在公告牌上注明的兑奖期限不在公证的内容之中。周某某不存在逾期领奖的问题。至于百货大楼在摇奖后公告领奖期限，系单方民事行为，对周某某不具有约束力。因此，二审法院判决百货大楼应向周某某支付全部中奖奖金。

三、案例评析

本案属于逾期领取中奖奖金而发生纠纷的案件，尽管一审和二审法院在关于周某某逾期领取奖金是否有过错问题上存在不同看法，但一、二审法院均认为百货大楼从事有奖销售活动，向不特定人发出了购买该店商品获得奖券，经过摇奖后可中奖的要约，周某某在该店购物后领取奖券即已承诺，此合同有效。因此，自百货大楼摇出047956号中奖号码时起，此奖金的所有权已归属持有酬宾中奖号码的周某某。百货大楼只能是该笔奖金的保管者，在周某某持券前来领取时应如数交给周某某。此看法虽不无道理，但值得商榷。为了明确双方当事人之间的权利义务关系，我们首先需要对有奖销售法律关系的性质作出探讨。

所谓有奖销售，实际上是指通过设立某种奖励以招徕顾客的买卖活动。有奖销售活动将在经营者和消费者之间发生合同关系，然而此种合同的性质是什么？对此学理上存在不同看法。第一种观点认为有奖销售合同在性质上是附负担的赠与，也就是说双方发生一方赠与奖券给另一方，另一方必须购买一定价值的商品的合同关系。购买商品是赠与的负担，如果负担未能履行，则赠与合同无效。第二种观点认为，有奖销售属于附条件的赠与合同。此种观点认为，购买一定价值商品的行为具有任意性，它是一种条件而不是具有强制性的义务负担。第三种观点认为，有奖销售是一种买卖合同关系，同时也发生了一种一方中奖后，另一方支付奖品或奖金的博彩合同关系。笔者认为，将有奖销售合同仅看作赠与关系（无论是附条件赠与还是附负担的赠与）都是不妥当的。因为既然是有奖销售，则双方必然要发生一种买卖合同关系，且此种关系是经营者和消费者之间所发生的基本法律关系，经营者设奖的目的在于促销，而消费者获得奖券乃是购买一定商品的结果，可见，双方订约目的主要不在于赠与而在于买卖。而赠与关系说完全忽视此种行为中作为基础关系的买卖关系的重要性，这显然是不妥当的。

尽管有奖销售合同主要是买卖合同，但当事人之间同时也发生了另一种合同关系，即赠与合同关系。此种关系的实现虽不是当事人订约时所追求的主要目的，也不是双方的基础关系，但仍然是存在的。也就是说，一旦消费者购买了一定价值的商品，则经营者将向消费者赠送奖券或直接赠送某种奖品（如“买一送一”）。消费者获得奖券或直接获得赠品与其购买商品的行为是密切联系的，如果其不花钱购买商品是不可能获得奖券或奖品的。但是奖券和奖品的获得并非消费者支付一定金钱的代价，消费者购买所得物品才是其支付一定金钱的代价，而奖券或奖品只是在获得物品之外额外取得的。正是在这个意义上，笔者认为，赠送奖券和奖品的赠与合同是独立于买卖合同的一种合同。

如果我们仅仅将经营者和消费者之间因有奖销售所发生的关系单纯看作买卖关系和赠与关系可能仍然是不够的。如果经营者向消费者赠送的是奖品，那么一旦一方支付金钱另一方交付买卖标的物和奖品，双方之间的混合合同关系因已履行完毕将发生终止。但是如果经营者向消费者赠送的是奖券，那么双方的法律关系还没有因奖券的交付而终止。消费者在获得奖券以后，虽没有立即得到实物，但是获得了未来可能获奖的机会。由于消费者获得奖券只是获得中奖机会，那么意味着因奖券的取得在经营者和消费者之间将发生射幸合同或称为不确定的合同关系。所谓“射幸”，顾名思义就是碰运气的意思，在此类合同中，当事人一方是否履行义务、合同目的能否实现有赖于偶然事件的出现。“射幸”一词本身就表明了这种合同能否履行带有不确定性，例如，保险合同是一种典型的射幸合同，因为在订立保险合同时，保险事故的发生与否还是个不确定的因素。射幸合同虽然在我国没有法律明文规定，但我国《合同法》第124条规定，“本法分则或者其他法律没有明文规定的合同，适用本法总则的规定，并可以参照本法分则或者其他法律最相类似的规定”。依照合同自由原则，射幸合同作为无名合同，并非无效。本案中，尽管消费者获得奖券，但是否能中奖、是否能获得奖金是不确定的，而经营者虽赠送了奖券，但是否负有支付奖金的义务也是不确定的。这种射幸合同随同奖券的赠与而发生，也区别于前面所发生的买卖合同关系、赠与合同关系而独立存在。一旦经营者向消费者赠送奖券，即向其发出了一种要约，该要约内容是消费者获得奖券后，获得中奖机会，经营者负有义务通过某种形式确定中奖者，并向中奖者提供预先确定的奖品、奖金，而消费者一旦接受该奖券，则不仅意味着赠与合同已经履行，同时也是对对方发出射幸合同要约的承诺。也就是说，消费者同意获得未来可能中奖的机会。如果消费者拒绝接受奖券，不仅赠与合同不能成立，射幸合同也不能成立。该奖券的性质为一种证券，除了有一般的权利证书的证据作用外，与权利的发生、行使、转让都具有密不可分的关系。如果消费者在接受奖券以后，将该奖券转让给他人，则赠与合同成立，同时在奖券持有人与经营者之间产生射幸合同关系。

如果经营者通过某种形式（如摇奖）而确定中奖者，那么双方是否仍然存在射幸合同关系？在本案中，一、二审法院认为百货大楼从事有奖销售活动，向不特定人发出了购买该店商品获得奖券，经过摇奖后可以中奖的要约，周某某在该店购物后领取奖券即已承诺，此种观点实际上认为从消费者获得奖券到中奖只存在一个合同关系，这显然是不妥当的。事实上，在中奖以前，当事人双方之间存在射幸合同关系，但一旦中奖，则合同中不确定的权利义务已转化为确定的债权债务，也就是说，一旦确定中奖者，射幸合同关系终止，同时在双方之间产生按预先规定的数额给付奖金的关系，即经营者负有向中奖者支付规定数额的奖金的义务，同时中奖者享有领取规定数额奖金的权利。可见，中奖前后产生两个不同的债的关系，这两种关系是不能混淆的。

从本案来看，周某某在百货大楼处购物获得奖券数张（其中一张为047956号），这样双方之间不仅已发生买卖和赠与关系（这些关系因买卖标的物和赠与物交付已终止），同时发生射幸合同关系，也就是说，周某某依据其获得的奖券而取得未来可能中奖的机会，百货大楼负有向周某某提供获得中奖机会的义务。如果百货大楼不按规定形式确定中奖者或拒不确定中奖者，使周某某及其他奖券持有者不能获得中奖机会，那么周某某及其他奖券持有者可要求百货大楼履行射幸合同所规定的义务并承担相应的违约责任。如果认为该合同关系自中奖以后才成立，则在经营者不按规定形式确定中奖者及拒不确定中奖者的情况下，周某某及其他奖券持有者不能拥有任何救济权利，这显然是不适当的。

周某某获得奖券以后，百货大楼在公证员的公证下公开摇奖，摇出中奖号码（包括金奖号码一个：047956号，奖金为10 000元），则其已履行射幸合同，同时该合同因中奖者确定而终止。由于周某某已中奖，则在周某某、百货大楼之间产生了新的权利义务关系，即周某某凭其持有中奖的奖券，有权请求百货大楼支付10 000元奖金，百货大楼负有向周某某支付10 000元奖金的义务。从性质上说，该种奖券具有有价证券性质，即任何合法持有该奖券的人均有权请求百货大楼支付规定的奖金。

周某某在中奖以后，其中奖奖金所有权是否发生移转？一、二审法院均认为周某某一旦中奖，则中奖奖金的所有权即归周某某所有，而百货大楼只是作为该笔奖金的管理人而管理奖金。笔者认为这一观点是不妥当的。因为既然双方之间仅仅只是因中奖而产生了债权债务关系，那么，周某某所享有的只是请求百货大楼交付 10 000 元奖金的权利，而由于百货大楼并未实际交付奖金，因而该笔奖金的所有权并没有发生移转。《物权法》第 23 条规定："动产物权的设立和转让，自交付时发生效力，但法律另有规定的除外。"这样，在周某某、百货大楼之间事先并无特别约定的情况之下，该笔中奖奖金所有权只有在交付后才发生移转，在此之前，周某某享有的只是请求百货大楼交付该笔奖金的债权。假如周某某抛弃其债权，或者因其丢失奖券而无权领奖，则该笔奖金并不因此而成为无主财产，百货大楼作为该笔奖金的所有者，继续对该笔奖金享有所有权。

最后需要讨论的是，周某某是否构成逾期领奖并具有过错的问题。从本案来看，百货大楼在从事有奖销售活动时，从未预先规定摇奖日期以及中奖者领取奖金的日期。尽管百货大楼在摇奖以后曾将中奖号码及奖金额公布于其大楼门前的公告牌上，并在公告牌上注明："中奖者须在 8 月 10 日前兑奖，逾期作自动放弃处理。"但这只是百货大楼单方面的声明，不应当看作是双方合意的内容，因此不应对双方产生约束力，除非百货大楼在射幸合同成立之时就已经向周某某和其他消费者明确告知了中奖后领取奖金的期限，而周某某及其他消费者对此并未表示异议，则可以认为该项声明已引入射幸合同之中，并成为射幸合同的组成部分。一旦经摇奖确定周某某为中奖者，该内容当然成为新的合同关系内容的一部分。在此情况下，领奖期限即为权利人行使债权的期限，周某某一旦超过期限领取，则百货大楼有权拒绝。而从本案来看，百货大楼并未在赠送奖券时向周某某告知上述期限，因此周某某的行为不构成逾期领取，二审法院判决百货大楼向周某某支付全部中奖奖金显然是正确的。

案例六十五　鸿鼎投资公司与茅某某等赠与合同纠纷案

一、案情简介

2011年3月31日，鸿鼎投资有限公司（以下简称“鸿鼎公司”）欲投资兴建光辉小学（性质为民办小学），政府决定划拨40亩土地，但鸿鼎公司急需筹措4亿元建造校舍和设施，便联系到当地的兴业房地产开发总公司（以下简称“兴业公司”），兴业公司提出，愿捐助5 000万元，但要承建校舍，并租用临街的一栋楼长期使用。双方首先签订了一份捐赠协议，协议规定：“乙方（兴业公司）在半年内捐款到位。”在捐赠协议签署之后，双方另外又签署了一份《工程承包协议》，协议约定：由兴业公司承建光辉小学校舍（共10万平方米），工程总价款3亿元。鸿鼎公司因为了解到兴业公司不是专门的建筑公司，为确保工程质量，要求兴业公司就工程质量提供担保，兴业公司便请了当地的城建总公司（以下简称“城建公司”）对工程质量提供担保。合同约定：“如果工程质量不合格，城建公司愿承担赔偿责任。”当天，鸿鼎公司又与兴业公司签署了一份《租赁协议》，合同约定，在光辉小学临街的办公楼建成后，地面一层租给兴业公司做办公场所和商铺。同年4月，鸿鼎公司发现，兴业公司并没有建造房屋的资质，且了解到兴业公司把整个工程都转包给了另外一个公司，便提出要求解除《工程承包协议》和《租赁协议》。但兴业公司提出，如果鸿鼎公司单方面解除合同，则其将不再捐赠，并主张，《工程承包协议》和《租赁协议》都是有效的，要求鸿鼎公司继续履行合同。

二、争议梳理

本案争议的第一个问题是，捐赠协议是否应当继续履行？一种观点认为，兴业公司之所以愿捐助5 000万元，是因为其可以承建校舍，并租用临街的一栋楼长期使用，如果鸿鼎公司主张解除《工程承包协议》和《租赁协议》，则将导致兴业公司的合同目的无法实现，其应当有权解除捐赠协议。另一种观点认为，兴业公司捐赠兴建小学，该捐赠协议在性质上属于具有公益性质的赠与，不得随意解除。还有一种观点认为，兴业公司之所以愿意捐助 5 000 万元，是因为其要承建校舍和租用大楼，但是，合同之中并没有将其作为捐款的条件。所以，兴业公司不能以此为由主张拒绝捐助。

本案争议的第二个问题是，鸿鼎公司是否有权解除《工程承包协议》和《租赁协议》？一种观点认为，兴业公司并没有建造房屋的资质，且把整个工程都转包给了另外一个公司，已经构成违约，鸿鼎公司有权解除上述合同。另一种观点认为，兴业公司并没有建造房屋的资质，且把整个工程都转包给了另外一个公司，本身构成了违法，因此合同是无效的。

三、案例评析

（一）捐赠协议是否应当继续履行

首先需要确定，该捐赠协议是否已经合法成立。捐赠协议是赠与人将自己的财产无偿给予受赠人，受赠人表示接受赠与的合同。其中转移财产的一方为赠与人，接受财产的一方为受赠人。虽然关于赠与合同究竟是诺成合同还是实践合同存在争议，但从我国《合同法》的规定来看，赠与合同的成立并不以赠与物的交付为成立要件。只要当事人就赠与达成一致，合同就成立。因此，赠与合同是诺成合同，而非实践合同。

在本案中，当事人双方所签订的捐赠合同是具有公益性和道德性的赠与，所谓具有公益性和道德性的赠与，是指《合同法》第 186 条第 2 款所规定的具有救灾、扶贫等社会公益、道德义务性质的赠与，此类赠与合同与一般的赠与合同的主要区别在于：第一，赠与人是否享有任意撤销权不同。这就是说，在一般赠与中，赠与人将自己的财产无偿给予受赠人，并可以在赠与财产权利移转前撤销赠与。对于具有公益性和道德性的赠与，依据《合同法》第 186 条的规定，赠与人不享有任意撤销权。第二，受赠人能否请求赠与人履行不同。就一般赠与而言，赠与人不履行交付赠与物的义务时，受赠人不能强制其履行。但是具有公益性和道德性的赠与，则受赠人可以依据《合同法》第 188 条要求赠与人交付。第三，因赠与人故意或者重大过失致使赠与的财产毁损、灭失的责任不同。在一般赠与中，赠与人仅需赔偿因赠与财产的毁损、灭失而发生的财产自身的损失。但在具有救灾、扶贫等社会公益、道德义务性质的赠与中，赠与人还应赔偿由此引发的其他损失。

问题的关键在于，本案当事人双方所签订的捐赠协议，在性质上是否属于附条件的合同？如果是附条件的合同，在条件没有成就的情况下，则捐赠协议将不发生效力。从本案来看，虽然兴业公司之所以愿捐助 5 000 万元，是因为其可以承建校舍，并租用临街的一栋楼长期使用，如果鸿鼎公司主张解除《工程承包协议》和《租赁协议》，则将导致兴业公司的合同目的无法实现，据此有人认为，这是一个附条件的合同。笔者认为，本案当事人所签订的赠与合同并非附条件的合同，理由主要在于：第一，就附条件合同而言，当事人必须将其所附条件写入合同之中。本案的当事人虽然在协商过程中提到这个条件，但是并没有将其写入合同书之中，当事人双方无论是在捐赠协议中，还是在《工程承包协议》和《租赁协议》中，都没有将签订《工程承包协议》和《租赁协议》作为捐赠协议的生效条件。第二，当事人采用了分别订立三个合同的方式，而在三个合同之中，并没有将三者之间的联系写清楚，因此，只能认为，三者是独立的合同。所以，笔者认为，该捐赠协议并非附条件的合同。

本案中的捐赠协议是否是附义务的赠与？所谓附义务的赠与就是指受赠人在接受赠与的时候，需要履行合同所约定的义务的赠与。《合同法》第 190 条规定："赠与可以附义务"。因此，当事人可以自由设定附义务的赠与。本案中，兴业公司捐款的条件是承建校舍并租赁临街的一栋楼长期使用，因此，应当将该赠与合同认定为附义务的赠与。本案中，鸿鼎公司已经与兴业公司签订了承建光辉小学校舍的合同，但是兴业公司不具备建造房屋的资质，并将工程非法转包，导致合同无效，应当认为，鸿鼎公司已经履行了赠与合同中的义务，所以，兴业公司应当继续履行捐赠协议。

对于具有公益性和道德性的赠与，依据《合同法》第 186 条的规定，赠与人不享有任意撤销权，所以，即便鸿鼎公司解除了工程承包协议和租赁协议，作为赠与人的兴业公司也不能主张任意撤销权，从而撤销赠与合同。相反，兴业公司应当继续履行捐赠协议。

（二）关于《工程承包协议》和《租赁协议》的效力

1.《工程承包协议》是无效的

为了确保建筑工程质量和安全，我国《建筑法》等有关法律对建设工程的承包人规定了资质要求。也就是说，在建设工程领域，无论是建设工程的施工、勘测还是设计，均要求承包人具备一定的资质等级。从事建筑活动的专业技术人员，也必须具有与其从事的建筑活动相适应的法定执业资格。在本案中，兴业公司并没有建造房屋的资质，当事人所签订的《工程承包协议》是否应当被认定为无效？笔者认为，该合同应当被认定为无效，但是，此种无效应当属于可以补正的无效。所谓可以补正，是指当事人对于无效合同可以进行修正，消除其无效的原因，从而使合同变为有效合同。最高人民法院《建设施工司法解释》[①] 实际上认可此种观点，该解释第 1 条规定，建筑承包人未取得建筑施工企业资质或者超越资质等级订立的合同无效，没有资质的实际施工人借用有资质的建筑施工企业名义订立的合同无效。但同时，其又允许该种效力瑕疵可以采用补正的方式予以修补。该解释第 5 条规定："承包人超越资质等级许可的业务范围签订建设工程施工合同，在建设工程竣工前取得相应资质等级，当事人请求按照无效合同处理的，不予支持。"这就是说，如果承包人在建设工程竣工前取得相应资质等级，该合同也可以确认为有效。

在本案中，兴业公司在签订了《工程承包协议》以后，把整个工程都转包给了另外一个公司，这应当导致协议无效。笔者认为，此种行为已经构成非法转包。所谓非法转包，就是承包人将其所承包的工程项目整体转让给第三人，或者将其承包的全部建设工程予以肢解，并以分包的名义交由第三人承担，其自身不再承担建设工程项目的勘察、设计或施工工作。《合同法》第 272 条规定，"承包人不得将其承包的全部建设工程转包给第三人。"这是因为建设工程合同通常是依据严格的法律程序订立的，如采取招投标形式。非法转包行为就规避了法定的合同订立程序，且具有很大的危害性，会导致工程质量难以控制，施工人偷工减料，最终会对工程质量产生重大影响。因此，法律上明确禁止全部转包行为的发生。最高人民法院《建设施工司法解释》第 4 条规定："承包人非法转包、违法分包建设工程或者没有资质的实际施工人借用有资质的建筑施工企业名义与他人签订建设工程施工合同的行为无效。人民法院可以根据民法通则第一百三十四条规定，收缴当事人已经取得的非法所得。"由此可见，最高人民法院采纳了无效说。笔者认为，虽然非法转包违反了法律法规的禁止性规定，应当被宣告无效，但由于承包人进行分包时未取得发包人的同意，其行为也构成违约，应承担相应的违约责任。因为法律关于承包人必须在取得发包人同意的情况下，才能分包，以及有关分包和禁止转包的规定，不仅是《合同法》所确定的强行性规范，而且是对承包人法定义务的确认。不管该项义务是否由当事人约定，都应转化为合同的重要组成部分。违反该种义务，也可能构成违约，应当承担违约责任。所以，从本案来看，鸿鼎公司也可以构成违约为由，要求兴业公司承担违约责任，解除《工程承包协议》。

2.《租赁协议》仍然是有效的

本案中，鸿鼎公司以兴业公司没有资质，且将整个工程转包给另外一家公司为由，要求解除《租赁协议》。笔者认为，这是不能成立的。因为无论是资

① 2018 年 10 月 29 日最高人民法院通过了《关于审理建设工程施工合同纠纷案件适用法律问题的解释（二）》，因而此处的司法解释应指《关于审理建设工程施工合同纠纷案件适用法律问题的解释（一）》。

质问题还是转包问题，都应当仅影响建设工程合同的效力，而不应当对租赁合同的效力产生影响。租赁合同本身并不存在效力瑕疵。更何况，无论是在租赁合同还是在建设工程合同中，当事人都没有将两者的效力联系在一起，因此，两个合同的效力也不会相互影响。当然，在大楼建成以后，如果其登记在光辉小学名下，则出租人的身份需要发生变化。当事人也可能要重新签订租赁协议，但这并不会影响租赁合同本身的效力。

（三）担保人的责任

鸿鼎公司因为了解到兴业公司不是专门的建筑公司，为确保工程质量，要求兴业公司就工程质量提供担保，兴业公司便请了城建公司对工程质量提供担保。合同约定："如果工程质量不合格，城建公司愿承担赔偿责任。"从本案来看，城建公司所作的担保，是针对《工程承包协议》所提供的担保。如果该工程承包协议被宣告无效，则因主合同无效，担保合同作为从合同也应当归于无效。当然，如果因为合同无效而导致了损失，则当事人之间也应当分别依据其过错承担责任。

案例六十六　赠与合同的效力

一、案情简介

崔某为一个体户，长期在外经商。2000 年 5 月初崔某返回家乡时发现 Q 县 F 乡政府（以下简称“乡政府”）的房屋年久失修，且拥挤不堪，便主动提出愿捐款 100 万元为乡政府盖一栋小楼，但乡政府同时也必须为此投入一笔配套资金。乡政府当即表示同意。5 月 25 日，乡政府又与崔某协商确定资金到位时间和开工时间，崔某提出其捐款将在 9 月底到位，在此之前请乡政府做好开工准备，包括准备必要的配套资金。

7 月初，乡政府开始将其原有 5 间平房拆除，并于 7 月底找到一家信用社贷款 50 万元，期限为 1 年。9 月初，乡政府找到崔某催要捐款，崔某提出因其生意亏本暂时无力捐款。乡政府提出可减少捐款，但崔某表示仅能捐出数万元。双方不能达成协议，乡政府遂向法院提起诉讼，要求崔某履行诺言，否则赔偿乡政府遭受的全部损失。崔某辩称双方并没有签订书面合同，他没有义务必须捐款，至于乡政府遭受的损失是由于其自身原因造成的，他不应承担任何责任。

二、争议梳理

关于双方是否已成立合同关系，崔某是否负有交付 100 万元捐款的义务的问题，法院存在不同观点。

第一种观点认为，双方因没达成书面协议，且没有实际交付捐款，所以赠与合同根本未有效成立，乡政府听信崔某轻率的许诺而拆房借款，由此遭受的损失应由乡政府自行承担。

第二种观点认为，尽管双方没有订立正式的书面合同，但双方已经多次协商达成了一致意见，应认为捐款合同已经成立，崔某应按合同规定的时间交付捐款，如不捐款，则应赔偿乡政府的全部损失。

第三种观点认为，尽管捐款合同没有成立，但崔某明知自己无力捐出 100

万元，故意欺骗乡政府，其行为已构成欺诈，崔某应对其欺诈行为给乡政府造成的损害负赔偿责任。

三、案例评析

（一）关于赠与合同是否成立

首先需讨论赠与合同是否成立。所谓赠与，是指赠与人作出将自己的财产无偿地给予受赠人的意思表示，而受赠人表示接受的合同。关于赠与合同在性质上究竟是实践合同还是诺成合同，对此，各国法律规定的不完全相同。所谓实践合同，是指除当事人双方意思表示一致以外，尚需交付标的物才能成立的合同。所谓诺成合同，是指当事人一方的意思表示一旦为对方同意即能产生法律效果的合同。诺成合同，顾名思义就是“一诺即成”，它是指当事人一方的意思表示一旦经对方同意即能产生法律效果的合同。两者的区别，主要在于二者成立与生效的时间是不同的。诺成合同自双方当事人意思表示一致（即达成合意）时起，合同即告成立；而实践合同则在当事人达成合意之后，还必须由当事人交付标的物和完成其他给付以后，合同才能成立。就赠与合同的性质而言，主要有实践合同说、诺成合同说和折中说。从我国《合同法》第 185 条关于赠与合同的概念来看，《合同法》实际上承认赠与合同为诺成合同。《合同法》第 185 条规定：“赠与合同是赠与人将自己的财产无偿给予受赠人，受赠人表示接受赠与的合同。”从该规定来看，只要赠与人表示愿意将自己的财产赠与受赠人，而受赠人表示接受，合同即已经成立，并不一定要求赠与人实际交付赠与财产，合同方宣告成立。从这个意义上说，我国的赠与合同应认定为诺成合同。尤其应当看到，我国《合同法》第 186 条规定，“具有救灾、扶贫等社会公益、道德义务性质的赠与或者经过公证的赠与合同，不适用前款规定”。这就是说，对于具有社会公益、道德义务性质的赠与或者经过公证的赠与合同，一旦合同成立就产生了严格的拘束力，当事人不能够随意地撤销赠与。换句话说，在这些赠与合同中，一旦一方承诺赠与，即不能够随意撤销，否则受赠人有权要求强制执行。

但是应当看到，虽然赠与合同是一种诺成合同，但却与一般的诺成合同存在很大的差别，因为就一般的赠与合同而言，在合同订立之后，法律仍然允许赠与人在没有实际交付赠与标的之前，可以事后撤销赠与，虽然从这种单方的撤销权设置本身，可以推定在撤销之前赠与合同已经成立生效，否则也就无须撤销了，但毕竟合同的拘束力相对较弱。甚至在这个意义上，很多学者将一般赠与称为效力较弱的诺成合同。从本案来看，崔某曾于 2000 年 5 月初主动向乡政府提出，愿捐款100万元为乡政府盖一栋小楼，但乡政府同时也必须为此投入一笔配套资金，5月25日，乡政府、崔某又协商确定了资金到位时间和开工时间，崔某提出其捐款将在9月底到位，在此之前请乡政府做好开工准备包括必要的配套资金。由此可见，双方已就赠与问题达成了合意，且该赠与为一种附负担的赠与，即崔某如果赠与乡政府100万元，乡政府则应负有投入一笔配套资金的负担。然而双方仅仅只是就赠与问题达成了合意，崔某并没有实际交付100万元。我国《合同法》第186条规定，“赠与人在赠与财产的权利转移之前可以撤销赠与”，赠与人可以在实际交付赠予财产之前撤销其赠与。法律之所以赋予赠与人任意撤销权，其目的就是要保护赠与人，使赠与人不致因情绪冲动，思虑欠周，贸然应允将不动产等价值贵重物品无偿给与他人，受法律上的约束，遭受财产上的不利益。[①] 更何况赠与合同是一种无偿的单务合同，受赠人是纯粹的受益人，即便撤销赠与受赠人也不会有任何的损失，即便赠与合同存在条件，这种条件也不能够认为是赠与的对价。在本案中，赠与合同签订之后，崔某提出因其生意亏本暂时无力捐款。乡政府提出可减少捐款，但崔某表示仅能捐出数万元。而乡政府认为捐款的数额与合同的约定相差太大，因此无法接受。从此情节来看，崔某已经在实际上行使了撤销权，一旦其撤销了赠与，赠与合同业已归于无效，当然崔某不应当承担任何合同上的义务。

（二）本案中的赠与合同是否属于不可撤销的赠与合同

我国《合同法》第186条规定，“赠与人在赠与财产的权利转移之前可以撤销赠与”，“具有救灾、扶贫等社会公益、道德义务性质的赠与合同或者经过公证的赠与合同，不适用前款规定”。可见，我国《合同法》实际是将赠与合同分为两类，即可撤销的赠与合同和不可撤销的赠与合同。具体来说，第一，一般的赠与合同是可撤销的赠与合同，根据《合同法》第186条第1款的规定，赠与人在赠与财产权利转移之前可以撤销赠与，这实际上是承认一般的赠与合同中，赠与人都享有任意撤销权。其在赠与财产移转之前，可以撤销赠与、拒绝交付赠与物。第二，特殊的赠与合同是不可撤销的赠与合同。我国《合同法》第188条规定：“具有救灾、扶贫等社会公益、道德义务性质的赠与合同或者经过公证的赠与合同，赠与人不交付赠与的财产的，受赠人可以要求交付。”所谓公益、公德赠与合同是指具有救灾、扶贫等社会公益、道德义务性质的赠与合同，此类合同属于诺成性的赠与合同，一旦当事人达成协议，合

① 王泽鉴．民法学说与判例研究：第1册，北京：中国政法大学出版社，1998：414.

同便宣告成立。赠与人不得在达成协议以后拒绝交付赠与物。公益、公德赠与合同及经过公证的赠与合同与普通赠与合同相比较，其特殊之处在于合同赠与人有对合同的不可撤销性和应尽义务性。[①] 在此类合同中，如果赠与人最终拒绝赠与财产，受赠人可以请求法院强制执行。

本案中的赠与合同是否属于不可撤销的赠与合同？笔者认为，本案中的赠与合同并不属于此类的合同。理由在于：一是本案中的赠与并不具有公益性，崔某返回家乡时发现乡政府的房屋年久失修，且拥挤不堪，便主动提出愿捐款100万元为乡政府盖一栋小楼，由于崔某是向乡政府捐款，为其盖一栋小楼，目的是帮助乡政府改善办公条件，并不是从事某种公益性的捐赠。二是本案中的赠与并不具有公德性，所谓公德性主要是指负有赈灾、扶贫、救困的道德义务，而本案中的赠与显然不具有公德性。三是本案中的赠与没有经过公证。所以笔者认为该合同仍然属于一般的赠与合同，不适用《合同法》第188条的规定。崔某与乡政府达成赠与的协议以后，可以撤销赠与，在崔某撤销赠与后，乡政府无权要求其承担违约责任。

即便本案中的赠与合同属于不可撤销的赠与合同，也并非绝对的不可撤销，根据《合同法》第195条的规定："赠与人的经济状况显著恶化，严重影响其生产经营或者家庭生活的，可以不再履行赠与义务。"该条实际上赋予了赠与人"穷困之际的不履行权"[②]。从体系解释的角度看，该条规定既可以适用于可撤销的合同，也可以适用于不可撤销的合同。实际上，该条的规定主要就是为不可撤销的赠与而确立，因为在可撤销的赠与合同中，赠与人可以随时撤销合同，而无须特别理由。从本案来看，赠与合同签订之后，崔某提出因其生意亏本暂时无力捐款，已经表明了赠与人经济状况显著恶化，严重影响其生产经营，所以满足了法定的行使撤销权的条件，在其行使该权利之后，赠与合同即被撤销。

（三）崔某承担何种责任

尽管本案中的合同只是一般的赠与合同，崔某在撤销赠与后，不应当承担违约责任，但这并不意味着崔某不应承担任何民事责任。换句话说，我们说崔某并不负有交付100万元的合同义务，并不是说崔某可随意撤销其赠与的承诺而不负任何法律责任。因为赠与人在作出赠与的允诺以后，受赠人对这种允诺可能会形成一种合理的信赖，而且基于此种信赖会实施一定的行为，甚至会支付一定的费用，如果在赠与人拒绝交付赠与物的情况下，受赠人所支付的这些

① 唐明．试论赠与合同的立法及司法实践．中国法学，1999（5）．

② 易军．探析合同法第195条所定权利的性质．华东政法学院学报，2003（5）．

费用不能得到任何补偿，这对受赠人来说确实是不公平的，也是完全违反诚实信用原则的。我国《合同法》正是为了防止此种违反诚信原则的行为产生，专门于第 42 条设定了缔约过失责任制度，对于在合同成立或生效以前，因一方违反诚信原则而造成另一方信赖利益的损失，提供了必要的补救措施。

所谓缔约过失责任，是指在合同订立过程中，一方因违背其依据诚实信用原则所应负有的义务，而致另一方信赖利益的损失所应承担的民事责任。我国《合同法》第 42 条和第 43 条规定了缔约过失责任制度。本案来看，乡政府、崔某双方虽然达成赠与的合意，但是因崔某未实际交付 100 万元，且撤销了赠与，因此，乡政府、崔某均未受到合同的拘束。但是双方显然已形成了一种法律上的联系，崔某两次向乡政府作出正式允诺，愿捐款 100 万元，尤其是在 5 月 25 日，崔某提出其捐款将在 9 月底到位，在此之前请乡政府做好开工准备，包括准备必要的配套资金。这些允诺足以使乡政府产生合理信赖，即信赖崔某将会实际交付 100 万元。我们说乡政府产生合理信赖是指面对崔某的这些允诺，一般人会信赖崔某将会实际交付赠与物。如果面对崔某的允诺，只有乡政府因过于轻信才会产生上述信赖，则不能认为是一种合理信赖，合理信赖的判断标准应以一个社会理性人的标准来认定。乡政府正是基于上述合理信赖而拆房借款，最后因崔某资金未到位，蒙受了较大损失。

当然，若乡政府仅证明崔某的允诺使其产生了合理信赖，且因崔某撤销允诺使其蒙受信赖利益的损失，仍然不能根据缔约上的过失请求赔偿，乡政府还必须证明崔某作出允诺和撤销允诺是有过错的。笔者认为，从本案来看，崔某的过错是显而易见的。因为在崔某作出赠与 100 万元表示时，应仔细考虑其赠与能力，不能不顾自身财力而轻率允诺，尤其是他应意识到自己所从事的经营是有风险的，一旦亏损就有可能无足够的资金捐款。崔某毫不考虑这些客观情况而盲目允诺，显然违背了依诚实信用原则所产生的附随义务，因此具有缔约上的过失。

乡政府根据缔约上的过失请求赔偿的范围应为信赖利益的损失。信赖利益的损失指一方因信赖合同的成立和有效，但由于合同的不成立和无效的结果所蒙受的不利益。信赖利益的损失既包括因他方的缔约过失行为而致信赖人的直接财产的减少，如各种费用的支出；也包括信赖人的财产应增加而未增加的利益，信赖合同有效而失去某种应该得到的机会。当然，这些利益必须是在可以客观预见的范围之内。从国外立法经验来看，许多国家的立法均确认了信赖利益不得超越履行利益的原则。[①] 笔者认为，对信赖利益的赔偿作出此种限制是

① 参见《德国民法典》第 179 条；美国《合同法重述》第 333（A）条。

必要的。如果在法律上对信赖利益的赔偿不作限制，将会使赔偿范围漫无边际。尤其是由于信赖利益的损失有时难以确定，因而有必要对信赖利益的赔偿请求进行必要的限制。当然，如果在特殊情况下，受害人所支出的费用损失远远超过了履行利益，而此种费用的支出又是必要的、合理的，则为保护善意信赖人的利益，也有必要责令有过错的缔约方赔偿因其行为给受害人造成的全部实际损失。就本案而言，乡政府因崔某撤回允诺而遭受的信赖利益损失主要包括两个方面：一是拆除原有的5间平房的损失及由于未建成房屋而租用房屋所蒙受的合理损失；二是向信用社贷款所应支付的利息，这些损失都可要求崔某赔偿。但乡政府请求赔偿的信赖利益损失的范围最高不得超过履行利益，即不得超过崔某如果按合同规定履行时，乡政府从中所得到的利益。在本案中，履行利益是指崔某允诺交付的100万元的捐款。因此，崔某的赔偿范围最多不应超过这100万元。

案例六十七　银行担保纠纷案

一、案情简介

钱女士获得一笔500万元的稿费收入，准备存在当地的某城市银行。由于钱女士与该银行的行长田先生比较熟悉，便向田先生咨询，是否有好的理财项目。正好田先生的岳父开办的新广发房地产公司（以下简称“新广发公司”）急需筹集资金，田先生便帮助其岳父推出“新广发理财项目”。2009年10月5日，田先生将钱女士带到自己的办公室，向其介绍了“新广发理财项目”，年收益率在25%。钱女士立即同意投资该项目，于是，田先生就拿出了一份《民间借款合同》，合同第5条规定，“受托人（城市银行）受委托人（钱女士）的委托，帮助其投资，委托人承担一切借款风险。”合同第6条规定，“受托人负有监督用款人合理使用资金的责任。”该合同已经由新广发公司盖章，钱女士在该合同上签字，并将其500万元存入设在城市银行的新广发公司的账户上。但合同签订后，钱女士担心有风险，便提出一定要让田先生也在合同上签字，并加盖了城市银行的公章。后因为新广发公司资不抵债，无力偿还钱女士的借款，钱女士便起诉城市银行，请求城市银行赔偿500万元及利息损失。城市银行提出，其只是居间人，依据合同规定，所有的借款风险都应当由钱女士承担。双方为此发生争议。

二、争议梳理

本案的第一个争议焦点在于，城市银行是否需要承受该银行行长田先生行为的法律后果？一种观点认为，田先生帮助其岳父筹集资金，完全是其个人行为，与银行无关。虽然合同上加盖了银行的公章，但这仍然属于其利用职务之便而擅自实施的行为，不应由银行承担责任。另一种观点认为，田先生的行为属于职务行为，而且，银行已经在合同上面盖章，所以，城市银行应当对田先生的行为负责。

本案的第二个争议焦点在于，城市银行是否应当对钱女士的损失负赔偿责任？一种观点认为，合同已经明确约定，一切借款风险由钱女士承受，且银行在本合同中只是居间人，不能要求城市银行负责。另一种观点认为，城市银行在合同上盖章，行长也签了字，表明其并非单纯的居间人，而是一方借款人。还有一种观点认为，田先生在合同上签字，银行在上面盖章，因此，可以理解为银行是保证人。

本案的第三个争议焦点在于，合同约定的利息过高，是否构成高利贷？一种观点认为，合同约定了过高的利息，构成高利贷，所以，整个合同应当被宣告无效。另一种观点认为，虽然利息过高，但是，仅仅该利息条款无效，合同的其他部分仍然有效。

三、案例评析

（一）城市银行是否需要承受该银行行长田先生行为的法律后果

本案当事人虽然只是签订了一份《民间借款合同》，但实际上，有两种合同关系存在：一是在钱女士和新广发公司之间存在的借款合同关系；二是城市银行与钱女士之间的委托关系。有关两者之间的争议，实际上是委托贷款纠纷案。依据《商业银行委托贷款管理办法》第 3 条第 1 款的规定，委托贷款是指“委托人提供资金，由商业银行（受托人）根据委托人确定的借款人、用途、金额、币种、期限、利率等代为发放、协助监督使用并收回的贷款”。本案就是城市银行受钱女士的委托，帮助其联系借款人，并发生了争议。

在本案中，田先生的行为仍然属于职务行为。从目前商业银行的实践来看，委托贷款是银行普遍开展的业务。田先生作为银行行长，其为客户办理委托贷款业务，仍然属于商业银行经营范围内的行为。另外，田先生以行长的身份，在其银行的办公室内为客户钱女士办理委托贷款，这些也表明了，田先生实施的行为属于职务行为。

（二）城市银行是否应当对钱女士的损失负赔偿责任

这是本案争议的焦点问题，首先应当明确的是，城市银行在这个法律关系中所处的地位如何。对此，存在三种观点：一是居间人说，此种观点认为，城市银行只是为双方当事人报告订立合同的机会及提供其他订立合同的服务，其本身并非合同当事人。二是合同当事人说，此种观点认为，本案中，田先生在合同上签字，并加盖了城市银行的公章。这表明，城市银行是合同当事人一方，因此，应当承担合同责任。三是保证人说，此种观点认为，钱女士明知其钱款并非借给了城市银行，但是，出于规避风险的考虑，要求银行在合同上盖章，其真实的意思应当是希望银行作为保证人，担保借款的偿还。

笔者认为，城市银行不应当是借款合同的当事人，主要理由在于：第一，从本案来看，钱女士咨询田先生有关投资理财项目，田先生向其介绍了“新广发理财项目”，可见，钱女士也知道合同的相对方是新广发公司，而不是城市银行。第二，钱女士的500万元直接打入新广发的账户，虽然该账户设在城市银行，但是，钱女士也知道，这笔钱并没有进入城市银行自身的账户。所以，钱女士也清楚，城市银行并非真正的借款人。第三，合同第5条规定“受托人（城市银行）受委托人（钱女士）的委托，帮助其投资，委托人承担一切借款风险。”所谓“帮助其投资”，就意味着，银行仅提供投资和订立合同的信息和机会。可见，无论如何，城市银行不可能是合同当事人。第四，双方当事人签订的是《民间借款合同》，而不是以城市银行为一方的借款合同。在我国，根据贷款人的不同可以将借款合同区分为银行借款合同和民间借款合同。在银行借款合同中，提供借款的一方当事人通常是严格遵循国家法律规定而设立的银行等金融机构，其设立、经营和监管等都需要符合法律的严格要求。而在民间借款合同中，贷款人一方则是自然人。“民间借款”就意味着，只能发生在自然人和法人之间，而不能是金融机构作为一方合同主体。所以，城市银行不可能作为民间借贷合同的一方当事人存在。

城市银行不应当是保证人。一方面，从本案的情节来看，城市银行并没有担保的意愿，在“民间借款合同”签订后，因为钱女士担心有风险，便提出一定要让田先生也在合同上签字，并加盖了城市银行的公章。城市银行也从未表达过，要为钱女士提供担保。另一方面，合同第5条规定“受托人（城市银行）受委托人（钱女士）的委托，帮助其投资，委托人承担一切借款风险。”这也否定了城市银行有担保的意愿。

笔者认为，城市银行也并非纯粹的居间人，虽然按照民间借款合同的约定，城市银行只是帮助钱女士投资，但是，合同第6条规定，“受托人负有监督用款人合理使用资金的责任。”我们不能把监督责任，简单理解为担保责任。但是，若是单纯的居间人，其并不对合同当事人负有监督的责任。城市银行之所以在该合同上签字盖章，其实也表明了，它要对委托人承担一定的义务。这个义务主要就是监督用款人合理使用资金的义务。

从本案来看，城市银行对于钱女士所遭受的本金和利息损失，应当负有一定的赔偿责任。这主要是因为城市银行具有过错，未尽到其应负的义务。《合同法》第406条规定：“有偿的委托合同，因受托人的过错给委托人造成损失的，委托人可以要求赔偿损失。无偿的委托合同，因受托人的故意或者重大过失给委托人造成损失的，委托人可以要求赔偿损失。”从本案来看，城市银行办理委托贷款，并没有向钱女士收取费用，属于无偿委托，但城市银行存在重大过失，理由在于：第一，城市银行应当了解到新广发公司的经营存在诸多问题，但是，田先生是因为帮助其岳父筹集资金，所以，就极力向客户推荐该项目。第二，田先生在推荐了该项目之后，只是向客户介绍了其收益，而没有告知其必要的风险，所以，在很大程度上误导了钱女士。第三，在借款之后，城市银行也没有尽到监督义务。合同第 6 条规定，“受托人负有监督用款人合理使用资金的责任”。在钱女士将款项存入新广发公司之后，城市银行应当及时跟踪、了解新广发公司的经营状况，一旦发现存在问题，应当积极采取措施，避免客户的损失。但是，在该案中，城市银行没有进行任何监督。当然，违反监督义务的责任，与担保责任并不相同，而应依据其过错程度，承担损失、分担责任。

（三）本案中合同约定的利息过高，是否构成高利贷

在本案中，“新广发理财项目”的年收益率在 25%。钱女士也是为了追求高额回报才愿意投资该项目。毫无疑问，其应当承担因此产生的风险。但是，合同约定的利息确实过高，应当可以认定为高利贷。《最高人民法院关于审理民间借贷案件适用法律若干问题的规定》第 26 条规定：“借贷双方约定的利率未超过年利率 24%，出借人请求借款人按照约定的利率支付利息的，人民法院应予支持。借贷双方约定的利率超过年利率 36%，超过部分的利息约定无效。借款人请求出借人返还已支付的超过年利率 36%部分的利息的，人民法院应予支持。”依据这一规定，在民间借贷中，年利率不超过 24%的，属于法律认可的利息；而年利率超过 36%的，法律不认可超过部分的利息；而处于年利率 24%和 36%之间的利息，属于自然债务的范畴。在本案中，当事人约定的年利率是 25%，就其 24%以内（含 24%）的利息，属于法律认可的利息；而超出 24%的部分，则属于自然债务的范畴。

案例六十八　租赁合同争议案

一、案情简介

F市幸福商贸集团有限公司（以下简称“幸福公司”）建造了一栋3万平方米的商业大楼，对外招租，该市绅士服装公司（以下简称“绅士公司”）欲承租其中的150平方米店铺，双方于2010年10月签订了一份《商铺租赁合同》，合同约定租期为5年，年租金50万元。合同书第5条约定，“如果乙方（绅士公司）经营不善，有权要求解除合同，但要经过双方协商”。合同第7条约定，“任何一方擅自解除合同，应当赔偿另一方的全部实际费用损失”。合同签订后，绅士公司支付了两年租金，但在一年之后，因为实体店受到网店的冲击，绅士公司的服装销量下降，难以继续经营。于是绅士公司提出解除租赁合同，并联系到金兰服装公司继续承租该商铺，但每年租金45万元。幸福公司明确拒绝金兰服装公司承租该商铺，要求绅士公司继续承租，否则将要求其支付5年的租金，共计250万元，并赔偿其全部实际损失。绅士公司认为，幸福公司的要求不合理，且根据合同第5条和第7条的规定，其有权单方解除合同，并无须支付剩余租金。双方无法达成协议，绅士公司遂向法院提起诉讼，要求解除合同，并请求退回已经支付的50万元租金。

二、争议梳理

本案属于租赁合同纠纷，第一个争议焦点在于，绅士公司是否有权解除合同。一种观点认为，绅士公司要求提前解约，本身就是违反了合同，作为违约方，其无权要求解除合同，只能由守约方幸福公司提出解约。另一种观点认为，根据合同书第7条，绅士公司享有任意解除权，只要绅士公司赔偿了幸福公司的实际损失，其就可以解除合同。因此，绅士公司解除合同并不构成违约，而是行使约定解除权。

本案的第二个争议焦点在于，绅士公司能否主张由金兰服装公司继续承租该商铺。对此有两种观点，一种观点认为，即便绅士公司提前解约，违反合同义务，但幸福公司也有减轻损失的义务，因此，幸福公司无权拒绝绅士公司的请求。另一种观点认为，租赁合同建立在双方信任的基础上，更何况，由金兰服装公司继续承租商铺将导致租金减少，因此，在未征得幸福公司同意的情形下，幸福公司有权拒绝金兰公司继续承租商铺的请求。

三、案例评析

（一）关于绅士公司是否有权提出解约的问题

违约后的解除是一种救济方法，一般只能将违约解除权赋予非违约方，从合同严守、鼓励交易的角度出发，我国《合同法》严格限制了合同法定解除事由，规定依法解除合同的当事人一般是守约方，本案中，绅士公司属于违约方，依据现行《合同法》的规定，无权行使法定解除权。当然，在实践中，确实会出现一方受合同约束，如不解除对其明显不公平，而享有解除权的一方又拒绝解除合同，在此情形下，一些国家的法律允许违约方请求法院解除合同。当然，这种情形只是例外情形。

我国合同法虽然没有明确将违约后的法定解除权赋予非违约方，但允许当事人通过协商确定解除权，就法定解除而言，违约方无权解除合同，但这不影响违约方依据当事人间的约定解除合同。问题在于，在本案中，绅士公司是否享有约定解除权？这涉及对本案中合同书第5条和第7条的解释。从合同书第5条规定来看，“如果乙方（绅士公司）经营不善，有权要求解除合同，但要经过双方协商”，该条似乎是赋予了绅士公司任意解除合同的权利，但从该条规定来看，绅士公司解除合同还需要与幸福公司协商，因此，该条并未赋予绅士公司任意解除合同的权利。

问题在于，合同书第7条规定，“任何一方擅自解除合同，应当赔偿另一方的全部实际费用损失”，该条是否赋予了绅士公司解除合同的权利？依据该条规定，绅士公司在解除合同时，其需要赔偿幸福公司的全部实际费用损失。笔者认为，该条实际赋予了绅士公司解除合同的权利，当然，其需要赔偿对方当事人的损失，这也是其行使解除权的代价，也就是说，该条赋予了绅士公司单方解除合同的权利，绅士公司只需要赔偿幸福公司的实际损失，其就可以解除合同。当事人之所以在合同中要约定解除权，在很大程度上就是因为在签约时就预料到缔约中发生的风险，一旦店铺难以经营下去，不愿意支付高额的赔偿，因此就提前解约和解约后的损害赔偿作了限定。这个限定是限定在赔偿实际的费用损失上。笔者认为，该条所规定的实际的费用损失并不包括利润损失，费用不等于利润，费用只是一个实际的支出，但并不包括租金。因此，即便绅士公司依据该条规定解除合同，幸福公司也无权主张其赔偿 5 年的租金损失。

（二）绅士公司能否要求由金兰服装公司继续承租该商铺

在本案中，因为实体店受到网店的冲击，绅士公司的服装销量下降，难以继续经营，因此，绅士公司提出解除租赁合同，并联系到金兰服装公司继续承租该商铺，但每年租金 45 万元。从该情节来看，绅士公司在提前解约的情形下，其还是希望尽量减少幸福公司的损失。绅士公司的行为构成转租，对此，《合同法》第 224 条规定："承租人经出租人同意，可以将租赁物转租给第三人。承租人转租的，承租人与出租人之间的租赁合同继续有效，第三人对租赁物造成损失的，承租人应当赔偿损失。承租人未经出租人同意转租的，出租人可以解除合同。"依据该条规定，承租人转租应当得到出租人的同意，从这一意义上说，幸福公司拒绝金兰服装公司承租该商铺具有正当的理由。但从违约责任的角度而言，幸福公司拒绝金兰服装公司的承租要求，则不利于减少其违约损失，该行为有违诚实信用原则。《合同法》第 119 条规定："当事人一方违约后，对方应当采取措施防止损失的扩大；没有采取适当措施致使损失扩大的，不得就扩大的损失要求赔偿。"在违约后采取合理的措施以减轻和避免损失的扩大，此种义务并非合同义务，而是法定的义务；违反此种义务，并不产生违反合同的责任，而只是产生法律规定的后果，即应自己承担责任。此种责任也是因自己过错所产生的合同上的责任。因此，在合同关系中，依据诚实信用原则，当事人双方都负有互相配合、相互协作、彼此照顾的义务，一方在另一方违约后不采取措施阻止损失的扩大，破坏了双方的协作关系，也不利于减少社会财富的损失和浪费，从宏观看对整个社会的利益都是有害的，所以法律规定了当事人应当负有减轻损害的义务，这是维护社会利益所必需的。此种义务不仅是依诚实信用原则所产生的义务，而且是一种法定义务。由于违反减轻损害义务将承担对扩大损失自行负责的后果，所以也将导致违反义务的责任问题。当然，此种责任不是违约责任，而只是导致损害赔偿数额的减少。在本案中，如果幸福公司同意金兰服装公司的承租请求，其每年 5 万元的租金损失可以要求绅士公司赔偿，而如果其拒绝金兰服装公司的承租请求，导致其损失的扩大，依据《合同法》第 119 条的规定，其无权就扩大部分的损失请求绅士公司赔偿。

（三）关于损失的承担问题

在该案中，合同第 7 条约定，"任何一方擅自解除合同，应当赔偿另一方的全部实际费用损失"。因此，在绅士公司解除合同的情形下，其应当赔偿幸福公司的全部实际费用损失。关于如何确定幸福公司的实际费用损失，需要明确如下两方面的问题：一是如何看待双方约定的属性问题；二是如何计算此处的实际费用损失。

对于双方约定的属性问题，笔者认为，这事实上是对违约责任的限定。众所周知，我国合同法的违约责任形式包含了要求继续履行、损害赔偿及违约金等多种方式，该案中明确约定承租人有权解除合同并且需要承担损害赔偿责任，事实上就是约定如果承租人违约，则出租人只能通过要求承租人承担损害赔偿责任这种方式来主张违约责任。换言之，当承租人主张解除合同时，出租人无权要求承租人继续履行合同，而只能通过证明自己的实际损失来主张损害赔偿责任。因此，在本案中，绅士公司在主张解除合同后，依据合同约定，幸福公司有权主张绅士公司赔偿其全部实际费用损失，但无权请求绅士公司继续履行合同。

关于如何确定幸福公司的实际费用损失，这涉及违约损害赔偿数额的确定问题。在租赁合同中，承租人违约后，确定出租人的实际损失可能存在如下几种情况。

第一，如果出租人顺利将租赁标的物再行以原有租金或者高于原有租金数额出租，此时出租人无权要求解约承租人赔偿损失，因为此时并不存在双方约定的损失。当然，如果承租人解约与出租人再行出租的时间存在先后，那么此时就存在出租人因两者时间差产生的租金损失的赔偿问题。对此，笔者认为，应当根据“后续租赁合同租金与原合同租金之差导致的多收益部分”与“解约时间与再行出租时间导致的租金损失”两者之间的多与少来确定解约承租人的损害赔偿问题，若前者高于后者，则出租人不存在实际损失，此时自然不存在赔偿问题；若出租人因为前者低于后者而产生损失，此时自然应当认定出租人对解约承租人享有损害赔偿请求权。

第二，如果出租人顺利将租赁标的物再行出租，但是租金低于原租赁合同租金的，此时租金之差就是解约承租人所需承担的损害赔偿金额。当然，在计算租金之差的时候，应当考虑到当地的一般水准，如果出租人以过于低的价格出租给承租人，这显然留下了很大的一笔费用损失要承租人承担，显然也是不合理的。应当按照当地的一般水准，再考虑一定的浮动幅度，据此确定合理的租金水平。若承租人解约与出租人再行出租的时间存在先后，那么此时出租人还有权要求承租人赔偿按原租赁合同计算的该部分时间内的租金损失。

第三，如果出租人未能将租赁标的物再行出租的，此时不能认为剩余的租金都应当由承租人赔偿，还是应当将出租人可以减轻的损失计算进去，即列入承租人可以继续利用租赁的铺面损失。

在本案中，绅士公司在主张解除合同时，已经联系好金兰服装公司继续承租该商铺，在金兰服装公司的租金低于绅士公司向幸福公司支付的租金时，该租金差额应当是幸福公司的实际费用损失，幸福公司有权请求绅士公司予以赔偿。当然，如前所述，在幸福公司拒绝金兰公司继续承租该商铺时，依据《合同法》第 119 条的规定，其无权就扩大部分的损失请求绅士公司赔偿。

此外，在本案中，绅士公司已经预先支付了两年租金，而其是在合同履行一年之后主张解约的，因此，幸福公司继续保有绅士公司预缴部分租金在性质上将构成不当得利，应当退还给绅士公司，但就具体退还部分则应当肯定出租人享有相应的抵扣权，也就是说，若解约承租人的解约行为对出租人造成了实际损失，则出租人可以主张在多预缴的租金中扣除实际损失的金额，若不足则有权另行提出主张。

案例六十九　租期届满后的附随义务

一、案情简介

商人陈先生曾租用黎先生的三室一厅房屋一套，租期2年。合同约定2015年12月底到期。在合同到期前，陈先生正好因事出国，便在飞机上给黎先生打电话，请求宽限10天搬家，并愿意多付租金。黎先生提出已经和新的租户签订合同，该租户将于2016年1月1日入住，因此要求陈先生必须限期搬出。后黎先生提出可以给陈先生在地下室找一间房暂存物品，但陈先生不同意，表明其有贵重物品，放在地下室恐有丢失。后黎先生表示陈先生可以找朋友搬东西，但必须在12月底以前搬到地下室。2016年1月1日早晨，黎先生无法联系上陈先生，便找来搬家公司将陈先生的东西搬到地下室并支付了搬家公司500元搬家费。10天后，陈先生回国，提出其有一块价值15万元的瑞士雷达表丢失了，要求黎先生赔偿。黎先生气愤不过，并找到某电视台的“现身说法”节目组，请来该栏目主持人现场录制节目，适逢当地政府整治租赁中的乱象，电视台便将陈先生的行为录制下来在电视上播放。陈先生认为该行为侵害了其名誉权和个人信息权，因此诉至法院，请求黎先生承担侵权责任，并赔偿其15万元雷达表的损失。而黎先生则主张，其行为并不构成侵权，并请求陈先生支付其500元搬家费。

二、争议梳理

本案争议的第一个问题在于，黎先生是否有权搬走陈先生的物品？一种观点认为，租赁合同期间已经届满，陈先生无权再将物品存放在黎先生家中，在无法联系上陈先生的情形下，其有权搬走陈先生的物品。另一种观点认为，黎先生无权搬陈先生的物品，因为租赁合同期间虽然已经届满，但陈先生事先已经声明其有贵重物品，并且拒绝将其行李搬到地下室，因此，即便黎先生暂时无法联系到陈先生，也应当等陈先生回来后再搬物品。

本案争议的第二个问题在于，黎先生是否有权请求陈先生支付500元搬家费？一种观点认为，黎先生请搬家公司给陈先生搬家，构成无因管理，黎先生有权依据无因管理请求权请求陈先生支付该搬家费用。另一种观点认为，陈先生事先已经明确拒绝将其行李搬到地下室，因此，黎先生请搬家公司将其行李搬到地下室，显然违背了其意愿，不应当构成无因管理，黎先生也无权请求陈先生支付该搬家费用。

本案争议的第三个问题在于，黎先生是否应当赔偿陈先生丢失物品的损失？一种观点认为，在租赁期间届满后，黎先生有权将陈先生的物品搬离其房屋，因此，即便造成陈先生损失，黎先生也无须赔偿。另一种观点认为，黎先生请搬家公司给陈先生搬物品，造成陈先生财产损失，构成侵权，应当承担赔偿责任。

本案争议的第四个问题在于，黎先生找电视台拍摄是否构成侵权？一种观点认为，黎先生找电视台拍摄是正当行使权利的行为，不构成侵权。另一种观点认为，黎先生未经陈先生同意而找电视台对其进行拍摄，应当构成侵权。

三、案例评析

（一）黎先生是否有权搬走陈先生的物品

本案中，陈先生和黎先生订立房屋租赁合同，依据合同约定，该租赁合同于 2015 年 12 月底到期，在合同到期后，陈先生有义务及时搬出房屋。因此，在当事人已经约定了租期的情形下，在租期到来之前，承租人就应当着手搬家，并在租期结束时向出租人交付房屋。本案中，虽然陈先生有事出国，但这并不是陈先生到期不搬家的理由，其应当在出国前就早日搬家，不应等在租期快结束时才着手搬家。虽然陈先生在飞机上给黎先生打电话，请求宽限 10 天搬家，并愿意多付租金，但该请求并未得到黎先生同意，因此，该租赁合同的终止日期仍然是 2015 年 12 月底。

《合同法》第 92 条规定："合同的权利义务终止后，当事人应当遵循诚实信用原则，根据交易习惯履行通知、协助、保密等义务。"该条确定了在合同终止后当事人负有的通知、保密、协助等义务，这是合同当事人应当负有的法定义务。即使当事人没有在合同中对此作出约定，当事人也应当负有此种义务。问题在于，依据合同法关于后合同义务的规定，黎先生是否有义务保管陈先生的物品？笔者认为，依据租赁合同，承租人到期后就应当搬出，出租人本来没有义务看管承租人的物品，但依据诚信原则，如果出租人能够提供必要的协助，就不能随意将承租人的物品扔在大街上，而应当提供必要的协助。笔者认为，在本案中，黎先生已经尽到了其后合同义务，即使陈先生有贵重物品丢失，黎先生也不应当承担赔偿责任，主要理由在于：

第一，后合同义务是当事人依据诚实信用原则而负担的义务，其履行不应当不当加重当事人的负担。本案中，如果黎先生尚未与他人订立租赁合同，则依据诚信原则，黎先生应当在陈先生回国前的10天内在该房屋内妥善保管陈先生的物品，直到其回国为止。而在黎先生已经与其他人签订房屋租赁合同的情况下，如果不允许黎先生搬离陈先生的物品，将导致其无法履行租赁合同，并造成对新的承租人的违约。因此，依据后合同义务，黎先生虽然负有保管陈先生物品的义务，但并不意味着其无权搬走陈先生的物品。

第二，黎先生一直等到租期满的第二天早上才联系陈先生，而且在联系不上陈先生的情形下才让搬家公司将陈先生的物品搬至地下室，已经尽到了其保管义务。本案中，黎先生并没有在租期到来之前就擅自搬走陈先生的物品，已经尽到了其合同义务。同时，黎先生虽然没有义务在租期到来后继续保管承租人陈先生的物品，但其并没有将陈先生的东西扔到大街上，而是提出可以给陈先生在地下室找一间房暂存物品。从这一点可看出，黎先生还是尽到了妥当保管陈先生物品的义务的。

第三，为避免陈先生贵重物品丢失，黎先生表示可以让陈先生的朋友来搬东西，但陈先生一直没有同意，在不得已的情况下，黎先生才请搬家公司搬家，因此，应当认定陈先生已经尽到了其注意义务。

（二）关于丢失物品的赔偿问题

本案中，陈先生主张黎先生在搬行李的过程中导致其价值15万元的瑞士雷达表丢失，因此，主张黎先生承担损害赔偿责任。笔者认为，该请求难以成立，主要理由在于：一方面，陈先生的物品是否丢失难以证明，陈先生在主张其手表丢失时，其应当承担相应的证明责任，否则，将承担举证不能的后果，不能仅仅因为陈先生的单方面主张而认定其遭受了相关损失。另一方面，即便陈先生的手表已经丢失，其损害赔偿请求也难以成立，因为黎先生在联系不到陈先生的情况下，不得已才请求搬家公司将陈先生的物品搬至地下室，黎先生并不存在过错，很难认定其构成侵权。

（三）黎先生是否有权请求陈先生支付500元搬家费

在本案中，因为陈先生到期不搬家，黎先生又无法联系上陈先生，在此情形下，黎先生便找来搬家公司将陈先生的东西搬到地下室并支付了搬家公司500元搬家费。黎先生是否有权请求陈先生支付500元搬家费？对此存在不同的观点。笔者认为，黎先生请搬家公司给陈先生搬家，构成无因管理。所谓无因管理，是指没有法定或约定的义务，而管理他人事务的行为。在本案中，在租期届满后，陈先生负有搬离黎先生住处的义务，黎先生并不负有为陈先生搬家的义务，其将陈先生的物品搬至地下室，显然是没有法定或者约定的义务而为陈先生管理事务。但问题在于，陈先生事先以有贵重物品为由，拒绝将其行李放在地下室，黎先生将陈先生的行李搬至地下室，显然是违背了陈先生明示的意思，构成不适法的无因管理，黎先生无权请求陈先生支付500元搬家费。该行为并不具有阻却违法的效力。管理人在管理活动中造成本人损害的，应当成立侵权行为，管理人应当就其故意或过失对本人承担侵权损害赔偿责任。但在本案中，黎先生事先表示陈先生可以找朋友搬东西，但后来无法联系到陈先生，其在不得已的情况下才联系搬家公司将陈先生的物品搬至地下室，黎先生并不存在过错，很难认定其构成侵权，对因此给陈先生造成的损失，黎先生也不应当负担赔偿责任。

（四）黎先生找电视台拍摄是否构成侵权

本案中，黎先生找来当地电视台录制陈先生的行为，该行为是否构成侵权？笔者认为，即便相关电视节目具有法制宣传的作用，也不宜认定电视节目可以随意曝光他人的不道德行为。黎先生未经陈先生同意，擅自将陈先生录制进节目，并且在未征得陈先生同意的情形下播出，构成对陈先生隐私权的侵害。问题在于，黎先生和电视台的行为是否构成对陈先生名誉权的侵害？应当看到，虽然电视台播放有关陈先生的节目符合当地整治租赁乱象的政策，而且电视台主张陈先生的行为是不道德的行为，因此其播放节目的行为是合理的、正当的。笔者认为，此种主张难以成立，因为陈先生和黎先生之间毕竟只是租赁合同纠纷和侵权责任纠纷，并不能成为电视台播放此类节目的理由，而且因涉及陈先生的隐私和名誉等问题，电视台也不能擅自播放此类节目，因此，上述理由不能成为黎先生和电视台擅自录制、播放节目的正当理由，在该节目的录制和播放导致陈先生社会评价降低时，陈先生有权请求其承担侵害名誉权的侵权责任。当然，如果陈先生同意黎先生和电视台录制、播放该节目，则构成受害人同意，即便导致陈先生社会评价的降低，行为人也无须承担侵权责任。

案例七十　租赁房屋优先购买权纠纷案

一、案情简介

2009年5月，G市新天地轻纺贸易有限公司（以下简称“新天地公司”）与该市商贸服务有限公司（以下简称“商贸公司”）就承租商贸公司开发的宝鼎大厦二层签订了一份租赁合同。合同约定，新天地公司承租宝鼎大厦二层的2 000平方米的房屋，期限为两年。但因为新天地公司一时不需要这么大的空间，便将其中的1 000平方米房屋转租给了该市的伊美服装有限公司（以下简称“伊美公司”），合同期限为一年。同年6月，双方签订了转租合同。合同签订以后，新天地公司就将该转租合同送交给商贸公司备案，商贸公司并没有提出异议。2010年6月，转租合同到期以后，伊美公司提出希望续租，而新天地公司想收回房屋自用，但一直没有作出决定。在此期间，新天地公司仍然向伊美公司收取租金。2010年9月，商贸公司决定将该层2 000平方米的房屋全部转让给第三人，新天地公司未提出异议。但伊美公司了解到转让价款以后，认为按照这一价款购买是合算的，因此，主张优先购买该楼层的房屋。商贸公司提出，伊美公司本身就是次承租人，仅承租了其中的1 000平方米，而且，伊美公司与新天地公司之间的租赁合同已经到期，其无权主张优先购买。双方为此发生争议。

二、争议梳理

本案争议的第一个问题是，作为次承租人的伊美公司是否有权主张优先购买权？一种观点认为，法律上规定的优先购买权人是“承租人”，没有就次承租人的问题作出规定。另一种观点认为，法律上规定的“承租人”应当作扩张解释，即不仅包括承租人，也可包括次承租人。

本案争议的第二个问题是，伊美公司仅仅承租了1 000平方米的房屋，能否就2 000平方米的房屋主张优先购买权？一种观点认为，法律上没有限制承租多少平方米可以主张优先购买权。另一种观点认为，虽然法律上没有限制承租人租赁的面积，但是，按照诚信原则也不应当允许其购买超过承租面积的房屋。

三、案例评析

（一）次承租人伊美公司依法享有对宝鼎大厦二层房屋的优先购买权

优先购买权，又称为“先买权”，是指特定的民事主体依照法律规定享有的优先于他人购买某项特定财产的权利。《合同法》第230条规定：“出租人出卖租赁房屋的，应当在出卖之前的合理期限内通知承租人，承租人享有以同等条件优先购买的权利”。这就确立了租赁合同中承租人的优先购买权。从合同法的上述规定来看，优先购买权的主体应当是承租人。笔者认为，在合法转租的情况下，次承租人也应当享有优先购买权，承租人既包括第一承租人，也包括次承租人。我国司法实践实际上也承认了此种观点。例如，2008年《江苏省高级人民法院关于审理城镇房屋租赁合同纠纷案件若干问题的意见》第19条规定：“承租人经出租人同意转租租赁房屋的，承租人不享有优先购买权；次承租人要求行使优先购买权的，人民法院应予支持。”从本案来看，应当认为，伊美公司作为次承租人，也享有优先购买权，其主要理由在于：

第一，在新天地公司与伊美公司签订了转租合同以后，新天地公司就将该转租合同送交给商贸公司备案，商贸公司并没有提出异议。由此表明，作为出租人的商贸公司是同意次承租人租赁并实际使用其房屋。如果商贸公司自始不知道或者不同意转租，则构成非法转租，次承租人就不能享有优先购买权。

第二，伊美公司已经在宝鼎大厦之中实际租赁、使用房屋达一年之久，商贸公司也了解这一情况。但商贸公司从没有对此提出异议，这也表明，商贸公司事实上认可了此种转租行为。

第三，新天地公司没有主张优先购买权，并非放弃了其优先购买权。伊美公司实际上也可以以新天地公司的名义来主张优先购买权。

第四，从立法目的来解释，次承租人也享有对所租赁房屋的优先购买权。《合同法》之所以设立承租人优先购买权制度，主要是为了实现以下两个立法目的：一方面在于维护承租人正常的生活和经营管理秩序。承租人在租赁并实际利用房屋后，可能据此对自己的生活和经营活动作出特定安排，已经形成了特定的社会关系网络，赋予其优先购买权，有利于降低承租人重新寻找房源的负担，帮助实现承租人的既有安排和预期。另一方面，在同等购买条件下赋予承租人优先购买权，有利于减少交易程序，节省社会资源，提高交易效率。本案中，次承租人伊美公司是出租房屋的实际使用人，赋予其优先购买权，有利于其继续从事经营活动，也符合优先购买权制度的立法目的。且由次承租人行使优先购买权并不损害出租人的利益。优先购买权以“同等购买条件”为前提，因此，无论是第一承租人新天地公司还是次承租人伊美公司行使优先购买权，出租人获得的转让价款并不少于从第三人处获得的转让款，其财产利益并未遭受损害。

问题在于，在新天地公司没有提出优先购买的情况下，伊美公司是否可以主张优先购买？笔者认为，这不应当影响伊美公司的优先购买权。只有在新天地公司和伊美公司同时提出优先购买的情况下，才会发生两者的优先购买权的冲突问题。而只有在此时，才应当使新天地公司的优先购买权处于优先地位。毕竟租赁合同是在新天地公司和商贸公司之间签订的，而且，新天地公司租赁的是宝鼎大厦二层的 2 000 平方米房屋，新天地公司当然有权优先于伊美公司购买房屋。而如果新天地公司没有提出优先购买，则伊美公司有权主张优先购买。

（二）伊美公司仅仅承租了 1 000 平方米的房屋，能否就 2 000 平方米的房屋主张优先购买权

本案的另一争议焦点在于：出租人将宝鼎大厦二层 2 000 平方米整体租赁给了新天地公司，而伊美公司仅仅承租了其中的 1 000 平方米，其是否享有对所租房屋的优先购买权呢？对此，我国法律没有明确规定。但是，最高人民法院（2004）民一他字第 29 号《批复》对相应问题的审判实践作出规定。该批复称：要考虑房屋的使用功能和所承租的面积，来决定是否应当享有优先购买权。笔者认为，伊美公司应当享有优先购买权，理由主要在于：

第一，从房屋的使用功能上看，按照最高人民法院的观点，如果承租人承租的部分房屋与房屋的其他部分是可分的、使用功能可相对独立的，则承租人的优先购买权应仅及于其承租的部分房屋；如果承租人承租的部分房屋与房屋的其他部分是不可分的、使用功能整体性较明显的，则其对出租人所卖全部房屋享有优先购买权。从本案来看，宝鼎大厦二层有 2 000 平方米，伊美公司和新天地公司各占一半，两部分很难截然分开。如果作为两部分，可能难以使用，尤其是如果分开使用，无论对宝鼎大厦还是新的承租人，都会带来经营上的不便。

第二，从承租人承租的部分房屋占全部房屋的比例看，按照最高人民法院的观点，如果承租人承租的部分房屋占出租人出卖的全部房屋一半以上的，则其对出租人出卖的全部房屋享有优先购买权。从本案来看，伊美公司承租的房屋占全部出卖房屋的一半，所以，应当享有优先购买权。

（三）转租合同已经到期，伊美公司是否有权主张优先购买

从本案来看，伊美公司和新天地公司之间签订的转租合同已经到期。但问题在于，本案中伊美公司在合同到期后继续使用所租赁的房屋，这是否意味着合同已经续期？笔者认为，在转租合同到期以后，伊美公司多次表达希望继续承租，而新天地公司因为想收回而迟迟没有作出决定。但是，新天地公司仍然继续收取租金，表明新天地公司以实际履约的方式同意继续租赁房屋。只不过，依据《合同法》的规定，此时租赁合同转化为不定期租赁，伊美公司仍然是合法的次承租人。当然，伊美公司要行使优先购买权，必须要以同等条件购买。所谓“优先”，只是在同等条件下的优先，同等条件是对优先购买权人行使先买权的限制。此种限制尊重了作为出卖人的所有人的所有权，不至于因优先购买权的行使，使出卖人的利益遭受损失。由于有同等条件的限制，出卖人出卖的标的物能够确定出合理的市价，同时，在确立优先购买权以后也并没有剥夺其他人的购买机会。

（四）伊美公司是否有权依法请求商贸公司赔偿损失

《最高人民法院关于审理城镇房屋租赁合同纠纷案件具体应用法律若干问题的解释》第 21 条规定：“出租人出卖租赁房屋未在合理期限内通知承租人或者存在其他侵害承租人优先购买权情形，承租人请求出租人承担赔偿责任的，人民法院应予支持。但请求确认出租人与第三人签订的房屋买卖合同无效的，人民法院不予支持。”依据这一规定，伊美公司无权请求确认商贸公司和第三人之间签订的房屋买卖合同无效，但是，可以请求商贸公司赔偿损失。

那么，承租人有权请求出租人承担的赔偿责任应当如何计算呢？笔者认为，商贸公司应当赔偿伊美公司遭受的实际损失，即因其无法行使优先购买权而遭受的损失，主要包括如下两项：一是因重新寻找同类房屋所付出的合理成本；二是当另外购买房屋价格高于第三人购买租赁房屋价格时，次承租人在第三人购房条件下额外支付的房屋价款。当然，次承租人另外购买房屋的价格应当是次承租人在得知优先购买被侵害后的一个合理期限内的市场价格，合理期限指承租人能够寻找到类似房源的时间，人民法院可根据实际情况予以确定。

综上所述：虽然伊美公司是次承租人，且仅承租了宝鼎大厦二层的一半房屋，但当商贸公司出售宝鼎大厦二层时，其仍然有权针对整个第二层主张自己的优先购买权。

案例七十一　转租合同纠纷案

一、案情简介

万城地产有限公司（以下简称“万城公司”）建造了一栋5万平方米的凯蒂大厦，在大厦启用以后，便开始招租。洪福商业集团有限公司（以下简称“洪福公司”）租用底商，2007年8月，双方签订一份《底商租用合同》，约定洪福公司租用万城公司的凯蒂大厦一层底商约3 000平方米，租期为5年，年租金800万元。2007年12月，洪福公司又与高明电器、江北厨卫、林楠家具等15个小商户分别签订了《底商租用合同》，合同约定，租期为4年半。该转租合同签订后，被送交给万城公司，万城公司并没有明确表示同意，但是，当高明电器等小商户入驻之后，万城公司也未表示反对，且万城公司关于大厦管理的通知都直接发给了每个小商户。但万城公司提出，应当由洪福公司按月收取租金，交付给自己。2008年9月，洪福公司自己因经营不善，无力交租，且将小商户交给他的租金挪用。由于洪福公司已经有数月没有交付租金，万城公司催告后，要求解除合同。高明电器等15家小商户拟决定，代替洪福公司按时缴纳租金，但在讨论时也有两家小商户不同意。最后经过表决，仍通过了一份“共同租用底商的决定”。当该决定送达万城公司时，万城公司认为，此种交租方式太麻烦，拟将该底商全部收回，并租给第三人。双方为此发生争议。

二、争议梳理

本案争议的第一个问题就是，转租合同是否生效？一种观点认为，转租没有取得出租人的明确同意，因此，不能认为是合法转租。另一种观点认为，虽然出租人没有明确表示同意，但是，其已经以实际行动表示了同意，因而应当认为转租合同生效。

本案争议的第二个问题就是，15家小商户能否共同作出决定，代替洪福公司承租？一种观点认为，每家小商户只能采取“一对一”的方式，与万城公司协商确定是否承租其底商，而不能通过“共同决定”的方式。而且，在讨论时，还有两家小商户明确表示反对。另一种观点认为，这15家小商户在性质上已经形成了合伙，完全可以采取“共同决定”的方式。

本案争议的第三个问题是，当15家小商户作出共同决定，要承租底商的时候，万城公司能否拒绝？一种观点认为，转租不是合法的，所以，出资人随时可以解除合同。另一种观点认为，虽然转租合同合法有效，但是，出租人解除了租赁合同，转租合同自然也就失效。还有一种观点认为，本案转租合同合法有效，在出租人解除了其与洪福公司的合同之后，次承租人（即15家小商户）提出承租房屋，出租人（即万城公司）就应当同意。

三、案例评析

（一）转租合同是否生效

在我国，法律上将转租区分为合法转租与非法转租（擅自转租）两种情形。在租赁关系存续期间内，承租人负有不得擅自转租的义务，如要转租必须取得出租人的同意。依据我国《合同法》第224条，在非法转租（擅自转租）的情况下，出租人可以解除租赁合同。这是因为从原租赁合同来观察，承租人未经出租人同意而转租，违反了租赁合同中的义务，尤其是考虑到擅自转租可能会给出租人造成重大损害，因而这种违约通常构成根本违约，出租人应享有解除合同的权利。在这两种形态下，次承租人与出租人的关系并不完全相同。在擅自转租的情形下，如果出租人拒绝追认该转租合同的效力，则出租人有权解除租赁合同，请求次承租人返还租赁物，次承租人不得以其对承租人享有的权利对抗出租人。但在合法转租的情形下，次承租人取得对租赁财产的合法的占有和使用权。只要在合同有效期限内，出租人不得擅自收回租赁物，或者妨碍次承租人的占有与使用。原则上，出租人和次承租人之间并不存在直接的合同关系。

在本案中，洪福公司与高明电器等15家小商户签订了转租合同，合同签订后，送交给万城公司，万城公司并没有明确表示同意，但是，当高明电器等小商户入驻之后，万城公司也未表示反对，且万城公司关于大厦管理的通知都直接发给了每个小商户。这些行为都表明，万城公司认可了洪福公司的转租行为。而且，我国《合同法》第224条第1款就出租人的“同意”，也没有强调必须是“明示的”。在解释上，可以认为，默示的同意也构成本条中的“同意”。本案中万城公司的同意就属于默示的同意。因此，应当认为，转租合同已经生效。

（二）出租人解除了租赁合同，转租合同是否有效

在本案中，作为承租人的洪福公司自己因经营不善，无力交租，且将小商户交给他的租金挪用，由于洪福公司已经数月没有交付租金，万城公司催告后，要求解除合同。从法律上看，洪福公司的行为已经构成了根本违约，万城公司有权解除合同。但在合同解除后，如何保护次承租人的利益？

应当看到，转租合同在承租人与次承租人之间发生效力。在因承租人过错导致租赁合同被解除时，对次承租人而言，承租人的行为构成违反转租合同，应当依据转租合同向次承租人承担违约责任。次承租人无法直接向出租人提出请求。因此，因为承租人违约导致租赁合同被解除时，次承租人不能向承租人请求返还租赁物，但可请求承租人承担违约责任。因为在本案中，高明电器、江北厨卫、林楠家具等 15 个小商户分别与洪福公司签订了《底商租用合同》，合同约定，租期为 4 年半。由于承租人（即洪福公司）的违约，导致其无法履行与次承租人之间的合同，因而，作为次承租人的小商户有权要求承租人（即洪福公司）承担违约责任。更何况，次承租人交付给承租人的租金，承租人没有交给出资人，这也构成对次承租人的违约。因此，高明电器等小商户有权请求洪福公司承担违约责任。这些损失主要包括：第一，次承租人已经对租赁房屋作出的投资、宣传、装修费用等损失，都是因承租人的行为引起，次承租人有权请求承租人赔偿该部分损失。第二，在租金不断上涨的情形下，次承租人因另外签订合同而导致的损失，也有权请求承租人赔偿。第三，商业利益损失，即因承租人的违约行为给次承租人造成的商业经营上的损失。

问题在于，在经出租人同意而转租的情形下，如果因承租人的原因导致原租赁合同解除，是否应当允许次承租人继续租赁？对此存在不同观点。一种观点认为，转租合同依附于租赁合同而存在，承租人所享有的转租权源于其根据租赁合同获得的租赁权。当租赁合同终止时，承租人不再享有租赁权，因此其与第三人签订的转租合同也应随之终止。所以，如果出租人解除租赁合同，则转租合同效力也终止。在此情形中，次承租人的租赁权丧失存在基础，即便次承租人没有过错，也不得向出租人主张继续履行转租合同。[①] 另一种观点认为，转租合同虽然依附于原租赁合同，但其仍然具有相对独立性。转租合同是在租赁合同订立之后，在次承租人与承租人之间订立的，出租人并非合同当事人，其与原租赁合同是相区别的。如果出租人仅仅只是同意转租，但没有对期限条款表示同意，则次承租人不应当要求其期限利益受到保护。但如果转租合同已

① 例如，《上海市房屋租赁条例》第 32 条规定，转租期间，原租赁合同变更、解除或终止的，转租合同也相应变更、解除或终止。《合肥市城市房屋租赁管理办法》第 31 条也有类似规定。

经载明了期限，并经出租人同意的，此时次承租人有权主张其期限利益受到保护。笔者赞成后一种观点，主要理由在于：

第一，这符合诚信原则的要求。如果出租人已经同意转租合同，甚至已经作出了书面同意，载明转租期限的，则应当认为，出租人已经向次承租人作出了允诺。按照禁反言的规则，出租人不得违反允诺。由于出租人解除合同是因承租人的行为而非次承租人的行为导致的，所以依据诚信原则，出租人在书面允诺同意承租人在一定期限内转租的情形，则出租人应当尊重次承租人的期限利益。如果诚信的次承租人不能获得保护，则不利于鼓励人们的守约行为。

第二，这有利于保护次承租人的生存利益。在出租人解除租赁合同的情形下，转租合同的效力也可能终止，如果仅对次承租人的商业利益损失进行救济，可能不利于对次承租人的充分保护，因为租赁合同还可能关系到次承租人的居住利益。由于次承租人对转租合同的效力有一定的合理期待，此种期待利益应当受到法律保护。因为居住利益属于生存利益的范畴，此处的生存利益既包括住宅承租人的居住利益，也包括不动产商业承租人的商业维持利益。在民法价值序列中，生存利益位阶较高，属于应当予以优先保护的利益类型。出租人随意转让租赁物会对承租人的生存利益造成重大影响，因此，应当对承租人的生存利益予以优先保护。[①] 同时，由于转租合同仅在次承租人与承租人之间发生效力，次承租人仅能向承租人请求损害赔偿，如果承租人无力赔偿，则次承租人很难得到充分救济。

第三，这符合次承租人的合理期待。次承租人对期限利益本身有一定的合理期待，即在出租人书面允诺转租的情形，承租人才能够进行投资，从事装修、装饰等活动。从经济效率的角度来看，保护次承租人的合理期待具有积极意义。

因此，虽然转租合同的效力具有一定的从属性，但在出租人书面同意承租人转租的情形下，也应当对出租人的解除权作出一定的限制，以尽量维持转租合同的效力，从而强化对次承租人的保护。正是基于这一理念，最高人民法院《房屋租赁司法解释》第 17 条规定："因承租人拖欠租金，出租人请求解除合同时，次承租人请求代承租人支付欠付的租金和违约金以抗辩出租人合同解除权的，人民法院应予支持。但转租合同无效的除外。"在本案中，虽然洪福公司与高明电器等 15 家小商户签订了转租合同后，万城公司并没有明确表示同意，但是，当高明电器等小商户入驻之后，万城公司也未表示反对，且万城公司关于大厦管理的通知都直接发给了每个小商户。因此，可以认为，万城公司

① 张双根. 买卖不破租赁//王洪亮等主编. 中德私法研究：第一卷. 北京：北京大学出版社，2006：15.

已经同意了洪福公司的转租行为。从期限上看，转租期限没有超出租赁期限，而次承租人要求代替承租人交付租金，租金数额也是相同的。所以，次承租人请求代替承租人支付租金并继续承租，可以对抗出租人的解除权。

（三）15家小商户能否共同作出决定，代替洪福公司承租

关于15家小商户能否共同作出决定，代替洪福公司承租？对此存在不同的观点。笔者认为，这15家小商户通过共同法律行为已经形成了合伙，完全可以采取“共同决定”的方式。所谓共同法律行为，又称为多方法律行为，是基于两个或两个以上共同的意思表示一致而成立的法律行为，例如，设立公司的章程行为、合伙协议。我国一些学者认为，法律上有必要区分合同与契约，契约为双方法律行为，而合同为多方法律行为。此种观点也旨在区分双方和多方法律行为。共同法律行为和双方法律行为的区别在于：一方面，在实施共同法律行为时，当事人所追求的利益是共同的，而在双方法律行为中，当事人的利益是相对的。另一方面，在实施共同法律行为时，共同的意思表示的达成需要多数人的意思表示一致，并遵循一定的程序，而双方法律行为只需要双方意思表示一致即可。例如，订立章程要遵守一些订立章程的规则、程序，这不宜完全适用《合同法》的规定，根据合伙协议或法人的章程，一旦决议以规定的方式作出，那么它对未对决议投赞成票的人也具有约束力。但是，在法律上，实施共同法律行为必须形成合意，在本案中，有两家小商户没有表示同意，所以，可以认为，这两家小商户自动退出，而其他商户共同承租出租人的底商。

笔者认为，13家小商户实施共同法律行为，共同承租万城公司的底商，也可以认定为已构成合伙。也就是说，13家小商户通过形成合伙关系，共同代替洪福公司的地位，承租万城公司的底商。每个商户都是一个合伙人，他们要共同推举合伙事务管理人。

案例七十二　建筑工程承包合同争议案

一、案情简介

五福商业贸易公司（以下简称“五福公司”）准备盖一栋3万平方米的办公大楼，2005年7月，五福公司与中天建筑集团有限公司（以下简称“中天公司”）签订了一份《建筑工程承包合同》，工程建设总价款1亿元，双方在合同第7条中约定，“任何一方违约，违约一方自愿按照工程总价款的20%（即2 000万元）支付赔偿款给另一方”。合同约定由中天公司垫付资金加以建设，在工程竣工并通过验收后，五福公司再行支付相关款项。但在公司竣工验收后，五福公司未依约支付工程款项，并主张根据审计机构的意见，工程价款仅值8 000万元，因此，五福公司决定只能先支付80%工程款，剩余20%应当在建筑物使用一年之后再行支付。因此，五福公司将8 000万元工程款付给中天公司，但中天公司要求五福公司如约支付剩余2 000万元工程款，并根据双方协议要求五福公司另行支付2 000万元违约金。五福公司认为该20%赔偿款的约定违背了违约金的补偿属性，故主张根据《合同法》第114条的违约金过高条款调整规则，请求法院驳回中天公司关于赔偿金的诉讼请求。

二、争议梳理

本案争议的第一个问题在于，合同第7条的约定是否合法？一种观点认为，该条约定的实际上是惩罚性赔偿，而不是违约金，但该约定违反了合同法关于违约金条款的规定，因此是无效的。另一种观点认为，该约定是当事人真实意思表示的体现，应当是有效的。

本案争议的第二个问题在于，如果合同第7条有效，那么，对该条所约定的赔偿额能否调整？一种观点认为，该条是对损害赔偿的约定，法律没有规定约定损害赔偿数额的调整规则，因此，当事人不能请求调整该数额。另一种观点认为，该条实际上是违约金条款，因此，依法应当可以调整。

三、案例评析

（一）关于本案合同第 7 条的效力

毫无疑问，当事人双方签订的《建筑工程承包合同》是其真实意思的表示，内容也不违反法律、行政法规的规定，但当事人在合同第 7 条中约定，“任何一方违约，违约一方自愿按照工程总价款的 20%（即 2 000 万元）支付赔偿款给另一方”，认定该条约定的效力，首先需要判断其与合同的关系，对此有两种看法。

一是单方允诺说。此种观点认为，该合同第 7 条是一方对另一方所作出的单方允诺，即一方当事人一旦违约，则其应当按照工程总价款的 20%（即 2 000 万元）支付赔偿款给另一方，该规定在性质上应当构成单方允诺，依据《民法总则》第 133 条，单方法律行为也能产生法律效力，所以该允诺对其有法律约束力。

二是单独合同说。此种观点认为，合同第 7 条实际上形成了一个单独的合同。双方在合同第 7 条中约定若一方违约则违约方自愿按照工程总价款的 20%（即 2 000 万元）支付赔偿款给另一方。因此，这类似于一个附条件的赠与，一旦条件成就，则一方应向另一方提供一定的金钱。按照合同第 7 条的规定，只要一方违约，就完成了一定条件，违约方就需要向对方支付 20%的工程款。这是一个建筑工程合同之外的独立的合同，也具有约束力。

笔者认为，既然该条是在合同中约定的，作为合同的重要条款存在，经过了要约承诺，那么就不能认为是一个单方行为，而仍应当将其认定为双方法律行为；同时，合同第 7 条的约定在性质上应当是合同的组成部分，其并不具有相对独立性，而应当将该条款认定为合同的组成部分，而不是一个单独的合同。从性质上看，合同第 7 条在性质上应当属于约定损害赔偿条款，该条款是合同的重要组成部分，在合同中针对未来可能发生违约损害时的不可预测性和难以计算性，通过一个约定损害赔偿条款，确定了未来要赔偿的具体数额和计算方法。从性质上看，第 7 条既可以看作是对具体赔偿数额的约定，也可以看作是损害赔偿的计算方法。也就是说，双方在合同中约定一旦违约，则应当按照工程款的 20%计算，这有利于减轻当事人将来对损害赔偿数额的证明负担。

（二）关于合同第 7 条约定的赔偿数额能否调整以及如何调整的问题

关于合同第 7 条约定的数额能否调整和如何调整的问题，首先涉及对该条约定的赔偿数额性质的认定问题。对此存在如下不同观点。

一是违约金说。该说认为双方约定的金额在性质上是违约金，只不过为了规避违约金的调整规则而采用了损害赔偿的提法。也正是因为该条在性质上属于违约金，所以在该数额过高时，法院可以基于当事人的请求予以调整。

二是违约损害赔偿说。此种观点认为，该条所约定的并不属于违约金，而应当属于违约损害赔偿，性质上属于约定的损害赔偿。由于我国法律没有规定约定损害赔偿数额的调整规则，因而，当事人不能请求调整该数额。

三是惩罚性赔偿说。此种观点认为，合同第 7 条的约定并非约定损害赔偿规则，而是惩罚性赔偿，也就是说，该条所约定的赔偿数额较高，其在性质上应当是惩罚性赔偿。但该约定违反了合同法关于违约金条款的规定，因此是无效的。

笔者认为，双方在合同第 7 条中约定，“任何一方违约，违约一方自愿按照工程总价款的 20%（即 2 000 万元）支付赔偿款给另一方”。该约定在性质上并非违约金，而应当是约定的损害赔偿，因为一方面，该条明确规定了赔偿的数额，其实际上代替了法定的损害赔偿，因此，在发生纠纷后，当事人即不再需要证明自身损失的数额，而可以直接基于该约定的损害赔偿数额确定自己的损害数额。另一方面，该条明确使用了“赔偿款”这一表述，这表明，当事人的本意是约定违约损害赔偿，而不是约定违约金。该约定也不是关于惩罚性赔偿的约定，其实际上是对未来损害赔偿数额的一种预估，以减轻当事人在违约发生后对损失数额的举证责任，因此，其在性质上应当是约定损害赔偿而非惩罚性赔偿。

关于约定损害赔偿数额是否能够调整，我国现行立法并没有对此作出规定。此时，能否参照适用违约金数额调整的规则，值得探讨。笔者认为，从性质上看，无论是约定损害赔偿还是违约金，都是当事人意思自治的产物，但是当事人的约定也不能过于任意。如果任由当事人自行约定，则可能将违约损害赔偿变成一场赌博，损害合同的实质正义，一方在缔约时就会强迫另一方接受不平等条款，或者利用对方没有经验等，接受不公平条款。所以法律仍有必要对此进行干预。我国《合同法》第 114 条第 2 款规定：“约定的违约金低于造成的损失的，当事人可以请求人民法院或者仲裁机构予以增加；约定的违约金过分高于造成的损失的，当事人可以请求人民法院或者仲裁机构予以适当减少。”对此，《合同法司法解释二》第 29 条规定：“当事人主张约定的违约金过高请求予以适当减少的，人民法院应当以实际损失为基础，兼顾合同的履行情况、当事人的过错程度以及预期利益等综合因素，根据公平原则和诚实信用原则予以衡量，并作出裁决。”“当事人约定的违约金超过造成损失的百分之三十的，一般可以认定为合同法第一百一十四条第二款规定的‘过分高于造成的损失’。”上述条款对违约金数额的调整作出了规定，笔者认为，从功能上看，法律对约定损害赔偿和约定违约金都要求责任的承担应当符合公平原则，所以也有必要类推适用违约金的调整条款，使约定损害赔偿一般不得超过实际损失的30%。

问题的关键在于，损失如何计算、应当由谁进行举证？从举证责任的角度来看，根据谁主张、谁举证的基本规则，既然违约方主张守约方所主张的违约金过分高于其实际损失，那么自然应当由违约方承担相应的举证责任。最高人民法院为了限制《合同法》第114条的适用范围，从而彰显意思自治的价值、维护诚实守信的营商氛围，曾在判例中主张违约方主张违约金过高申请调低时，其必须举证证明，否则法院可以依法不予支持。[①] 但笔者认为，由违约方来证明非违约方的损害是做不到的，对违约方也是不公平的，可能非违约方根本就没有损失，所以无须赔偿；因为对于非违约方究竟有多少损失，其自己最容易证明，因此，由非违约方证明其损失的具体数额较为妥当。此外，从《合同法》相关规定来看，损失既包括直接损失，也包括间接损失（如利润损失）。一般而言，违约金的数额如果超过了实际损失的30%，经违约方请求，人民法院就有权作出相应的调整，但法院不能主动调整违约金数额。

（三）审计机构的审计意见能否作为支付工程款的凭据

从实践来看，一些地方颁布了明文规定，要求必须以审计部门核定的工程款数额为准进行支付，有的法院援引该地方性规定进行裁判，直接变更了合同的条款，或认定合同条款无效，因此引发了不少的争议。近几年，全国人大收到了不少来信，要求对一些地方性法规规定的以审计结果作为竣工结算依据的条款进行清理，审查其是否符合宪法、法律规定。2017年2月，全国人大常委会明确致函各省、自治区、直辖市人大常委会，要求对类似规定予以纠正，并应当严格遵循当事人所订立的合同。

笔者认为，双方签订了合同，就应该按照合同履行，即便事后审计部门对合同进行审计，也应当是审计部门与发包人一方的关系，仅在审计部门与发包人之间发生效力，不能扩及施工人一方，如果当事人都主张按照审计部门核定的工程款数额为准，那么，合同的效力将无从谈起。

① 参见最高人民法院（2016）民终106号民事判决书。

案例七十三　施工合同纠纷案

一、案情简介

S市高新科技园管理公司（以下简称“科技园”）准备建造一栋4万平方米的大楼和一个面积约4亩地的广场。通过招投标程序，确定由该市城市建设公司（以下简称“城建公司”）建造。因城建公司的建造任务过多，因而其将建造广场的工程擅自分包给该市的建安公司。分包后，被科技园发现，科技园的董事长章某某曾对城建公司董事长李某，就分包一事提出过异议。但是，在建安公司入驻以后，科技园也没有再提出不同意见。建安公司在施工过程中，也多次向科技园报告施工的方案、进度，双方也曾经在一起多次开会协商有关广场的地下停车场、广场绿化等事宜。工程完工以后，经验收合格，科技园也已入驻。但科技园认为，城建公司将建造广场的工程分包给建安公司未经其同意，认为分包合同无效，城建公司擅自转包构成违约，且地下停车场设计与原来的设计方案不符，车位由原来的200个减少了20个，要求返工。但建安公司提出，车位减少是经过了科技园同意的，如果要返工必须增加建造费用，于是城建公司在法院提起诉讼，请求科技园支付工程款。科技园主张分包合同无效，且认为，城建公司构成违约，要求其承担违约责任。

二、争议梳理

本案争议的第一个问题是，城建公司擅自分包，该分包合同是否有效？对此存在两种观点：一种观点认为，由于法律上不允许就主体工程擅自分包，因而，未经科技园同意的分包合同是无效的。另一种观点认为，虽然城建公司擅自分包，但是，后来建安公司入驻以后，科技园也没有表示异议，并且双方还经常在一起协商，因而，双方已经成立事实上的合同。

本案争议的第二个问题是，即使分包合同被宣告无效，科技园是否有义务支付工程款？一种观点认为，工程已经验收合格，科技园也已经入驻，因此，即使分包合同被宣告无效，科技园也应当支付工程款。另一种观点认为，如果分包合同被宣告无效，则科技园不负有支付工程款的义务。

三、案例评析

（一）关于分包合同的效力

所谓分包，是指承包人将其承包的工程项目中的一部分，交由第三人完成。分包是相对于转包而言的，二者的根本区别在于，在转包行为中，原承包人将其工程全部倒手转给他人，自己并不实际履行合同约定的义务，而在分包行为中，承包人只是将其承包工程的某一部分或几部分再分包给其他承包人，承包人仍应就承包合同约定的全部义务的履行向发包人负责。我国法律并不完全禁止分包，但分包必须取得发包人的同意。《合同法》第 272 条第 2 款规定，“总承包人或者勘察、设计、施工承包人经发包人同意，可以将自己承包的部分工作交由第三人完成。”一般来说，建设工程的承包人是经过严格的招标投标程序而被选定的，即便第三人具有相应的资质，但其完成工作未必满足发包人的要求，所以总承包人或者勘察、设计、施工承包人进行分包的，应取得发包人同意。如果允许承包人任意分包，不仅会损害发包人与承包人之间的信任关系，也会违反有关法律的规定。所以，凡是未经发包人同意而进行的分包，都构成非法分包。

从本案来看，城建公司分包后，被科技园发现，科技园的董事长章某某曾对城建公司董事长李某，就分包一事提出过异议。从这一情节来看，科技园最初是不同意城建公司分包的。但是，笔者认为，在本案中，分包合同已经成立并生效。主要有如下两个方面的理由。

首先，本案可以认定，当事人以实际履行合同的行为订立了合同。《合同法》第 37 条规定：“采用合同书形式订立合同，在签字或者盖章之前，当事人一方已经履行主要义务，对方接受的，该合同成立。”该条实际上确认了当事人可以以实际履行的方式来订立合同。也就是说，双方虽然没有签订书面合同，但是一方履行了主要义务，另一方接受了义务的履行，在法律上可以推定以实际履行的方式订立了合同。也有学者将其称为“履行治愈”或“以默示的方式订约”。最高人民法院在“内蒙古包钢稀土高新技术产业开发区等与包头润华永庆建筑公司等工程结算纠纷上诉案”[①] 中认为，“润华公司直接向管委会报告工程进度，管委会直接向润华公司支付工程进度款，双方还对施工中的一些具体问题进行协商与核定，以上事实表明……润华公司和管委会形成了事实

① 最高人民法院（1999）民终字第 130 号民事判决书。

上的合同关系。”从本案来看，在建安公司入驻以后，科技园也没有再提出不同意见。建安公司在施工过程中，也多次向科技园报告施工的方案、进度，双方也曾经在一起多次开会协商有关广场的地下停车场、广场绿化建设等事宜。本案的事实与最高法院上述案件的事实是相吻合的，因此，可以认定，在建安公司和科技园之间存在事实合同关系。

其次，本案也可以认定为，科技园事后追认了分包行为。也就是说，虽然在签订分包合同时，科技园并不同意此种分包行为，但是，在合同签订之后，科技园也没有对建安公司的入驻提出异议，反而经常与建安公司一起讨论施工中的问题。可以认为，科技园通过默示的方式追认了此前发生的分包行为。

（二）如果分包合同被宣告无效，科技园是否有义务支付工程款

《最高人民法院关于审理建设工程施工合同纠纷案件适用法律问题的解释》第2条规定：“建设工程施工合同无效，但建设工程经竣工验收合格，承包人请求参照合同约定支付工程价款的，应予支持。”这就是我们审判实践中常说的“无效按有效处理”。依据这一规定，在本案中，即使分包合同被宣告无效，但因为承包人所建造的工程经验收合格，而且科技园也已经入驻，则科技园仍有义务参照合同约定的工程价款支付相关费用。笔者认为，“无效按有效处理”在理论上难以成立。如果合同被宣告无效，仍然可以按照有效处理，则合同无效规则就形同虚设，失去了意义；而且合同一旦被宣告无效，就是自始无效、绝对无效、当然无效，不存在按照有效处理的问题。笔者认为，施工合同被宣告无效后，当事人仍然负有恢复原状的义务，只不过在不当得利返还的确定上存在一定的特殊性，也就是说，当建设工程质量合格时，合同被确认无效后，如果要恢复原状，则意味着需要拆除已经经验收合格的建设工程，这无疑会造成财富的浪费，因此，在此情形下，不宜采用恢复原状的方式，而应当将该建设工程作为发包人的获利，课以其返还相应价值的义务。所以，建设工程施工合同无效，且建设工程经竣工验收不合格的，应当按照不当得利予以返还。所以，在本案中，即便分包合同被宣告无效，但由于建设工程经验收合格，且科技园已经入驻，因而，科技园负有返还不当得利的义务，该不当得利的数额可以参照约定的工程款的数额予以确定。

（三）关于建安公司是否擅自修改地下停车场的设计方案的问题

《合同法》第279条规定：“建设工程竣工后，发包人应当根据施工图纸及说明书、国家颁发的施工验收规范和质量检验标准及时进行验收。”依据这一规定，承包人有义务根据施工图纸及说明等进行施工。如果施工人擅自修改施工图纸，将不仅导致工程无法验收，还构成违约。所以，从本案来看，虽然修

改设计方案是建安公司实施的，但是，城建公司作为承包人，因而要对发包人承担违约责任。

问题在于，建安公司是否应当对其修改设计方案的行为负责？从合同相对性的角度来看，建安公司是与城建公司之间存在合同关系，因此，其应当仅对城建公司负责。如果在分包之后，建安公司擅自修改地下停车场的设计方案，则应当对城建公司承担违约责任。

但是，建安公司是否应当对科技园负责？因为从本案来看，城建公司拒绝向建安公司增加分包费用，所以，建安公司据此认为，其没有理由返工。但如果工程延误，又会给作为发包人的科技园造成损失。在此情况下，发包人科技园能否请求建安公司尽快返工？笔者认为，科技园有权要求建安公司及时返工。我国《合同法》第281条规定："因施工人的原因致使建设工程质量不符合约定的，发包人有权要求施工人在合理期限内无偿修理或者返工、改建。经过修理或者返工、改建后，造成逾期交付的，施工人应当承担违约责任"。由此可看出，在建设工程质量不合格的情况下，虽然发包人和施工人之间并没有形成合同关系，但如果建筑工程质量不合格，发包人有权要求施工人在合理期限内无偿修理或者返工、改建。该条规定虽然突破了合同的相对性，但其有利于保证工程质量，同时，也有利于维护发包人的利益。如果由发包人找承包人，再由承包人找施工人，可能导致时间拖延，影响工期，会造成更大的损失。但施工人按照发包人的要求返工之后，由此增加的费用可以再要求承包人结算。当然，从本案来看，由于施工人擅自修改了设计方案，所以，只能由施工人建安公司自己承受损失。

建安公司提出，其在施工过程中，曾经与科技园一起多次开会协商有关广场的地下停车场、广场绿化等事宜。所以，修改地下停车场的设计方案是得到科技园同意的，但科技园予以否认。这主要是一个事实问题，必须由建安公司举证，如果建安公司可以举证证明，修改设计方案是科技园同意的，则返工的费用应当由科技园承担；反之，返工的费用只能由建安公司承担。

案例七十四 施工合同中工程款数额纠纷案

一、案情简介

2014 年 3 月 26 日，中顶置业有限公司（以下简称“中顶公司”）与东华集团公司（以下简称“东华公司”）签订施工合同，约定由中顶公司承建东华公司开发的某市峰银购物广场并进行精装修，工程内容为建造一栋2 000 平方米的房屋、水电（不含消防、空调）及室内外装饰，双方约定开工日期为 2014 年 3 月 28 日，合同总造价暂定人民币 8 500 万元（不含税金），待工程竣工验收后，根据工程决算的实际价款确定。合同约定工程 2016 年 5 月竣工。合同签订后，东华公司对峰银购物广场工程扩大了设计范围并进行了设计变更。期间，政府举办大型活动，要求停工，致使工期延误。就此情况，中顶公司曾多次向东华公司书面致函，表明工程可能延期。东华公司回函要求尽量赶工，并向中顶公司支付了 100 万元的赶工费。2017 年 5 月，工程竣工。2017 年 5 月 10 日，东华公司向中顶公司提交《峰银购物广场及安装工程决算书》，工程造价为 7 009 万元，中顶公司的工程师马某某在没有请示公司总经理于某某的情况下，于同年 5 月 15 日签收同意。5 月底，工程竣工验收完成，中顶公司要求东华公司支付 8 500 万元工程款，东华公司提出，中顶公司已经同意工程款为 7 009 万元，因此，只能按这个价格支付，且提出，工程延期一年才交付，严重影响其商业计划，导致大批业主不能入驻，已使其赔付了 5 000 万元，该笔费用应由中顶公司承担。中顶公司提出，工期延误是由东华公司造成的，其不应当承担工期延误的责任。

二、争议梳理

本案争议的第一个问题就是关于工程款的数额。一种观点认为，东华公司向中顶公司提交决算书，其中载明工程造价为 7 009 万元，且中顶公司已经接受，因此，东华公司只能按照这个价款支付。另一种观点认为，中顶公司的工程师马某某在没有请示公司总经理于某某的情况下，于 2017 年 5 月 15 日擅自签收同意，构成无权代理，且没有经过中顶公司追认。因此，工程款仍然需要重新决算予以确定。

本案争议的第二个问题就是关于工期延误的责任，究竟应当由谁承担？一种观点认为，工期延误确实造成了东华公司损失，应当由中顶公司负责。另一种观点认为，工期延误主要是因政府的原因造成的，对此，中顶公司没有过错，所以不需要承担责任。

三、案例评析

（一）关于本案合同的性质

2014 年 3 月 26 日，中顶公司与东华公司订立施工合同，约定由中顶公司承建东华公司开发的某市峰银购物广场并进行精装修，工程内容为建造一栋 2 000平方米的房屋及水电（不含消防、空调、弱点）及室内外装饰，双方约定开工日期为 2014 年 3 月 28 日，合同总造价暂定人民币 8 500 万元（不含税金），待工程竣工验收后，根据工程决算的实际价款确定。

笔者认为，从性质上看，该合同应当属于承揽合同。承揽人应当按照约定交付工作成果，虽然其名称上被称为“施工合同”，但其应当属于承揽合同。关于承揽费用的支付，可以根据合同予以约定。从本案来看，当事人在合同中并没有事先确定一个具体的数额，而约定在将来予以确定，但当事人已经约定了合同价款的确定方式，即“待工程竣工验收后，根据工程决算的实际价款确定”。所以，合同约定的 8 500 万元只是一个暂定的数额。中顶公司提出，在没有确定实际价款之前，应当按照 8 500 万元的价款支付。笔者认为，此种看法并不妥当，因为“暂定”并不是确定的价款，而只是确定实际价款数额的参考因素，具体的价款应当按照具体的情况予以确定，具体价款在竣工后发生了争议，并没有按照约定的标准予以确定，因此可以说，该案中的工程款并没有最终确定。

（二）双方是否就工程款的数额达成了一致协议

本案中，双方约定一定要通过决算确定工程款，2017 年 5 月 10 日，东华公司向中顶公司提交《峰银购物广场及安装工程决算书》，工程造价为 7 009 万元，中顶公司的工程师马某某在没有请示公司总经理于某某的情况下，于 5 月 15 日签收同意。笔者认为，马某某的行为不构成表见代理。我国《合同法》第 49 条规定：“行为人没有代理权、超越代理权或者代理权终止后以被代理人名义订立合同，相对人有理由相信行为人有代理权的，该代理行为有效。”由此可见，虽然我国合同法承认表见代理制度，但是也对其规定了严格的限制条件，即表见代理的成立要件中，须相对人为善意且无过失，即相对人不知行为人所为的行为系无权代理行为，这是表见代理成立的主观要件。本案中，东华公司明知马某某无权代理中顶公司签收竣工结算书，或者在应知马某某无代理权而误以为其有代理权限的情况下，仍将结算书交予马某某签收，属于自身的重大过失。可见，不管是明知马某某没有签收工程结算书的代理权，还是由于自身的重大过失没有认识到马某某没有签收工程结算书的代理权，东华公司将工程竣工结算书交由马某某签收的行为，均不能认定为表见代理。

笔者认为，马某某的行为构成了无权代理，理由主要在于：第一，马某某无权代理公司行为，并没有得到授权。马某某是由中顶公司派出的工程师，其权限仅作为项目部临时质量检查督导小组组长，行使质量检查职责。中顶公司并未授予马某某负责工程质量以外的其他权限。马某某在没有获得公司授权的情况下，擅自代表公司，实际上已经构成了无权代理。第二，工程款的计算是非常严肃的事，东华公司在确定工程款后，应当直接交给中顶公司的法定代表人，并加盖公司的签章，仅由马某某签字确认，并不能产生确认工程款的效力，对此，东华公司也是非常了解的。第三，马某某的无权代理行为并没有得到公司的追认。

（三）应当如何确定本案中的工程款

关于工程款的确定，应当依据法律法规和当事人的约定予以确定。2004 年财政部、建设部关于印发《建设工程价款结算暂行办法》第 14 条规定："发包人收到承包人递交的竣工结算报告及完整的结算资料后，应按本办法规定的期限（合同约定有期限的，从其约定）进行核实，给予确认或者提出修改意见。发包人根据确认的竣工结算报告向承包人支付工程竣工结算价款，保留 5%左右的质量保证（保修）金，待工程交付使用一年质保期到期后清算（合同另有约定的，从其约定），质保期内如有返修，发生费用应在质量保证（保修）金内扣除。"所以，工程款的结算程序是，先由承包人递交竣工结算报告及完整的结算资料，然后再由发包人对这些资料进行核实。

当然，当事人也可以对工程款的确定方式作出约定，只要不违反法律的规定，也具有法律效力。在本案中，当事人约定合同总造价暂定人民币 8 500 万元（不含税金），待工程竣工验收后，根据工程决算的实际价款确定，这实际上是对工程价款的特别约定，具有法律效力。本案工程已经竣工，但并没有按照工程决算的方式确定工程款，双方当事人应当按照法律规定的程序进行决算，最终确定合理的工程款。

（四）关于工期延误的责任应当由谁承担

《建设工程价款结算暂行办法》第 10 条规定："施工中发生工程变更，承包人按照经发包人认可的变更设计文件，进行变更施工，其中，政府投资项目重大变更，需按基本建设程序报批后方可施工。”从本案来看，有关工期延误的约定其实也是一种变更，由于政府的原因导致工期延误后，中顶公司已经正式向东华公司提出，要求推迟工期。东华公司也了解了这一情况，但并没有明确地表示认可，而只是要求其尽量赶工，并支付了100万元的赶工费，这是否是以实际行动认可了中顶公司推迟工期的请求？笔者认为，东华公司的行为可以认定为默认了中顶公司推迟工期的请求，但究竟允许其延长多少时间，尚不确定。按照中顶公司的观点，只要东华公司没有明确表示不允许延期，那么，根据政府行为的影响，推迟的期间都应当是合理的，因此，对推迟工期所造成的损失，中顶公司不应当承担责任。但究竟应为多长时间，仍应当进行准确的计算，对于政府原因以外的原因，如因天气等原因导致的工期延误，则不应当计算在内，对因此所造成的损失，仍应当由中顶公司予以赔偿。

案例七十五　关于工程款的鉴定问题

一、案情简介

1998年10月，F市兴隆大酒店向社会招标装修工程，先后有三家装修公司投标。本市佳丽公司也参与了投标，在投标书上报价装修款一栏中提出："装修款不超过100万元"。后佳丽公司中标。佳丽公司与兴隆大酒店于1999年2月初签订了一份工程承包合同书，约定装修工程应于1999年8月底完成。合同第3条规定："装修款暂定100万元，具体预算由甲方提出后经乙方同意，一次性包死不变。"合同签订后兴隆大酒店向佳丽公司支付了30万元预付款，佳丽公司便开始购料施工。1999年3月初，佳丽公司向兴隆大酒店提出因为某些装修项目调整及材料涨价等原因，工程造价应提高至300万元。兴隆大酒店予以拒绝，双方为此发生争议，佳丽公司便中止了装修工程。同年4月底，双方达成协议，将装修款定为200万元。

1999年10月底，佳丽公司装修工程结束，经验收后，兴隆大酒店同意接受，但兴隆大酒店拒绝支付170万元的工程款。其理由是装修款实际超出原投标书和合同规定的价款的一倍，由于该酒店属于国有，应当经审计部门对工程款进行审计。1999年11月初，该市审计局对该工程项目进行了审计，审计结论认为，工程款按市价计算过高。兴隆大酒店提出应当根据审计机关的意见降低工程款50万元，并认为佳丽公司迟延完成工程，应当负赔偿责任。双方为此发生争议。

二、争议梳理

本案在一审法院审理中形成了三种不同的意见：第一种观点认为，本案中双方最终签订的价款协议书规定工程款为200万元，兴隆大酒店应当按照该协议支付价款；但由于佳丽公司迟延交付工程，亦应承担相应的违约责任。第二种观点认为，兴隆大酒店提出应当根据投标书、合同规定和审计意见来确定工程款是合理的。200万元工程款确实显失公平，法院有权予以调整。第三种观点认为，在工程款发生争议的情况下，应当由法院指定鉴定人，对工程造价进行鉴定，最终依据鉴定结论来确定价款。

一审法院最后采纳了第三种意见，指定该市某鉴定机构对该工程装修款进行鉴定。该鉴定机构按照市价计算，认定工程款为150万元。法院最终确定了该鉴定结论，判决兴隆大酒店应当向佳丽公司再支付120万元工程款。

三、案例评析

本案中，首先应当确定双方签订的工程承包合同书是合法有效的，由于该装修工程已经验收合格，兴隆大酒店接受了佳丽公司的装修结果，并已实际使用至今，所以本案不存在工程质量的争议问题。问题的争议主要在于工程款的确定。佳丽公司认为，兴隆大酒店应当按照双方最终签订的价款协议书的规定支付工程价款。兴隆大酒店认为应当根据投标书、合同规定和审计意见来确定工程款。笔者认为，兴隆大酒店应当按照双方最终签订的价款协议书的规定，向佳丽公司共支付200万元工程款，其提出的应当根据投标书、合同规定和审计意见来确定工程款的观点，是不能成立的。理由如下。

（一）投标书中所提出的工程款不能作为最后确定工程款的依据

以招标投标的方式缔约，如何确定合同成立的时间，在学术界存在两种不同的看法：第一种观点认为，招标投标活动中，招标人向投标人发出中标通知书，即宣告合同关系成立。第二种观点认为，招标投标签订的书面合同，是合同的生效要件，合同书是合同关系成立的有效证据。笔者认为，发出中标通知书时双方当事人已经就合同的主要条款达成协议，应当认为合同已经成立，根据《合同法》第15条的规定，招标公告属于要约邀请行为，因此招标人发出招标公告和有关文件只是发出要约邀请，而投标人投标则是一种要约行为。依据我国《合同法》第14条和第16条，要约应当在内容上具体确定，且表明经受要约人承诺，要约人即受该意思表示约束。要约到达受要约人时生效。因此，一旦佳丽公司将其投标书送达兴隆大酒店处，该项要约便已实际生效。佳丽公司无正当理由不得撤销其要约，否则，对因其过失造成兴隆大酒店的信赖利益损失，应承担缔约过失责任。一旦中标以后，双方之间已经形成合同关系。但在中标以后，双方还应当继续协商，签订正式的书面合同，书面合同是确定双方当事人权利义务的依据。

关于投标书与合同的关系，笔者认为，合同应当反映缔约过程的内容，也就是说一方提出要约，另一方作出承诺，一旦承诺生效，该要约和承诺的内容便应当成为合同的内容。然而对工程承包等合同关系而言，其缔约过程相对于一般的交易更为复杂。一方在投标以后，另一方接受其投标，但并非投标的内容都自然转化为合同条款，在中标以后，双方还应当继续协商，签订正式的合同书。但是，双方所签订的正式合同书，应当以招标文件和投标文件为基础，而不能进行实质性变更。我国《招标投标法》第46条规定："招标人和中标人应当自中标通知书发出之日起三十日内，按照招标文件和中标人的投标文件订立书面合同。招标人和中标人不得再行订立背离合同实质性内容的其他协议。"该规定明确要求，按照招标文件和中标人的投标文件订立书面合同。应当看到，在实践中，投标人中标之后，在协商签订正式合同的过程中，招投标的双方可能会进一步修改投标书的内容，也可能完全保留投标书的内容。笔者认为，依据我国《招标投标法》的规定，双方不能实质性地修改合同，尤其是不能减轻投标人的义务，否则，将会形成阴阳合同，对其他未中标的投标人不公平，甚至导致当事人之间恶意串通，损害其他投标人的利益。所以，有关价款等内容应当以投标书为准，即应当按投标书来确定价款。如果合同没有确定价款，但投标书中规定了价款，在此情况下，笔者认为当事人的意图是以投标书规定的价款作为双方的合同价款，据此可以认为投标书规定的价款已经成为合同的组成部分。

应当看到，在本案中，关于价款的约定投标书和合同并不完全一致，投标书上标明报价装修款不超过100万元。但合同第3条规定："装修款暂定100万元，具体预算由甲方提出后经乙方同意，一次性包死不变。"笔者认为，合同的约定对投标书没有进行实质性的修改，因为合同仍然将装修款暂定为100万元，只不过要求具体预算由甲方提出后经乙方同意，一次性包死不变。这实际上是增加了程序性的约束。对该条规定应该作如下理解，即只要最终的装修款数额没有超过100万元，就没有实质性变更投标书，当事人最终确定的装修款可以低于100万元，但数额也不宜过低。

（二）合同价款应当依价款协议书确定

合同第3条规定："装修款暂定100万元，具体预算由甲方提出后经乙方同意，一次性包死不变。"笔者认为，从该条规定来看，实际上确定的是一个待定价款条款，也就是说，合同中并没有明确规定具体的工程款，所谓"暂定100万元"并不是最终的工程款，不能认为工程款是100万元。合同约定"具体预算由甲方提出后经乙方同意，一次性包死不变"，表达了两方面的含义：一方面，工程款在以后确定。确定工程款的程序是由佳丽公司先提出具体的预算，并报请兴隆大酒店审核同意，最后经双方签字以后才能具体确定工程款。另一方面，一旦工程款确定下来，则不能对该工程款再进行变更。佳丽公司必须要将该工程款一次性包死。即使发生了原材料涨价等非因兴隆大酒店的原因造成建筑成本上涨，佳丽公司也不得另行要求增加工程款。从本案来看，当事人也完全是按照该条的规定来确定工程款的。1999 年 4 月底，双方就工程款达成协议，将装修款定为 200 万元。双方均在价款协议书上签字，由此表明当事人已经就工程款达成了一致的协议。

对于该价款协议书可以作两方面的理解。一是将该协议当作当事人就工程款问题所达成的新的协议；该协议达成后，所有先前有关工程款的规定如与该新协议发生矛盾或冲突，就应当按照合同变更的规定以变更后的合同规定为准。也就是说，应当以新的协议为准。二是将该协议视为当事人对工程承包合同书条款的补充。笔者赞成第二种观点，因为工程承包合同书第 3 条的规定只是规定了确定价款的方法和程序，并没有确定出具体价款。而当事人达成的价款协议书实际上是按照合同第 3 条的规定所具体确定的价款，因此可以认为价款协议书是合同第 3 条的具体补充。无论将价款协议书做何种理解，工程价款数额都已经经过双方当事人签字、盖章，是确立合同价款的直接依据。如果兴隆大酒店不能证明该协议书具有无效或可撤销的因素且未经法院确认为无效或可撤销，则应当依该协议书履行价款义务。在本案中，兴隆大酒店在达成了价款协议以后，因为反悔而拒不支付工程款，显然已经构成违约，应当承担违约责任。

笔者认为，双方关于价款的重新约定是合法有效的。该约定并没有违反招标投标法的相关规定，理由在于：第一，该约定是双方意思表示一致的结果。因为在增加装修款的情况下，实际上是增加了委托人的义务，在一定程度上损害了其利益，但只要委托人自愿表示接受，在法律上并无不可。从本案来看，双方均在价款协议书上签字，这就表明委托人是完全接受的。按照合同自由的原则，法律上也是完全允许的。第二，该约定是符合当事人确定的程序的。因为合同第 3 条已经规定，“装修款暂定 100 万元，具体预算由甲方提出后经乙方同意，一次性包死不变。”这就是说，装修款应当根据事后的具体情况确定，只要最终确定装修款时符合该程序，就是有效的。本案中最终确定的装修款是完全符合该程序的，所以，该价格条款有效。

（三）审计机关的审计意见不能作为确定工程款的直接依据

从本案来看，由于兴隆大酒店是国有企业，因而审计机关按照审计法的规定对其进行审计是合法的，兴隆大酒店也应当接受审计机关的监督。问题在于，审计机关主要应当审计什么？其审计的意见是否可以作为定案的依据？根据我国《审计法》第 2 条，审计机关是代表国家对各级政府、国有金融机构和企业事业组织的财务收支或者财务收支的真实、合法和效益依法有权进行审计监督的机关。第20条规定："审计机关对国有企业的资产、负债、损益，进行审计监督。"可见，审计监督主要是对是否造成了国有资产损失，国家机关和国有企事业单位是否违反了财经纪律等问题进行监督。对于违反财政收支规定的行为，审计机关有权予以处罚、制止、责令改正，如果发现交易双方恶意串通损害国家利益的，审计机关也有权予以处罚。审计机关如发现此类问题并在审计结论中作出了认定，该认定的事实也可以作为确定合同无效的因素加以考虑。但严格地说，审计监督在性质上是一种行政监督，作为行政机关的审计机关一般不能对工程款的计算、确定作出决定。因为有关工程款问题涉及当事人双方的合意，应当由当事人按照协议来解决。即使就工程款发生争议以后，需要对工程款进行鉴定的，也应当由专门的鉴定机构以及建设管理部门来确定，而不能由审计机关来解决工程款问题，否则，也明显不符合审计机关的职责。2017年2月全国人大常委会明确致函各省、自治区、直辖市人大常委会，要求对以审计结果作为竣工结算依据的地方性规定予以纠正，并应当严格遵循当事人所订立的合同。

审计机关的审计意见即使涉及工程款，也不能作为定案的直接证据，因为一方面审计机关本身不能够确定工程款，审计机关也无权解决工程款的纠纷。另一方面，审计机关代表国家对国有企业进行监督，但对于国有企业与另一方当事人所从事的交易关系，在性质上是一种典型的民事关系，审计机关不能直接干预这种民事关系。如果审计机关有权确定工程款并应当以其确定的意见代替当事人之间的合同规定，显然不妥。由于这种干预实际上是依审计机关确定的价格来代替当事人的定价，这不仅超越了审计机关的职权，而且和市场经济的要求是背道而驰的。尤其当双方当事人的纠纷提交到法院，有关工程款的争议应当由法院来最终确定，审计意见可以作为一种证据使用，成为法院定案的参考，但不能将该意见作为定案的必须依据。

（四）本案不需要鉴定机构再次鉴定

在本案中，一审法院最后确定，指定该市某鉴定机构对该工程装修款进行鉴定。该鉴定机构按照市价计算，认定工程款为150万元。法院最终确定了该鉴定结论，判决兴隆大酒店应当向佳丽公司再支付120万元工程款，笔者认为这一裁判意见是值得商榷的。我们首先需要讨论的是关于鉴定意见问题。我国《民事诉讼法》第72条规定[①]："人民法院对专门性问题认为需要鉴定的，应当

① 2014年《民事诉讼法》第76、77条对原《民事诉讼法》第72条的规定有所修正。

交由法定鉴定部门鉴定；没有法定鉴定部门的，由人民法院指定的鉴定部门鉴定。鉴定部门及其指定的鉴定人有权了解进行鉴定所需要的案件材料，必要时可以询问当事人、证人。”据此，许多人认为，事后需要聘请鉴定人的问题完全是法院的职权范围，只要法院认为争议的问题属于专门性的问题需要鉴定，就可以进行鉴定。笔者认为这一看法是值得商榷的。

从本案来看，法院没有必要就工程款问题聘请专门的鉴定人进行鉴定，根据在于：第一，合同当事人双方已经就工程款达成了一致的协议，则应当充分尊重当事人的意见，除非当事人达成的合意应当被确认为无效或被撤销。在当事人已经达成合意的情况下，对当事人的合意又没有理由予以确认无效或加以撤销，在此情况下，完全不考虑当事人的合意而对工程款重新鉴定实际上是违反了当事人的意思，不符合私法自治和合同自由原则。第二，由法院来聘请鉴定人重新鉴定将会给不履行的一方逃避债务或拒不承担合同义务提供机会。双方达成合意以后，就应当按照合意来履行，如果违约则应当承担违约责任。假如在合同订立以后，一方不愿意履行合同，就可以要求重新鉴定以推翻原先的合同，这就给当事人出尔反尔，违反诚实信用原则提供了极大的机会。第三，从本案来看，兴隆大酒店接受该装修的工程以后已经使用两年，装修的情况已经发生了很大变化，有些装修的结果已经面目全非，事实上已经很难鉴定。即使作出鉴定，也不能反映客观真实。在此情况下，作出鉴定本身是不必要的。第四，在本案中，由法院来随意决定是否有必要鉴定给予了法院过大的自由裁量权。如果在法院有倾向性地聘请鉴定人的情况下，高额的鉴定费用还要由败诉的当事人承担，而败诉的一方当事人往往不愿意负担费用，这也是造成执行难的一个原因。当然，这并不是说只要双方当事人就工程款达成协议以后就绝对不能撤销，根据我国《合同法》第 54 条的规定，“在订立合同时显失公平的”，当事人一方有权请求法院予以变更或撤销。但是，根据显失公平而变更或撤销合同，首先要求一方当事人必须提出请求，其次需要符合显失公平的构成要件。这些要件包括：一方是在紧迫或缺乏经验的情况下订立合同；合同的内容表明双方当事人的利益严重失衡，即合同对一方明显有重大不利，而另一方明显获得了超过法律允许的利益。从本案来看，兴隆大酒店并没有根据显失公平主张变更或撤销合同，而双方确定的工程款（200 万元）有可能偏高，但很难说是显失公平的。所以，笔者认为，法院无权单方面以显失公平为由变更工程款。

在本案中，兴隆大酒店认为佳丽公司应当承担迟延交付工程的责任。按照合同第 5 条的规定，甲方应当向乙方按期交付工程，每迟延一天应当按工程总价款的千分之一支付违约金，法院最终确定佳丽公司应向兴隆大酒店支付 9 万元违约金。笔者认为，在本案中，佳丽公司的迟延具有正当的理由。因为合同签订后兴隆大酒店向佳丽公司支付了 30 万元预付款，佳丽公司便开始购料施工。1999 年 3 月初，佳丽公司向兴隆大酒店提出因为某些装修项目调整及材料涨价等原因，工程造价应提高至 300 万元。兴隆大酒店予以拒绝，双方发生争议，佳丽公司便中止了装修工程。同年 4 月底，双方达成协议，佳丽公司便继续施工。按照原合同规定，佳丽公司应当在 1999 年 8 月底完成装修工程，如果中间不发生工程款的争议，致使工程停工 2 个月，佳丽公司不会延期 2 个月交付工程。而工程款产生争议也不完全因为佳丽公司，因为合同第 3 条只是规定了工程款的确定条款，并没有规定工程款的具体数额。佳丽公司提出应当将工程造价提高至 300 万元，虽然过高，但不能说佳丽公司提出该预算后便具有过错，因为按照合同第 3 条的规定，佳丽公司有权提出预算，不论预算偏高或偏低，都不违反合同的规定。至于因为双方不能达成协议，导致工程停工，责任也不完全在佳丽公司一方。所以，本案如果认定佳丽公司负迟延交付的责任并不妥当。

案例七十六　建筑施工合同争议案

一、案情简介

2010年9月1日，A市路桥总公司中标了该市高速公路某合同段的施工项目，并于10月26日与发包人即A市高速公路工程建设指挥部（以下简称“工程指挥部”）签订了《建设施工承包合同》。同年12月20日，路桥总公司又与A市四通建设工程公司（以下简称“四通公司”）签订了一份《施工协议书》，将该中标项目部分转包给四通公司进行实际施工，并且收取合同中标价的2.5%作为固定利润，但四通公司并无相关施工资质。在转包后，路桥总公司曾经向工程指挥部致函，告知这一情况，但工程指挥部未予答复。2011年10月5日，四通公司被A市第一建筑总公司（以下简称“建筑公司”）兼并，建筑公司具有合法的建设资质，兼并后的公司名称仍为第一建筑总公司，该公司承继四通公司承包的项目，成为新的承包人，建筑公司曾向工程指挥部发函，明确告知了该公司变更的情况，工程指挥部未表示异议。工程完工后，工程经验收合格，但工程指挥部提出，路桥总公司将工程施工转包给四通公司未经其同意，且四通公司并无相关施工资质，即使四通公司后来被建筑公司兼并，但实际施工人仍是原四通公司的工人，因此，该施工合同是无效的，其有权拒绝支付工程价款。由于该工程已经抵押给某建设银行，建设银行要求行使抵押权，建筑公司以建设工程优先权人的名义，主张就该工程拍卖、变卖的价款优先受偿。当事人为此发生争议。

二、争议梳理

本案第一个争议焦点在于，《施工协议书》是否有效。一种观点认为，路桥总公司将工程施工转包给四通公司未经其同意，违反了《合同法》禁止转包的规定，因此是无效的。另一种观点认为，本案中的转包只是部分转包，在转包后，路桥总公司曾经向工程指挥部致函，告知这一情况，但工程指挥部未予答复。

本案第二个争议焦点是，四通公司并无资质，是否应当认定该合同无效？一种观点认为，四通公司缺乏建设资质，该合同应当是无效的。另一种观点认为，虽然四通公司没有建设资质，但后来由于兼并，其已经取得了合法的资质，合同应当是有效的。

本案第三个争议焦点是，建筑公司以建设工程优先权人的名义，主张就该工程拍卖、变卖的价款优先受偿的主张能否成立？一种观点认为，建筑公司即使享有优先权，也不能对抗银行的抵押权。另一种观点认为，建筑公司的优先权应当优先于银行的抵押权。

三、案例评析

（一）关于《施工协议书》的效力

要准确认定《施工协议书》的效力，首先需要明确该协议的性质，为确保建设工程施工的质量，我国多部法律明确禁止承包人对工程进行整体转包。《合同法》第272条第3款规定：“承包人不得将其承包的全部建设工程转包给第三人或者将其承包的全部建设工程肢解以后以分包的名义分别转包给第三人。”《招标投标法》第48条第1款规定：“中标人应当按照合同约定履行义务，完成中标项目。中标人不得向他人转让中标项目，也不得将中标项目肢解后分别向他人转让。”《建筑法》第28条规定：“禁止承包单位将其承包的全部建筑工程转包给他人，禁止承包单位将其承包的全部建筑工程肢解以后以分包的名义分别转包给他人。”可见，上述法律均明确禁止将工程整体转包他人施工。在本案中，路桥总公司只是将其中标的该市高速公路某合同段的施工项目部分转包给四通公司，而不是将该施工项目整体转包，不能依据上述规定认定该转包合同无效。同时，路桥总公司已经向工程指挥部发函告知这一情况，工程指挥部应当及时答复而未做答复，而且工程完工后经验收合格，表明分包并没有影响工程的质量，不应否定分包合同的效力。

（二）四通公司并无资质，是否应当认定该合同无效

四通公司并无建设资质，是否会导致分包合同无效？这涉及施工人建设资质对承包合同效力的影响，对此存在不同观点。一种观点认为，四通公司缺乏建设资质，该合同应当是无效的。另一种观点认为，虽然四通公司没有建设资质，但后来由于兼并，其已经取得了合法的资质，合同应当是有效的。

在建筑工程活动中，施工方的资质是工程质量的保证之一。因此，施工方具备相应的资质，是订立施工合同的准入限制，必须具备相应的资质才能够从事施工活动。我国《合同法》第272条第3款规定：“禁止承包人将工程分包

给不具备相应资质条件的单位。”众所周知，建筑工程施工单位的资质等级涉及国家对施工质量的控制和管理，因为建筑工程关系到社会公众的人身和财产安全问题，必须由国家进行管理和控制。《建筑法》第 29 条第 3 款规定：“禁止总承包单位将工程分包给不具备相应资质条件的单位。”《招标投标法》第 48 条第 2 款规定：“中标人按照合同约定或者经招标人同意，可以将中标项目的部分非主体、非关键性工作分包给他人完成。接受分包的人应当具备相应的资格条件，并不得再次分包。”可见，我国法律法规和规章均严格禁止将工程分包给不具备相应资质的建设单位进行施工，并要求施工方必须具备相应的资质才能从事建筑施工活动。《最高人民法院关于审理建设工程施工合同纠纷案件适用法律问题的解释》第 1 条规定，建筑承包人未取得建筑施工企业资质或者超越资质等级订立的合同无效，没有资质的实际施工人借用有资质的建筑施工企业名义订立的合同无效。当然，如果承包人在建设工程竣工前取得相应资质等级，合同也可以确认为有效。

本案中，虽然四通公司没有资质，但在 2011 年 10 月 5 日，四通公司被建筑公司兼并，其在《施工协议书》中的权利义务关系也应当由建筑公司概括承受，即建筑公司承继四通公司承包的项目，成为新的承包人。建筑公司曾向工程指挥部发函，明确告知了该公司变更的情况，工程指挥部未表示异议，这表明工程指挥部已经接受了由建筑公司概括承受四通公司的权利义务关系。这就意味着，四通公司已经不复存在，其实际上已经成为建筑公司的组成部分，即使后来仍然由原四通公司的工人施工，但其是以建筑公司的名义施工，而不再以四通公司的名义施工。此时，由于建筑公司具备相应的建设资质，因而应当认定《施工协议书》有效。

（三）建筑公司以建设工程优先权人的名义，主张就该工程拍卖、变卖的价款优先受偿的主张能否成立

关于建筑公司能否以建设工程优先权人的名义主张就工程拍卖、变卖的价款优先受偿，存在不同观点。2002 年 6 月 20 日《最高人民法院关于建设工程价款优先受偿权问题的批复》规定：“人民法院在审理房地产纠纷案件和办理执行案件中，应当依照《中华人民共和国合同法》第二百八十六条的规定，认定建设工程的承包人的优先受偿权优于抵押权和其他债权。”这就确立了建设工程优先权应当优先于一般抵押权的规则，确立这一规则的主要原因在于：一方面，肯定承包人的建设工程优先权优先于抵押权有利于保障工程款债权的实现，而在发包人拖欠的工程款中，相当一部分是承包人应当支付给工人的工资和劳务费。如果认定抵押权优先于建设工程优先权，可能导致承包人的工程款

债权不能实现，则工人的工资将难以保障，因此，应当认定建设工程优先权优先于抵押权。另一方面，在发包人支付工程款以前，承包人通常实际占有其建造的建设工程，如果要由一般抵押权人优先受偿，承包人必然不会轻易地交出建设工程，这样也容易引起纠纷。更何况，如果承包人的工程价款债权无法得到实现，其有可能采取各种方法毁损房屋，或者通过改变建设工程的用途等，使其不能发挥作用，从而有可能造成社会财富的损失和浪费。因此，只有使法定优先权具有优先效力，才能使承包人免于走向极端，使原来的建设工程继续留给社会，发挥其效用。①

当然，从比较法上看，有的国家法律规定，建设工程优先权要优先于抵押权，其必须进行登记。我国学者也对此进行了探讨。一种观点认为，承揽人的优先权是一种物权，为保障交易安全，使法律关系明确，应以登记为必要，但此登记无须定作人同意，承揽人可单独为之。② 另一种观点认为，《合同法》第 286 条的规定并没有要求承包人就建设工程优先权进行登记。这主要是因为建设工程优先权作为一种法定权利，只要符合法定的条件，承包人就可以享有优先于普通债权人而受偿的权利。许多学者认为，建设工程承包人所享有的优先权不必要进行登记，这是此种优先权的基本特点。③ 从我国《合同法》和相关司法解释规定来看，其在规定建设工程优先权时，并没有要求其必须登记，因此，不论是否登记，其清偿顺序都应当优先于抵押权。在本案中，虽然该工程已经抵押给某建设银行，建设银行要求行使抵押权，但该抵押权不能对抗建筑公司所享有的建设工程优先权。

① 张国炎. 论建筑承揽商法定抵押权. 社会科学，1998 (7).
② 谢鸿飞编著. 承揽合同. 北京：法律出版社，1999，137.
③ 汪治平. 关于建筑工程价款优先受偿权的若干问题. 北京仲裁，2002 (5).

案例七十七　无偿保管人的注意义务和责任

一、案情简介

H市商贸中心因仓库正在施工，部分电冰箱无处存放，遂于1998年4月3日与该市农工商联合企业签订了一份仓储保管合同。双方约定：由农工商联合企业负责保管50台海尔牌电冰箱和一些包装材料，期限为6个月，商贸中心向农工商联合企业分两次支付仓储保管费2万元。一月后，商贸中心有一批靠背纸需要存放，经与农工商联合企业协商，农工商联合企业同意存放在其仓库内，并为这批靠背纸建立了账目，同时双方约定，不再为此另行收费。6月中旬，当地连日降大雨，农工商联合企业的仓库因年久失修，漏进雨水，致使商贸中心的1万多张靠背纸受损。6月25日，商贸中心在搬运部分货物时，发现其靠背纸遭受雨淋，直接损失达1.4万余元。经清点货物，又发现其电冰箱少2台。经查，该两台电冰箱已为农工商联合企业使用，农工商联合企业提出愿付钱购买。商贸中心要求农工商联合企业承担违约责任，并赔偿靠背纸的损失，农工商联合企业提出靠背纸是商贸中心主动送存的，不在合同规定的范围内，农工商联合企业无理由赔偿。双方因不能达成协议，商贸中心遂向法院提起诉讼，要求农工商联合企业赔偿全部损失共计2.4万元。

二、争议梳理

本案在审理过程中，对农工商联合企业是否应赔偿商贸中心靠背纸遭雨淋的损失，法院存在几种不同观点。

第一种观点认为，该批靠背纸确实是商贸中心主动送存的，农工商联合企业并无法定或约定义务管理该批货物。农工商联合企业无偿帮助商贸中心来管理该批货物，构成无因管理，因此在管理过程中，因天降大雨造成该批货物损失，农工商联合企业不应负责。

第二种观点认为，商贸中心、农工商联合企业之间就管理该批靠背纸虽有合同约定，但该合同是无偿的、单方的合同，农工商联合企业在无偿的情况下，所应尽的注意义务是很低的，特别是该批靠背纸损失是因天降大雨原因，而非农工商联合企业的过失造成，所以农工商联合企业不应负责。

第三种观点认为，商贸中心、农工商联合企业之间就该批靠背纸已达成协议，农工商联合企业应履行其作为保管人应尽的义务，由于农工商联合企业的仓库年久失修，致使雨水漏进，造成靠背纸损失，可见，农工商联合企业是有过错的，其应当承担损害赔偿责任。

三、案例评析

要确定农工商联合企业是否应当赔偿靠背纸因遭雨淋所遭受的1.4万余元的损失，就需要确定农工商联合企业是否负有保管该批货物的义务，如果农工商联合企业确实是在无法定或约定义务情况下为商贸中心管理该批货物，构成无因管理，则农工商联合企业在管理该批货物中所应尽的注意义务是很低的，但如果其负有约定义务管理该批货物，即使是无偿的保管，其所负有的注意义务也比在无因管理情况下所负有的注意义务要高。

从本案来看，笔者认为双方确已就管理该批靠背纸问题达成了协议，尽管该批货物是商贸中心主动送存的，且在原书面的保管合同中，没有规定保管该批靠背纸的问题，但是商贸中心在存放该批靠背纸时，曾与农工商联合企业协商，并征得了农工商联合企业的同意，农工商联合企业专为这批靠背纸建立了账目。同时，双方约定，因商贸中心向农工商联合企业交2万元保管费，故农工商联合企业不再为此另行收费。可见，双方确已存在合同关系。如果商贸中心存放该批靠背纸时未告知农工商联合企业，农工商联合企业毫不知情，或商贸中心在与农工商联合企业协商时未征得农工商联合企业同意，则不能认为双方就保管该批货物达成了协议。

既然双方就保管该批靠背纸已达成了协议，即使该协议是口头的，也应当认定双方已成立合同关系，农工商联合企业依据合同规定负有保管该批靠背纸的义务。据此可见，认为农工商联合企业是在无法定及约定义务情况下保管该批货物因而构成无因管理的观点，显然是不妥当的。当然，由于双方在合同中约定农工商联合企业不再为保管该批靠背纸而另行收费，不管双方是基于何种原因而作出此种规定的，可以认为，就保管该批靠背纸而言，农工商联合企业的行为是无偿的。那么在无偿保管的情况下，农工商联合企业在管理货物的过程中应尽何种注意义务？换言之，此种注意义务是否应比其在有偿保管的情况下所负有的注意义务要低，则是一个值得探讨的问题。大陆法国家沿袭罗马法，通常都根据利益关系确定债务人的注意义务，对无偿保管人的注意义务规定较低，当然，大陆法国家对无偿保管人规定的注意义务也不完全相同。如《日本民法典》第659条规定，无偿保管人应负“与处理自己事务为同一注意”，即只有在具体轻过失时才承担责任，而根据《法国民法典》第1137条，无偿保管人应负“善良管理人的注意”，即债务人虽无具体轻过失，但在有抽象轻过失时，就要负责。《德国民法典》第690条则规定，无偿的保管人应负有与处理自己事务同样的注意义务。由此可见，大陆法系各国对无偿保管人的义务规定不尽相同。我国《合同法》第374条规定：“保管期间，因保管人保管不善造成保管物毁损、灭失的，保管人应当承担损害赔偿责任，但保管是无偿的，保管人证明自己没有重大过失的，不承担损害赔偿责任。”

笔者认为，根据利益关系来确定保管人的义务及责任程度，是符合民法的平等、等价和公平的原则的。据此，我国法律作出了无重大过失不负损害赔偿责任的规定，但就一般过失程度未作明确规定。笔者认为，对无偿保管人责任的认定可以采用两个标准：一是采用较轻的注意义务标准来认定保管人的责任。这就是说无偿保管人所负有的保管义务应比有偿保管人为低（如果有偿保管人应负与处理自己的事务同样的注意，那么无偿保管人则应负一个一般人所应负的注意义务即交易上必要的注意）。因为一个合理的普通的债务人在处理自己事务时总是比处理别人的事务更为谨慎、小心。二是在责任的承担上，应当考虑无偿保管的因素而减轻保管人的责任。换言之，无论保管人应负何种义务，都应负责，但应根据其无偿因素而减轻责任。这两个标准具有一定联系，例如，降低保管人的注意义务也会导致其责任的减轻甚至免除，但两者并不完全相同，因为按照较低的注意义务标准而确定无偿保管人的责任，仍然需要认定保管人应负的注意义务，且并不排除根据无偿保管的特点而减轻其责任。反过来说，如果根据注意义务而使保管人免除责任是不公平的，而需要使保管人负责，也不妨可以使保管人被减轻责任。

我们首先讨论第一个标准。如果按照注意义务来确定责任，那么农工商联合企业在管理过程中应当像一般人那样尽到注意义务，而不必尽到像处理自己事务同样的注意。如果按照一般人的注意义务标准来衡量，一般人能够预见到暴雨即将来临，就应当在暴雨来临之前修缮仓库，若农工商联合企业没有做到这一点，就应承担责任。但在当时的情况下，一般人是很难这样做的。因为暴雨是否必然会来临及持续多少天，以及仓库是否肯定会漏雨，这些都是很难预料的，而且要求一般人在此情况下要仔细检查、修缮仓库，未免太过苛刻。但是如果认为农工商联合企业完全没有过错而应当免除责任，则对于商贸中心而言也失之公平，因为毕竟农工商联合企业自愿承担了保管该批靠背纸的义务，而仓库年久失修致使雨水漏进表明农工商联合企业确实没有尽到完全的注意义务，在此情况下主张农工商联合企业应完全免除责任，确实有欠公允。据此，我们必须考虑到第二个标准的适用问题。

按照第二个标准，农工商联合企业作为保管人，应当妥善保管商贸中心寄存的货物，如果在货物出库时未能向存货人交付完好的货物，就应当承担违约责任，除非货物毁损是由于不可抗力造成的，才可以被免除责任。这就是说，不论保管人是有偿还是无偿，保管人都要负严格责任，但是，考虑到保管人所从事的是无偿的行为，要使保管人承担全部的赔偿责任，也未免对保管人不公平。从等价有偿原则出发，保管人在没有获得利益的情况下，却要承担较大风险，支付较大代价，这明显与等价原则相悖。因此，在本案中，由于雨水漏进仓库，致使货物受损并不是因不可抗力所造成的损害，农工商联合企业不能据此而要求完全免除责任。虽然农工商联合企业应承担赔偿责任，但是应考虑到无偿因素而适当加以减轻，而采用此种标准，显然较之于第一种标准更显合理，也便于法官在实践中操作。

在本案中，农工商联合企业在保管过程中，擅自使用商贸中心两台电冰箱，尽管农工商联合企业提出愿付钱购买，但也不能否认农工商联合企业的行为已构成违约和侵权。一方面，农工商联合企业作为保管人擅自使用存货人所存放的货物，违反了其作为保管人应负的保管义务，显然构成对保管合同的违反，应负违约责任。另一方面，农工商联合企业的行为已构成侵权，因为农工商联合企业擅自使用存货人财产，不仅造成了存货人财产的损失，侵害了其财产所有权，农工商联合企业在实施此种违法行为时具有明显过错，所以农工商联合企业应负侵权损害赔偿责任。农工商联合企业的行为既构成违约又属于侵权，这里就存在着责任竞合，商贸中心可以在二者之中选择对自己最为有利的一种请求权行使。

那么商贸中心究竟应选择哪一种请求权对其最为有利呢？从基于侵权的请求权来说，它对商贸中心并不一定十分有利，因为行使该请求权的结果是使农工商联合企业承担侵权损害赔偿责任，而损害赔偿是指赔偿受害人所遭受的一切损害，从而恢复财产关系的原状。如果商贸中心要求获得侵权损害赔偿，必须就农工商联合企业使用其两台电冰箱给其造成的具体损害后果负举证责任，此种举证对商贸中心确有一定的困难。当然商贸中心也可以证明因农工商联合企业使用其两台电冰箱致使该两台冰箱不能出售，农工商联合企业应当按其销售价负责赔偿。不过即使商贸中心的此种请求能得到法院支持，商贸中心的损失得到补偿，对农工商联合企业来说，也没有蒙受任何不利益，因为农工商联合企业本来已对商贸中心提出愿意付钱购买。假如该电冰箱在市场上仍属紧俏物品，或者虽不紧俏，农工商联合企业直接从商贸中心存货中拉出后加以使用，可以节省其到商店的购买运输费用，那么农工商联合企业在实施侵权行为以后，又以市场价购买该货物，农工商联合企业不仅没有遭受任何不利益，反而还获得了一定的利益。

如果选择违约请求权，笔者认为这对商贸中心可能更为有利。首先，商贸中心可以基于农工商联合企业违约而要求其赔偿损失。此种损失既包括雨水漏进致使商贸中心的一万多张靠背纸受损的损失，也包括两台电冰箱已为农工商联合企业使用给商贸中心造成的损失。当然，鉴于农工商联合企业实施的保管行为是无偿的，可适当减少其赔偿数额。其次，违约责任的归责原则一般为严格责任原则，当事人无须举证违约方主观存在过错，有利于商贸中心求偿。再次，除损害赔偿之外，商贸中心还可能要求农工商联合企业承担支付违约金的责任，这是侵权责任所无法救济的。

案例七十八　朱某某与朝阳公司委托包销合同纠纷案

一、案情简介

朝阳房地产开发有限责任公司（以下简称“朝阳公司”）开发了某单元小区，共四栋大楼，面积总计8万平方米。朱先生从事楼盘销售职业多年，由于政府初步规划将有一条地铁经过该楼盘，因此，朱先生相信该楼盘具有很大升值空间，便与朝阳公司的董事长陈先生商量，愿意包销该楼盘，双方于2012年8月1日签署一份委托包销协议。合同第2条约定：“乙方（朱某某）包销甲方（朝阳公司）的全部楼盘（共8万平方米），每平方米最低价2万元，低于2万元，由朱先生补偿差价。售价每平方米超出2万元的，超出部分利润归乙方所得。”合同第3条约定：“乙方在合同生效后交付定金5 000万元，如果楼盘在半年内销售不足一半，甲方有权没收该定金。”合同签订后，朱先生支付了定金，并开始在当地媒体等做广告，以朝阳公司的名义宣称正在兴建的地铁5号线将从该小区附近经过，因而，开盘不到3个月，就为朝阳公司销售了一栋楼盘。恰好在此期间，政府因为规划调整，地铁5号线不再通过该小区，许多业主认为朝阳公司做虚假宣传，因此要求退房，并要求朝阳公司承担违约责任，由于其他三栋楼盘在半年之内也已经滞销，因而朝阳公司主张没收5 000万元定金，并认为楼盘所有权已经移转，朱先生应当以每平方米2万元的价格支付价款，同时，朱先生还应当赔偿因虚假宣传而给朝阳公司造成的损失。朱先生提出，因为政府规划变更的原因，要求解除包销协议，并要求朝阳公司退还定金。

二、争议梳理

本案的第一个争议焦点在于，未销售的楼盘所有权是否已经移转给朱先生？第一种观点认为，包销协议生效后，既然是包销，则应当由朱先生负责，未销售的房屋应当认定为已经移转给朱先生。第二种观点认为，朱先生包销楼盘是为朝阳公司销售楼盘，楼盘所有权仍然归属于朝阳公司。

本案的第二个争议焦点在于，朝阳公司是否有权没收5 000万元定金？一种观点认为，楼盘滞销是政府政府原因造成的，属于不可抗力，朱先生不应当承担定金责任。另一种观点认为，政府规划变更是朱先生应当承担的风险，无论出现何种情况，只要楼盘滞销，朱先生都应当承担定金责任。

本案的第三个争议焦点在于，本案中广告宣传造成的损失，是否应当由朱先生承担？一种观点认为，该广告宣传是朱先生为自己销售房屋而做的广告，相关的损失应当由朱先生承担。另一种观点认为，该广告虽然是朱先生打的，但本质上是为了销售朝阳公司的楼盘，而且该广告已经得到了朝阳公司的认可，因此，应当由朝阳公司负责。还有观点认为，在朱先生做广告时，政府规划的地铁5号线的确计划通过该小区，因此，该广告宣传并不构成虚假宣传，朱先生不应当承担责任。

三、案例评析

（一）未销售的楼盘所有权是否已经移转给朱先生

讨论这一问题首先涉及对委托包销协议性质的认定。一种观点认为，委托包销协议性质上是买卖合同，也就是说，当事人订立包销协议就意味着受托人朱先生已经取得了涉案楼盘的所有权，虽然朱先生在销售房屋时仍然需要开发商盖章，这主要是因为朱先生没有售楼权，但这并不影响楼盘所有权的变动。尤其从本案来看，当事人在合同中明确约定："乙方（朱某某）包销甲方（朝阳公司）的全部楼盘（共8万平方米），每平方米最低价2万元，低于2万元，由朱先生补偿差价。"既然是包销全部楼盘，而且要补偿均价低于2万元的差价，表明房屋所有权实际上已经移转给朱先生。另一种观点认为，委托包销协议仍然是委托合同关系，朱先生只是代朝阳公司销售，房屋所有权并没有移转。笔者赞同此种观点，主要理由在于：

第一，从合同名称和内容来看，朱先生和朝阳公司订立的是委托包销协议，朱先生只是受朝阳公司委托而包销楼盘，而不是自己购买该楼盘，因此，将该协议认定为买卖合同，既不符合合同的名称、内容，也不符合当事人订立合同的意愿。

第二，从性质上看，双方实际上是委托销售关系，朱先生是以朝阳公司的名义，受朝阳公司的委托对外销售房屋，在销售过程中，朱先生实际上是以朝阳公司代理人的身份与客户签约。从法律上看，朱先生没有销售的权利，因此，在销售合同中，也是由朝阳公司作为出卖人与作为买受人的客户订立合同。如果房屋出现质量不合格等情形，仍然是由朝阳公司对客户承担责任，而不是由朱先生承担责任。

第三，从合同第 2 条来看，房屋所有权也没有发生移转。合同第 2 条约定："乙方（朱某某）包销甲方（朝阳公司）的全部楼盘（共 8 万平方米），每平方米最低价 2 万元，低于 2 万元，由朱先生补偿差价。"从该条规定来看，其虽然约定了朱先生有包销楼盘的义务，但并不是要买下该楼盘。尤其是从本案来看，朱先生既没有付款购买整个楼盘，也没有单独订立购买协议。至于交付 5 000 万元定金，其只是就包销协议的履约担保，而不是购买房屋而支付的价款。合同第 2 条提到，"每平方米最低价 2 万元，低于 2 万元，由朱先生补偿差价"，其只是对合同最低价款的约定，其目的在于使朱先生以较高的价格销售楼盘，保障朝阳公司利益的实现，避免销售价格过低损害卖方的利益。从这点来看，当事人之间仍然成立的是委托合同关系。

第四，从合同约定的报酬来看，也可以认定该合同不属于买卖合同。如果将该协议认定为买卖合同，则应当由朱先生向朝阳公司支付购房款，由朝阳公司向朱先生移转楼盘所有权，朝阳公司并不需要额外向朱先生支付报酬。就本案来看，虽然作为委托人的朝阳公司没有明确约定向朱先生支付委托的报酬，但该报酬是包含在销售利润中的，当事人在合同中约定，"售价每平方米超出 2 万元的，超出部分利润归乙方所得"，该约定实际上是就委托合同报酬的约定，也就是说，朱先生销售的楼盘越多，则其获得的实际收益（报酬）就越大。

因此，该合同在性质上属于委托合同关系，楼盘所有权并没有移转，没有销售出去的楼盘仍应当归朝阳公司所有。

（二）朝阳公司是否有权没收 5 000 万元定金

在本案中，合同第 3 条约定："乙方在合同生效后交付定金 5 000 万元，如果楼盘在半年内销售不足一半，甲方有权没收该定金。"关于定金的性质，存在两种观点。一种观点认为，该定金在性质属于买卖合同的预付款，在楼盘销售不足一半时，则以该定金冲抵购房款。另一种观点认为，该定金属于履约的担保，也就是说，如果朱先生不能履行合同约定的义务，则应当承担定金责任。笔者赞成后一种观点，如前所述，该案中的委托包销协议在性质上并不属于买卖合同，朱先生所支付的 5 000 万元定金也不属于购房款，其本质上仍然属于履约担保，如果是作为违约定金，则其适用前提是当事人构成违约。所以，朝阳公司能否没收该定金，首先需要判断朱先生是否构成违约。

从本案来看，政府原来确实可能有地铁线路通过该小区的规划，因此在开盘不到 3 个月，朱先生就为朝阳公司销售了一栋楼盘，只是后来因为政府规划调整，地铁线路不再通过该小区，才导致楼盘滞销。所以，楼盘最终销售不出去，是因为政府规划调整所致，而不是因为朱先生没有尽心尽力销售。但问题的关键在于，政府的规划变更是否属于不可抗力？笔者认为，政府地铁线路变更不应当属于不可抗力：一方面，不可抗力是不可预见的客观情况，虽然政府最初打算使地铁5号线经过该小区，但只是线路的初步规划，并没有最终确定，政府随时有可能调整，因此，地铁线路变更并不是不可预见的客观情况，难以将其认定为不可抗力。另一方面，地铁线路变更也并非不可克服的客观情况，虽然地铁线路变更对楼盘销售有影响，但楼盘销售与楼盘的品质等有直接关联，即便地铁没有经过该小区，开发商也能提供其他替代的交通方式，其并非不可克服的客观情况，地铁线路变更只是对楼盘的销售价格产生一定的影响，并不会对楼盘质量等产生影响。所以，朱先生不能以政府规划变更而主张不承担责任，朱先生选择订立这种可能产生高回报的委托包销协议，其也应当负担与之相对应的商业风险。

当然，毕竟政府规划调整对楼盘价格有重大影响，这也是当事人在订约时不能预见的情形，应当属于情势变更，双方当事人应当重新进行协商，例如，可以降低房屋售价，或者双方采取必要的措施促销等，共同分担风险。

（三）本案中广告宣传造成的损失，是否应当由朱先生承担

判断由哪一方主体承担损失之前，首先需要判断该广告是否属于虚假广告。笔者认为，该广告并不构成虚假广告，确实，政府最初规划地铁5号线经过该小区，而且开发商选择在此建设小区，也是考虑到政府规划地铁线路的情况，所以，朱先生在广告中宣称地铁线路将经过楼盘，实际上是有政府规划依据的。只不过，政府规划调整后，朱先生应当及时修改广告内容，告知政府变更地铁线路规划的内容。其次，对因为广告不实、夸大宣传造成的损失应当由谁负责，笔者认为，虽然是朱先生出资做广告宣传，但实际上已经得到了朝阳公司的同意，因此，其性质上仍然应当被看作是朝阳公司的行为，因此给业主造成的损失，仍然应当由朝阳公司承担责任。

（四）朝阳公司的有关宣传不实是否违反了允诺

在本案中，朱先生在从事包销活动后，就开始在当地媒体等做广告，以朝阳公司的名义宣称正在兴建的地铁5号线将从该小区附近经过，不少买受人确因为相信将修建地铁，因而购买了该房屋，但恰好在此期间，政府因为规划调整，地铁5号线不再通过该小区，朝阳公司的有关宣传不实是否违反了允诺？应当指出，朱先生只是以朝阳公司的名义进行宣传广告，在朝阳公司与买受人正式订立的房屋销售合同中并没有将该宣传的内容写入合同。这是否可以认

为，该宣传内容已经成为合同内容？依据《最高人民法院关于审理商品房买卖合同纠纷案件适用法律若干问题的解释》第 3 条："商品房的销售广告和宣传资料为要约邀请，但是出卖人就商品房开发规划范围内的房屋及相关设施所作的说明和允诺具体确定，并对商品房买卖合同的订立以及房屋价格的确定有重大影响的，应当视为要约。该说明和允诺即使未载入商品房买卖合同，亦应当视为合同内容，当事人违反的，应当承担违约责任。"笔者认为，虽然朝阳公司的宣传确实诱导了一些买受人，但是该宣传广告仍未达到具体确定的程度，难以认定其构成明确的要约，而仍然属于要约邀请。但是，朝阳公司的广告确有不实，对因此造成的损失应当依据广告法的相关规定承担一定的责任，但不应当就此承担违约责任。

案例七十九　委托编写电视剧剧本纠纷案

一、案情简介

2010年5月，凤凰影视公司成立后，章程中明确规定，拍摄电影和聘请导演事宜均由董事会决定，公司成立后，公司总经理庄先生未经董事会同意就与唐先生签订导演聘请合同。合同规定聘请唐先生为导演，拍摄“南风吹来满园春”的40集电视剧。同年7月，导演唐先生邀请了某艺术学院的教师谭先生等二人与某影视公司签订《电视剧剧本委托编写协议》，双方在协议中约定，影视公司委托谭先生和唐先生编写某电视剧剧本，合同第3条约定，全部报酬为300万元人民币，在合同生效后支付20万元，剧本完成后支付全部报酬。合同第10条规定，影视公司对整个剧本享有审查权。合同签订后，影视公司支付20万元给谭先生等二人。唐先生在合同上已经签字，但没有加盖公司的印章。此后，二人即开始着手准备剧本的编写工作，其间，根据导演唐先生的意见做过多次修改。2011年5月底，谭先生等二人将完成的电视剧稿交给公司总经理庄先生，庄先生提出，因公司董事会决定放弃该电视剧的拍摄，转拍另一部电视剧，且该电视剧剧本质量也不合格，因此，不能采用谭先生等2人所编写的电视剧剧本。谭先生等二人要求影视公司按照合同支付剩余的280万元报酬，但影视公司表示，根据合同约定，其享有对剧本的审查权，既然公司对剧本表示不满意，那么就有权行使审查权，无须支付任何费用给谭先生等二人。并且认为，导演唐先生未经董事会决定，并已被解聘，因此，其以个人名义签订的合同是无效的。谭先生等二人遂起诉到法院，要求影视公司支付剩余的280万元报酬。

二、争议梳理

本案争议的第一个问题在于，影视公司总经理庄先生与唐先生签订的导演聘请合同是否有效？一种观点认为，影视公司导演是未经董事会决定而聘请的，不符合公司章程的规定，因此，唐先生无权对外签订合同，该合同是无效的。另一种观点认为，按照公司章程的规定，公司总经理未经董事会同意，虽然无权聘请导演，但公司章程的规定不能对抗善意第三人，因此，该合同应当是有效的。

本案争议的第二个问题在于，该案中的影视剧本编写合同属于委托合同还是承揽合同？一种观点认为，该合同是委托合同，影视公司有权随时解除合同；另一种观点认为，该合同应当认定为承揽合同，影视公司无权随时解除合同。

本案的第三个争议在于，如何理解影视公司有权审查电视剧剧本？一种观点认为，影视公司有权审查剧本的意义在于，如果影视公司认为剧本不符合要求，则其有权解除合同，拒绝支付报酬。一审法院认为按照合同约定，既然影视公司享有审查权，那么有权对不满意的剧本拒绝支付剩余的报酬。另一种观点认为，影视公司有权审查剧本只是赋予影视公司对剧本提出修改建议的权利，只要该剧本存在修改空间，影视公司就不能随意解除合同。

三、案例评析

（一）导演聘请合同是否有效

笔者认为，本案中的导演聘请合同是有效的。《民法总则》第 61 条第 3 款规定："法人章程或者法人权力机构对法定代表人代表权的限制，不得对抗善意相对人。"法律之所以作出此种规定，主要是为了保护善意第三人，保障交易安全。对此可以区分为上市公司和非上市公司两种，上市公司的章程易于查询，而非上市公司（尤其是中小企业）的章程很难查询。笔者认为，对于非上市公司而言，相对人一般没有查询章程的义务，法律对此没有作出规定。正是因为没有规定，所以，公司为了避免风险，就要强化管理，避免法定代表人超越代表权行为的情况发生。对外，当事人可能并不了解章程内容，也不知情。但如果当事人不是善意的，而是对该情况是知情的，则该约定可以对抗第三人。从本案来看，显然谭先生等二人对公司章程的规定并不知情。

从本案来看，公司总经理庄先生未经董事会同意就聘请了唐先生为导演，拍摄"南风吹来满园春"的 40 集电视剧。凤凰公司章程中明确规定，拍摄电影和聘请导演事宜均由董事会决定，但该公司总经理聘请导演并没有经过董事会决定，在此情形下合同的效力如何？依据《民法总则》第 61 条第 3 款的规定，法人章程对法定代表人代表权的限制，不得对抗善意第三人，但问题在于，在本案中，影视公司总经理并非公司的法定代表人，能否适用该规则？笔者认为，《民法总则》第 61 条第 3 款之所以规定公司章程对公司法定代表人权限的限制不能对抗善意第三人，主要是为了保护交易安全，该规定应当可以类推适用于总经理未经授权的订约行为，因为公司总经理的法律地位与法定代表人相似，能够使第三人产生合理信赖，为了保护交易安全，应当肯定该导演聘请合同的效力。

（二）本案中的剧本编写合同究竟是委托合同还是承揽合同

关于本案中的剧本编写合同究竟是委托合同还是承揽合同的问题，存在一定的争议。从名称上看，当事人在订立合同时使用的是《电视剧剧本委托编写协议》，似乎应当将其界定为委托合同，但谭先生等二人则主张，该合同名义上是委托合同，但实际上应当是承揽合同。笔者认为，委托合同与承揽合同的区别在于是否需要交付工作成果。在委托合同中，受托人只是提供一定的劳务，但并不需要有工作成果，而在承揽合同中，承揽人则需要交付工作成果。在本案中，合同约定原告需要提供工作成果，其性质更接近于承揽合同。

问题在于，影视公司能否任意解除该剧本编写合同？对委托合同而言，依据《合同法》第410条的规定："委托人或者受托人可以随时解除委托合同"，即委托合同的当事人享有任意解除合同的权利。法律之所以赋予当事人任意解除合同的权利，主要是因为委托合同是基于双方当事人之间的信任关系才成立的，一旦此种信任关系不复存在，任何一方当事人都可以终止[①]，否则，即使合同仍然有效，也很难实现合同订立的目的，因而应当允许当事人享有任意解除权，再通过违约责任制度对受害人提供救济更为有效。而在承揽合同中，当事人并不享有任意解除权，因此，从合同性质上看，影视公司依法并不享有任意解除合同的权利。

（三）如何理解影视公司有权审查电视剧剧本

合同第10条规定，影视公司对整个剧本享有审查权。据此，影视公司表示，根据合同约定，其享有对剧本的审查权，既然公司对剧本表示不满意，那么就有权行使审查权进而不使用剧本，无须支付任何费用给谭先生等二人。一审法院认为按照合同约定，既然影视公司享有审查权，那么其有权对不满意的剧本拒绝支付剩余的报酬。如何理解影视公司有权审查电视剧剧本？笔者认为，从合同约定来看，当事人约定影视公司享有对剧本的审查权，但审查权不等同于单方任意解除权，审查权也不同于拒绝权，审查只是对剧本的质量进行审定，并提出修改意见，但并不是说，剧本是否合格完全由影视公司单方面决定，在认定剧本质量是否合格时，应当聘请同行专家进行评定，以确定该剧本是否达到合同约定的质量要求。而且影视公司行使解除权应当符合诚实信用原则的要求。笔者认为，在本案中，影视公司因公司董事会决定放弃该电视剧的拍摄而拒绝该剧本，并不符合诚实信用原则。

---

① 魏耀荣等．中华人民共和国合同法释论（分则）．北京：中国法制出版社，2000：582.

案例八十　物业服务合同争议案

一、案情简介

金鹏房地产开发有限公司（以下简称“金鹏公司”）建造了“江海人家”小区，2010 年 5 月 1 日，在楼盘开始销售以后，便聘请中通物业服务有限公司（以下简称“中通物业”）负责物业管理。该物业公司资质等级为三级。双方签订了三年期的《物业管理委托合同》。2010 年 10 月初，已有 200 多户业主陆续入住该小区。尤其是，当地的一家著名企业成功信托有限公司（以下简称“成功公司”）为了解决员工的住房问题，购买了两栋大楼，占整个小区面积的 1/3，但是，其仅为该小区的一个大业主。同年 12 月，该公司员工也陆续入住，各个入住的员工直接与成功公司之间签订租赁合同。为管理小区，中通物业从农村聘请了维修、保洁、保安等二十余人。但他们未经培训就上岗了。由于物业公司的维修人员技术不熟练，所以，维修人员多次与业主发生争议，一名维修人员甚至将成功公司的一位员工打伤，成功公司强烈不满，便提出解聘中通物业，并同时聘请了当地的汇佳物业公司负责小区物业管理。但是，中通物业拒绝汇佳物业入驻，成功公司又联名了小区的其他 150 户业主直接向法院起诉，以中通物业服务质量差，且物业费过高为由，要求解聘中通物业，并要求中通物业赔偿将其员工打伤的医疗费用等损失。

二、争议梳理

本案争议的第一个焦点是，成功公司能否解聘中通物业？一种观点认为，成功公司是可以解聘的，因为物业服务合同是委托合同，只要业主不满意，就可以随时解除合同。且《物权法》明确允许业主解聘物业服务合同。另一种观点认为，虽然业主依法可以解聘物业合同，但是，成功公司无权解除，而只能由全体业主通过法定的程序解除该合同。

本案争议的第二个焦点是，成功公司能否聘请汇佳公司管理小区物业？对此，也有两种观点：一种观点认为，成功公司无权代表全体业主解除物业服务合同，并聘请新的物业服务企业，如果要解聘，必须符合法定的程序。另一种观点认为，成功公司是大业主，其享有的物业面积占整个小区面积的1/3，因此，其有权解聘物业服务企业。

三、案例评析

（一）业主是否享有任意解除权

在本案中，首先涉及业主能否享有任意解除权的问题。这一问题又涉及如何对物业服务合同进行定性的问题。应当看到，依据《物权法》第81条的规定，业主“可以委托物业服务企业或者其他管理人管理”建筑物及其附属设施等物业，据此不少人认为，物业服务合同在性质上应当属于委托合同。尤其在本案中，中通物业和开发商金鹏公司之间签订的合同名为《物业管理委托合同》，因此，一审法院认为，该合同在性质上就是委托合同。但笔者认为，物业服务合同虽然在性质上具有委托的特征，但不能将其与一般的委托合同相混淆，而是一种特殊的有名合同。在本案中，金鹏公司与中通物业之间签订的合同名称虽为《物业管理委托合同》，但其性质并不属于委托合同。其理由如下：

第一，二者合同目的不同。虽然二者都是提供劳务的合同，但在一般的委托合同中，受托人是按照委托人的授权和指示处理委托事务，而且委托事务的范围十分广泛。而对物业服务合同而言，物业服务的内容具有较强的专业性，而且物业服务企业在物业服务活动中的自主性较强，无须在处理每项事务时都要按照业主的指示，只要其提供的物业服务符合合同约定的标准和要求即可。在本案的《物业管理委托合同》中，中通物业进行物业管理，并不需要金鹏公司的指示，而是应按照物业服务合同的约定，以及物业服务行业的操作规范及管理要求并结合小区的实际情况来进行，这些活动都不存在依据金鹏公司指示行事的情况。

第二，受托人行为时的名义不同。对一般的委托合同而言，受托人既可以以自己的名义从事委托活动，也可以以委托人的名义从事委托活动。而在物业服务合同中，物业服务企业以自己的名义提供物业服务。在本案的《物业管理委托合同》中，中通物业不是金鹏公司的受托人，在合同的履行过程中，中通物业都是以自己的名义来进行物业管理服务的。

第三，受托人处理事务的性质不同。对一般的委托合同而言，受托人所处理的是委托人委托的事务，该事务通常与委托人具有一定的利害关系。而物业服务合同的标的并不是处理特定的事务，而是由物业服务企业提供一种社会化、专业化、技术化的有偿性质的服务①，物业服务企业所处理的事务范围更

① 奚晓明主编．最高人民法院建筑物区分所有权、物业服务司法解释理解与适用．北京：人民法院出版社，2009：251．

为专业。

第四，是否具有有偿性不同。一般的委托合同既可以是有偿合同，也可以是无偿合同。而物业服务企业提供物业服务本质上属于经营性活动的范畴，这也决定了物业服务合同是一种有偿合同。

第五，委托合同中，受托人处理委托事项的法律后果和所支出的费用均由委托人承受。但是在本案的《物业管理委托合同》中，中通物业进行物业管理的法律后果不可能由金鹏公司来承受，进行物业管理的费用也并非由金鹏公司支付。事实上，进行物业管理服务的所有法律后果都是由中通物业来独立承受的。

正是因为物业服务合同是一种特殊的有名合同，所以，业主作为合同当事人一方，不能像委托合同中的委托人一样，享有任意解除权。另外，业主不能享有任意解除权的理由还在于：

第一，根据立法精神，由于任意解除权对合同一方显属不利，所以《合同法》第410条规定的任意解除权具有非常严格的适用场合，即只有典型的委托合同方可适用。本案中的《物业管理委托合同》并非“委托合同”，而是“前期物业服务合同”，因此，成功公司援引《合同法》第410条委托合同中任意解除权的规定来主张解除本案“前期物业服务合同”，缺乏法律及法理依据。在中通物业明确表示不同意解除合同的情况下，不能产生合同解除的法律效果。

第二，本案的物业服务合同涉及的利益主体广泛，建设单位虽然为前期物业服务合同的签订者，但合同的权利义务指向却是物业区域全体业主以及物业使用人，因此，全体业主以及物业使用人的利益都会因为前期物业服务合同的变更而受到影响。本案中，如果允许成功单位无须征询广大业主的意见擅自解除合同，不仅令中通物业基本的信赖利益失去保护，也将直接影响业主和物业使用人的权益。

第三，物业服务合同应当保持一定的稳定性，如果允许业主随意解除，频繁地更换物业，新的物业服务企业需要很长时间才能熟悉情况，并不一定有利于小区的管理和业主的利益。

（二）成功公司不是物业服务合同的主体，无权解除合同

在本案中，由金鹏公司和中通物业签订的三年期的《物业管理委托合同》，此类合同也称为前期物业服务合同。它是指在业主入住之前，由开发商与物业服务企业签订的合同。虽然该合同不是在业主全部入住之后由业主签订的，但是，该合同对于业主也有拘束力。《物业服务合同司法解释》第1条规定：“建设单位依法与物业服务企业签订的前期物业服务合同，以及业主委员会与业主

大会依法选聘的物业服务企业签订的物业服务合同，对业主具有约束力。业主以其并非合同当事人为由提出抗辩的，人民法院不予支持。”因此，单个业主不得以其并非合同当事人为由，否定前期物业服务合同的效力。本案中的成功公司虽然是该小区的大业主，但是，其仍然受前期物业服务合同的约束。

依据我国《物权法》的相关规定，业主有权更换物业服务企业。这里所说的业主并非单个的业主，而是全体业主。从性质上看，物业服务合同也不是在某个业主与物业服务企业之间订立的，而是在全体业主与物业服务企业之间订立的。将物业服务合同的一方主体界定为全体业主而非单个业主，其意义主要在于：一方面，有利于强调合同对全体业主的拘束力。换言之，物业服务合同订立之后，不论单个业主是否参与了物业服务合同订立过程，或者是否参与对合同重要条款的表决，其都应当受到合同的拘束。另一方面，单个业主不得单方面变更或者解除合同，而只能通过特定的程序，由业主大会作出相应的变更、解除合同的决定。在本案中，尽管成功公司为了解决员工的住房问题，购买了两栋大楼，占整个小区面积的1/3，但是，其仅为该小区的一个大业主，其也无权代表全体业主，要求更换物业服务企业。由于成功公司不是前期物业服务合同的主体，因而无权解除物业服务合同。

（三）成功公司无权代表全体业主解除物业服务合同，并聘请新的物业服务企业

依据《物权法》的相关规定，业主有权聘任和解聘物业服务企业，但必须是全体业主依据相关程序进行。成功公司要聘任和解聘物业服务企业，必须要获得全体业主的授权，同时，还要经过法定的程序。因为聘任和解聘物业服务企业，事关全体业主的利益，属于业主管理权的范畴，不能由某一个业主决定，而必须征求全体业主的意见，依照法定程序进行开会表决。聘任和解聘物业服务企业属于业主大会的职责范围，应当通过全体业主表决或授权业委会来行使相应权利。依据《物权法》第76条，选聘和解聘物业服务企业或者其他管理人须经全体业主表决通过，根据上述法律法规的规定，选聘和解聘物业服务企业应当由业主共同决定，且需经专有部分占建筑物总面积过半数的业主并占总人数过半数的业主同意。只有经过这一合法程序作出解聘物业服务企业的决定，人民法院才应予以支持。因此，成功公司虽然购买了两栋大楼，但其只是业主中的一员，无权单独决定事关全体业主切身利益的事项，否则将构成对其他业主管理权的侵犯。

（四）关于业主利益的保护

在本案中，中通物业的物业服务确实存在明显的缺陷，主要表现在：中通

物业从农村聘请了维修、保洁、保安等二十余人，但未经培训就上岗了。由于物业公司的维修人员技术不熟练，所以，维修人员多次与业主发生争议，一名维修人员将成功公司的一位员工打伤。应当看到，物业公司的维修人员将他人打伤，这里形成了另一种法律关系，受害人可以请求物业公司赔偿损害。就物业服务的质量不合格问题，全体业主可以要求其按照物业服务合同履行其义务，比如，完善员工培训以达到合同要求的服务标准。此外，全体业主也可以要求中通物业以赔偿损失的方式承担违约责任。

在本案中，中通物业所确定的物业费过高，如何保障业主的利益？如前所述，前期物业服务合同主要是由房地产开发建设单位与物业服务企业订立的，业主并没有参加前期物业服务合同的订立，先入住的业主对物业公司并没有选择权，所以其合法权益可能受到建设单位以及物业服务企业的侵害。本案中中通物业所确定的物业费过高，但中通物业提出，该物业费是在合同中规定的，业主应当遵守合同。显然，前期物业服务合同的约定是不合理的，损害了业主的利益。对此条款，应当允许业主请求确定前期物业服务合同或者合同相关条款无效。

案例八十一　仓储保管合同的性质和违约责任

一、案情简介

1998年4月3日，F市旺达商行与该市运通储运有限公司（以下简称“运通公司”）订立一份仓储保管合同，合同规定，由运通公司为旺达商行保管布料、自行车等物，该合同应于1999年5月30日终止。在该合同终止以前（1999年4月30日），旺达商行提出其50辆自行车因无处堆放，在合同到期后继续在运通公司处存放半年，为此旺达商行向运通公司多支付保管费1 000元。运通公司表示同意。1999年7月15日，旺达商行与运通公司又订立了一份仓储保管合同，合同规定，由运通公司为旺达商行保管衣服、布料等物品，时间为一年，从1999年9月1日至2000年9月1日，保管费为3.5万元。合同并规定：“任何一方违约，应按保管费的30%向对方一次性支付违约金，并应赔偿对方的损失。”合同订立后，运通公司即开始清理其两个仓库，并拒绝了有关单位要求为其保管货物的请求。同年9月4日，运通公司突然接到旺达商行的通知，称其原定需保管的部分衣服、布料，因为他人没有供货，因此不能交给运通公司保管。另有部分货物因租到了仓位，不再需要运通公司保管。运通公司提出如解除合同，则旺达商行应支付全部保管费并应支付违约金；否则，运通公司将扣留旺达商行先前寄存的50辆自行车。旺达商行认为，运通公司的要求极不合理。双方因不能达成协议，运通公司遂向法院提起诉讼，请求判令旺达商行支付全部保管费，并支付违约金。

二、争议梳理

本案在审理中，法院内部出现了三种不同的观点。

第一种观点认为，运通公司的要求是正当的。因为双方在订立第二份保管合同以后，运通公司严格履行了保管合同中的义务，而旺达商行单方面违约，当然应向运通公司支付保管费和违约金。如果旺达商行不承担这些责任，运通公司有权留置旺达商行先前存放的自行车。

第二种观点认为，尽管运通公司要求旺达商行承担违约责任是有合法依据的，但不能留置旺达商行先前寄存的自行车。

第三种观点认为，运通公司的要求是不能成立的，因为仓储保管合同是实践合同，而非诺成合同。旺达商行没有交付需保管的物品，则合同并没有成立，因此旺达商行的行为也没有构成违约，自然不应承担违约责任，也不能交付保管费。

三、案例评析

（一）关于仓储保管合同的性质

本案实际上涉及两个仓储保管合同关系。第一份合同是运通公司为旺达商行保管布料、自行车等的合同，该合同本应于1999年5月30日终止，但在1999年4月30日，双方达成协议，由运通公司在合同到期以后，继续为旺达商行保管50辆自行车，这样双方已变更了合同的期限条款。该合同也并未履行完毕，也没有终止。1999年7月15日，双方又订立了另一份仓储保管合同。合同订立后，运通公司确实为履行该合同做了认真的准备，并拒绝了有关单位要求其保管货物的请求，但旺达商行因为多种原因而提出不能将其物品交给运通公司保管，为此发生争议，显然旺达商行是有过错的。运通公司认为，旺达商行应当支付保管费和违约金，其请求的前提是：合同已成立并生效，旺达商行的行为已构成违约。而旺达商行则提出，因合同并未成立，所以其行为就谈不上违约。

我们首先需讨论，第二份仓储保管合同是否成立并已生效。而要明确这一问题，则又要讨论仓储保管合同究竟是诺成合同还是实践合同。对此，学者有两种不同的看法。一种观点认为，仓储保管合同是实践合同。所谓实践合同，也称为“要物合同”，是指除当事人双方意思表示一致以外，还需要交付标的物才能成立的合同，也就是说，此类合同仅凭当事人之间的合意还不能成立，还需要实际交付标的物，才能使合同实际成立并生效。另一种观点认为，仓储保管合同为诺成性合同。所谓诺成合同，又称“不要物合同”，是指只要双方当事人意思表示一致，就能成立的合同。我国《合同法》区分了一般的保管合同和仓储合同，对于一般的保管合同，《合同法》规定其为实践合同，《合同法》第367条规定：“保管合同自保管物交付时成立，但当事人另有约定的除外。”这主要是因为对于一般保管合同（如小件寄存合同），必须要等到标的物实际交付以后，保管人的保管义务才能确立。在此之前，寄存人不交付保管的物品，即使合同不成立，保管人一般不会因此而蒙受损害。特别是由于保管的物品大多是零星的小件物品，所以即使当事人事先有约定，一般不会发生保管人因场所挤占而拒绝提供保管场所的情况，寄存人不交付保管的物品导致合同不成立，一般也不会给寄存人造成较大的损害，所以这类合同无须规定为诺成合同，而应定为实践合同。然而，对仓储保管合同，《合同法》则规定其为诺成合同，《合同法》第382条规定："仓储合同自成立时生效。"这主要是因为仓储保管合同具有不同于一般保管合同的特点。表现在：一旦合同订立，当事人双方的权利义务就已确定。对寄存人来说，应当负有及时交付规定的寄存物品的义务。如提前交付或因毁约而不交付物品，均会给保管人造成损害。对于保管人来说，其在合同订立以后，就应当从事各种履约准备以保证按时为他人堆藏和保管货物，如果等到寄托人交付物品时，保管人仍不能为寄托人提供必要的场所，或者提供的场所不符合合同的规定，因此造成寄存人的损失，甚至使寄存人的货物因无处堆放而造成毁损灭失，保管人当然应当承担赔偿责任。如果认为仓储保管合同是实践合同，则只有在保管人实际接受了货物以后，合同才能成立，保管人才应对寄存人负责，而对于因其不提供规定的场所，致使货物不能入库而造成货物的毁损灭失，保管人也不负责任，这显然对寄存人来说是极不公平的。正是由于对仓储保管合同来说，只有使双方当事人在合同成立以后就受到合同的拘束，才能保障当事人双方正确履行合同规定的义务，从而实现合同的目的，所以，仓储保管合同必须是诺成合同，而不应是实践合同。

从本案来看，旺达商行与运通公司订立的两份合同都是仓储保管合同，由于本案中的合同是书面的仓储保管合同，因而，合同从双方达成协议之日起就已经成立。任何一方不履行合同的规定，均应承担违约责任。而旺达商行未交付寄存的货物，显然应负违约责任。

（二）关于履行不能的问题

如果将仓储保管合同作为诺成合同而不是实践合同对待，那么运通公司、旺达商行双方在1999年7月15日订立的仓储保管合同已经成立并生效，旺达商行不按合同规定交付寄存的标的物，显然已构成违约，并应负违约责任。不过，旺达商行在发给运通公司的通知中，就其不交付保管物品的问题，提供了两点原因：一是原定需保管的部分衣服、布料因为他人没有供货，因此不能交给运通公司保管；二是其余部分因其觅到了其他仓位，因而也不需租用运通公司的仓库。第二点理由显然是毫无道理的。那么，第一点理由是否成立并可以使旺达商行减轻甚至免除责任呢？这就涉及对履行不能的认识问题。

按照许多大陆法系国家的立法和学说，履行不能分为两类：一是自始不能，二是嗣后不能。自始不能决定着合同是否成立和有效的问题，而嗣后不能则关涉债务履行及违约问题，即在合同有效的情况下，若发生嗣后不能，在不可归责于当事人双方的情形以外，涉及违约及责任承担的问题。《国际商事合同通则》第3.3条第1款规定：合同订立时不可能履行所承担之义务的事实本身不影响合同的效力。通则的解释指出："许多法系认为，如果在合同订立时，出售的货物已经灭失，则该销售合同无效。但本条第一款顺应现代发展趋势，作出了与此相反的规定，即一般情况下，在合同订立时就不可能履行所承担之义务这一事实本身并不影响合同的效力。"[①] 我国司法实践与民法理论一般认为：如果确因不可抗力而造成履行不能，合同将被解除，当事人应被完全免除责任；如果是因为债务人的过错而造成履行不能，债务人若不能继续履行义务，则发生债不履行的责任，债务人虽被免除继续履行的义务，但要承担债不履行的违约责任。在此情况下，债务人的行为已构成不履行。如果是因可归责于债务人的事由造成暂时不能时，则在不能的原因除去以后，债务人仍能履行债务的，构成履行迟延问题，债务人应负迟延履行的责任。除非债务履行因对债权人已无利益而为债权人所拒绝，则债务人仍不能免除其履行义务。所以，此种情况属于债务迟延履行的范围。如果因可归责于债务人的事由而致部分不能履行，可按照部分履行处理。如果一部分发生履行不能，另一部分能继续履行的，债权人可要求就能够履行的部分继续履行，而就不能履行的部分要求损害赔偿或承担其他责任。在本案中，运通公司称其原定需保管的衣料因他人未供货而无须保管，确实构成了部分履行不能，在旺达商行没有接收到这些物品的情况下，仍要旺达商行交付它们给运通公司保管，显然不合理，因此，因部分履行不能可以使其被免除部分合同义务，但是否可以使旺达商行免除部分责任呢？这就要看对部分履行不能的发生，旺达商行是否具有过错。如果确无过错，旺达商行可以以不可抗力为由主张免责，也可以根据情势变更而要求变更或解除合同；如果具有过错，则应承担违约责任。

笔者认为，旺达商行的过错是存在的。因为第三人不向旺达商行供货，可能是因为旺达商行的原因造成的（如旺达商行不付款），即使是因为第三人的原因造成履行不能，那么旺达商行也应首先向运通公司承担责任，然后再向第三人追偿，而不能由运通公司承担全部损失。

（三）关于旺达商行行使留置权的问题

运通公司针对旺达商行的违约，提出如旺达商行要解除合同，则应支付全

---

① 对外贸易经济合作部条约法律司编译．国际统一私法协会国际商事合同通则．北京：法律出版社，1996：53.

部保管费和违约金，否则将扣留其先前寄存的50辆自行车。按照运通公司的理解，如旺达商行不承担违约责任，那么它完全有理由行使留置权。所谓留置权，是指在债权债务关系中，债权人依法事先合法占有了债务人的动产，在债务人不履行到期债务时，债权人有权依法留置该财产，并可以将该留置的动产折价或者以拍卖、变卖所获得的价款优先受偿的权利。我国《物权法》第230条规定："债务人不履行到期债务，债权人可以留置已经合法占有的债务人的动产，并有权就该动产优先受偿。"根据这一规定，留置的对象是债务人提供的、但由债权人所占有的动产。留置权行使的一个重要要件是，留置的标的物应与债权有牵连关系。但是，究竟何为牵连关系，学说上也是众说纷纭，莫衷一是。我国《物权法》第231条规定："债权人留置的动产，应当与债权属于同一法律关系，但企业之间留置的除外。"这实际上是规定在一般的民事活动中，债权人留置债务人的动产，应当具有牵连关系，但商事留置权除外。所谓商事留置权，是指企业之间在从事商业往来中，因一方不履行到期债务，而另一方有权留置与其债权不属于同一法律关系的动产。商事留置权的成立不受同一法律关系的限制。其与民事留置权相比，在牵连性方面的要求是不一样的。民事留置权通常要求有牵连性，但企业之间为了保全商业行为而产生的债权，在债务人不履行债务时，可以留置债务人的与债权没有牵连性的财产。[①] 从本案来看，运通公司、旺达商行双方先订立了一份合同，运通公司是基于第一份合同而占有旺达商行存放的50辆自行车，在第一份合同中双方均不存在违约现象。在第二份合同中，因旺达商行的过错致使合同未能履行，运通公司可以请求旺达商行承担违约责任。但由于该仓储保管合同双方为企业，该留置属于商事留置。我国《物权法》对商事留置权的规定体现在对"同一法律关系"的例外规定，因此，即便运通公司占有的财产与第二份合同产生的债权不存在关联关系，运通公司也可以对50辆自行车行使留置权。

（四）关于旺达商行应承担的违约责任

运通公司提出旺达商行如解除合同，应支付3.5万元保管费。这一要求是否合理也值得探讨。诚然，在旺达商行不交付其应寄存的货物，单方面解除合同的情况下，运通公司遭受的最大损失就是不能获得根据合同所能取得的保管费，但这些损失不应都由旺达商行赔偿。一方面，从本案来看，合同规定的保管期限是一年，时间从1999年9月1日至2000年9月1日，而旺达商行提出的解约时间是1999年9月4日，即便加上诉讼时间，也不足半年，因此运通

① 近江幸治．担保物权法．祝娅等译．北京：法律出版社，2000：18.

公司至少在半年时间内，其仓库是空闲的，可以为他人寄存货物，从损益相抵的规则考虑，在要求旺达商行赔偿保管费时，应当适当扣除运通公司在半年时间内为他人保管货物所获得的收益。对本应可以获得的保管费，因运通公司的过错而怠于取得，则此种利益应当从损失中扣除。另一方面，在考虑保管费的损失时，还应当注意到，由于旺达商行没有将货物存放在运通公司处，使运通公司不再因此支付有关保管人员的工资费用、入库出库等运输搬迁费用、这些费用也应适当扣除。所以，运通公司只能获得部分而不是全部保管费。

运通公司因旺达商行单方面违约，使其遭受其他财产损失，如清理两个仓库的费用、仓库闲置的损失等，运通公司在要求旺达商行支付保管费的同时，能否要求旺达商行赔偿这些损失？笔者认为，如果运通公司要求支付保管费，就不应再要求旺达商行赔偿上述损失，因为在一方违约的情况下，受害人就可依照合同本来应该获得的可得利益要求赔偿，但这些可得利益必须是纯利润，而不应包括为取得这些利益所支付的费用。在本案中，运通公司之所以在 1999 年 9 月 1 日之前要清理两个仓库并拒绝其他单位保管货物的请求，目的在于为履行做准备，换言之，运通公司支付上述费用和遭受损失，是其取得保管费所必须支付的代价，这些支出的费用或损失，完全可以通过保管费的取得而获得补偿，这样，运通公司要获得保管费，就不能主张上述费用的损失，而要主张费用的损失，就不能主张保管费，否则必然造成重复计算。

关于运通公司请求支付违约金的问题，合同规定，任何一方违约，应按保管费的 30%向对方一次性支付违约金，具体为 35 000 元×30%＝10 500（元），运通公司能否请求该笔违约金，直接涉及对违约金性质的认定问题。如果认为违约金在性质上是补偿性的，则在运通公司已获得部分保管费的情况下，就不应再主张违约金；如果认为违约金在性质上是惩罚性的，那么，运通公司在获得保管费以后，还可以获得上述违约金。我国《合同法》第 114 条规定，只有当事人就迟延履行约定违约金的，违约方支付违约金后，还应当履行债务。一般而言，违约金只是补偿性违约金，但并未禁止当事人特别约定惩罚性违约金。本案中，当事人约定“任何一方违约，应按保管费的 30%向对方一次性支付违约金，并应赔偿对方的损失”，其目的并非补偿损失，而在于惩罚违约行为，其性质是一种惩罚性违约金。旺达商行在合同订立以后，又租用他人仓位存货，并向运通公司提出毁约，其过错是较为重大的，应可以适用惩罚性违约金条款。但如适用惩罚性违约金显失公平，则可适用《合同法》第 114 条第 2 款，请求法院对违约金予以适当减少。

案例八十二　代理和行纪的关系

一、案情简介

李某委托该市新东安画廊（以下简称“画廊”）购买某著名画家章某某的一幅题为“春色”的获奖油画作品，价值50万元。双方于1999年12月25日订立了委托合同，约定分二期付款。合同签订以后，李某便向画廊汇去25万元。2000年1月，画廊经理程某与画家章某某达成一份书面购画协议，购买正在画廊展出的“春色”油画，价值40万元，合同订立以后，画廊向章某某交付5万元订金。2000年5月，因画廊经理程某涉嫌伤害罪，被司法机关逮捕，有三位债权人同时起诉该画廊，画家章某某得知该情况后，遂派人前往程某家中取回其油画，并提出立即退还5万元定金。李某得知该情况后，在法院起诉画廊，请求返还其已经支付的25万元购画款，并同时起诉画家章某某，要求其返还“春色”油画。

二、争议梳理

对本案存在两种不同的意见：一种意见认为，李某依法可以起诉画廊，但因其与章某某之间并无合同关系，故不能对章某某提起诉讼。另一种观点认为，章某某的油画已经交付给画廊，所有权发生移转，李某可以依据间接代理的规定请求章某某返还。

三、案例评析

本案的关键在于李某是否可以依据间接代理的规定向章某某提起诉讼？李某、画廊和章某某之间到底适用行纪关系还是间接代理关系？

关于间接代理与行纪的关系，可以说是间接代理适用中最为复杂的问题之一。所谓行纪是指行纪人以自己的名义为委托人从事交易活动，委托人支付报酬的合同。大陆法一般将间接代理归入行纪关系，行纪关系涉及两个合同关系：一是委托人与行纪人之间的委托合同关系，如委托行纪人购买货物或出售货物；二是行纪人与第三人之间的买卖合同关系，如行纪人接受委托以后，以自己的名义向第三人购买货物或向第三人出售货物。行纪合同的特点在于它是由三方当事人和两个合同关系组成起来的，两个合同相互结合才构成了完整的行纪关系，单纯看任何一个合同都不是行纪，如果将行纪认为是行纪人与委托人之间的委托合同，则这种关系经由委托合同调整足矣，法律就没有规定行纪的必要。

传统代理是指代理人在代理权范围内，以本人的名义独立与第三人为民事行为，由此产生的法律效果直接归属于本人的法律制度。所谓间接代理（mittelbare Vertretung），是指代理人以自己的名义从事法律行为，并符合《合同法》关于间接代理构成要件的规定，它是与直接代理（unmittelbare Vertretung）相对应的。[①] 大陆法系国家民法一般将间接代理规定为行纪，民事代理原则上以显名主义为准，但我国《合同法》在此基础上有所突破，承认符合间接代理要件的属于传统民法的行纪行为可构成间接代理，此种代理也为代理的一种。例如《合同法》第402条和第403条都规定“第三人在订立合同时知道受托人与委托人之间的代理关系的”，“第三人不知道受托人与委托人之间的代理关系的”，并确认此种符合间接代理要件的法律行为为代理。当然，此种代理不同于《民法通则》所规定的直接代理，在法律上将其称为间接代理。

应当看到，尽管《合同法》设立了间接代理制度，但这种制度与行纪仍存在一定的相似性。一方面，无论是间接代理还是行纪合同，代理人或行纪人都是以自己的名义对外订立合同的；另一方面，这两种制度都涉及两种法律关系，尤其是对内都涉及委托合同关系问题。正是因为这种相似性，许多学者认为，间接代理在本质上仍然是行纪。但笔者认为，间接代理与行纪是有本质区别的，其区别主要表现在：

1. 在间接代理制度下，虽然代理人是以自己的名义订立合同，但本人有权介入其所订立的合同，享有权利和承担义务，第三人也有权选择本人作为合同相对人。从法律效果上说，由于行纪关系是由两个独立的法律关系构成的，因而，合同应当分别履行，委托人只能向行纪人提出合同请求，第三人也只能向行纪人提出请求。传统大陆法行纪关系中，委托人不能凭行纪人同第三人之间订立的合同直接向第三人主张权利，必须由行纪人再进行一个债权让与行为把前一个合同的权利移转给他，才能对第三人主张合同权利。我国《合同法》第421条规定，“行纪人与第三人订立合同的，行纪人对该合同直接享有权利、承担义务。第三人不履行义务致使委托人受到损害的，行纪人应当承担损害赔

① 江帆．代理法律制度研究．北京：中国法制出版社，2000：122.

偿责任，但行纪人与委托人另有约定的除外”。据此，通常行纪人直接与相对人发生买卖关系，无论是购进还是卖出，行纪人都要支付货款或交付货物，如果确实因为委托人的原因或者第三人的原因造成行纪人不能履行义务，也只能由行纪人根据合同的相对性承担相应的违约责任，然后再由行纪人向委托人和第三人追偿。但如果选择间接代理，相对人既可以向代理人提出请求，也可以向委托人提出请求。在间接代理中，本人享有介入权，无须间接代理人把权利转让给他即可行使介入权介入原合同关系，直接对第三人主张权利，第三人一旦发现了未披露的本人，也可以直接对本人起诉。[①] 通过本人介入权和第三人选择权的制度安排，第三人和本人可以突破合同相对性的限制，绕开代理人，直接向对方主张权利，同时直接受间接代理人所订立的合同的拘束。

2. 在涉及一方当事人破产的情况下，间接代理和行纪的区别表现得更为明显。例如，在本案中，公民李某委托该市新东安画廊购买某著名画家章某某的一幅题为“春色”的获奖油画作品，其法律关系如下。

第一，假设委托人李某向被委托人画廊交付了货款，而画廊将该货款支付给了画家章某某，且画家已经将该油画交付给了画廊，但在画廊尚未将该油画交付给委托人之前，画廊宣告破产。在行纪的情况下，由于形成两个独立的法律关系，所以，第三人向行纪人交付货物，其所有权移转给行纪人，委托人并不能取得货物的所有权。在此情况下，如果行纪人破产，委托人对该货物并不享有取回权，其只能基于货款不能得到返还而以债权人的身份与其他债权人一同参加破产分配。但在间接代理的情况下，情况则完全相反。由于代理人事实上是为本人的利益而订立合同的，合同的权利将由本人承担，所以，当第三人已经交付货物给代理人，并且因交付行为而发生了货物所有权的移转，则货物所有权并不移转给代理人，而是移转给本人。此时，间接代理人应视为委托人的受领辅助人，其受领第三人的给付，给付利益应归属于本人。这样，画廊破产，本人对该货物就享有取回权，而不是以一般债权人的身份参加破产分配。

第二，假设委托人向画廊交付了货款，画廊将该货款支付给了画家，画家在将该油画交付给画廊之前，宣告破产。如果本案是一个行纪关系，那么合同关系只是发生在画廊与画家之间，所以委托人不能够以画家债权人的身份参与到对画家破产财产的分配中。但如果本案是一个间接代理关系，则在画廊披露画家身份以后，委托人可以行使介入权，从而可以以画家的债权人的身份参与破产财产的分配。

第三，假设委托人委托画廊向画家购买油画，画家在将该油画交付给了画

---

① 冯大同. 国际商法. 北京：中国人民大学出版社，1994：278.

廊之后，画廊将该画交付给了委托人，但由于委托人未向画廊交付货款，画廊并没有把货款支付给画家，委托人宣告破产。如果本案是一个行纪关系，则在画家向画廊交付油画以后，该油画的所有权将直接移转给画廊，再由画廊转移给委托人，所以画家不能直接向委托人主张追及权，其价金请求权只能根据合同相对性向行纪人画廊主张。如果本案是一个间接代理关系，则画廊完全是以委托人的代理人的身份购买油画，其从事购买行为的效果都要由委托人承担，因此画家将该油画交付给了画廊，如果因为委托人的原因造成画廊不能履行对画家的债务，画家可以行使选择权，请求委托人承担责任，参与破产分配，也可以要求画廊支付货款。画家也可以约定油画所有权的移转以支付价金为条件，以委托人没有支付货款为由认为油画的所有权没有移转，而主张追及权并将该油画取回。

3. 行纪合同都是有偿的，通常行纪人都是专门从事行纪业务的经纪人。所以在行纪合同中，委托人都要向行纪人给付报酬。而间接代理则不一定都是有偿的，既可能是有偿的也可能是无偿的。当然，如果我们将《合同法》第402、403条的规定认为仅仅适用于外贸代理或商事代理，则这种合同都是有偿的。但现行立法没有规定这种情况仅适用于外贸代理或商事代理。在这种情况下，这种合同并不一定都是有偿的。

4. 行纪涉及两个独立合同关系，一是行纪人以自己的名义与第三人之间订立的合同，《合同法》第421条规定：“行纪人与第三人订立合同的，行纪人对该合同直接享有权利、承担义务。”二是行纪人与委托人之间订立的委托合同。间接代理的情况下尽管也涉及两种法律关系，但并不一定在任何情况下都涉及两个合同关系。因为在间接代理的情况下，委托人单方授权可能是基于其他的基础关系，或只有单方授权而无委托合同的情况也是存在的。例如，被代理人授权代理人向出卖人购买电脑10台，代理人以自己的名义与出卖人签订了购买电脑的合同。但本人与代理人之间并没有就委托合同的内容如期限、报酬等达成协议。在订约时，代理人曾向出卖人表示，该批电脑是为被代理人购买的。由于出卖人交付电脑以后，被代理人没有向代理人交付货款，因而代理人也没有向出卖人付款。出卖人行使选择权，要求本人承担违约责任，而本人以其没有与代理人签订委托合同为由，拒绝付款，双方为此发生争议。笔者认为，尽管本人与代理人没有达成委托合同，但有授权存在，在这种情况下，如果出卖人行使选择权，则可以按照间接代理规则处理。

就本案来说，笔者认为不应适用间接代理，李某也不能行使油画所有权及合同介入权，其根据在于：间接代理的成立必须存在《合同法》第402条的

“第三人在订立合同时知道受托人与委托人之间的代理关系的”，以及《合同法》第 403 条的“第三人不知道受托人与委托人之间的代理关系”而受托人披露的两种情况。但在本案中，画廊与画家章某某订立合同时，本人李某虽然肯定知道第三人章某某的存在，但章某某未必知道真正的购画人李某的存在，以及李某与受托人画廊之间有代理关系，他所知道的买家只是订立合同的画廊。因此，不能适用《合同法》第 402 条成立间接代理关系。此外，本案也不存在《合同法》第 403 条所规定的情形。

综上所述，本案中的法律关系应当认定为行纪关系，而非间接代理。此外，需要予以说明的是，在第三人不知道代理关系的情况下，发生了因为委托人的原因而使行纪人不能履行对第三人的合同义务的，或者受托人因委托人的原因而对第三人不履行义务的，如果受托人向委托人披露第三人，或者受托人向第三人披露委托人，则《合同法》第 403 条所规定的委托人的介入权和第三人的选择权可否准用于行纪合同中的委托人和第三人？有人认为，行纪人应当向第三人披露委托人，第三人可以要求委托人履行合同义务或主张合同上的权利。[①] 这将发生间接代理与行纪的竞合，委托人或第三人可以在间接代理和行纪之间进行选择。但应当看到，为了防止因为委托人的原因造成行纪人不能履行义务，《合同法》单独设立了一些对行纪人予以保护的规定。因为行纪人能够独立地承担责任，因而在许多情况下，没有必要再由委托人介入或者由第三人选择。

① 高富平，王连国. 委托合同. 行纪合同. 居间合同. 北京：中国法制出版社，1999：168.

案例八十三　居间合同纠纷案

一、案情简介

A市君合咨询有限公司（以下简称“君合公司”）是一家专门从事居间业务的中介服务公司。其打听到该市农海投资控股有限公司（以下简称“农海公司”），欲寻找一些好项目进行投资，便联系了H市的鑫源投资控股有限公司（以下简称“鑫源控股”）。由鑫源控股向农海公司转让一房地产投资项目51%的股份，总价款为30亿元。君合公司与农海公司约定，如果鑫源控股与农海公司达成股份转让协议，农海公司则向君合公司按总价款的1%支付费用。后君合公司不仅组织双方的负责人进行了多次磋商，而且受鑫源控股的委托，联系某会计师专门对该项目进行了评估，并转交了项目的评估资料。该评估资料文件显示，鑫源控股经营状况良好，负债率较低，该项目收益率较高。农海公司收到这些资料以后，曾经组织专门的人员前往鑫源控股调查、核实，没有发现负债问题，于是农海公司便与鑫源控股签订了股份转让协议。协议签订后，农海公司正欲向鑫源控股转让资金时，突然了解到鑫源控股因为两笔诉讼败诉，其土地使用权已被多家法院查封。农海公司认为鑫源控股有欺诈行为，便拒绝支付股份转让款，同时也认为君合公司构成欺诈，而君合公司提出其只是中介公司，不负责审查资料的真实性，因此，既然双方已经签订了股权转让协议，农海公司应当按照约定支付1%的中介费用。鑫源控股则认为，在股权转让过程中，诉讼正在进行中，其是否败诉尚不确定，因此，其没有向对方披露这一情况的义务。于是，君合公司提起诉讼，请求农海公司支付约定的报酬。

二、争议梳理

本案争议的第一个问题在于，鑫源控股是否构成欺诈？一种观点认为，鑫源控股在转让股份时隐瞒其诉讼败诉以及其土地使用权已被多家法院查封的事实，构成欺诈。另一种观点认为，鑫源控股本身没有义务主动披露诉讼的情况，应当由会计师事务所在财务报表中专门披露这一问题，如果因会计师事务所没有披露这一情况，应当是该会计师事务所没有尽到审核义务，鑫源控股并不构成欺诈。

本案争议的第二个问题在于，农海公司是否有义务向君合公司支付中介费用？一种观点认为，君合公司作为中介公司，只要促成合同成立，就已经履行了合同义务，其没有义务核实鑫源控股相关资料的真实性。另一种观点认为，君合公司虽然是中介公司，但其作为居间人，因为是君合公司联系某会计师专门对该项目进行了评估，并转交了项目的评估资料。因此，君合公司应当对该资料的真实性负责，由于资料不真实，因而其没有履行义务，故农海公司没有义务向其支付中介费用。

三、案例评析

（一）鑫源控股是否构成欺诈

首先应当看到，在股权转让协议签订后，农海公司正欲向鑫源控股转让资金时，突然了解到鑫源控股因为两笔诉讼败诉，其土地使用权已被多家法院查封。农海公司拒绝支付股份转让款，在性质上是一种行使不安抗辩权的行为。所谓不安抗辩权，也有学者称之为先履行抗辩权，是指在异时履行的合同中，应当先履行的一方有确切的证据证明对方在履行期限到来后，将不能或不会履行债务，则在对方没有履行或提供担保以前，有权暂时中止己方债务的履行。我国《合同法》第68条规定，应当先履行债务的当事人，有确切证据证明对方有下列情形之一的，可以中止履行：（1）经营状况严重恶化；（2）转移财产、抽逃资金，以逃避债务；（3）丧失商业信誉；（4）有丧失或者可能丧失履行债务能力的其他情形。当事人没有确切证据中止履行的，应当承担违约责任。本案中，因为鑫源控股有两笔诉讼败诉，其土地使用权也被法院查封，这将导致其经营状况严重恶化，并可能导致农海公司投资目标不能实现，所以，农海公司拒绝支付股权转让款，是具有法律依据的。

但问题在于，农海公司以鑫源控股构成欺诈为由拒绝支付股权转让款，是否妥当？笔者认为，该项理由是不能成立的，主要原因在于：第一，从《合同法》第68条规定来看，除了“转移财产、抽逃资金，以逃避债务”等情形外，该条并没有将对方当事人欺诈列为当事人行使不安抗辩权的条件。在我国《合同法》中，欺诈是合同可撤销的理由，但其并不是行使不安抗辩权的理由，因此，农海公司不能以鑫源控股构成欺诈为由而拒绝支付股权转让款。第二，本案中，鑫源控股的行为很难说构成欺诈，因为一方面，在转让股权过程中，其涉及的两项诉讼正在进行中，是否败诉尚不确定，因此，即便其没有向对方如实告知自己涉诉的情况，也很难说构成欺诈。另一方面，在某会计师正在对鑫源控股的经营状况进行评估的情形下，应当由该会计师所在会计师事务所对鑫源控股的经营状况进行整体评估，而且该会计师事务所对鑫源控股经营状况的评估也将成为农海公司决定是否交易的主要考虑因素，在此情形下，鑫源控股并没有义务主动向农海公司披露其涉诉的情况。因此，鑫源控股并不构成欺诈。第三，构成欺诈要求行为人具有欺诈的故意。关于欺诈的认定，《民法通则意见》第68条规定："一方当事人故意告知对方虚假情况，或者故意隐瞒真实情况，诱使对方当事人作出错误意思表示的，可以认定为欺诈行为。"依据该条规定，构成欺诈要求行为人必须是"故意"告知对方虚假情况，或者"故意"隐瞒真实情况。农海公司若主张鑫源控股构成欺诈，则其需要证明鑫源控股具有欺诈的故意，而本案中，有专门的会计师事务所对鑫源控股进行评估，而且鑫源控股的相关诉讼尚在进行过程中，农海公司很难证明鑫源控股具有欺诈的故意。

（二）农海公司是否有义务向君合公司支付中介费用

认定农海公司是否有义务向君合公司支付中介费用，首先需要明确本案中农海公司与君合公司所订立的合同性质，其究竟为居间合同，还是承揽合同？居间合同和承揽合同之间存在相似之处，表现在：第一，两者都是提供劳务的合同，居间合同和承揽合同都是约定向委托人提供一定劳务的合同。只不过，居间合同提供的劳务是媒介信息，而承揽合同中承揽人提供的是具体制作、加工、修理等劳务。第二，两者都以实现一定的结果为必要。在居间合同中，居间人只有促成了交易合同的成立，才能够向委托人请求报酬，而在承揽合同中，也只有在承揽人完成了约定的工作之后，才能够认为其履行了合同的义务。但是，居间合同和承揽合同具有诸多不同，主要表现在：一方面，合同的性质不同。居间合同更偏重于提供服务，而承揽合同则更偏重于交付工作成果。另一方面，报酬的支付方式不同。在承揽合同中，当事人可能约定事先支付报酬。而在居间合同中，居间人在居间成功以后才能请求报酬的支付。还要看到，居间涉及三方当事人，而承揽只涉及两方当事人，因此，居间合同所涉及的主体间的关系比承揽合同的法律关系更为复杂。

笔者认为，认定合同性质应当依据合同的主合同义务加以判断，在本案中，从合同的内容来看，君合公司的主合同义务是为农海公司订立合同提供订约的机会和信息，因此，农海公司与君合公司之间的合同关系在性质上应当属于居间合同。同时，依据《合同法》的规定，承揽合同是"承揽人按照定作人的要求完成工作，交付工作成果，定作人给付报酬的合同"。在本案中，君合公司并不负有交付特定工作成果的义务，双方当事人并非定作人与承揽人的关系。因此，应当认为本案中农海公司与君合公司所订立的合同为居间合同。

对居间合同而言，依据《合同法》第 426 条的规定，“居间人促成合同成立的，委托人应当按照约定支付报酬”，也就是说，只要居间人促成了合同成立，则委托人即应当按照约定支付报酬。在本案中，当事人明确约定，如果鑫源控股与农海公司达成股份转让协议，农海公司则向君合公司按总价款的 1% 支付费用，可见，只要农海公司与鑫源控股达成了股权转让协议，则农海公司即负有向君合公司支付报酬的义务。而在本案中，农海公司已经与鑫源控股达成了股权转让协议，因此，农海公司负有按照约定向君合公司支付报酬的义务。

案例八十四 合伙合同履行中的若干问题

一、案情简介

2003年6月20日，新成公司与富华公司合伙建造某市新华广场D楼，双方签订了一份《共同投资协议》，协议约定该楼由双方合建，各出资50%，楼宇建成后各享有50%的产权，新成公司首期投入1 000万元，富华公司投入10亩土地的土地使用权。在第二期建设中，新成公司再投入2 000万元，富华公司应投入500万元，如第二期资金投入后仍不够，则由双方继续各投入一半将楼宇建成。在第一期完工后，富华公司已将土地使用权移转给双方注册登记的新华公司（性质上为合伙企业），但新成公司仅投入800万元，新成公司向富华公司去函告知由于资金周转困难，无法将剩余的200万元与第二期的资金一起投入。富华公司对此并未表示异议。在第二期开工后，新成公司立即投入了1 200万元，而富华公司迟迟未投入500万元，新成公司催促富华公司尽快投入资金，富华公司提出新成公司前期已经迟延因此自己也有权迟延，后新成公司发现富华公司正与他人组建一个股份公司，已将投入新华广场D楼的权益作为出资投入该公司之中，而且在该股份公司的账上已将本应投入新华公司的土地使用权作为富华公司的出资加以记载，新成公司认为富华公司拒不出资并抽逃资金，已经构成违约，因此向法院起诉请求其承担违约责任。

二、争议梳理

本案的争议焦点在于，富华公司是否构成违约？对此存在两种观点：第一种观点认为，富华公司的行为确实已经构成违约，因此应向新成公司承担违约责任。第二种观点认为，富华公司作为共有人有权转让其应有的份额，属合法行为，并不构成违约，至于其将土地使用权作为出资记载在股份公司的账上，也因为土地使用权已经办理登记过户给新华公司，所以不能构成抽逃资金。另外，其迟延投入第二期款项也是正当行使抗辩权的表现，新成公司违约在先，因此富华公司不能构成违约。

三、案例评析

(一)《共同投资协议》的性质

本案中，新成公司与富华公司合伙建造某市新华广场D楼，双方签订了一份《共同投资协议》，协议约定该楼由双方合建，各出资50%，楼宇建成后各享有50%的产权。笔者认为，本案中新成公司与富华公司之间就建筑新华广场D楼已经形成了一种合伙关系。所谓合伙合同，是指两人以上相互约定共同出资、经营共同事业、共享利益并共担风险的合同。双方签订了正式的共同投资协议，此协议已经成立并生效，合伙合同与一般的债权合同一样，都要体现当事人平等和意思自治的原则，合同的订立与变更、终止等也应适用《合同法》的规定，如果一方违反合同的规定也构成违约，另一方有权请求其承担违约责任。但合伙合同与一般的债权合同不同，表现如下。

第一，在合伙合同中，当事人的利益是共同的而不是相对的，也就是说，在一般的双务合同中当事人的利益是相互对应、交叉的，一方的权利就是另一方的义务，当事人都以追求对价作为目的；然而合伙合同是一种共同行为，合伙人订立合同的目的在于经营共同的事业，所以基于合伙合同可以产生合伙组织，依据《民法总则》第102条，该组织虽然不是法人，但也具有一定的团体性，能够作为非法人组织存在。

第二，民法中的同时履行抗辩原则上并不适用于合伙。所谓同时履行抗辩，是指双务合同当事人在无先后履行顺序的情况下，双方债权俱已届至清偿期，一方在对方未为对待履行之时，另一方有权拒绝自己相应的履行。合伙合同是否能够适用同时履行抗辩权，学界主要有三种不同的观点：一是主张合伙人之间的出资义务在任何情况下都可适用同时履行抗辩权①；二是主张可以有限地适用同时履行抗辩权，如我国台湾地区的王泽鉴就主张在合伙人仅为两人时可适用同时履行抗辩权②；三是主张合伙人之间的相互要求出资义务不能适用同时履行抗辩权。③ 笔者赞同否定说。因为一方面，双务合同成立以后，当事人各基于合同负履行义务，一方负担的义务是以他方负担义务为前提的。只有在双方均同时履行了自己的义务以后，才能达到当事人订约的目的。因此，一方当事人只有在自己已经履行或者提出履行以后，才能要求对方当事人向自己履行义务；反过来说，在对方未为对待履行或未提出履行以前，可以拒绝对

① 孙森焱．民法债编总论．台北：三民书局，1997：578.
② 王泽鉴．民法学说与判例研究：第6册．北京：中国政法大学出版社，1998：142.
③ 温世扬．双务合同中的同时履行抗辩权．荆州师范学院学报，2003（3）.

方的履行请求。而在合伙合同中，由于合伙当事人经营的是共同的事业，合伙合同本质上不属于以财产交换为目的的双务合同，因而不适用同时履行抗辩规则。另一方面，如果允许某一合伙人可以根据其他合伙人未履行出资义务为由，拒不履行自己应负担的出资义务，则不仅难以形成合伙财产，而且合伙事业也很难经营下去。更何况在合伙合同中，不能判定一方的不履行和不适当履行与另一方的拒绝履行的内容彼此间是否具有相互对应性，所以，在一合伙人未履行出资义务时，其他合伙人只能根据违反合同而获得补救，而不能行使同时履行抗辩权。

第三，合伙合同与一般合同在风险负担方面是不同的。由于在双务合同中，双方的权利义务互相依存、互为条件，如果非因一方当事人原因（如因不可抗力的发生）导致其不能履行合同义务，其合同债务应被免除，其享有的合同权利也应归于消灭。在此情况下，一方不应再负有合同义务，因此也无权要求对方履行；如果对方已经作出履行的，则应将其所得返还给对方。而在合伙合同中，如果合伙人仅为两人，某一合伙人的出资义务因不可归责于自己的原因而导致不能履行义务，此时该合伙人的出资义务应被免除，由于双方已不能继续完成合伙的事业，因而仅可能影响到合伙关系的继续存在，但不会发生双务合同中的风险负担问题。

第四，在一般的合同中，除了法律有特别规定的以外当事人可以采取口头的或书面的以及其他的形式订约（参见《合同法》第 10 条），但是在合伙合同中，由于该合同要确立合伙人之间的权利义务关系，尤其是要确立当事人的出资义务以及利益的分配、风险和责任的分担问题，所以法律明确规定成立合伙应当订立书面合同（参见《民法通则》第 31 条）。正是因为上述原因，通常将合伙合同称为“协议”，而将一般的债权合同称为“合同”。

（二）关于同时履行抗辩权的行使问题

在第一期投资中，富华公司已将土地使用权移转给双方注册登记的新华物业，但新成公司仅投入 800 万元，新成公司向富华公司去函告知由于资金周转困难，无法将剩余的 200 万元与第二期的资金一起投入，富华公司对此并未表示异议。在第二期新成公司立即投入了 1 200 万元，而富华公司迟迟未投入约定的 500 万元，新成公司催促富华公司尽快投入资金，富华公司提出新成公司前期已经迟延，因此自己也有权迟延。富华公司迟延投入资金甚至一直未投入其应投资的 500 万元，主张其是正当的行使同时履行抗辩权。

笔者认为，富华公司不能行使同时履行抗辩权，其根据在于：首先，如上所述，在合伙合同中，由于合伙人经营的是共同事业，双方的利益不是相互对应的，也不能判定一方的不履行和不适当履行与另一方的拒绝履行的内容彼此间是否具有相互对应性，因而不能适用同时履行抗辩权。在本案中，倘若富华公司可以行使同时履行抗辩权，富华公司可以根据新成公司的迟延而拒绝继续投入，则合伙事业就很难经营下去了。其次，即使富华公司可以行使抗辩权，新成公司迟延投入200万元与富华公司拒绝投入500万元之间也不形成对应关系。换言之，新成公司迟延了200万元，如果构成违约，富华公司可以请求其承担违约责任，但不能以此为由拒绝履行自己的出资义务。再次，履行迟延不宜适用同时履行抗辩权。传统民法上同时履行抗辩仅适用于对方不履行的行为，现代民法理论逐渐将其扩及不完全履行，但对于履行迟延，通说认为如果该迟延履行不构成根本违约，则对方不得适用同时履行抗辩权，仅得以在对方不履行期间内中止履行己方义务。否则就会出现一旦一方履行合同稍微迟延，另一方则以抗辩权为由拒绝履行，致使合同目的无法实现。在本案中，即便认定新成公司的行为构成了履行迟延，富华公司也不能以此为由，主张自己也有权为相应的违约行为，这不符合同时履行抗辩制度的宗旨。最后，新成公司的行为并没有构成违约，因为新成公司在迟延投入之前曾经向富华公司去函告知由于资金周转困难，无法将剩余的200万元与第二期的资金一起投入。富华公司对此并未表示异议。这可以认为富华公司已经同意新成公司可以迟延投入200万元，所以不能认为新成公司的行为已经违约。

（三）关于富华公司以已经投入新华公司的土地使用权作为出资记载于股份公司账上是否构成抽逃资金的问题

笔者认为，所谓抽逃资金在性质上应当是指移转资金或资产，如果并没有移转则不能认为是抽逃资金。在本案中，富华公司已经以其土地使用权出资并登记在双方合伙成立的新华物业的名下，尽管以后富华公司又以已经投入新华物业的土地使用权再作为出资记载于股份公司账上，但并没有将土地使用权移转给股份公司，因为该行为没有经过过户登记而完成所有权移转，该股份公司也不能以此为由对抗在先的物权人，向其主张权利，而在先取得物权的合伙企业则可以主张物权的追及效力，以物上请求权对抗股份公司。所以富华公司该行为不能构成抽逃资金，而只能说富华公司对股份公司投入了有瑕疵的所有权，其出资构成了虚假出资，股份公司的其他股东可以要求富华公司承担补足出资的责任，而新成公司不能要求富华公司承担抽逃资金的责任。

（四）关于富华公司以其份额向股份公司出资的问题

在本案中，富华公司与他人组建一个股份公司，将投入新华广场D楼的权益作为出资投入该公司之中，实际上是一种处分行为。笔者认为，富华公司一直未对新成公司告知其以该权益向他人出资的情况，已经构成违约并将损害新成公司的权益。其根据在于：第一，我国《民法通则》第78条第3款规定："按份共有财产的每个共有人有权要求将自己的份额分出或者转让。但在出售时，其他共有人在同等条件下，有优先购买的权利。"这就是说，富华公司有权转让其权益，但该权益的转让涉及新成公司的优先购买权问题，因此应当在出资的时候通知新成公司。例如富华公司在将该权益出资后，因为该股份公司资不抵债，法院必然会应债权人的要求执行该权益，届时必然会损害新成公司的优先购买权，所以富华公司在以该权益出资的时候就应当告知新成公司。第二，富华公司转让其新华广场D楼的权益实际上是一种退伙行为，从本案来看，双方并没有约定合伙的期限，但这并不意味着富华公司可以随意退伙。我国《合伙企业法》第46条规定："合伙协议未约定合伙期限的，合伙人在不给合伙企业事务执行造成不利影响的情况下，可以退伙，但应当提前三十日通知其他合伙人。"这就是说，退伙将会引起合伙财产的清算、债务的清偿，这就需要选择适当的时候退伙，也就是说要在不给合伙事务执行造成不利影响的情况下可以退伙，并且应当提前30日通知其他合伙人，而在本案中，富华公司既没有提前通知，而且选择的时间正是双方需要加大投入的时候，此时转让权益对新成公司的利益以及合伙的事业确实会造成损害，因此富华公司的行为已违反了合伙合同的内容，应承担违约责任。

问题在于，富华公司以其投入新华广场D楼的权益作为出资投入股份公司之中，该股份公司是否就已经取得了对该D楼的权益呢？笔者认为，作为不动产楼宇的物权，必须在楼宇建成后，由法定房产管理部门登记，发给相应的所有权证书后才能成立。根据我国《城市房地产管理法》第61条的规定，房地产转让或者变更时，应当向县级以上地方人民政府房产管理部门申请房产变更登记，并凭变更后的房屋所有权证书向同级人民政府土地管理部门申请土地使用权变更登记，经同级人民政府土地管理部门核实，由同级人民政府更换或者更改土地使用权证书。所以在本案中，富华公司以其投入新华广场D楼的权益作为出资投入股份公司之中，该股份公司并非自动就取得了对该D楼的权益，在没有按其相应份额取得房屋所有权证书和土地使用权证书之前，股份公司对新华广场D楼享有的权益还不是物权（所有权），仍是投资者权益，不具有物权性。当然，即便是投资者权益，也由于其转让中侵犯了其他合伙人的优先购买权而处于争议状态，故股份公司取得的权益也尚未确定。因为合伙人一旦基于优先购买权请求法院确认"投资行为"无效，则股份公司就会丧失其已取得的权益。

案例八十五　储蓄合同纠纷案

一、案情简介

1994年3月15日11时许，郭某某到工行北京市分行海淀支行北京医学院储蓄所存款。郭某某填写好一张4 000元活期存款凭条后，便将凭条和现金及存折交该储蓄所接柜员，该接柜员接过郭某某所交的现金等后，对现金清点了两遍（手点、机点各一遍），见与存款凭条所填数额一致，即发给郭某某一枚铜牌（十号），并将现金、凭条、存折交记账员。记账员记账后，将郭某某储蓄款、存款凭条及存折一同交复核出纳员复核。复核中，复核出纳员提出郭某某所交现金少2 000元，与凭条所填金额不符，即退回接柜员，由接拒员告知郭某某少2 000元。郭某某在现场查找和回家查找后仍坚持自已所交4 000元现金无误，双方争执不下。嗣后，该储蓄所封存，并将郭某某所填存款凭条撕毁。此后，双方虽有接触，但纠纷未能得到解决，为此形成诉争。郭某某要求返还其4 000元存款，而中国工商银行北京市分行海淀支行则以银行早有"二人临柜、复核为准"的规定为由，拒绝承担储金短少的责任。

二、争议梳理

第一种观点认为，银行与储户间债权债务关系是在银行从接收储户现金，经过银行计账员记账，复核员复核无误后，由接柜员填写好储蓄存条交与储户后方为成立，在银行内部一系列工作程序未完成前，仅有发号牌，双方债权债务关系并没有成立，而且银行有"二人临柜、复核为准"的规定，因而，号牌不能作为银行已收妥储户现金的依据，复核员复核发现存款凭条所载数额与交付款额不符，短款责任应由储户自负，与银行无关。

第二种观点（本案一、二审法院判决所采纳的观点）认为：储户将储蓄款交银行接柜员当面初点、确认交存的储蓄款与存款凭条所填款额一致，发给储户号牌后，双方之间权利义务关系即已形成，银行对该款具有妥善保管之义务，此后所出差错应由银行承担，银行关于"二人临柜、复核为准"的规定，对本行业内部工作人员具有约束力，对储户不具有约束力，因而短款责任应由银行承担。[①]

三、案例评析

首先需要讨论的是，当郭某某填写好的一张 4 000 元的活期存款凭条连同现金及存折交给储蓄所接柜员时，双方是否已成立了合同关系？笔者认为，储户到银行存款，填写好了存款凭条并将其储蓄款交给接柜员，意味着储户已向银行发出了订立储蓄合同的要约，该要约行为必须包括两个方面：一是填写存款凭条，证明存款数额、期限等内容；二是要将其存款实际交付给接柜员。但是当接柜员接受了储户交付的存款凭条及存款以后，并不意味着银行已向储户作出了订立储蓄合同的承诺，双方之间并没有成立合同关系。因为接柜员收到存款凭条和交存的储金，还必须认真清点，经检查交存的储金与存款凭条的数额一致，并明确表示同意接受以后，双方之间的合同关系才正式宣告成立。换言之，在接柜员没有作出同意接受的表示以前，不能认为银行具有承诺行为。此处所说的同意接受，是指经过清点确认储金与存款凭条的数额一致，银行同意按照储户在存款凭条上所填写的数额为储户存款，而并不是说银行可对储户能否存款问题作出同意与不同意的表示。储户到银行存款，银行依法负有必须为储户存款的义务，无正当理由不得拒绝储户存款，但是在存款之前，银行当然负有检查存款数额的义务，如果发现储金与存款凭条所填数额不一致，银行可以拒绝按存款凭条所填数额为储户存款。

在本案中，郭某某将其存款凭条和现金及存折交该储蓄所接柜员，该接柜员接过郭某某所交的现金等后，对现金清点了两遍（手点、机点各一遍），见与存款凭条所填数额一致，即发给郭某某一枚铜牌，据此是否可以认为，双方之间已经成立合同关系？笔者认为，银行发给储户铜牌不是合同成立的必经程序，银行作出同意接受储户存款并按储户填写的数额为储户存款，可以不必以发给铜牌的方式表现出来，但如果一旦发给储户铜牌，则意味着银行已经确认其清点完毕，确认顾客交存的储金与其填写的数额一致，并同意按照储户所填写的数额为储户存款。自银行发给储户铜牌开始，笔者认为双方之间已经形成了储蓄合同关系。

有一种观点认为，从本案来看，在银行发给储户铜牌以后，储户与银行之间并没有形成一种合同关系，只是在储户和银行间形成了一种保管关系。“这

---

① 中国审判案例要览(1995 年综合本). 北京：中国人民大学出版社，1996：908－909.

种保管时间尽管不长，储蓄所对此款仍负有妥善保管之义务。”[①] 此种观点有一定的道理，但值得商榷。笔者认为，双方之间在铜牌发给以后形成的不是保管合同关系，而是储蓄合同关系，其原因在于：一方面，银行交给储户号牌的作用在于确认银行同意按照储户所填写的存款数额为储户存款。同时，储户可以凭此号牌领取与其填写的数额一致的存折。所以自发给铜牌时起，储蓄合同已经成立。另一方面，一旦银行发给顾客铜牌，表明银行已同意接受顾客的存款凭单和存款，同时表明顾客已完成了将其存款实际交付给银行的义务，因此双方已经形成了合同关系，而银行正是根据双方的储蓄合同而占有顾客的存款，至于在发给号牌以后尚未发给顾客存单以前，顾客虽未实际拿到存单，也不能否认储蓄合同已经成立，因为存单只是储蓄合同的凭证，而不是决定储蓄合同成立的唯一标准。还要看到，如果双方是一种保管关系，那么双方应该有一种委托保管和同意保管的意图。从实践来看，只能认定当事人之间有储蓄的意图，不能认定有保管的意图。所以，笔者认为，铜牌发给后，储蓄合同已经成立，银行应当按照双方的约定向储户交付与存款凭条上所填写的数额一致的存单，而不能以所谓存金短少为由，拒绝按照储户填写的数额交付存单。

在本案中，当郭某某将储金交给接柜员以后，在复核中，复核出纳员提出郭某某所交现金少 2 000 元，与凭条所填金额不符，即退回接柜员，由接柜员告知郭某某少 2 000 元，而郭某某坚持自己所交 4 000 元现金无误，双方争执不下，郭某某要求返还 4 000 元存款，而储蓄所则以银行有“二人临柜、复核为准”的规定为由，拒绝承担短款责任。那么，银行内部专门规定，“二人临柜、复核为准”，是否可以对储户产生拘束力？一、二审法院均认为，银行作出的此种规定，系银行对其内部工作人员相互监督与制约的规定，对储户不应具有拘束力。笔者认为这一观点，也值得讨论。原则上说，一个单位内部的关于其工作程序和制度的规定，是不能约束与该单位发生民事关系的相对人的。但是，如果该规定在双方订约时，已经由一方提出来，并为另一方所接受，也可以成为合同条款，并对双方产生拘束力。从实践来看，该规定曾由许多银行作为告示张贴出来。储户在存款时应当能够看到该规定，那么储户是否已经接受了该条款？该条款是否因储户接受而成为合同内容，并对双方产生拘束力？如果该条款已经成为储蓄合同的组成部分，且符合生效要件，那么，不能认为该条款对储户不产生任何的拘束力。实际上，这个问题涉及合同法领域的一个重大问题，即格式条款的成立和生效问题。

所谓格式条款，依据《合同法》第 39 条规定，是指由一方当事人预先制

---

① 中国审判案例要览(1995 年综合本). 北京：中国人民大学出版社，1996：910.

定的，并由不特定的第三人所接受的，具有完整性和定型化特点的合同条款。关于格式条款，不同国家、地区的法律概念不同，如英国采用标准合同（standard form contract）名称，而法国法、美国法、日本法称为附合合同、附意合同，葡萄牙法和我国澳门特区使用加入合同的概念，我国台湾地区称其为定型化契约。与格式条款制作人订立合同的相对人常常都是社会上分散的消费者和顾客（如本案中的储户），具有不特定性。本案中由银行制订的“二人临柜、复核为准”的规定便属于格式条款，主要理由在于：第一，本案中“二人临柜、复核为准”的规定是银行一方预先制定的。上述条款是在双方订约之前就已经由银行制订出来。当然，制订条款的一方必须在对方接受该条款以前，向对方公示该条款，否则，该条款不能为储户所知道，因此不能认为其已接受该条款。第二，银行所制订的条款具有完整性和定型化的特点，将普遍适用于一切要与银行订合同的不特定的相对人，而不因相对人的不同有所区别。相对人虽没有参与合同的制订，但对合同的内容只能表示概括的同意或拒绝，而不能修改、变更合同的内容。第三，相对人并不参与协商过程，而只是居于附从地位。对银行所制定的条款而言，相对人只能概括地予以接受或不接受，而不能就合同条款讨价还价，因而相对人在合同关系中处于附从地位。

我们说储户被迫接受了银行单方面制订的上述格式条款，是指当上述条款由银行在订约前公示出来以后，已经为顾客所知道，而顾客又不能提出任何异议，只要发生储蓄合同关系，就要接受该条款。由此表明，从本案来看，尽管该条款已经订入合同，但它是储户郭某某所被迫接受的，此种条款尽管随着合同的成立而成立，但并不意味着当然地符合民事法律行为的生效要件，因为合同的成立和合同的生效毕竟是两个不同的概念，合同的成立是指双方当事人就合同的主要条款达成了合意，但当事人的合意并不一定符合法律规定的生效要件，如果不符合生效要件，则已经成立的合同和合同条款是不能生效的。从本案来看，尽管不能否认该条款已经订入合同，但笔者认为，该条款不符合民事法律行为的生效要件，其原因如下。

第一，该条款违反了《合同法》所规定的公平原则。按照公平原则，格式条款内容应对双方有利，如果格式条款对一方明显有利而同时对另一方明显不利，免除了条款制定人的基本合同义务，则是不公平的。《合同法》第 39 条第 1 款规定，“采用格式条款订立合同的，提供格式条款的一方应当遵循公平原则确定当事人之间的权利和义务”。从本案来看，郭某某将其存金交付给接柜员，接柜员发给郭某某铜牌，表明郭某某已完成交付行为，对钱款的占有权已移转给银行，郭某某已对该钱款失去了控制，钱款在由银行占有期间，发生短少，应由银行负责，而不能由无法控制钱款的储户负责。更何况，“发给储户号牌后，发现差款，不管差款原因如何，其差错均是由银行工作人员工作失误造成的”①。银行不能依据格式条款将其过错造成的责任转嫁给无过错的储户，否则对储户是极不公平的。

第二，该规定不符合有关法律规定的原则，我国《商业银行法》第 5 条规定：“商业银行与客户的业务往来应当遵循平等、自愿、公平和诚实信用的原则。”《合同法》第 39 条规定，“采用格式条款订立合同的，提供格式条款的一方应当遵循公平原则确定当事人之间的权利和义务”，本案中由银行制订的“二人临柜、复核为准”的规定明显对储户是不公平的，也不符合储户的意愿。

第三，该条款排斥了消费者所应当享有的基本权利。《消费者权益保护法》规定格式合同的制订者不得以格式合同等方式排除或限制消费者的权利，该法第 26 条第 2 款规定：“经营者不得以格式合同、通知、声明、店堂告示等方式，作出排除或者限制消费者权利、减轻或者免除经营者责任、加重消费者责任等对消费者不公平、不合理的规定。”本案中，由银行制订的“二人临柜、复核为准”的规则，对规范银行内部的操作是必要的，但用来限制消费者的权利则是不妥当的。因为顾客一般将其钱款交给银行，则钱款已经发生了占有的移转，该笔钱款已经处于银行的控制之下，在银行控制期间内发生的钱款短少的风险，不应当由消费者承担。按照《消费者权益保护法》第 24 条规定，凡是不公平合理的、存在排除或限制消费者权利的格式条款是无效的。因而该条款是不符合《消费者权益保护法》的有关规定的。因为“由此而带来的后果必然是，格式条款成为一项具有强制约束力的法规，对方当事人只有无条件接受并执行的义务，而没有同意或者不同意的权利，这对消费者而言无疑是雪上加霜”②。

基于上述原因，笔者认为，即使“二人临柜、复核为准”的规定已经为郭某某所被迫接受，也不能产生法律效力。《合同法司法解释二》第 10 条规定：“提供格式条款的一方当事人违反合同法第三十九条第一款的规定，并具有合同法第四十条规定的情形之一的，人民法院应当认定该格式条款无效。”据此，储户有权请求法院认定该条款无效。银行不能以此为根据要求免除短款的责任，而必须根据已经成立的储蓄合同的规定按照其已同意接受的存款数额向郭

---

① 中国审判案例要览（1995 年综合本）. 北京：中国人民大学出版社，1996：910.

② 苏号朋. 论格式条款订入合同的规则//第二届“罗马法、中国法与民法法典化”国际研讨会论文集：272.

某某交付存单，如果郭某某不愿存款，可以解除合同，要求银行返还其 4 000 元存款，而银行应负有返还义务。当然，我们说该条款不能生效，是指该条款作为合同条款不能生效，并不妨碍该条款作为银行内部的工作纪律和工作程序的规定，在银行内部的实际运用。

案例八十六　旅游服务合同纠纷案

一、案情简介

林先生利用春节休假期间携全家到西安旅游，他从网上看到了当地的某旅行社正在推出“两日游热销热线”，包括兵马俑、西安古城、华山等著名景点，每人费用共计500元。在该条线路的网页介绍中，有“无购物”“无自费”等字样，在“费用不含”的介绍中，华山往返缆车150元/位为自愿选择项目。林先生了解到华山等著名景点的门票都要500元左右，觉得这个旅游热销活动十分便宜，便从网上订购，并支付了价款。次日，到华山之后，导游提出，旅行社的专车没有地方停放，如果不坐缆车，将无法接送，林先生只好支付了150元/位的缆车费用。旅游当天旅行社安排了一次购物，导游又提出，因为在华山耽搁时间太长，无法赶到兵马俑景点，所以兵马俑的旅游项目只能取消。第二天旅行社又安排两次购物。林先生认为，其之所以到西安旅游，主要是为了看兵马俑，因为旅行社的原因导致行程取消，林先生要求旅行社退回相应的费用，并赔偿其精神损害。并认为，旅行社要求旅客支付缆车费用，以及多次安排购物也违反了其承诺。而旅行社提出，不能赶到兵马俑景点是因为游客在华山停留的时间过长所致，且认为，导游是由当地导游公司派的，安排购物完全是导游擅自决定，与旅行社无关，且要求购物也是几位游客提出的要求，导游公司也是为了满足游客的要求才临时组织的。双方为此发生争议。

二、争议梳理

本案争议的第一个问题是，关于缆车费用的支付以及兵马俑的旅游项目的取消是否符合合同的约定？对此存在两种观点。一种观点认为，缆车费用的支付以及兵马俑的旅游项目的取消都是因为游客自身的原因引起的，与旅行社无关，因此，由旅行社承担责任并不妥当。另一种观点认为，缆车费用的支付以及兵马俑的旅游项目之所以被取消，是因为旅行社对旅游活动安排不当，旅行社对此是有过错的，应当对此承担责任。

本案争议的第二个问题是，林先生因旅行社取消兵马俑旅行安排而遭受精神痛苦，其能否主张精神损害赔偿责任？一种观点认为，依据我国现行法律规定，合同责任中不能适用精神损害赔偿责任。另一种观点认为，虽然在一般的合同中不应适用精神损害赔偿责任，但旅游合同与此不同，其以游客的精神享受为内容，因此，因旅行社原因取消相关旅游项目导致游客精神痛苦的，游客应当有权主张精神损害赔偿责任。

三、案例评析

（一）关于缆车费用的支付

旅游服务合同是指旅行社等旅游经营者提供一定的旅游服务、旅游者支付相应费用的合同，以及为实现旅游服务的目的而由旅行社与其他服务业经营者签订的有关运送、住宿等服务合同。旅游服务合同是随着旅游业的出现而产生的，已经成为现代社会生活中日益重要的合同类型。我国《旅游法》也对旅游服务合同作出了规定，因此，旅游服务合同在我国也是独立的有名合同类型。在本案中，林先生从网上看到了当地的青年旅行社正在推出“两日游热销热线”，在“费用不含”的介绍中，明确显示华山往返缆车150元/位为自愿选择项目。但是到华山之后，导游提出，旅行社的专车没有地方停放，如果不坐缆车，将无法接送，林先生只好支付了150元/位的缆车费用。这实际上是改变了旅游服务合同的内容，虽然没有明确要求旅游者必须乘坐缆车，但旅行社以无法接送为由要求旅游者必须乘坐缆车，这实际上违反了其承诺。

（二）关于兵马俑的旅游项目的取消

按照约定提供各项旅游服务的义务，是旅行社负担的主合同义务。《旅游法》第69条规定：“旅行社应当按照包价旅游合同的约定履行义务，不得擅自变更旅游行程安排。”依据这一规定，旅行社应当按照合同的约定向旅游者提供行程安排以及交通、住宿、餐饮、游览等服务内容。同时，如果旅行社组织团队出境旅游或组织、接待团队入境旅游的，应当按照规定向旅游者提供导游服务，为其安排领队或导游全程陪同。没有正当理由，不得擅自变更旅游行程安排。在本案中，某旅行社在网上推出“两日游热销热线”，包括兵马俑、西安古城、华山等著名景点，每人费用共计500元。兵马俑显然是旅行行程的既定安排，旅行社有义务保证旅游者游览合同中约定的景点，而在本案中，旅行社以游客在华山耽搁时间太长、无法赶到兵马俑为由，取消兵马俑的旅游项目，是否合理？笔者认为，旅行社的理由不能成立，其行为已经构成违约，主要理由如下。

第一，旅行社在网上对旅游活动所作出的承诺应当构成旅游合同的内容。《合同法》第15条规定："要约邀请是希望他人向自己发出要约的意思表示。寄送的价目表、拍卖公告、招标公告、招股说明书、商业广告等为要约邀请。商业广告的内容符合要约规定的，视为要约。"依据该条规定，商业广告一般构成要约邀请，但其内容符合要约规定的，则视为要约。在本案中，旅行社在其网络宣传中明确写明其"两日游热销热线"包含了具体旅游景点、行程安排等，该广告的内容具体、确定，而且旅行社接受旅行者在网上订购该旅游项目，显然也有受该广告宣传拘束的意思。因此，该商业广告符合要约的要求，应当构成要约。在林先生订购该旅行项目、与旅行社订立合同后，该广告宣传的内容也应当成为合同的内容。

第二，旅行社负有妥当安排旅游行程的义务。旅游经营者在与旅游者订立旅游服务合同后，其应当负有妥当安排旅游行程的义务，为旅游者提供约定的旅游服务。在本案中，旅行社既然在广告宣传中承诺在两日游中游览兵马俑、西安古城、华山等著名景点，则其应当负有妥当安排旅行行程的义务，如果因为旅行社安排不当导致旅游者无法在两日内游览合同约定的旅游景点，则旅行社的行为应当构成违约。

第三，旅行社以旅游者在华山停留时间过长为由取消兵马俑的旅行安排已构成违约。在旅游服务合同中，旅行社应当妥当安排旅游行程，也应当尽到旅行组织者的义务，以保障履行活动的顺利完成。在本案中，旅行社应当控制旅行进度，保障旅游者顺利完成旅行项目，旅行社主张旅游者在华山停留时间过长，影响行程安排，显然没有尽到旅行组织者的义务，难以成为其取消兵马俑旅行安排的正当理由，应当构成违约。

（三）关于组织购物是否构成违约

在实践中，购物纠纷是旅游纠纷的重灾区。[①] 因此，规范旅行社的购物安排行为，有利于保护旅游者的合法权益。《旅游法》第35条第2款规定："旅行社组织、接待旅游者，不得指定具体购物场所，不得安排另行付费旅游项目。但是，经双方协商一致或者旅游者要求，且不影响其他旅游者行程安排的除外。"据此，旅行社负有不得指定具体购物场所和安排另行付费旅游项目的义务。但是，如果当事人协商一致的，或者旅游者明确提出安排购物的要求的，根据合同自由原则，旅行社应当在不影响其他旅游者行程安排的前提下为其提供相应的服务。在当事人未明确约定购物安排的情形下，旅行社为旅游者

① 国务院法制办工交商事法制司、国家旅游局政策法规司组织编写.《旅行社条例》释义.北京：人民交通出版社，2009：123.

指定具体购物场所或安排另行付费旅游项目的，旅游者有权在旅游行程结束后30日内，要求旅行社为其办理退货并先行垫付退货货款，或者退还另行付费旅游项目的费用。[①]

在本案中，导游公司安排购物活动是否构成违约？林先生认为，旅行社的网页介绍中明确写明该旅行线路“无购物”“无自费”，而旅行社则在两天的旅行行程中安排了三次购物活动，应当构成违约，而旅行社则主张，购物活动是导游公司根据部分旅游者的要求而安排的，其不应当承担违约责任。笔者认为，旅行社的主张难以成立，主要理由在于：

第一，旅行社网站中标明该旅行线路“无购物”“无自费”应当成为合同的内容。如前所述，该旅行社在网站中对该两日游旅行项目的介绍内容较为具体、确定，应当成为合同的内容，因此，该旅行社网站中表明的“无购物”“无自费”的内容也应当成为合同的内容，旅行社应当严格按照合同的约定提供旅游服务，而不得擅自增加购物内容。

第二，旅行社因部分旅游者要求而增加购物安排并不妥当。旅游服务合同成立后，双方当事人都应当严格按照合同约定履行债务，任何一方当事人都不得擅自变更合同内容，否则即构成违约。旅游服务合同订立后，旅行社在原合同内容的基础上增加购物环节，在性质上应当构成对合同内容的变更。在本案中，虽然部分旅游者提出了增加购物环节的请求，但旅行社要给林先生的旅行行程增加购物安排，则应当经林先生同意，而不得擅自变更合同内容。

第三，旅游经营者应当为其债务履行辅助人的行为承担责任。在合同履行过程中，债务人可能选择债务履行辅助人，债务人应当对其债务履行辅助人的行为负责。在旅游服务合同中，旅游服务涉及餐饮、住宿、交通、游览、娱乐和购物等多个环节，旅游经营者无法全部亲力亲为，亲自提供所有的旅游服务内容，而是由其所选定的旅游辅助服务者协助其提供旅游给付。旅游辅助者是作为旅游者履行旅游服务合同的辅助人而存在的。旅游辅助者所提供的服务的质量通常与旅游服务合同能否实现其目的存在直接关系，且直接关系旅游者的切身利益。因此，在旅游服务合同中，旅游者负有谨慎选择旅游辅助服务者的义务。从合同的相对性出发，旅游辅助服务者并非旅游服务合同的当事人，其属于旅行社的债务履行辅助人。因此，在因旅游辅助服务者的原因导致旅游者的人身、财产权利受损的，仍应由旅行社承担责任。旅行社承担责任之后，可以向旅游辅助服务者追偿。由旅游经营者负责也有利于督促其谨慎地选择旅游辅助服务者。依据《旅游法》第71条规定，由于履行辅助人的原因导致违约

① 参见《旅游法》第35条第3款。

的，应当由组团社承担责任。但如果由于履行辅助人的原因造成旅游者的财产或人身遭受侵害，而构成侵权的，则旅游者可以要求履行辅助人承担赔偿责任，也可以要求组团社承担赔偿责任。在本案中，虽然在旅行行程中增加购物环节是导游公司根据部分旅游者的请求而安排的，但导游公司是由旅行社聘请的，在法律上应当是该旅行社的债务履行辅助人，旅行社也应当对其行为负责。因此，旅行社不能以导游公司增加购物环节为由而主张其不承担责任。

（四）林先生能否主张精神损害赔偿

在本案中，因旅行社取消兵马俑的行程安排，导致林先生的主要旅行目的没有实现，因此，林先生请求旅行社承担精神损害赔偿责任，此种请求能否成立？对于在旅游合同中是否允许精神损害赔偿，一直存在争议。笔者认为，依据现行法律规定，林先生的精神损害赔偿请求权难以成立，因为依据《侵权责任法》第22条的规定，精神损害赔偿请求权仅适用于侵权纠纷，而且受害人必须因人身权益受到侵害而遭受严重的精神痛苦。而在该案中，林先生是依据旅游服务合同向旅行社提出请求，而且其虽然错过了兵马俑的旅行行程，但很难认定其遭受了严重的精神痛苦，因此，其难以主张精神损害赔偿责任。

当然，从立法论的层面而言，对于提供服务的部分合同而言，如医疗服务合同、旅游服务合同等，一方当事人违反合同义务确实可能使对方遭受严重的精神痛苦，在违约责任中严格排除当事人的精神损害赔偿请求权也不妥当，因此，我国未来立法有必要适当扩张精神损害赔偿责任的适用范围，允许当事人在一些合同的违约责任中主张精神损害赔偿责任。

案例八十七　和解协议的效力

一、案情简介

S市贸发有限公司（下称“贸发公司”）因拖欠该市信托投资有限公司（以下简称“投资公司”）人民币1 200万元，一直未还本付息，投资公司于1993年5月向该市某中级法院提起诉讼，一审法院于1994年4月作出判决，认定贸发公司应当向投资公司还本付息支付人民币1 300万元，在该判决生效以后，贸发公司在投资公司申请执行前，请求投资公司与其达成和解协议。并提出该市一大型国有企业即信达公司可以为其履行和解协议提供担保。双方经过协商，于1994年5月1日达成和解协议，约定贸发公司应于1997年8月1日以前偿还全部1 300万元，《协议》第3条规定：“为保证本协议书的履行，信达公司同意为贸发公司提供担保，并承担按时全面还款的连带责任。”合同签订后，贸发公司、投资公司、信达公司都在合同上签字、盖章。1997年8月1日，和解协议规定的履行期到期，投资公司请求贸发公司履行和解协议，贸发公司提出其资金困难，无力履行和解协议，投资公司要求信达公司承担担保责任，信达公司以种种理由予以拒绝。投资公司便于1997年10月1日在某市中级法院请求执行判决，并要求在执行中追加信达公司为被执行人。法院受理该案件后，发现投资公司的请求已经过了申请执行期限，便驳回了其请求。

二、争议梳理

关于和解协议的效力，存在不同的观点。一种观点认为，和解协议原则上只是对原债权债务关系的变更，或者说，其只不过是原债权债务关系的继续，因此，既然原债权债务关系已经由法院审理完毕，当事人再以和解协议提出请求，实际上是同一案件的重复起诉。按照一事不再理的原则，也应当驳回投资公司的起诉。另一种观点认为，既然投资公司已经在法院申请强制执行原判决，便自动放弃了和解协议中的权利，因此不能根据和解协议再向保证人主张权利。还有一种观点认为，当事人达成的和解协议是一种独立的债务，债权人基于和解协议所享有的权利，并不因其向法院申请执行原判决而发生消灭，所以应当支持投资公司基于和解协议所主张的权利。

三、案例评析

（一）和解协议是否形成独立的合同关系

在本案中，贸发公司因拖欠投资公司人民币 1 200 万元，一直未还本付息，投资公司于 1993 年 5 月向该市某中级法院提起诉讼，一审法院于 1994 年 4 月作出判决，认定贸发公司应当向投资公司还本付息支付人民币 1 300 万元。在该判决生效以后，贸发公司在投资公司申请执行前，请求投资公司与其达成和解协议。并提出该市一大型国有企业即信达公司可以为其履行和解协议提供担保。双方经过协商，于 1994 年 5 月 1 日达成和解协议，约定贸发公司应于 1997 年 8 月 1 日以前偿还全部 1 300 万元，关于该和解协议的效力，在审理中存在争议。有一种观点认为，该和解协议原则上只是对原债权债务关系的变更，或者说，只不过是原债权债务关系的继续，因此，既然原债权债务关系已经由法院审理完毕，当事人再以和解协议提出请求，实际上是同一案件的重复起诉。按照一事不再理的原则，对和解协议的争议，法院不应受理。笔者认为，这一观点难以成立。

所谓和解协议，是指当事人双方约定的通过相互让步以终止其争议或防止争议再发生的合同。按照合同自由原则，当事人可以通过合同产生、变更和终止民事权利义务关系，也可以基于合同在原债权债务基础上设立新的债权债务。和解协议就是当事人在原合同的基础上所设立的一种新的债的关系。许多国家的立法都将和解协议规定为独立的合同类型，由此可见，和解协议本身并不是对原债权债务关系的变更，而是形成了一种新的债权债务关系。

在合同纠纷中，和解协议都是当事人就原债权债务关系的履行达成和解，也可以说是在原合同的基础上订立的新的合同。如果不存在原合同，就不可能有和解协议。从本案来看，双方达成的和解协议，虽然是在原债权债务的基础上达成的，但与原债权债务关系有着根本的区别。具体表现在：

1. 两份合同的性质不完全相同。原合同规定的是借款关系，即规定贸发公司向投资公司借款人民币 1 200 万元，而和解协议规定的是当事人之间在相互协商和让步的基础上对原债务的偿还问题的方案。一方面，根据和解协议第 2 条，当事人双方订立该合同的目的是就原判决的执行达成和解。另一方面，在和解协议中双方都作出了让步，在内容上改变了原判决的内容。

2. 两份合同的当事人是不同的。原合同只是当事人之间的债务，不涉及第三人，也没有第三人担保。而和解协议中还涉及担保人。原合同只有双方当事人签字盖章，而和解协议是由三方当事人签字盖章的。由于主体都已经发生了变更，按照合同相对性的原则，应当认为原合同关系与和解协议中的合同关系是两个不同的合同关系。

3. 内容上不同。原合同就当事人的借款问题进行了约定，和解协议则是就当事人还款计划作出的约定。两个合同所规定的履行期限也完全不同。

从性质上看，和解协议并非对原合同的变更，而是在原合同的基础上形成新的合同关系。在此应当区分合同变更与合同更新。所谓合同更新，又称合同债务的更替，它不是使旧的债权债务由一方转至另一方，而是消灭旧的债权债务，设定新的债权债务。简单而言，合同更新就是以一个新的合同代替一个旧的合同。[①] 一般来说，合同的更新要以一项因为其标的或性质不同于原债的新债取代原债时，原债消灭。合同变更是指在合同成立以后，尚未履行或尚未完全履行以前，当事人就合同的内容达成修改和补充的协议。[②] 合同变更只是原合同的非实质条款发生变化，尽管合同的变更导致了合同内容的变化，但此种变化并非根本性的，变更以前的内容和变更后的合同仍保持一定的连续性，因此原合同关系仍然继续存在并有效。就和解协议而言，当事人为了终止或防止法律关系之争执，通过相互让步而达成一个新的协议，这样实际上就已经终止了原有法律关系，通过和解协议就形成了一种新的合同，因此实际上和解协议是用一个新的合同去代替一个旧的合同，和解协议针对的是一个已经存在的合同。正是从这个意义上可以认为，和解协议就是债的更新。

如果认为和解协议只不过是原债权债务的继续，则和解协议的存在没有任何意义，这就无异于认为当事人不能达成和解协议。事实上，我国有关法律和司法解释历来承认和解协议，如我国《民事诉讼法》第 211 条[③]就明确承认了和解协议的效力，并规定和解协议可以作为起诉的依据。最高人民法院 1998 年 7 月 8 日《关于人民法院执行工作若干问题的规定（试行）》规定："在执行中，双方当事人可以自愿达成和解协议，变更生效法律文书确定的履行义务主体、标的物及其数额、履行期限和履行方式。"当事人达成和解协议只要在内容上不违反法律和社会公共道德，理应受到法律的保护，因此，和解协议一旦达成，就应当对当事人产生拘束力。最高人民法院的有关司法解释也承认，当事人双方就原债务达成的和解协议属于新的债权债务关系。最高人民法院 1997 年 4 月 16 日《关于超过诉讼时效期间当事人达成的和解协议是否应当受法律保护问题的批复》中指出："超过诉讼时效期间，当事人双方就原债务达成的

① 周林彬主编. 比较合同法. 兰州：兰州大学出版社，1993：311.

② 王利明，崔建远. 合同法新论·总则. 北京：中国政法大学出版社，1996：403.

③ 2012 年《民事诉讼法》（2017 年修正）关于这一问题规定在第 230 条。

和解协议，属于新的债权、债务关系。”显然，该司法解释认为就原债务达成的和解协议已经不再是原来的债务法律关系，不属于一案再审的情况，这一司法解释的原则和精神完全应当适用于本案。

（二）关于和解协议的形式

《最高人民法院关于人民法院执行工作若干问题的规定（试行）》第 86 条规定：“和解协议一般应当采取书面形式。执行人员应将和解协议副本附卷。无书面协议的，执行人员应将和解协议的内容记入笔录，并由双方当事人签名或盖章。”该条虽然是对执行中和解协议形式所作出的规定，但该规定对于准确认定和解协议的形式要件仍具有重要意义，即和解协议一般应当采取书面形式，必须由执行人员将和解协议的内容记入笔录，由双方当事人签名或盖章。本案中，双方经过协商，于 1994 年 5 月 1 日达成和解协议，约定贸发公司应于 1997 年 8 月 1 日以前偿还全部 1 300 万元，《协议》第 3 条规定：“为保证本协议书的履行，信达公司同意为贸发公司提供担保，并承担按时全面还款的连带责任。”合同签订后，贸发公司、投资公司、信达公司都在合同上签字、盖章，符合和解协议生效的形式要件。

（三）关于执行的期限和诉讼时效

在本案中，双方订立和解协议，约定贸发公司应于 1997 年 8 月 1 日以前偿还全部 1 300 万元，1997 年 8 月 1 日，和解协议规定的履行期到期，投资公司请求贸发公司履行和解协议，贸发公司提出其资金困难，无力履行和解协议，投资公司要求信达公司承担担保责任，信达公司以种种理由予以拒绝。投资公司便于 1997 年 10 月 1 日在某市中级法院请求执行判决，并要求在执行中追加信达公司为被执行人。法院受理该案件后，发现投资公司的请求已经过了申请执行期限，便驳回了其请求。

问题在于，当事人达成和解协议以后，在和解协议规定的履行期到来后，债权人根据和解协议提出请求，要求执行和解协议，法院是否可以以已过执行期为由予以驳回？1991 年《民事诉讼法》第 219 条规定：“申请执行的期限，双方或者一方当事人是公民的为一年，双方是法人或者其他组织的为六个月。”一般来说，和解协议规定的履行期限常常会超过上述申请执行的期限，超过了该期限以后，权利人是否丧失请求执行和解协议的权利？笔者认为，法院不应以执行期已经经过为由驳回当事人的请求，理由在于：第一，法律允许当事人达成和解协议，就意味着承认当事人可以根据自己的意思作出一种处分行为，只要这种处分不损害国家利益、社会公共利益和他人利益，法律就应该承认这种处分的效力。如果认为和解协议在履行期到来后，债权人便不能再提出请求，将违反《民事诉讼法》第221条允许当事人达成和解协议的规定，不利于发挥和解协议的制度功能。第二，我国立法历来尊重当事人达成的和解协议的效力，最高人民法院的有关司法解释认为当事人的和解协议并不导致申请执行的期限经过，相反，和解协议一旦生效，将发生执行期限的中断。例如，最高人民法院1992年7月14日《关于适用〈中华人民共和国民事诉讼法〉若干问题的意见》[①] 第267条规定："申请恢复执行原法律文书，适用民事诉讼法第二百一十九条申请执行期限的规定。申请执行期限因达成执行中的和解协议而中止，其期限自和解协议所定履行期限的最后一日起连续计算。"因此，以申请执行期限届满为由否定当事人执行和解协议的请求是不妥当的。第三，违反了民法的诚实信用原则。从本案实际情况看，贸发公司在原合同中欠钱不还，法院判决后不主动执行判决，而达成和解协议后仍然不执行和解协议，显然贸发公司不是诚实守信的。甚至可以说债务人是故意编造一个骗局，让债权人上当受骗。贸发公司既在判决作出以后，主动要求与债权人达成和解协议，在和解协议期限届满以后，又提出已经过了执行期或时效届满，从而拒绝执行和解协议，这种出尔反尔的行为，是严重违反诚信原则的。法院如果支持此种行为，则完全背离了诚信原则。第四，违反了民法的公平原则。如果体现了当事人双方真实意思表示的和解协议不能得到司法保护，原判决也得不到执行，其后果是债务人所欠的债务不用偿还，故意违约行为得不到任何追究，诚实的守约方的利益不能得到任何保护，这也很难使守约当事人充分相信司法应有的公正性。

（四）关于保证人的责任

本案中，当事人在和解协议中规定了保证人的责任，从而使和解协议的当事人由三方构成，即债权人、债务人和保证人。《协议》第3条规定："为保证本协议书的履行，信达公司同意为贸发公司提供担保，并承担按时全面还款的连带责任。"但在和解协议规定的履行期到期后，贸发公司无力履行和解协议，投资公司要求信达公司承担保证责任，信达公司以种种理由予以拒绝。投资公司便于1997年10月1日在某市中级法院请求执行判决，并要求在执行中追加信达公司为被执行人。从实践来看，一些法院在执行中，只要发现有第三人对被执行人做担保的，便可以直接追加保证人为被执行人，其根据在于，最高人民法院1998年7月8日出台的《关于人民法院执行工作若干问题的规定（试行）》第85条规定："人民法院在审理案件期间，保证人为被执行人提供保证，

① 该司法解释已由2015年《最高人民法院关于适用〈中华人民共和国民事诉讼法〉的解释》取代而失效，但本案仍应适用这一解释。

人民法院据此未对被执行人的财产采取保全措施或解除保全措施的，案件审结后如果被执行人无财产可供执行或其财产不足清偿债务时，即使生效法律文书中未确定保证人承担责任，人民法院有权裁定执行保证人在保证责任范围内的财产。”笔者认为。这一观点值得商榷。理由如下：第一，根据最高人民法院的上述规定，所谓“保证人为被执行人提供保证”，应当是指对原债权债务或者是对整个判决的执行由保证人提供担保，而不是指在和解协议中对和解协议所确定的债务做担保，所以有关和解协议的担保问题不宜完全适用上述规定。第二，和解协议达成以后，尽管已经生效，但一旦发生争议后，不能直接成为执行的依据，债权人应当就和解协议向法院提起诉讼，请求确认和解协议的效力。如果和解协议本身存在无效或可撤销的因素，其一旦被宣告无效或被撤销后，则根据从合同效力应当附属于主合同效力的规则，主合同无效，从合同也自然失去效力。因此不能认为在和解协议中规定了担保，便应直接执行担保人的财产。第三，债权人申请执行的是原判决，且因为原判决中只涉及对债权人和债务人之间的纠纷所作出的裁判，不涉及担保人，如果在执行原判决的过程中追加保证人，而保证人又不是判决中的一方当事人，这显然是不妥当的。因此，2000 年 9 月 29 日通过的《最高人民法院关于适用〈中华人民共和国担保法〉若干问题的解释》第 130 条就此问题有所修正，该《解释》规定：“在主合同纠纷案件中，对担保合同未经审判，人民法院不应当依据对主合同当事人所作出的判决或者裁定，直接执行担保人的财产。”

综上所述，笔者认为，一旦和解协议达成以后，形成一项独立的债权债务关系，如果保证人为和解协议中的债务人提供担保的，债权人当然有权以和解协议为依据在法院提起诉讼，请求保证人承担保证责任。但在债权人起诉保证人时，必须追加债务人为诉讼中的第三人，因为如果债务人不参与诉讼，被担保的债权则不能确定，保证之债也就很难确定。当然，保证人的责任只能限于其担保的范围，债权人不能以原判决为依据直接请求保证人承担责任。

案例八十八 期货合同纠纷案

一、案情简介

2007年年底，H市陆通商贸集团有限公司（以下简称“陆通公司”）与华都设备贸易有限公司（以下简称“华都公司”）签订了一份《远期商品购销合同》，合同约定如下事项：陆通公司为华都公司提供生产经营所需的原料及相关服务，华都公司采用远期点价方式向陆通公司订购阴极铜板，每月1 000吨，共24个月，质量标准为符合国内GB/T467—1997标准阴极铜规定，定价方式为双方主要参照上海期货交易所阴极铜期货合约卖盘报价进行定价；交货日期为双方约定的订货到期月份5日以后的30个工作日内分批交货。合同签订后双方又达成一份《补充协议》，其中于第10条交货方式中约定：“乙方（陆通公司）根据甲方的生产分批或者整批向甲方（华都公司）交货。甲方也可以用点价的方式委托乙方将锁定的货物卖出。”合同签订后，华都公司支付了7 000万元的定金。合同已顺利履行一年，但到了2008年年底，受金融风暴的影响，有色金属价格急剧下跌，铜价从50 000元/吨跌至不足30 000元/吨。华都公司以无法找到下家为由，提出暂缓交货，或者调整价格，或按照补充协议的规定全部委托陆通公司自己进行出卖。陆通公司予以拒绝，双方多次协商不能达成一致协议，陆通公司遂在法院提起诉讼，要求华都公司承担违约责任，并赔偿2亿元预期利益损失。华都公司以《远期商品购销合同》无效为由，向人民法院提起反诉，请求陆通公司退还其已支付的定金7 000万元，并认为补充协议已经改变了合同的性质，使买卖合同成为委托合同。而委托人享有任意解除权，所以其有权任意解除合同。

二、争议梳理

本案的争议焦点之一在于，如何认定该案中的《远期商品购销合同》及其补充协议的性质？一种观点认为，该合同在性质上属于买卖合同，即陆通公司是出卖人，而华都公司是买受人。另一种观点认为，该合同在性质上属于“变相期货交易合同”，与此相关的问题在于，华都公司是否享有任意解除合同的权利，如果将该合同界定为委托合同，则华都公司作为委托人，应当有权任意解除合同，而如果将其认定为买卖合同，则其并不享有任意解除合同的权利。

本案的第二个争议焦点在于，《远期商品购销合同》的效力如何？法院认为，陆通公司与华都公司签订的《远期商品购销合同》及其补充协议是“变相期货交易合同”，是无效合同。另一种观点认为，该合同是当事人真实的意思表示，应当是有效合同。

三、案例评析

（一）《远期商品购销合同》及其补充协议的性质

本案的争议焦点之一在于，陆通公司与华都公司所签订的《远期商品购销合同》属于货物买卖合同还是“变相期货交易”合同。货物买卖合同是出卖人转移标的物的所有权于买受人、买受人支付价款的合同。而期货交易是对由期货交易所统一制定的、规定在将来某一特定的时间和地点交割一定数量标的物的标准化合约所进行的交易。国务院《期货交易管理条例》[①] 第 89 条规定：“任何机构或者市场，未经国务院期货监督管理机构批准，采用集中交易方式进行标准化合约交易，同时采用以下交易机制或者具备以下交易机制特征之一的，为变相期货交易：（一）为参与集中交易的所有买方和卖方提供履约担保的；（二）实行当日无负债结算制度和保证金制度，同时保证金收取比例低于合约（或者合同）标的额 20%的。”据此，在本案中，对照《远期商品购销合同》及其补充协议的内容，可以得知《远期商品购销合同》及其补充协议并非“变相期货交易合同”，而属于货物买卖合同，主要理由如下。

第一，从合同的标的来看，《远期商品购销合同》及其补充协议不属于“变相期货交易合同”。《期货交易管理条例》规定变相期货交易是“标准化合约交易”，其买卖的标的是标准化合约，而非具体的货物品种。而在本案中，《远期商品购销合同》第 2 条明确约定：“购销品种：阴极铜板”，这就表明合同是对具体标的物而不是“标准化合约”的交易买卖。合同履行过程中，双方当事人实际交易的也是货物而从未交易过“标准化合约”。标的的性质决定着合同的性质，只有当交易的标的是标准化合约时，合同的性质才属于期货交易合同；如果合同的标的只是未来之物，则并不属于期货交易合同，而属于买卖合同。由此可见，《远期商品购销合同》及其补充协议并非变相期货交易。

① 《期货交易管理条例》已于 2012 年 10 月 24 日由国务院修改。

第二，从交易的方式来看，《远期商品购销合同》及其补充协议不属于“变相期货交易合同”。本案中，当事人双方合同的交易方式是陆通公司与华都公司一对一的交易，并没有“采用集中交易方式”。法律之所以对期货交易进行特别的立法规制，主要原因之一就在于，期货交易在期货交易所内采用集中交易的方式进行，面向不特定的公众进行交易，可能涉及不特定多数人的利益，因此应当慎重对待，进行特别立法规制。但是在本案中，所进行的交易仅是特定双方当事人之间一对一的交易，即陆通公司与华都公司之间的合同交易，并不涉及不特定的公众，不对其他人的利益产生直接的影响，不符合期货交易的本质特征。

虽然陆通公司与华都公司约定在交易价格上参照上海期货交易所商品远期商品合约进行定价，但这是双方当事人之间依法达成的合意，属于法定范围内的意思自治，合法有效。我国《合同法》第 12 条规定：“合同的内容由当事人约定，一般包括以下条款：……（五）价款或者报酬；……”因此，合同的价款事项属于当事人意思自治的范围。同时，在商品买卖中参照某期货交易所商品远期商品合约进行定价，也是目前国际贸易的通行做法，并无不妥，不能因此认为这样的交易就是期货交易。

第三，从是否存在双方的履约担保上看，《远期商品购销合同》及其补充协议不属于“变相期货交易合同”。《期货交易管理条例》第 89 条认定变相期货交易的一个特征是“为参与集中交易的所有买方和卖方提供履约担保”。但是在本案中，没有任何人为交易的双方陆通公司与华都公司“提供履约担保”，双方之间只是一个普通的买卖合同关系，是否履约取决于双方当事人的信用和态度，并无独立的为交易双方提供履约担保的人。

第四，从结算和保证金制度来看，《远期商品购销合同》及其补充协议不属于“变相期货交易合同”。《期货交易管理条例》第 89 条还认定，变相期货交易的另一个特征是“实行当日无负债结算制度和保证金制度”。但是在本案中，陆通公司与华都公司之间的《远期商品购销合同》第 9 条约定：“结算：款到提货；甲方须在订货到期月份，每次提货前将所提货物的全部货款支付给乙方”。可见，本案中合同双方当事人约定的结算方式并不是采用“当日无负债结算制度和保证金制度”，而是采用“款到提货”方式，这是一般买卖合同常用的结算方式。在合同履行过程中，交易中双方也一直是付款提货，并没有实行当日无负债的结算方式。

从合同的标的、交易的方式、是否存在双方的履约担保、结算和保证金制度来看，陆通公司与华都公司之间的《远期商品购销合同》及其补充协议均不符合国务院《期货交易管理条例》关于“变相期货交易合同”的特征，因此，其不属于变相期货交易合同。

（二）关于《远期商品购销合同》及其补充协议的内容是否合法

笔者认为，《远期商品购销合同》及其补充协议是当事人真实意思的表达，完全符合《合同法》有关货物买卖合同的相关规定，应当是合法有效的。我国《合同法》第130条规定：“买卖合同是出卖人转移标的物的所有权于买受人，买受人支付价款的合同。”从陆通公司与华都公司签订的《远期商品购销合同》的内容来看，出卖方陆通公司向华都公司出售并交付阴极铜，买受人华都公司向陆通公司支付货款，这表明远期商品购销合同也符合合同法的规定。

虽然《远期商品购销合同》在第10条交货方式中约定“乙方根据甲方的生产分批或者整批向甲方交货。甲方也可以用点价的方式委托乙方将锁定的货物卖出(双方以实物交接为主）”，但是这一约定是买卖合同中特别约定的委托条款，并没有改变《远期商品购销合同》的性质。由于双方签订的是一份远期商品购销合同，为了应对未来的变化，华都公司可以付款提货，也可以委托陆通公司将已订购的货物按当时的市场价格卖出。这一约定，是一种完成货物买卖之后的委托合同关系，是当事人意思自治的体现，也符合法律的规定和双方当事人的利益。

总之，从远期商品购销合同签订的目的来看，华都公司因为在生产经营过程中需要大量的铜作为原材料而签订这一合同，约定“甲方采用远期点价的方式向乙方定购货物”。“购销品种：阴极铜板”。该合同还约定了购货数量、质量、包装、交货方式、交货地点、结算方式等。这些都完全符合买卖合同的基本特征，因此该合同属于货物买卖合同。

（三）《补充协议》只是改变了货物的购买方式，而没有改变合同的性质

在《远期商品购销合同》签订后，双方又达成一份《补充协议》，其中于第10条交货方式中约定，“乙方（陆通公司）根据甲方的生产分批或者整批向甲方（华都公司）交货。甲方也可以用点价的方式委托乙方将锁定的货物卖出。”笔者认为，华都公司以点价的方式委托陆通公司将锁定的货物卖出，这只是华都公司处理自己已订货物的一种方式，根本不是期货交易。合同是双方当事人的约定，双方均有履行的义务。根据《远期商品购销合同》的约定，华都公司负有按时付款提货的权利和义务。在合同的实际履行中，为了交易的便利，《远期商品购销合同》第10条约定，“交货方式：乙方根据甲方的生产分批或者整批向甲方交货。甲方也可以用点价的方式委托乙方将锁定的货物卖出”。这就是说，有两种交货方式：一种方式是华都公司直接付款提货；另一

种方式是，华都公司将本应提取的货物委托陆通公司在提货当天卖出。后一种方式相当于华都公司先付款提货，同时又委托陆通公司将该批货物按市价卖出。可见，《补充协议》只是改变了货物的购买方式，其并没有改变合同的性质。

（四）华都公司不享有委托人的任意解除权

在本案中，华都公司以《远期商品购销合同》无效为由，向人民法院提起反诉，请求陆通公司退还其已支付的定金 7 000 万元，并认为补充协议已经改变了合同的性质，使买卖合同成为委托合同。而委托人享有任意解除权，所以其有权任意解除合同。笔者认为，华都公司的主张难以成立，理由在于：

一方面，《补充协议》并没有改变《远期商品购销合同》的性质。当事人虽然达成了补充协议，但该补充协议约定，交货的一般方式为"乙方根据甲方的生产分批或者整批向甲方交货"。只是在特殊情况下，"甲方也可以用点价的方式委托乙方将锁定的货物卖出"。可见，当事人订立《补充协议》只是对交货方式作出了约定，改变了《远期商品购销合同》所约定的交货方式，而没有改变《远期商品购销合同》的合同性质，该合同仍是货物买卖合同，而非委托合同，华都公司并不享有委托人的任意解除权。

另一方面，从当事人订立《补充协议》的订约意图来看，当事人并没有订立委托合同的意愿。从《补充协议》的约定来看，"甲方也可以用点价的方式委托乙方将锁定的货物卖出"只能在例外情况下适用，当事人约定的主要交货方式为"乙方根据甲方的生产分批或者整批向甲方交货"，将《补充协议》认定为委托合同显然不妥当。

（五）华都公司的行为构成根本违约，应当承担违约责任、赔偿其给陆通公司造成的全部经济损失

我国《合同法》对违约损害赔偿的范围采取完全赔偿的原则，其包括两个方面：积极损失的赔偿和可得利益的赔偿。积极损失通常是指已经发生的实际的损害，而可得利益是指合同在适当履行以后可以实现和取得的财产利益。一般来说，可得利益主要是指利润的损失。2008 年 10 月之后，由于金融危机而导致国际铜价大跌，华都公司遂停止履行合同，不再履行付款提货的义务。陆通公司为此多次致函华都公司，催促其履行合同，华都公司反而以合同无效为由向人民法院起诉。华都公司的行为说明其不愿再履行《远期商品购销合同》及其补充协议。

《合同法》第 94 条规定："有下列情形之一的，当事人可以解除合同：……（二）在履行期限届满之前，当事人一方明确表示或者以自己的行为表明不履

行主要债务；（三）当事人一方迟延履行主要债务，经催告后在合理期限内仍未履行；……”因此，华都公司经陆通公司催告之后，在合理期限内仍未履行合同义务，且停止履行并主张合同无效，说明其已经不愿再履行合同，构成根本违约，因此应当承担违约责任。

《合同法》第113条规定：“当事人一方不履行合同义务或者履行合同义务不符合约定，给对方造成损失的，损失赔偿额应当相当于因违约所造成的损失，包括合同履行后可以获得的利益，但不得超过违反合同一方订立合同时预见到或者应当预见到的因违反合同可能造成的损失。”根据这一规定，华都公司承担违约责任的范围不仅包括其违约行为给陆通公司所造成的直接经济损失，还应当包括在合同正常履行之后陆通公司可以获得的利益即预期利益。

商事主体应当对交易行为所面临的商业风险有正确的预见和预防措施，同时也对自身行为所可能带来的预期收益有合理的预见。本案中，陆通公司的预期可得利益就是华都公司适当履行合同后其可以获得的利益。追求商业利润是双方签订《远期商品购销合同》的目的，陆通公司与华都公司签订的是一份远期商品购销合同，由于合同标的阴极铜的价格双方已经确定，因而，在合同履行中，如果阴极铜市场价格上涨，市场价格超出合同价格部分的利益就是华都公司可以获得的利益；如果价格下跌，市场价格低于合同价格部分的利益就是陆通公司的可得利益。所以，华都公司应当对其违约行为承担责任，赔偿陆通公司的预期可得收益损失。

案例八十九　夫妻共同债务纠纷案

一、案情简介

王某（男）和李某（女）是夫妻，两人想在H市购买一套三室一厅的房屋。二人一同到某开发商开发的新楼盘看房，但没有发现合适的房屋。几天后，王某到外地出差，李某独自一人又来到该楼盘看房，并选中了其中一套180平方米的房屋，价款400万元。她便拿着丈夫的身份证和自己的身份证，以其丈夫和自己的名义与开发商签订了房屋预售合同，并交付了定金5万元。但恰好在当月，当地政府发布了房屋限购政策，禁止外地人在H市购房。李某就找到自己的一位中学同学章某某，要求借用他的名义在H市购房，并承诺在办理完登记手续后付给其10万元。但10天后，李某的丈夫王某出差回来以后，对其妻子选中的房屋并不满意。王某便找到开发商，提出其妻子未经其本人同意，就拿着其身份证擅自订立合同，因此，该合同是无效的。王某要求开发商退还已经交付的定金，开发商予以拒绝。后来，王某又提出借名购房的协议无效。在此之后，章某某要求李某支付10万元的报酬，李某提出房屋购买发生争议，并没有办理登记手续，拒绝支付。但章某某认为，其已经提供了一定的劳务，并支付了相关的费用，李某应当支付报酬。

二、争议梳理

本案的争议焦点之一在于，李某独自一人以夫妻名义购房，该代理行为是否有效？对此，有两种观点：一种观点认为，夫妻购房，属于日常家事的范畴，构成家事代理，属于有权代理；另一种观点认为，夫妻购房已经超出了日常家事的范围，不能认为妻子享有日常家事代理权。

本案争议的另一个焦点在于，借名买房协议是否有效？对此也存在两种观点：一种观点认为，此种协议规避了政府的行政规定，不利于房屋交易秩序，应当认定为无效；另一种观点认为，此种协议并没有违反“法律”或“行政法规”的强制性规定，因而应当认定为有效。

三、案例评析

（一）关于李某独自一人以夫妻名义购房行为的效力

在实践中，夫妻一方对外举债，究竟应当是由夫妻双方负责，还是由一方负责，纠纷很多。司法实践采用了“家庭日常生活需要”的标准，《婚姻法司法解释一》第 17 条规定：“婚姻法第十七条关于‘夫或妻对夫妻共同所有的财产，有平等的处理权’的规定，应当理解为：（一）夫或妻在处理夫妻共同财产上的权利是平等的。因日常生活需要而处理夫妻共同财产的，任何一方均有权决定……”依据这一规定，属于家庭日常生活所负的债务，由夫妻双方负责。这实际上采纳了各国民法普遍采纳的夫妻日常家事代理权制度，即夫妻一方因家庭日常生活需要而实施的民事法律行为，对夫妻双方发生效力。问题在于，如何判断“家庭日常生活需要”？在实践中，也经常容易发生纠纷。从本案来看，超出家庭日常生活需要的，是否属于夫妻共同债务，立法并没有作出相关规定。笔者认为，李某独自一人购买的一套 180 平方米的房屋，价款 400 万元，此种购买行为价值价格很高，而且并非为了日常生活的需要，因此不属于家庭日常生活的范畴。

问题在于，超出家庭日常生活的代理行为，并非都是无效的。《婚姻法司法解释一》第 17 条规定：“……（二）夫或妻非因日常生活需要对夫妻共同财产做重要处理决定，夫妻双方应当平等协商，取得一致意见。他人有理由相信其为夫妻双方共同意思表示的，另一方不得以不同意或不知道为由对抗善意第三人。”从本案来看，李某拿着其丈夫的身份证来购房，而且，在签订协议之前，夫妻双方曾经一同来看房。这些事实都足以让交易相对方有理由相信，购房的意思表示是夫妻双方的共同意思表示，因此，按照上述司法解释，“另一方不得以不同意或不知道为由对抗善意第三人”。也就是说，在本案中，售房人是善意的，有合理的理由相信李某的行为是夫妻二人共同的意思，所以，李某的丈夫王某不得否定合同的效力。

本案是否构成表见代理？所谓表见代理，是指行为人没有代理权、超越代理权或者代理权终止后，以被代理人名义订立合同，相对人有理由相信行为人有代理权的，该代理行为有效。《民法总则》第 172 条规定：“行为人没有代理权、超越代理权或者代理权终止后，仍然实施代理行为，相对人有理由相信行为人有代理权的，代理行为有效。”这就在法律上确立了表见代理制度。我国民法采纳表见代理制度的根本原因在于维护交易安全。因为要求第三人在任何情况下都必须详细考察被代理人的意思，不仅要花费很高的成本，而且是很难做到的。只要第三人对表面上的权利状态形成了合理信赖，即使实际情况相反，也应保护这种信赖的利益，从而维护交易的安全。从本案来看，李某的行为也可以说构成了表见代理，理由在于：第一，二人一同到某开发商开发的新楼盘看房，当时虽然并没有决定是否购买，但是双方已经表明了要购房的意愿，而且，开发商已经知道他们是夫妻关系。所以，在李某单独来购房时，房产商就有理由相信是夫妻二人的共同意愿。第二，李某拿着其丈夫的身份证前来购房。按照一般人的理解，丈夫应当是同意妻子拿着其身份证来签订合同。第三，按照常理，售房人在签订合同时，也没有必要再要求李某的丈夫确认是否已有授权。因此，李某的丈夫王某出差回来以后，对其妻子选中的房屋并不满意，提出其妻子未经自己同意拿着自己的身份证签订的合同无效，在法律上是不能成立的。

（二）借名买房协议是否有效

所谓借名买房协议，是指借名人和出名人之间达成的以借名买房为内容的协议。按照《合同法》和《民法总则》的规定，首先应当考虑，其是否违反了法律、行政法规的强制性规定。《合同法》第 52 条第 5 项规定，“违反法律、行政法规的强制性规定”，合同无效。《民法总则》第 153 条第 1 款也规定：“违反法律、行政法规的强制性规定的民事法律行为无效，但是该强制性规定不导致该民事法律行为无效的除外。”从本案来看，当事人违反的政府限购令，是地方政府通过政府规定的方式发布的，不属于“法律”或“行政法规”的范畴。因此，不能依据这一规定认定借名购房协议无效。从我国司法实践来看，也大多认为，借名购房协议是有效的。例如，在“俞某飞诉华润置地（宁波）发展有限公司商品房销售合同纠纷案”中，法院认为，“限购令”并非法律、行政法规的强制性规定，违反商品房“限购令”的行为不宜认为损害了社会公共利益，故违反“限购令”的商品房销售合同仍然有效。① 笔者赞成这一观点。因此，在本案中，李某借用其同学章某某的名义购房，所签订的购房协议有效。

（三）关于章某某的报酬请求权是否成立

在本案中，李某为借名买房，找到自己的一位中学同学章某某，要求借用他的名义在 H 市购房，并承诺在办理完登记手续后付给其 10 万元。但后来，章某某要求李某支付 10 万元的报酬，李某提出房屋购买发生争议，并没有办理登记手续，拒绝支付。但章某某认为，其已经提供了一定的劳务，并支付了

① 参见浙江省宁波市中级人民法院（2014）浙甬民二终字第 559 号民事判决书。

相关的费用，李某应当支付报酬。笔者认为，李某承诺“办理完登记手续后付给其10万元”，应当理解为是附条件的法律行为。也就是说，只有条件成就，李某才负有支付的义务。在没有办理完登记手续之前，条件没有成就，李某也就不负有支付报酬的义务。但是，对于章某某已经支出的费用，李某应当予以偿还，例如，章某某为处理该事务支出的交通费、住宿费等应予补偿。

案例九十　夫妻债务纠纷案

一、案情简介

秦先生借了郑先生 1 500 万元用于建造房屋和投资，一直没有偿还。后郑先生知道秦先生有一套住房位于市中心，价值 1 500 万元，并知道秦先生持有 1 万贵州茅台（600 519）股份，当时每股市价 691.88 元。2014 年 3 月，郑先生多次提出要到法院起诉秦先生，秦先生则请求郑先生再宽限半年。但在这半年内，秦先生与其妻子金女士签订了一份"离婚与财产分割协议"，办理了离婚登记手续。同时，双方在"离婚与财产分割协议"中约定，秦先生的房屋和股票都分给金女士，经营债务则由秦先生承担。2014 年 9 月，郑先生请求秦先生清偿债务，秦先生则提出，其是净身出户，已经没有任何资产，所有的财产都分割给了金女士，秦先生还将离婚协议复印了一份给郑先生。郑先生查询到，秦先生的房屋确实已经变更登记给了金女士，因此，郑先生起诉到法院，主张秦先生与其妻子离婚构成欺诈，目的在于逃避债务，因此，请求确认秦、金二人离婚协议无效，并要求以上述房产和股票清偿秦先生的债务。

二、争议梳理

本案的第一个争议焦点为，如果可以认定秦先生与金女士的离婚构成假离婚，该假离婚行为是否可以适用通谋虚伪表示，这涉及法律行为制度在婚姻家庭领域中的适用问题。一种观点认为，民事法律行为制度不能适用于离婚案件；另一种观点认为，民事法律行为制度可以适用于离婚案件。

本案争议的第二个焦点为，案中秦先生所欠的债务是否属于夫妻共同债务？一种观点认为，秦先生所欠的债务属于其个人债务，应当由其个人偿还，而且该债务已经超出了其日常生活需要，应当属于秦先生的个人债务。另一种观点认为，秦先生的债务是在夫妻关系存续期间所负担的债务，应当属于夫妻共同债务，金女士应当负担连带清偿义务。

三、案例评析

（一）离婚协议能否适用合同无效的规则

本案首先涉及秦先生与金女士的离婚是否构成假离婚的问题。这既是一个事实问题，也是一个法律问题。在本案中，秦先生借了郑先生1 500万元一直没有偿还，郑先生多次提出要到法院起诉秦先生，秦先生则请求郑先生再宽限半年。但在这半年内，秦先生与其妻子金女士签订了一份“离婚与财产分割协议”，办理了离婚登记手续。同时，双方在“离婚与财产分割协议”中约定，秦先生的房屋和股票都分给金女士，经营债务则由秦先生承担。2014年9月，郑先生请求秦先生清偿债务，秦先生则提出，其是净身出户，已经没有任何资产，所有的财产都分割给了金女士，因此其没有财产清偿债务。从这些事实可以判断，秦先生确实是以离婚为名，逃避债务。如果该事实能够认定的话，那么就要认定秦先生与其妻子金女士签订的离婚协议以及财产分割协议是否有效。对该问题，学理上存在三种观点。

一是不得适用说。此种观点认为，民事法律行为制度无法适用于身份关系，因为民法总则虽然对民法典分则的规则适用具有一定的指导意义，但其规则并非当然能够适用于民法典各分编，民法总则的规则是以财产权为原型而构建的，其主要功能在于维护财产秩序和交易安全，将其直接适用于人身关系可能产生一定的问题；尤其应当注意的是，法律在调整身份关系时需要作出与调整财产关系时不同的价值判断，例如，法律在调整财产关系时，可能注重维护财产秩序和交易安全，而法律在调整人身关系时，可能更加需要注重维护身份关系的稳定，维护个人的人格尊严。因此，不宜将法律行为的规则完全适用于人身关系之中。

二是可以适用说。此种观点认为，民事法律行为制度可以适用于身份关系，因为一方面，民事法律行为以意思表示为中心，而不论是婚姻关系的缔结还是终止，也是以当事人的意思表示为核心的，其应当可以适用民事法律行为的规则；另一方面，民事法律行为的规则作为民法典总则的规则，对民法典分则具有指导作用，而婚姻关系是民法典分则的内容，因此，民事法律行为的规则应当可以适用于婚姻关系。例如，就假离婚行为而言，其在性质上应当是当事人通谋虚伪意思表示，因此，应当属于无效民事法律行为。

三是区分说。此种观点认为，应当区分不同类型的人身关系，以确定其是否适用民事法律行为的规则。对身份关系而言，如婚姻关系，其无法适用民事法律行为的规则；而对财产关系而言，如夫妻财产分割协议，则应当适用民事法律行为的规则。

笔者认为，区分说的观点较为合理，即对人身关系纠纷而言，其中的身份关系原则上不适用民事法律行为的规则，而其中的财产关系则应当适用民事法律行为的规则。就离婚而言，当事人的离婚协议涉及身份关系安排的内容，不应当适用民事法律行为的规则，而离婚协议中涉及财产分割的内容则应当适用民事法律行为的规则。例如，一旦依据民事法律行为的规则否定假离婚的效力，则应当恢复原婚姻关系，这可能使当事人之间的身份关系过于复杂，容易引发新的纠纷，因为假离婚中可能当事人后又与第三人结婚，在此情形下，不可能撤销假离婚，恢复在先的婚姻关系；即便当事人没有另行结婚，但如果当事人已经不愿意婚姻关系继续存续，也不能恢复婚姻关系；此外，离婚还涉及子女是否同意婚姻关系恢复的问题，如果子女不同意，则径行恢复婚姻关系也不合理。因此，民事法律行为的规则难以直接适用于身份关系。我国《合同法》也采纳了此种立场，该法第 2 条规定："婚姻、收养、监护等有关身份关系的协议，适用其他法律的规定。"就本案而言，秦先生与其妻子金女士签订了一份"离婚与财产分割协议"，办理了离婚登记手续，就该协议中终止婚姻关系的内容，无法适用民事法律行为的规则，即便当事人离婚的意思是虚假的，也不宜依据民事法律行为的规则认定其无效，而就其中财产分割的内容而言，则应当可以与其中的人身关系分开，可以适用民事法律行为的规则，因此，应严格区分身份关系和财产关系，身份关系不应适用民事法律行为的规则，但财产关系应当适用。

（二）本案中秦先生所欠的债务是否属于夫妻共同债务

关于夫妻共同债务的认定，《最高人民法院关于审理涉及夫妻债务纠纷案件适用法律有关问题的解释》（法释〔2018〕2 号）第 2 条规定："夫妻一方在婚姻关系存续期间以个人名义为家庭日常生活需要所负的债务，债权人以属于夫妻共同债务为由主张权利的，人民法院应予支持。"第 3 条规定："夫妻一方在婚姻关系存续期间以个人名义超出家庭日常生活需要所负的债务，债权人以属于夫妻共同债务为由主张权利的，人民法院不予支持，但债权人能够证明该债务用于夫妻共同生活、共同生产经营或者基于夫妻双方共同意思表示的除外。"依据上述规定，判断夫妻一方以个人名义对外所负担的债务是否属于夫妻共同债务，首先需要认定该债务是否超出家庭日常生活需要，对于未超出家庭日常生活需要所负担的债务，应当认定其属于夫妻共同债务的范畴，而对于超出家庭日常生活需要的债务，则原则上不属于夫妻共同债务的范畴。在本案中，秦先生向郑先生借款 1 500 万元，该债务的数额较大，显然超出了家庭日常生活需要。因此，依据司法解释的上述规定，其原则上不属于夫妻共同债务的范畴。但依据该司法解释第 3 条的规定，对于夫妻一方以个人名义对外负担的、超出家庭日常生活需要的债务而言，如果债权人能够证明“该债务用于夫妻共同生活、共同生产经营或者基于夫妻双方共同意思表示”的，仍应当将其认定为夫妻共同债务。在本案中，债权人郑先生难以证明秦先生所负担的 1 500万元的债务有其妻子参与，但其能够证明秦先生的部分借款用于建造房屋，而该房屋是秦先生与其妻子金女士一起居住的，因而可以认定该借款是用于了夫妻共同生活，因此，该债务应当属于夫妻共同债务。

（三）“离婚与财产分割协议”能否适用合同无效的规则

如前所述，对离婚协议本身，不能适用民事法律行为的规则宣告其无效，但其中的财产分割协议能否撤销？对此存在不同的观点。一种观点认为，财产和离婚是不可分割的，构成一个完整的整体，因此，财产协议也是不可撤销的。另一种观点认为，财产分割协议和婚姻关系分别属于财产关系和身份关系，二者虽然处于一个协议关系中，但仍可以对二者进行必要的区分，其中的财产关系仍然可以适用民事法律行为的规则。笔者赞同此种观点。从本案来看，离婚关系属于身份关系的范畴，不宜认定其可撤销，但就财产分割而言，其本质上仍然属于财产关系，有关财产关系分割的约定，则可以适用《合同法》和《民法总则》的民事法律行为制度。

那么，关于财产分割协议，是否构成欺诈？郑先生认为，秦先生与其妻子离婚并约定财产分割协议构成欺诈，目的在于逃避债务，因此，其主张撤销该协议。笔者认为，认定二人构成欺诈需要郑先生证明二人具有欺诈的故意，且二人具有故意告知虚假情况或者故意隐瞒真实情况的情形，郑先生显然难以完成上述证明责任。因此，郑先生主张二人构成欺诈可能难以成立。同时，郑先生如果主张秦先生与金女士构成恶意串通，其也需要证明二人具有恶意串通的故意，这可能也难以证明。笔者认为，在本案中，秦先生与金女士订立财产分割协议，并约定将其房屋和股票分割给金女士，这将导致秦先生丧失债务清偿能力，影响郑先生债权的实现，依据《合同法》第 74 条的规定，“因债务人放弃其到期债权或者无偿转让财产，对债权人造成损害的，债权人可以请求人民法院撤销债务人的行为。债务人以明显不合理的低价转让财产，对债权人造成损害，并且受让人知道该情形的，债权人也可以请求人民法院撤销债务人的行为”，郑先生有权主张债权人撤销权，撤销秦先生与金女士的夫妻财产分割协议，以保全其债权。

后　记

本书是北京市教育委员会共建项目建设计划的成果。本书所收录的案例是笔者在近些年的教学中所使用的一些案例，此次应出版社之邀，笔者对这些案例进行了整理，汇编成书。在本书的写作过程中，海南大学法学院石冠彬教授、中央财经大学王叶刚博士提出了一些修改意见，在此一并致谢。因时间匆促，书中的一些观点尚不成熟，错误难免，敬希广大读者批评指正。

图书在版编目（CIP）数据

合同法案例研习/王利明著. —北京：中国人民大学出版社，2019.7
王利明法学教科书
ISBN 978-7-300-27075-3

Ⅰ. ①合…　Ⅱ. ①王…　Ⅲ. ①合同法-案例-研究-中国　Ⅳ. ①D923.65

中国版本图书馆 CIP 数据核字（2019）第 125716 号

王利明法学教科书
合同法案例研习
王利明　著
Hetongfa Anli Yanxi

出版发行	中国人民大学出版社		
社　　址	北京中关村大街 31 号	**邮政编码**	100080
电　　话	010－62511242（总编室）		010－62511770（质管部）
	010－82501766（邮购部）		010－62514148（门市部）
	010－62515195（发行公司）		010－62515275（盗版举报）
网　　址	http://www.crup.com.cn		
经　　销	新华书店		
印　　刷	北京市鑫霸印务有限公司		
规　　格	185 mm×260 mm　16 开本	**版　　次**	2019 年 7 月第 1 版
印　　张	27.75　插页 1	**印　　次**	2021 年 5 月第 2 次印刷
字　　数	467 000	**定　　价**	68.00 元

《　　　　　　》※任课教师调查问卷

为了能更好地为您提供优秀的教材及良好的服务，也为了进一步提高我社法学教材出版的质量，希望您能协助我们完成本次小问卷，完成后您可以在我社网站中选择与您教学相关的1本教材作为今后的备选教材，我们会及时为您邮寄送达！如果您不方便邮寄，也可以申请加入我社的**法学教师QQ群：83961183（申请时请注明法学教师）**，然后下载本问卷填写，并发往我们指定的邮箱（cruplaw@163.com）。

邮寄地址：北京市海淀区中关村大街31号中国人民大学出版社806室收

邮　　编：100080

再次感谢您在百忙中抽出时间为我们填写这份调查问卷，您的举手之劳，将使我们获益匪浅！

基本信息及联系方式：※

姓名：＿＿＿＿＿ 性别：＿＿＿＿＿ 课程：＿＿＿＿＿＿＿＿

任教学校：＿＿＿＿＿＿＿＿＿＿ 院系（所）：＿＿＿＿＿＿

邮寄地址：＿＿＿＿＿＿＿＿＿＿ 邮编：＿＿＿＿＿＿＿＿

电话（办公）：＿＿＿＿＿ 手机：＿＿＿＿＿ 电子邮件：＿＿＿＿

调查问卷：※

1. 您认为图书的哪类特性对您使用教材最有影响力？（　　）（可多选，按重要性排序）

　A. 各级规划教材、获奖教材　　B. 知名作者教材

　C. 完善的配套资源　　D. 自编教材

　E. 行政命令

2. 在教材配套资源中，您最需要哪些？（　　）（可多选，按重要性排序）

　A. 电子教案　　B. 教学案例

　C. 教学视频　　D. 配套习题、模拟试卷

3. 您对于本书的评价如何？（　　）

　A. 该书目前仍符合教学要求，表现不错将继续采用。

　B. 该书的配套资源需要改进，才会继续使用。

　C. 该书需要在内容或实例更新再版后才能满足我的教学，才会继续使用。

　D. 该书与同类教材差距很大，不准备继续采用了。

4. 从您的教学出发，谈谈对本书的改进建议：＿＿＿＿＿＿＿＿＿＿

＿＿＿＿＿＿＿＿＿＿＿＿＿＿＿＿＿＿＿＿＿＿＿＿＿＿＿＿

＿＿＿＿＿＿＿＿＿＿＿＿＿＿＿＿＿＿＿＿＿＿＿＿＿＿＿＿

选题征集：如果您有好的选题或出版需求，欢迎您联系我们：

联系人：黄　强　联系电话：010-62515955

索取样书：书名：＿＿＿＿＿＿＿＿＿＿＿＿＿＿＿＿＿＿＿

书号：＿＿＿＿＿＿＿＿＿＿＿＿＿＿＿＿＿＿＿＿＿＿＿＿

备注：※ 为必填项。